Zeina M. Barakat, Thies Münchow (Eds. / Hg.)

Echoes of Bonhoeffer

Bonhoeffers Nachhall

Reconciliation and Conflict Resolution
Volume 6

Edited by
Ralf Wüstenberg, Zeina M. Barakat, Udo Steinbach

Zeina M. Barakat, Thies Münchow (Eds. / Hg.)

Echoes of Bonhoeffer

The Political Dimensions of Reconciliation and Interfaith Encounter

Essays in Honor of Ralf K. Wüstenberg

Bonhoeffers Nachhall

Die politische Dimension der Versöhnung und die interreligiöse Begegnung

Festschrift für Ralf K. Wüstenberg

wbg Academic

wbg Academic ist ein Imprint der Verlag Herder GmbH

Hermann-Herder-Straße 4, 79104 Freiburg

www.herder.de

Bei Fragen zur Produktsicherheit wenden Sie sich an
produktsicherheit@herder.de

Satz und E-Book: Arnold & Domnick GbR, Leipzig
Umschlaggestaltung: Arnold & Domnick GbR, Leipzig

Printed in Germany

ISBN Print: 978-3-534-64171-0
ISBN E-Book (PDF): 978-3-534-64172-7

Inhalt

Introduction to the Volume

Zeina M. Barakat & Thies Münchow

This Festschrift honors the remarkable academic career of Professor Ralf Wüstenberg, a distinguished teacher, author, and scholar whose contributions have significantly shaped the fields of theology, political reconciliation, and interreligious dialogue. Renowned for his expertise on Dietrich Bonhoeffer, Professor Wüstenberg's scholarly work has provided deep insights into the complex interplay between faith, politics, and the quest for peace and reconciliation.

Throughout his illustrious career, Ralf Wüstenberg has demonstrated an unwavering commitment to exploring the theological underpinnings of social justice and reconciliation. His profound understanding of Bonhoeffer's theology has not only enriched academic discourse but has also inspired countless individuals to engage in the transformative work of building bridges across religious and political divides. His work delves into the ethical imperatives that arise from Bonhoeffer's legacy, challenging us to consider the moral dimensions of our actions within both personal and communal contexts.

A key aspect of Professor Wüstenberg's scholarship is his emphasis on the practical application of theological principles in the pursuit of societal healing. His research on political reconciliation has offered invaluable frameworks for addressing historical injustices and fostering sustainable peace in conflict-ridden regions. By integrating rigorous academic inquiry with a compassionate approach to human relations, he has become a beacon of hope and a catalyst for positive change. His contributions to understanding reconciliation processes have been instrumental in guiding policymakers, religious leaders, and grassroots activists in their efforts to repair the fabric of divided communities.

Not to be overlooked is his pivotal role in establishing the European Wasatia Graduate School for Peace and Conflict Resolution. This PhD program stands as a testament to his visionary approach, creating an interdisciplinary framework for the dialogical understanding of the structural nature of conflict and the development of sustainable conflict resolution strategies. His dedication to this initiative has provided an invaluable platform for fostering academic and practical engagement with some of the world's most pressing conflict issues.

By bringing students from Israel and the Palestinian Territories to Germany and allowing them to interact with German and other international students, the program fosters a rich exchange of perspectives and experiences. This unique setup not only broadens the students' academic horizons but also cultivates mutual understanding and respect among individuals from diverse backgrounds. It facilitates learning from various country cases such as Ireland, South Africa, and the Balkans, offering students practical insights into successful reconciliation and peacebuilding efforts worldwide.

The establishment of the European Wasatia Graduate School underscores Professor Wüstenberg's unwavering commitment to education as a means of promoting peace and reconciliation. His efforts have created a nurturing environment where future scholars and practitioners can develop the skills and knowledge necessary to address complex conflicts. This initiative exemplifies his dedication to nurturing a new generation of peacebuilders equipped with the interdisciplinary tools needed to foster sustainable peace in their respective regions. Through this program, Ralf Wüstenberg has made a lasting impact on the academic community and the broader quest for global harmony.

Moreover, Ralf Wüstenberg's dedication to interreligious dialogue has underscored the importance of mutual understanding and respect among diverse faith communities. His work has illuminated the potential for religious traditions to contribute constructively to public life, advocating for a world where differences are celebrated and common ground is sought. Through his numerous publications, lectures, and public engagements, he has fostered dialogues that bridge theological and cultural divides, promoting peace and cooperation in an increasingly pluralistic world. His approach to interreligious dialogue is not merely theoretical but deeply practical, aiming to create spaces where authentic conversations can lead to transformative encounters.

This collection of essays, written by esteemed colleagues, pays tribute to Professor Wüstenberg's enduring legacy. It reflects the broad spectrum of his influence, capturing the depth and breadth of his intellectual pursuits and the profound impact of his teachings. Each contribution in this volume is a testament to the ways in which Dr. Wüstenberg has touched the lives of those he has taught and worked alongside. Through these contributions, we celebrate a scholar whose work continues to inspire and challenge us to envision a more just and reconciled world.

As we honor Professor Wüstenberg with this Festschrift, we express our deepest gratitude for his tireless dedication to advancing theological scholarship and his unwavering commitment to the principles of reconciliation and dialogue. His contributions have enriched our academic community and left an indelible mark on the broader quest for empathy, tolerance, and understanding. The essays in this volume collectively acknowledge his profound influence on contemporary theology and his unwavering pursuit of a world where justice, cooperation, and accord prevail. In celebrating his achievements, we are reminded of the ongoing relevance of his work and the enduring impact of his vision for a reconciled and harmonious world.

Finally, we would like to thank Jelena Beljin and Rebekka Pridat for their help in editing the texts for this collection in honor of Ralf Wüstenberg.

Flensburg, October 2024

Preface

Ulrich Glassmann

It is with deep respect and admiration that I introduce this Festschrift, Echoes of Bonhoeffer: The Political Dimensions of Reconciliation and Interfaith Encounter, a collection of essays dedicated to Ralf K. Wüstenberg, my dear colleague at Europa-Universität Flensburg. This volume not only seeks to honor his substantial contributions to theology and the broader academic community but also to celebrate the profound impact his work has had on the practical application of theological concepts in contemporary society.

Ralf Wüstenberg's academic career has been distinguished by a unique and unwavering commitment to crossing borders – be they intellectual, cultural, or religious. From his early engagement with the writings of Dietrich Bonhoeffer, which laid the foundation for much of his scholarly inquiry, to his recent advancements in interreligious dialogue and the theology of religions, Ralf has consistently pushed the boundaries of theological thought. His work serves as a testament to the power of ideas to transcend traditional divides and foster a deeper understanding of the complex relationship between faith, politics, and human experience.

I became aware of the extraordinary commitment and interdisciplinary appeal of Ralf Wüstenberg's work through a conversation with him at our university, where he outlined an idea that at the time seemed both grand and challenging to realize. The idea was to establish a graduate school for doctoral students focused on issues of peace and conflict research. What made the idea particularly special was that the students themselves would come from conflict regions and, as part of their doctoral studies, would engage in dialogue about new perspectives on their experiences and knowledge, all in a setting removed from their home countries. Today, the Wasatia Graduate School is not only a reality – thanks to Ralf Wüstenberg's tireless efforts – but also a flagship for the internationalization of Europa-Universität Flensburg, serving as a model for international academic exchange, particularly regarding the conflict situation in the Middle East.

Since I had the pleasure of being involved in the opening of the Graduate School at our university, I have felt deeply connected to Ralf's work and to him as a colleague. It is therefore a particular pleasure and honor for me to introduce this Festschrift. Its title, Echoes of Bonhoeffer, reflects the continuing influence of Dietrich Bonhoeffer on Ralf's thinking, writing, and teaching. Bonhoeffer, whose theological reflections on the role of the church in the modern world have inspired countless scholars, has been a central figure in Ralf Wüstenberg's intellectual journey, including remarkable milestones in Cambridge, New York, and Cape Town. Bonhoeffer's exploration of the limits and possibilities of modern theology resonates throughout Ralf Wüstenberg's work, particularly in his examination of the political dimensions of reconciliation and the necessity of interfaith encounters in a fragmented world.

The contributions in this volume are organized into three thematic sections, each representing a significant aspect of Ralf Wüstenberg's scholarly legacy. The first section, Dietrich Bonhoeffer and a Theology of Life, explores the profound influence Bonhoeffer has had on contemporary theological discourse. The essays engage with Bonhoeffer's thoughts on the non-religious interpretation of biblical concepts, the challenges of interreligious dialogue, and the ongoing relevance of his ideas in a secularized world. Through these contributions, the depth and breadth of Ralf Wüstenberg's engagement with Bonhoeffer's theology become evident, as does his commitment to bringing these ideas into conversation with contemporary issues.

The second section, The Political Dimension of Reconciliation, addresses one of the most critical and urgent aspects of Ralf's work: the intersection of theology and politics, particularly in the context of reconciliation, going back to his studies on the South African TRC. In a world marked by deep divisions and unresolved conflicts, Ralf Wüstenberg has consistently argued for the transformative potential of reconciliation – not merely as a theological concept but as a political and social necessity. The essays in this section explore themes such as intergenerational trauma, the role of empathy in overcoming historical grievances, and the challenges of peacemaking in conflict-ridden societies. These discussions highlight Ralf's significant contributions to our understanding of reconciliation as a force for political and social change.

The final section, Interreligious Dialogue and Theology of Religion, reflects Ralf's enduring commitment to fostering dialogue between different religious traditions, shaped in part by his sabbaticals in Cambridge. In an increasingly pluralistic world, the ability to engage in meaningful and respectful interfaith dialogue is more important than ever. Ralf Wüstenberg's work in this area has been characterized by a deep respect for the authenticity of faith in its many forms, coupled with a critical understanding of the epistemological challenges that arise in such dialogues, resulting in monographs like Islam as Devotion. The essays in this section address a range of topics, from the philosophical underpinnings of interreligious dialogue to practical experiences of intercultural exchange. They serve as a fitting tribute to Ralf's efforts to build bridges between faith communities and to promote mutual understanding and respect. At a conference at St. Edmund's College, University of Cambridge, I witnessed firsthand how students at the Wasatia Graduate School applied these concepts, engaging in interreligious dialogue that is so absent in many regions of the world. I was deeply impressed by the engagement of both faculty and students and their openness to perspectives very different from their own. The Festschrift touches on this practice as well.

Beyond these thematic areas, this Festschrift also acknowledges Ralf Wüstenberg's influence as a mentor, teacher, and colleague. His work has not only contributed to academic discourse but has also inspired a new generation of scholars and practitioners to engage with the complex and often contentious issues at the intersection of theology, politics, and interfaith relations, most recently in his role as Director of the European Wasatia Graduate School for Peace and Conflict Resolution. His approach – marked by intellectual rigor, compassion, and a deep commitment to social justice – serves as a model for those who seek to make a meaningful impact through their scholarship.

The journey to produce this volume has been a collaborative effort, reflecting the collective admiration and respect that Ralf Wüstenberg commands among his peers and students. Each contributor has brought their unique perspective and expertise, resulting in a collection of essays that not only honors Ralf Wüstenberg's scholarly achievements but also advances the conversations he has so passionately engaged in throughout his career.

As the one entrusted with writing the preface, I am deeply grateful to all who have contributed to this Festschrift. Their insights and research have enriched the volume, making it a fitting tribute to a scholar whose work continues to resonate across disciplines and borders. It is our hope that these essays will not only serve as a testament to Ralf Wüstenberg's enduring legacy but will also inspire further reflection and dialogue on the critical issues to which he has dedicated his career.

On behalf of all whose lives and work have been touched by Ralf Wüstenberg's scholarship, we present this Festschrift as a token of our esteem and appreciation. As you, the reader, delve into the pages that follow, we hope you will find the same spirit of inquiry, engagement, and commitment to crossing boundaries that has characterized Ralf Wüstenberg's remarkable career.

Flensburg, August 2024

I. Dietrich Bonhoeffer und eine Theologie des Lebens / Dietrich Bonhoeffer and a Theology of Life

Religionslose Religionsbewegung. Impulse Dietrich Bonhoeffers für den interreligiösen Dialog

Reinhold Bernhardt

Ralf K. Wüstenberg hat sich auf unterschiedlichen Themenfeldern der Theologie mit exzellenten Publikationen profiliert, was sich auch in dieser Festschrift dokumentiert: Zum einen sind dies seine Beiträge zur Bonhoefferforschung, zum zweiten Arbeiten zur politischen Dimension der Versöhnung und drittens seine Beschäftigung mit dem christlich-islamischen Dialog. Die ersten beiden Themenfelder hängen offensichtlich eng miteinander zusammen: Bonhoeffer war ein wichtiger Impulsgeber für Reflexionen zur politischen Dimension der Versöhnung. Auch zwischen dem zweiten und dem dritten Themenfeld gibt es sachliche Verbindungen, denn das Bemühen um dialogische Beziehungen zwischen den Religionen ist nicht zuletzt aus dem Bedürfnis entstanden, die früher bestehenden Feindseligkeiten zu befrieden. Von Bonhoeffer zum interreligiösen Dialog aber scheinen sich kaum thematische Brücken bauen zu lassen, weder von seinen akademischen Qualifikationsschriften und Vorlesungen, noch von seinen Reflexionen zur christlichen Glaubenspraxis, noch von seinen Spätschriften wie den Ethikentwürfen oder den Gefängnisbriefen.

Bonhoeffers visionäre Überlegungen zu einem religionslosen Christentum sind im Kontext seiner Auseinandersetzung mit der säkularen Welt angesiedelt, nicht aber in Bezug auf religiöse Pluralität entfaltet. Seine Forderung, die Mündigkeit des modernen Menschen theologisch anzuerkennen, zielt nicht auf Sprachfähigkeit im interreligiösen Dialog, sondern auf ein Christsein in einer Welt, die gelernt hat, in allen wichtigen Fragen mit sich selbst fertig zu werden, ohne die ‚Arbeitshypothese Gott' zu Hilfe zu nehmen. Bonhoeffer sieht darin die Chance, den christlichen Glauben von seinen althergebrachten religiösen Gewändern zu befreien, sodass er neu, ‚religionslos' zur Entfaltung kommen kann. Welche Gestalt ein solcher Glaube annehmen kann und sollte, konnte Bonhoeffer nicht mehr ausführen. Viele Bonhoefferinterpreten haben sich darum bemüht, diesen Impuls aufzunehmen und weiterzudenken. Soweit mir bekannt ist, hat keiner dieser Versuche dazu geführt, den interreligiösen Dialog als Betätigungsfeld eines religionslosen Christentums in den Blick zu nehmen. Das schiene ja auch geradezu ein Widerspruch in sich selbst zu sein: sich religionslos in eine Beziehung zu anderen Religionen zu setzen. Doch genau diesem Gedanken will ich im Folgenden weiter nachdenken.

Stellt man in Rechnung, dass auch andere Religionen mit der Fremdbezeichnung ‚Religion' Mühe haben und stattdessen ihre eigenen Leitbegriffe zur Bezeichnung ihres Gottesverhältnisses oder allgemeiner ihres Transzendenzbezugs präferieren, dann bietet vielleicht sogar gerade das Ablegen des religiösen Gewandes und die Hinwendung zu einem religionslosen Christentum einen Impuls für einen – nennen wir es: „deep dialogue" zwischen Anhängerinnen und Anhängern verschiedener ‚Religions'traditionen.

Bei den Gedanken, die ich im Folgenden entfalten will, handelt es sich um Explorationen in noch unwegsamem Gelände. Vielleicht ist das eine oder andere Samenkorn darin, das Ralf K. Wüstenberg oder andere aufnehmen mögen, um es weiter zu kultivieren.

1. Bonhoeffers Religionskritik

Ralf K. Wüstenberg hat auf einen wichtigen Unterschied zwischen den religionskritischen Ansätzen Barths und Bonhoeffers hingewiesen: Für Barth ist Religion mit Sünde konnotiert. Sie gehört unablösbar zum Menschsein – zum *sündigen* Menschsein. Daher kann es keine Religionslosigkeit des Menschen geben. Barth hat dementsprechend auch nie ein religionsloses Christentum gefordert (vgl. Link 2003, 15).

> „B[onhoeffer] hingegen möchte den Menschen gerade nicht mit, sondern ohne Religion verstehen. Er reflektiert auch an keiner Stelle seines Werkes den Zusammenhang von Sünden- und Religionsverständnis! Im Gegenteil: In der Tegeler Theologie soll der Mensch gerade nicht auf seine Sündhaftigkeit angesprochen werden, sondern auf seine Mündigkeit. Es geht nicht um den religiösen Menschen – im Sinne Barths –, sondern um den religionslosen." (Wüstenberg 1996, 1001 f.)

Während Barths Religionskritik in eine offenbarungspositive (bzw. „offenbarungspositivistische") Religionsbetrachtung mündet, führt sie bei Bonhoeffer zu einer nichtreligiösen Interpretation (Wüstenberg 1996, 374 f.).

Ich verzichte auf die Darstellung der Barthschen Religionskritik (vgl. dazu Bernhardt 2020, 75–126, bes. 78–85) und fasse die diesbezüglichen Überlegungen Bonhoeffers nur kurz und schematisch zusammen: Unter ‚Religion' versteht Bonhoeffer eine Ideologie – und die ihr entsprechende Praxis –, die Gott in ein Jenseits oder in eine bestimmte Region im Innern des Menschen oder in ein Segment der lebensweltlichen Wirklichkeit abschiebt und den Menschen für seinen Gottesbezug dorthin verweist. In der Religion vollzieht sich eine Provinzialisierung und damit Domestizierung Gottes: die Verschiebung in eine Hinterwelt (ins Jenseits), die Verschiebung in eine Innenwelt (in die fromme Innerlichkeit) und / oder die Verschiebung in eine Sonderwelt (in einen abgrenzbaren, sakralen Teil der Wirklichkeit). Dem hält er entgegen: Gott ist nicht in einer bestimmten Provinz der Wirklichkeit zu suchen, nicht in einem Jenseits oder an den Rändern der Wirklichkeit oder in der frommen Innerlichkeit des Menschen, sondern mitten in der Welt, mitten im Leben. Das ist Bonhoeffers Leitgedanke gerade in der Situation, in der ihm elementare Möglichkeiten zur Entfaltung seines Lebens genommen sind: im Gefängnis.

Bonhoeffer begrüßt die Religionslosigkeit der Welt als Chance, weltlich über Gott zu sprechen. Darunter versteht er nicht ein wortreiches Reden in modischer Anpassung an zeitgeistige Ausdrucksformen. Vielmehr empfiehlt er eine große Zurückhaltung im Reden von Gott. In der Religionslosigkeit wird ihm die Arkandisziplin auf neue Weise wichtig. Dies wird verständlich, wenn man sich die Konformitätszwänge des repressiven politischen Systems, in dem er lebte und unter dem er litt, vor Augen hält.

Die theologische Grundeinsicht, die ihn zur Betonung dieser Weltlichkeit führte, besteht im Verweis auf die Inkarnation des Gotteswortes: Nach dem Prolog des Johannesevangeliums kam das Wort Gottes in die Welt als das wahre Licht, das jeden Menschen erleuchtet (Joh 1,9). Weil sich Gott selbst damit mitten in der Welt gegenwärtig gemacht hat, muss sich der christliche Glaube frei machen von allen religiösen Fluchtbewegungen. Die Glaubenden müssen Gott religionslos, mitten in der Welt zur Sprache bringen, dort, wo das Leben pulsiert (oder doch pulsieren sollte). Und sie müssen es in der Sprache der Welt tun, d. h. zu einer nichtreligiösen Interpretation biblischer Begriffe in einer mündig gewordenen Welt kommen. Nicht Rückzug in religiöse Sonderwelten, Hinterwelten, Innenwelten ist in der Christusnachfolge gefordert, sondern verantwortliche Zeitgenossenschaft.

Bonhoeffers Kritik an der Provinzialisierung Gottes in der Welt und im Leben des Menschen ist eng verbunden mit seiner Zurückweisung jeglicher Objektivierung Gottes. Dieses Anliegen teilt er mit Tillich, Bultmann und weiteren Theologinnen und Theologen seiner Zeit. Zu Recht konstatiert Eberhard Bethge: „Wie Tillich die ‚supranaturale' und wie Bultmann die ‚mythologische', so will er die ‚religiöse' Einkleidung, d. h. auch eine zeitbedingte Objektivierung Gottes um Gottes willen loswerden." (Bethge 1989, 980).

Ich will im Folgenden fragen, ob und auf welche Weise sich aus diesem religionskritischen Ansatz Motivationen für einen interreligiösen Dialog ergeben können. Im Blick auf Barth hat man immer wieder konstatiert, dass seine Theologie kaum für dieses Anliegen disponiert und es möglicherweise sogar blockiert. So schreibt etwa Michael Müller in seiner Auseinandersetzung mit Barths Religionstheologie: „Ein Dialog mit den nichtchristlichen Religionen erschiene apriori unnötig" und weiter: „Wäre diese Sichtweise Barths für das Christentum normativ, hätte dies weitreichende Konsequenzen. Das Christentum geriete […] in eine ‚splendid isolation.'" (Müller 2018, 104). Ich stimme dieser Aussage grundsätzlich zu, wobei mein Urteil aber etwas differenzierter ausfällt (vgl. Bernhardt 2020, 109–126). Welche Linien lassen sich aber von Bonhoeffers Ansatz aus ziehen? Bonhoeffer selbst konnte solche Extrapolationen nicht im Blick haben. Wenn die von ihm so ernst genommene mündig gewordene Welt nun aber auch eine religiös plurale geworden ist, kommt der sich aus religiösen Gewändern befreiende christliche Glaube nicht umhin, sich auch zu dieser Situation der Religionsvielfalt ins Verhältnis zu setzen. Was würde ein „religionsloser interreligiöser Dialog" bedeuten?

2. „Deep dialogue"

Das *Dialogue Institute* der Temple University in Philadelphia, PA, das 1978 von Leonard Swidler gegründet wurde, propagiert einen „Deep dialogue". Ich übernehme diesen Begriff, profiliere ihn aber auf eine eigene Weise, um damit den anvisierten „religionslosen interreligiösen Dialog" zu bezeichnen.

„Deep Dialogue" meint nach dem Verständnis des Instituts eine von vertieftem Interesse aneinander, Empathie füreinander und Kommunikationsbereitschaft miteinander getragene Begegnung mit Menschen anderer kultureller Prägungen und religiösen Glaubens. Es geht dabei nicht nur um eine bestimmte Verstehens- und Kommunikations*handlung* (der Gegenbegriff dazu könnte „small talk" sein), sondern um eine *Haltung*. Auf der Internetseite des Instituts (Dialogue Institute 2024) findet sich folgende Beschreibung dafür:

> „As one is able to think with critical reflection and act with creative compassion, one begins to live the way of ‚deep dialogue.' In this way of life, one chooses certain behaviors, including the following:
> - Reach out in openness to the ‚Other' in the search for truth and goodness;
> - Learn there are ways of understanding and embracing the world other than our own;
> - Learn to recognize our commonalities and differences – and value both;
> - Learn to move between different worlds and integrate them in caring, cooperative actions."

Die Bezeichnung „*Deep* Dialogue" weist darauf hin, dass es unterschiedliche Verstehenstiefen in zwischenmenschlichen Begegnungen, besonders in interkulturellen und interreligiösen Begegnungen gibt. Mit „Verstehenstiefe" meine ich den Grad der Bereitschaft und Fähigkeit von Menschen, sich auf das ihnen begegnende Andere einzulassen, sich also zu entäußern. In zahlreichen Alltagsbegegnungen ist diese Bereitschaft und Fähigkeit eher gering ausgeprägt. Verstehen besteht dann in der Aneignung von Alterität. Das Andere wird in das Kategoriensystem des eigenen Vorverständnisses eingeordnet und auf diese Weise ‚appropriiert'. Zu einer Transformation des eigenen Selbstverständnisses kommt es dabei kaum. Demgegenüber ermutigt das Konzept des „Deep Dialogue", eine radikalere, d. h. an die Wurzel der eigenen Identität gehende Öffnung für Alterität zu vollziehen, in der Hoffnung, dabei nicht einen Selbstverlust zu erleiden, sondern eine Bereicherung zu erfahren. Es ist dies ein anspruchsvolles Programm, das als ideale Leitvorstellung an interreligiöse Begegnungen herangetragen wird, in vielen Fällen aber an Grenzen stößt, etwa dann, wenn das jeweilige Gegenüber eine solch offene Kommunikation nicht zulässt oder sie für eigene Zwecke missbraucht.

Dass „Deep Dialogue" eine kritische Auseinandersetzung nicht ausschließt, wird gleich zu Beginn der oben zitierten Beschreibung deutlich gemacht. Die geforderte „critical reflection" scheint sich dabei aber eher auf das eigene Vorverständnis und Begegnungsverhalten sowie auf Erscheinungsformen der je eigenen religiösen Traditionen zu beziehen, die interreligiöse Offenheit erschweren, also etwa auf Superioritäts- oder Exklusivitätsansprüche für den eigenen Glauben.

So sehr ein Dialog auf dem Verstehen des anderen in seiner Andersheit, d.h. so, wie er/sie sich selbst versteht, basiert, so sehr schließt er auf der anderen Seite auch das Sich-zu-verstehen-geben ein. Er besteht im Hören und im Reden, in Empathie für den/die/das Andere und in der Artikulation des Eigenen. Dazu gehört auch die kritische Auseinandersetzung mit Erscheinungsformen der Alterität, die nicht kompatibel sind mit den Wertsetzungen, welche für die eigene Identität maßgebend sind. Im Fall interreligiöser Begegnungen bedeutet das: Es muss auch die Möglichkeit einer (theologischen) Religionskritik bestehen, die sich nicht nur auf die je eigene Religionsformation, sondern auch auf die im anderen begegnende richtet. In dieser Hinsicht scheint das Programm des „Deep Dialogue" unterbestimmt zu sein. Es ist harmonistisch und leistet damit den Kritikern Vorschub, die dem interreligiösen Dialogbemühen insgesamt unkritische Blauäugigkeit vorwerfen.

Ich nehme nun den Begriff „Deep Dialogue" in einer Weise auf, die an die Bedeutung anknüpft, die ihm vom *Dialogue Institute* gegeben wurde, aber in der zuvor angezeigten Richtung darüber hinausgeht: Ich verwende ihn als Bezeichnung für das scheinbare Paradox eines „religionslosen Religionsdialogs". Diesen Begriff will ich auf zweifache Weise profilieren, wobei die beiden Weisen miteinander zusammenhängen.

(a) Der Ausdruck „Dialog der Religionen" war von Anfang an mit Unklarheiten behaftet. Religionen sind keine Subjekte, die einen Dialog führen können. Gemeint war eine dialogische Beziehungsgestaltung erstens in der Begegnung zwischen Anhängerinnen und Anhängern verschiedener Religionsgemeinschaften und -traditionen, zweitens in der Begegnung zwischen diesen Gemeinschaften auf unterschiedlichen Ebenen (lokalen Gemeinden, regionalen Verbänden, nationalen Dachorganisationen, internationalen Zusammenkünften hochrangiger Vertreterinnen und Vertreter der Religionsgemeinschaften), und drittens in der reflexiven Auseinandersetzung mit den Lehrinhalten und Praxisformen anderer Religionen.

Vorausgesetzt ist dabei das Verständnis von ‚Religion' als Kollektivsingular, wie es in und seit der Aufklärung profiliert wurde. Judentum, Christentum, Islam usw. sind demnach Arten der Gattung ‚Religion'. Sie sind gleichnamig gemacht und stehen damit prinzipiell auf der gleichen Ebene. Die Religionen (im Plural) sind Erscheinungsformen von Religion im Singular. Es gibt Religion in der Gestalt des Judentums, des Christentums, des Islam usw. Was sie gemeinsam haben, ist das, was das *genus* Religion ausmacht; was sie unterscheidet – die *differentia specifica* – ist ihre jeweilige Erscheinungsform als Religion. Dieses Verständnis macht es möglich, nach dem Gemeinsamen und nach dem Unterscheidenden zu fragen. Wären sie nicht Arten einer Gattung, hätten sie nichts gemeinsam; sie ließen sich dann aber auch nicht sinnvoll unterscheiden. Es würde keinen Sinn ergeben, sie in Beziehung zueinander zu setzen. Sie wären inkommensurabel. Begriffe wie „Dialog der Religionen" oder „Interreligiosität" gründen auf diesem Verständnis.

Dieses Konzept macht es dann auch möglich, Anhängerinnen und Anhänger der ‚Religionen' auf das ihnen gemeinsame formale Identitätsmerkmal des Religiösen hin zu fixieren, das sich bei ihnen je nach Religionszugehörigkeit anders ausprägt. Beides zusammen – die formale Gleichheit und die inhaltliche Spezifität – ermöglicht es, sie im Format „interreligiöser Dialog" in Beziehung zueinander zu setzen. Bestünde vollkommene Gleichheit, hätte die Begegnung keine Substanz, bestünde vollkommene Verschiedenheit, wäre sie nicht möglich.

Die Anwendung des allgemeinen Religionsbegriffs auf die partikularen Religionstraditionen ist im (vor allem westlichen) Religionsdiskurs so eingebürgert, dass sie sich gar nicht mehr vermeiden lässt, wie auch der Sprachgebrauch in diesem Beitrag zeigt. Und doch gilt es, sich der Problematik dieses Gebrauchs bewusst zu sein. Das können gerade auch die religionskritischen Ansätze Barths und Bonhoeffers auf ihre je eigene Weise in Erinnerung rufen. Der christliche Glaube bringt sein Selbstverständnis mit dem Begriff „Glauben" zum Ausdruck, nicht mit dem Religionsbegriff. Andere Religionen habe ihre je eigenen Zentralbegriffe. In einem „religionslosen Religionsdialog" müsste es also darum gehen, diese Selbstverständnisse zueinander in Beziehung zu setzen, ohne den Religionsbegriff dabei als gemeinsamen Nenner in Anspruch zu nehmen.

Bezieht man nun Bonhoeffers Religionskritik nicht auf das Gottesverständnis, sondern auf die Identität eines Menschen, dann lässt sie sich als Kritik an einer Segmentierung des Religiösen innerhalb der „Gesamtidentität" eines Menschen verstehen. Nach dem gegenwärtig weitverbreiteten Verständnis personaler Identität gibt es unterschiedliche Anteile im Selbstverständnis des Menschen und der religiöse Anteil ist einer davon. Religion steht neben anderen Identitätsmarkern wie Alter, Geschlecht, Herkunft, familiäre Situation usw. in einer Art identitärer Sonderwelt.

Wenn interreligiöser Dialog von diesem Verständnis aus konzipiert wird, kreist er vor allem um dieses religiöse Segment, das den Menschen mit einer bestimmten Religionstradition und Gemeinschaft verbindet. Dieser erscheint als Repräsentant einer bestimmten Religion. So wird bei der Einladung zu organisierten interreligiösen Begegnungsveranstaltungen dementsprechend nach Religionszugehörigkeit quotiert: Vertreterinnen und Vertreter der verschiedenen Religionsgemeinschaften werden in ungefähr proportionalem Verhältnis miteinander in Kontakt gebracht. Jüdinnen und Juden, Muslime und Christinnen werden aufgrund ihrer jeweiligen Religionszugehörigkeit zur Teilnahme gebeten.

Von Bonhoeffer her lässt sich ein solches Verständnis kritisieren: Glaube ist nicht ein Stück Religion im Menschen, sondern das, was seine Person im Ganzen – „im Grund" – ausmacht. „Fides facit personam" schrieb Luther (Luther 1926, 283, Z. 18 f.): Der Glaube konstituiert und formiert die Person. Wenn sich die Person in Beziehung zu andersglaubenden Personen setzt, tut sie es nicht nur mit dem religiösen Segment ihres Selbstverständnisses, sondern als ganze Person. Demnach müsste auch das, worum es in der Begegnung geht, weit über das spezifisch religiöse Identitätssegment hinausgehen und sich im Prinzip auf das Menschsein insgesamt erstrecken. Interreligiöser Dialog ist interhumaner Dialog *coram Deo*. In diesem bringt sich die Person mit ihrer Geschichte und ihren sozialen Bezügen ein. Auf diese Weise treffen hier nicht nur Religiositäten, sondern Lebenswelten aufeinander. Es ist ein weltlicher Dialog, ganz im Sinne der Weltlichkeit des christlichen Glaubens, wie Bonhoeffer ihn verstand. So schrieb er etwa in einem Brief an Eberhard Bethge vom 25. 06. 1941: „Ich bin keine religiöse Natur. Aber an Gott, an Christus muß ich immerfort denken, an Echtheit, an Leben, an Freiheit und Barmherzigkeit liegt mir sehr viel. Nur sind mir die religiösen Einkleidungen so unbehaglich." (Bonhoeffer 1996, 326)

Ein „religionsloser Religionsdialog" würde demnach darin bestehen, die daran Beteiligten nicht als Repräsentanten einer bestimmten Religion, sondern ganz ‚weltlich' als individuelle Personen mit einem höchstpersönlichen Gottesbezug zu sehen. Es wäre dann eine Begegnung nicht von Religion zu Religion, sondern von Mensch zu Mensch. Die Partner in der Begegnung wären nicht primär oder allein durch ihre Religionszugehörigkeit definiert, sondern daneben durch ganz verschiedene Identitätsmerkmale. Es könnte in dieser Begegnung um alles gehen, was diese Menschen bewegt, nicht nur um spezifisch religionsbezogene Anliegen.

Besonders eindrücklich in dieser Hinsicht ist mir die Rede eines muslimischen Gelehrten auf einer Tagung in Erinnerung geblieben, die mit den Worten endete: „Meine große Bitte an Euch lautet: Macht uns nicht zu Muslimen!" Er war es leid, dass immer wieder eine bestimmte religiöse Formatvorlage auf ihn angewendet wurde und er sich zu dieser Schematisierung verhalten musste, zustimmend, ablehnend, distanzierend usw. Dabei wollte er einfach in seinem unverwechselbaren Menschsein angesprochen werden, zu dem natürlich auch seine Religiosität gehört.

Damit ist ein Problem angesprochen, das immer wieder in interreligiösen Dialogen begegnet: die religiöse Schematisierung der Teilnehmenden, die anderen zugemutet wird, aber auch auf sich selbst bezogen werden kann, wenn etwa der Christ für das Christentum, die Muslima für den Islam und die Jüdin für das Judentum spricht, sprechen will oder sprechen soll.

(b) Die zweite Richtung, in der ich den Gedanken eines „religionslosen interreligiösen Dialogs" auslegen will, zielt auf die inhaltliche Ebene der Begegnung. Sie geht vom Grundgedanken der Religionskritik Bonhoeffers aus, dass Gott nicht in einem Sonderbezirk hinter oder in der Wirklichkeit zu lokalisieren ist, sondern mitten im gelebten Leben der Welt. Er ist im Diesseits jenseitig. In einem Brief an seine Verlobte, Maria von Wedemeyer, heißt es knapp: „im Alltäglichen ist Gott" (Bonhoeffer 1993, 153). Und in seinen Ethikfragmenten schreibt Bonhoeffer: „Die Wirklichkeit Gottes erschließt sich nicht anders, als indem sie mich ganz in die Weltwirklichkeit hineinstellt, die Weltwirklichkeit aber finde ich immer schon getragen, angenommen, versöhnt in der Wirklichkeit Gottes vor." (Bonhoeffer 1992, 40). Dieser Gottpräsenz mitten in der Welt nachzuspüren und sich über die unterschiedlichen Erfahrungen damit und Auffassungen davon auszutauschen, wäre demnach das vorrangige Thema des interreligiösen Dialogs. Nicht das Gottesverständnis selbst, sondern die Welt und das eigene Leben im Licht Gottes wären zu thematisieren. Es gilt die Devise: „Die Erde ist des Herrn, der Erdkreis und die darauf wohnen" (Ps 24,1).

Nach Ingolf U. Dalferth ist

> „die Pointe christlicher Theologie nicht theoretisch, sondern praktisch […]: Es geht nicht um die Kohärenz eines Gedankengebildes, sondern darum zu erkunden, was es heißt, heißen könnte und heißen

> sollte, in der Orientierung an Gottes Zuwendung und Zusage zusammen mit anderen in dieser Welt zu leben." (Dalferth 2010 [⁴2021], 5).

„Wer sich auf Gott ausrichtet, muss alles in den Blick nehmen, nicht nur den Sonderbereich religiöser Phänomene im menschlichen Leben." (Dalferth 2010, 15).

In einem auf die Gottesgegenwart in der Welt und auf das daran orientierte Leben bezogenen Dialog geht es nicht um die Darstellung eines allgemeinen Gottesglaubens und einer numinosen Gottespräsenz in der Welt, sondern durchaus um die unterschiedlichen Verständnisse dieser Präsenz, also gerade um das spezifisch christliche, das spezifisch jüdische und das spezifisch islamische usw. Verständnis. Diese Auffassungen und – wichtiger noch – deren Manifestation in der Lebensorientierung, also die von Dalferth angesprochene praktische Pointe der Theologie, werden unverkürzt in Beziehung zueinander gesetzt. Das Ziel der Begegnung ist nicht die Harmonisierungen der Differenzen; diese sollen vielmehr auf eine konstruktive Weise ausgetragen werden. Gerade die Spannungen machen den Dialog spannend.

Für Bonhoeffer kommt das spezifisch Christliche im Motiv der Inkarnation des Gotteswortes in Jesus Christus zum Ausdruck. Die Gottesgegenwart ist untrennbar mit Christus verbunden. Gottesgegenwart ist Christusgegenwart. In einem Brief, den Bonhoeffer aus dem Gefängnis an Maria von Wedemeyer schrieb, schöpft er das Trostpotenzial dieses Gedankens aus: „Male Dir keine schrecklichen Bilder über mich in meiner Zelle aus, sondern denke nur daran, dass Christus auch durch die Gefängnisse geht und an mir nicht vorübergehen wird." (Bonhoeffer 1993, 95). Ausgehend von solchen eigenen Gewissheiten kann man in einem „religionslosen Religionsdialog" fragen, wie Andersglaubende Gott mitten in der Welt erfahren und was diese Erfahrung für ihre Lebensorientierung austrägt.

Wo ein solcher Dialog auch im Blick auf die reflexiven (theologischen) Traditionen der Religionstradition geführt wird, lassen sich durchaus auch Querverbindungen zwischen diesen Traditionen entdecken. Ralf Wüstenberg hat im Blick auf al-Ghazali gezeigt, dass, „auch im Islam die für Calvin typischen Annahmen zu einer ‚natürlichen Theologie' sowie zu deren offenbarungstheologischen Unterscheidungen anzutreffen sind" (Wüstenberg 2019, 4f.). Die Überzeugung Calvins, dass die ganze Schöpfung ein Spiegel der Herrlichkeit Gottes ist, aus der uns „eine Kunde von Gott entgegen" strahlt (Calvin 2022, I,5,1; vgl. OS III, 45), finde sich in ganz ähnlicher Weise auch bei al-Ghazali.

Eine andere Querverbindung zwischen den Religionstraditionen könnte sich aus der Frage ergeben, ob und in welcher Weise es auch in anderen Theologien eine theologische Religionskritik gibt, die sich gegen die Objektivierung und die damit verbundene religiöse Vereinnahmung Gottes wendet. Wie kommt die Entzogenheit Gottes dort zur Sprache? Wie verhält sich die Offenbarung zur Verborgenheit Gottes?

3. Konsequenzen

Stellt man die Kategorie „Religion" als Schema für die Deutung von Alltagsbegegnungen und für die Organisation von Begegnungsveranstaltungen von Menschen mit diversen Identitätsformationen zurück, dann verlieren die spezifisch religiösen Anteile ihre Selektions- und Repräsentationsfunktion. Das bedeutet keineswegs, dass die Spezifika der verschiedenen Bezüge zu ‚großen Transzendenzen' in diesen Begegnungen keine Rolle mehr spielen würden. Im Gegenteil: Sie werden von ihren tradierten religiösen Prägungen befreit und kommen so in ihrer ‚Weltlichkeit', d. h. in ihrer lebensorientierenden Wirkung und weltdeutenden Relevanz zur Sprache. Es geht dann nicht primär um Gott, wie ihn die jeweilige religiöse Tradition verstehen lehrt, sondern um den Gottesglauben im Alltag der Welt. Damit tritt die Lebensbewältigung im Licht des Gottesbezugs in den Vordergrund und manches dogmatische Dialoghindernis in den Hintergrund.

Neben den Vertreterinnen und Vertretern der fünf sogenannten „Weltreligionen"[1], die bei interreligiösen Dialogveranstaltungen zumeist im Blickfeld stehen (Judentum, Christentum, Islam, Hinduismus und Buddhismus), kommen dann auch die zahlreichen weiteren religiösen Formationen, die in diesem Schema nicht erfasst sind, in den Blick, etwa die traditionalen afrikanischen Stammesreligionen. Auch die in vielen kulturellen Kontexten kaum nachvollziehbare Unterscheidung zwischen den Bereichen des Religiösen und des Säkularen bzw. Profanen verliert an Bedeutung. Hingegen werden bei der Fokussierung auf die gelebte Religion die traditionsintern verschiedenen Ausprägungen der großen Religionsströme deutlicher sichtbar. Es gibt eben nicht *den* Islam, für den ein muslimischer Dialogpartner sprechen könnte, sondern nur persönliche Aneignungsweisen der islamischen Traditionen. Die daraus gespeisten Glaubens- und Lebenspraxen können sehr verschieden sein. Jeder Dialogpartner kann nur für sich selbst sprechen und die Relevanz des Gesagten am Vollzug seines bzw. ihres eigenen Lebens ausweisen. Im Anschluss an Arjun Appadurai kann man von ‚religioscapes' statt von ‚Religionen' als Entitäten sprechen.

Zahlreichen organisierten Dialogveranstaltungen zwischen offiziellen Vertreterinnen und Vertretern der Religionsgemeinschaften – seien es Gelehrte oder religiöse Amtsträger – liegt ein Verständnis von interreligiösem Dialog zu Grunde, das gewissermaßen ‚von oben' konzipiert ist, d. h. von den autoritativen Sprecherinnen und Sprechern der Religionsgemeinschaften her. Der in meinen Überlegungen anvisierte „deep dialogue" kehrt diese Blickrichtung um und fasst interreligiöse Begegnung

1 Der Begriff „Weltreligionen" wurde im letzten Drittel des 19. Jahrhunderts im Kontrast zu „Volksreligion" gebildet: vgl. Abraham 1883; Vollers 1907. Schon 1833–1840 hatte Christoph Friedrich von Ammon seinem vierbändigen Werk den Titel „Die Fortbildung des Christentums zur Weltreligion" gegeben (Ammon 1833–1840). Siehe dazu auch Schäfer & Wienold 2012.

als ein Geschehen ‚von unten' auf. Im Fokus stehen die einzelnen religiösen Individuen, die ihre religiöse Prägung auf je eigene Weise leben.

4. Literatur

Ammon, C. F. von (1833–1840) *Die Fortbildung des Christentums zur Weltreligion*. Leipzig: Vogel.

Bernhardt, R. (2020) *Klassiker der Religionstheologie im 19. und 20. Jahrhundert. Historische Studien als Impulsgeber für die heutige Reflexion. Beiträge zu einer Theologie der Religionen 20*. Zürich: TVZ.

Bethge E. (1989) *Dietrich Bonhoeffer. Eine Biografie*. 7. Auflage. München: Kaiser.

Bonhoeffer, D. (1992) *Ethik*. Dietrich Bonhoeffer Werke, Bd. 6 (= DBW 6). Gütersloh: Gütersloher Verlagshaus.

– (1993) *Dietrich Bonhoeffer, Maria von Wedemeyer: Brautbriefe. Zelle 92, 1943–1945*. Hg. von R.-A. von Bismarck & U. Kabitz. 2. Auflage. München: C. H. Beck.

– (1996) *Konspiration und Haft: 1940–1945*. Dietrich Bonhoeffer Werke, Bd. 16 (= DBW 16). Hg. von J. Glenthøj. Gütersloh: Gütersloher Verlagshaus.

Calvin, J. (2022) *Unterricht in der christlichen Religion = Institutio Christianae religionis*. 4. Auflage. Göttingen: Vandenhoeck & Ruprecht.

Dalferth, I. U. (2010 [^{4}2021]) *Radikale Theologie* (Forum Theologische Literaturzeitung 23). Leipzig: Evangelische Verlagsanstalt.

Dialogue Institute (2024) *Deep Dialogue*. Verfügbar unter: https://dialogueinstitute.org/deep-dialogue (abgerufen am: 18. März 2024).

Kuenen, A. (1883) *Volksreligion und Weltreligion: Fünf Hibbert-Vorlesungen*. Berlin: Reimer, Nachdruck: Berlin: Walter de Gruyter 2018.

Link, C. (2003) „Der Religionsbegriff Karl Barths. Einleitung in KD I / 2, § 17", *Zeitschrift für dialektische Theologie*, 19(1), 8–24.

Luther, M. (1926) *D. Martin Luthers Werke*. Bd. 39 / 1, Weimar: Böhlau.

Müller, M. (2018) *Religion und Religionen bei Karl Barth und Joseph Ratzinger. Impulse für die Theologie der Religionen?* (Forum Fundamentaltheologie 9). Berlin: Peter Lang.

Schäfer, F. & Wienold, H. (2012) ‚Auf der Suche nach den Weltreligionen: Vom christlichen Glauben zur universellen religiösen Erfahrung', in A. Daniel et al. (Hg.), *Doing Modernity – Doing Religion*. Wiesbaden: Springer, 169–204.

Vollers, K. (1907) *Die Weltreligionen in ihrem geschichtlichen Zusammenhange*. Jena: Diederichs.

Wüstenberg, R. K. (1995) „Glauben als Leben. Dietrich Bonhoeffer und die nichtreligiöse Interpretation biblischer Begriffe", *Freiburger Zeitschrift für Philosophie und Theologie* 42(3), 367–381.

– (1996) „Der Einwand des Offenbarungspositivismus – Was hat Bonhoeffer an Barth eigentlich kritisiert?“, *ThLZ*, 121(10), 997–1004.
– (2019) „Gott aus der Natur erkennen – Calvin im interreligiösen Quervergleich mit al-Ghazālī“, *NZSTh*, 61(1), 1–15.

Schelling – Günther – Bonhoeffer. Impulse zur Grundlegung einer Methodologie der „nicht-religiösen Interpretation biblischer Begriffe" angesichts der Kritik abendländischer Metaphysik

Thies Münchow

1. Einführung

Das Besondere an der Theologie ist, dass sie das Überschreiten erforderlich macht. Die Frage nach dem Jenseitigen, einem Danach oder einem Dahinter, also der Transzendenz als solcher gehört zu dem, was wir – traditionell gesprochen – als ihr Wesen bezeichnen könnten. Der Verweis auf die Terminologie der Tradition erfolgt hier jedoch nicht ohne kritischen Grund, denn mit dem Eintritt in das sogenannt nachmetaphysische Zeitalter ist gerade das Transzendente und seine argumentative Valenz suspekt geworden. Nun ließe sich aber sogleich folgendes Argument machen, das in entgegengesetzter Richtung verläuft: *Die Theologie ist keine ‚hinterweltlerische' Mystik, sondern innerweltlich verwurzelt.* Denn sie ist nicht Glaubenslehre oder gar Wort Gottes; sie ist vielmehr Wissenschaft und als solche von Menschen gemacht. Als Wissenschaft gehört es nun aber zu ihrem Wesen, Verständnis und vor allem auch Verständigung zu suchen. Denn es kann gar kein Zweifel daran bestehen, dass Wissenschaft in erster Linie Kommunikation ist, und zwar im strengsten Sinne. Denn was in der Wissenschaft kommuniziert wird, muss an sich selbst den Anspruch haben, allgemein verstehbar und überprüfbar zu sein (dieser Grundidee folgt dann die Methodologie).

Überschreitung und Verständigung gehören nun auch zum Wesen der Theologie unseres Jubilars Ralf K. Wüstenberg: Gerade im interreligiösen Dialog und in Fragen der politischen Versöhnung ist dies unübersehbar. Und es ist leicht ersichtlich, dass dabei der Aspekt der Verständigung eine große Herausforderung für die (traditionelle christliche) Theologie darstellt, bis hin zu dem Punkt, dass Verständigung die Selbstüberschreitung der Theologie, ihre Transzendierung, erforderlich macht. Wüstenbergs Fokus auf solcherlei vielschichtige theologische Grenzbereiche ist nun kaum verwunderlich, steht doch am Anfang seiner systematisch-theologischen Forschung die Auseinandersetzung mit Dietrich Bonhoeffer, und dabei vor allem mit dessen Spätwerk, das sich seinerseits durch maßgebliche theologische Grenzgänge auszeichnet. Bonhoeffer spürt, dass die Überschreitung der Theologie durch sich selbst angesichts des Desiderats ihrer (Selbst-)Verständigung in und mit der mündig gewordenen Welt unausweichlich ist. Er erkennt den Anspruch, dem sich die Theologie in der Moderne zu stellen hat und der durch äußere Faktoren, wie die modernen Naturwissenschaften und die Wissenschaftstheorie, an sie herangetragen wird.

Vor diesem Hintergrund möchte ich mich im Folgenden Bonhoeffers theologischen Impulsen über einen Vergleich – sozusagen ‚von außen' – annähern. Wenn ich also gleich Bonhoeffers herausfordernde Gedanken zur Theologie in der mündig gewordenen Welt mit den wissenschaftstheoretischen Überlegungen seines Zeitgenossen, dem deutschen Logiker Gotthard Günther, zu verschränken gedenke, dann ist die methodische Grundidee dabei, auf basale strukturelle Ähnlichkeiten hinzuweisen, die eine Kommensurabilität zwischen formaler Logik und Theologie andeuten mögen, die auf Seiten der Theologie, so meine These, gerade auf Basis der Bonhoefferschen Entwürfe und Impulse formuliert werden kann. Im Kern steht hier der Gedanke, der sich an den Geist der Theologien Bonhoeffers und Wüstenbergs anschließt, nämlich moderne Theologie unter dem Gesichtspunkt der Überschreitung und Verständigung zu ermöglichen und zu betreiben.

2. Theologie und die Mündigkeit der Welt

Der Hinweis auf eine „nicht-religiöse Interpretation biblischer Begriffe" und die abgeklärte, aber keinesfalls defätistische Diagnose über die Grenzen und Möglichkeiten der christlichen Religion und Theologie in der „mündig gewordenen Welt" gehören zweifellos zu den bedeutendsten Impulsen und Tragpfeilern der Wirkungsgeschichte Bonhoefferscher Theologie. Dass Bonhoeffer selbst nicht mehr die entsprechende ausgearbeitete Theorie vorlegen konnte, mag mit zu diesem Nachhall beigetragen haben, insofern sich hier ein Forschungsdesiderat äußerte, das trotz aller Bemühungen um die Vermittlung von Vernunft und Glaube bis heute besteht. Ein Übersetzungsprogramm, wie es etwa Jürgen Habermas (vgl. Habermas 2003) vorschwebt – um nur ein prominentes Beispiel jüngeren Datums zu bringen – und das vermeintlich in dieselbe Kerbe schlägt, scheitert aufgrund der Tatsache, dass es den herkömmlichen Methoden-Dualismus reproduziert, was sich darin zeigt, dass von beiden ‚Seiten', der erklärt säkularen wie der erklärt religiösen, gleichstarke Argumente gegen das Modell vorgebracht werden. Und wenn ein Habermas darauf mit dem merkwürdigen Zwitterkonzept eines „Bewusstseins von dem, was fehlt" (vgl. Habermas 2005, 13; Habermas 2008), reagiert, dann wird endgültig deutlich, dass hier kein wissenschaftstheoretischer und methodischer Schritt nach vorne getan, sondern dass das offensichtlich obsolete Schema, das eine Inkommensurabilität von Analytik und Hermeneutik, von Erfahrungs- und Geisteswissenschaften behauptet, reproduziert wird.

Die „Rückkehr der Götter" (F. W. Graf) im sog. post-säkularen Zeitalter entpuppt sich dann doch nur als Rückkehr zur Hermeneutik, die jedoch bei der ‚säkularisierten' Vernunft erfahrungswissenschaftlicher und technologischer Provenienz weiterhin primär auf Unverständnis, maximal auf poetische Neugier trifft, denn begriffliche Ambivalenz und quantifizierende Eindeutigkeit lassen sich – traditionell gesprochen – nur in der Unendlichkeit versöhnen, einem Jenseits, in dem sich die finale *coincidentia oppositorum* ereignet, für die die erfahrbare Welt keinen Platz zu bieten scheint. Wenn Bonhoeffer nun also von „Interpretation" anstatt von Übersetzung spricht, dann äußert sich hier wohl eine angemessene Intuition. Aber die Frage bleibt: Wie interpretiert man angemessen? Wie Habermas spürte Bonhoeffer seinerzeit schon den unhintergehbaren wissenschaftlichen Anspruch einer Welt, die eben mündig geworden ist. Bonhoeffer hält nämlich auch entschieden fest:

> „daß man Gott nicht noch an *irgendeiner allerletzten heimlichen* Stelle hineinschmuggelt, sondern daß man die Mündigkeit der Welt und des Menschen einfach anerkennt, daß man den Menschen in seiner Weltlichkeit nicht ‚madig macht', sondern ihn an seiner stärksten Stelle mit Gott konfrontiert, daß man auf alle pfäffischen Kniffe verzichtet und nicht in Psychotherapie oder Existenzphilosophie einen Wegbereiter Gottes sieht" (Bonhoeffer 1998, 511; Hervorhebung T. M.).

Und ein Dreivierteljahr zuvor schon heißt es: „Ich habe immer intellektuelle Hemmungen, wenn ich das Wort ‚unbeschreiblich' für etwas verwende; denn wenn man sich etwas Mühe gibt und die nötige Klarheit *erzwingt*, dann gibt es m. E. nur sehr wenig ‚Unbeschreibliches' [...]." (Bonhoeffer 1998, 209; Hervorhebung T. M.) Dies sind – wie gleich noch zu zeigen sein wird – Worte, die nicht mit herkömmlichen Konzepten von Hermeneutik vereinbar sind, da hier eine klassische, eben „allerletzte" Transzendenz im Grunde ausgeschlossen wird, zumindest wenn es um die wissenschaftliche Rede von Gott geht.

Bonhoeffer gibt nun, wie gesagt, nur einen Impuls, der sich im nachgelassenen „Entwurf zu einer Arbeit" (vgl. Bonhoeffer 1998, 556–561) zwar materialdogmatisch (und dabei besonders mit Blick auf eine theologische Anthropologie) niederschlägt, auf der anderen Seite aber auch die Frage nach einer wissenschaftstheoretischen Grundlegung aufwirft, insofern eine wirkliche „nicht-religiöse Interpretation" unmöglich als rein theologische bzw. dogmatische Herausforderung im traditionellen Sinne gedacht werden kann. Das versteht sich von selbst. Und doch, ein Rest Ambivalenz wabert in der Formulierung Bonhoeffers. Ähnlich wie beim modernen Übersetzungsprogramm scheint nämlich auch hier zunächst ein impliziter Dualismus durch, in dem sich zwei Sphären gegenüberstehen, wie es die klare Negation in der Formulierung anzeigt. Nun brauchen wir aber bei Bonhoeffer wohl kaum davon ausgehen, dass in dieser Gegenüberstellung ein lupenreines Rangverhältnis zugunsten der ‚säkularen' Vernunft besteht. Im Gegenteil, denn auch wenn der späte Bonhoeffer die wissenschaftstheoretische Herausforderung (in dem auch der Methodendualismus von Analytik und Hermeneutik aufscheint) selbst nicht benennt, so zeigen seine theologischen, begrifflichen und auch poetisch-lyrischen Überlegungen besonders aus *Widerstand und Ergebung* sehr deutlich ein Bemühen an, jener klassischen Hierarchisierung entgegenzuwirken. Plakativ ausgedrückt: Es geht um „Christen *und* Heiden" (Bonhoeffer 1998, 515 f.; Hervorhebung T. M.) und nicht um Christen *oder* Heiden, „Christus *und* die mündig gewordene Welt" (Bonhoeffer 1998, 479; Hervorhebung T. M.) und nicht um zwei Reiche / Regimente (ob nun synchron oder diachron, kausal oder final) und es geht darum, wie „Christus der Herr *auch* der Religionslosen werden" (Bonhoeffer 1998, 404; Hervorhebung T. M.) kann. Hier begegnet uns kein platter Inklusivismus, sondern Bonhoeffer ist es einerseits ernst mit der „stärksten Stelle" des mündigen Menschen, aber andererseits eben auch mit der Religionstheologie, wenn er festhält,

> „daß die vollen Inhalte einschließlich der ‚mythologischen' Begriffe bestehen bleiben müssen – das N. T. ist nicht eine mythologische Einkleidung einer allgemeinen Wahrheit!, sondern diese Mythologie (Auferstehung etc.) ist die Sache selbst! […]" (Bonhoeffer 1998, 482).

3. Formallogische Grenzgänge der Theologie

Der Hegelsche Begriff von der „Sache selbst" liefert uns das Stichwort, um zum Deutschen Idealismus überzuleiten. Nun ist es allerdings nicht Hegel, sondern dessen früherer Stiftskollege Schelling, der bereits in den 1830er und 40er Jahren dieselbe Herausforderung wittert: Seine Vorlesungen über die *Philosophie der Mythologie* stellen im Wesentlichen eine Kritik der traditionellen Metaphysik und damit auch der hergebrachten (Onto-)Theologie dar, die selbst dem formalanalytisch viel genauer arbeitenden Hegel der *Großen Logik* noch immer als Maßstab gilt.[1] In der ersten Vorlesung stellt er sich der theologisch-metaphysischen Wahrheitsfrage mit Blick auf das Postulat ihrer Einzigkeit und Eindeutigkeit, wie sie im Monotheismus begegnet:

> „Wenn nun aber außer Gott nicht bloß kein anderer Gott, sondern nichts ist, so ist ja soweit Gott nicht der einzige Gott, sondern der schlechthin Einzige (nur *ho mónos*, nicht aber *ho mónos theós*). Ist nicht die Existenz eines anderen Gottes, sondern *jede* Existenz hier zu leugnen, so handelt es sich auch nicht um die Einzigkeit Gottes *als solchen*[2], sondern nur um die absolute Einzigkeit Gottes." (Schelling 1985b, 32)

Die Diagnose folgt auf dem Fuße und Schelling erklärt, „daß der Satz nicht Monotheismus, sondern eben bloßen Theismus enthielte" (ebd., 33). Modern ausgedrückt verweist er hier auf folgendes, im Grunde wissenschaftstheoretisches Problem, das Bonhoeffers Zeitgenosse Gott-

1 Und dennoch bleibt Hegels Philosophie genau aufgrund ihrer analytischen Schärfe die modern anschlussfähigere (vgl. Münchow 2022, bes. 135–151; Günther 1978).

2 Mit dem Zusatz „als solchem" verweist Schelling auf den bestimmten Gott – in unserem Falle wäre es der christliche.

hard Günther in seinen frühen Veröffentlichungen (bes. Günther 1978a; Günther / Schelsky 1937) diskutiert: Da sich abendländische Theologie und Metaphysik methodisch unverrückbar an die klassische zweiwertige logische Axiomatik, wie sie Aristoteles erstmals formuliert, gebunden haben, musste es notwendigerweise stets zu einer Auflösung der Ambivalenz ihrer Begriffe kommen, da der operationale Gehalt jener Logik in Form des sog. Drittensatzes ebendieses Dritte, das nicht unter die übrigen Axiome von Identität und Widerspruch fiele, konsequent ausschließt und aus dem Feld wissenschaftlicher Objektivität verbannt (vgl. Günther 1978a, bes. 81–88, 94–97). Die drei Axiome der klassischen Logik (Identitätssatz, Widerspruchssatz und Drittensatz) treffen also, so Günther, seinsthematische Aussagen, die jede Dynamik und Operationalisierung ausschließen. Innerhalb dieser logischen und wissenschaftstheoretischen Tradition stellen die (formalisierten) Urteile $A=A$, $A \cup \neg A$ und $\neg(A \cap \neg A)$ somit die Bedingungen der Möglichkeit von Letztaussagen über die (nicht nur denkbare) Welt dar. Sie drücken insofern Urteile über das Sein als solches aus. Logik äußert sich im abendländischen Denken somit als Ontologie (vgl. Günther 2021, 26; Klagenfurt 1995, 77). Diese Logik / Ontologie ist rigoros und bedingt insofern auch den Gedanken des absoluten Seins und der Onto-Theologie, was sich in dem sekundären Axiom, dem sogenannten ‚Satz vom Grund', niederschlägt. Die abendländische Tradition sieht sich regelrecht dazu gezwungen, nach dem Grund zu Fragen, da das Dritte, das sich etwa in den ambivalenten innerweltlichen Erfahrungsinhalten widerspiegelt, kategorisch und als undenkbar ausgeschlossen wird. Das ausgeschlossene Dritte gilt als begrifflich nicht handhabbar. Es muss nach dieser Auffassung folglich aufgelöst werden im absoluten Sein oder im absoluten Gott,[3] das oder der selbst kein Objekt der Erkenntnis und des streng wissenschaft-

3 Sehr treffend ist hier die Doppeldeutigkeit des Hegelschen Wortspiels: Das Dritte muss zu Grunde gehen.

lichen, also (klassisch-)logischen Denkens mehr ist. Günthers Erkenntnis macht es jedoch deutlich: Der Satz vom Grund ist kein primäres logisches Axiom, sondern vielmehr tendenziös und aus den drei klassischen Axiomen abgeleitet (vgl. Günther 1978b, 231–297). Das bedeutet aber gleichzeitig, dass der Vorgang, also die Operationalisierung dieser Logik selbst, aus dem Register des denkbaren Seins ausgeschlossen wird. Die Ironie liegt nun aber darin, dass diese wissenschaftliche Tradition, um zu ihren Urteilen zu kommen, genau diese Logik unbewusst operationalisiert und anwendet.[4]

Kategorien der Unschärfe wie der Begriff vom ‚Gottmenschen', prozessuale Kategorien wie ‚Schöpfung', ‚messianische Zeit' (vgl. Agamben 2006) und ‚Auferstehung' oder relationale Reflexionsbegriffe wie ‚Offenbarung' und ‚Glaube' konnten vor diesem Hintergrund nur noch in einem abstrakten ‚Jenseits' verortet oder im streng-wissenschaftlichen Sinne nicht mehr anschlussfähigen Begriff aufgehoben werden, wie etwa dem des ‚Personengeheimnisses', das auf die Kompromissformel von Chalcedon zurückgeht, die Ralf Wüstenberg daher sehr passend als „Lösung durch begriffliche Nicht-Lösung" (Wüstenberg 2009, 73) be-

4 Günther kann nachweisen, dass Hegel dies bereits frühzeitig (wenn auch mehr intuitiv) erkennt. Er reagiert mit seiner dreiwertigen dialektischen Logik da er begreift, dass die philosophische Analyse des ausgeschlossenen Dritten eine neue, mehrwertige Logik erforderlich macht. Hegel verweigert sich jedoch vehement der Formalisierbarkeit dieser Logik (vgl. Bochenski 1978, 297–301) und schafft mit seiner dialektischen Logik ein Zwitterwesen, das nicht ganz formale Logik und auch nicht ganz Metaphysik ist, aber letztlich als Prototyp der drei- und mehrwertigen Logiken gelten kann, die in der mathematischen Logik des späten 19. Jahrhunderts entwickelt werden (vgl. Günther 1978a, 182–224; Günther 1978b, 3–55). Vor diesem Hintergrund erklärt sich auch Slavoj Žižeks Gedanke, dass Hegel im Grunde genommen zu Unrecht als klassischer Metaphysiker betrachtet wird, da er eigentlich der „‚verschwindende Vermittler' zwischen ‚Vorher' und ‚Nachher', zwischen der traditionellen Metaphysik und dem nachmetaphysischen Denken des 19. und 20. Jahrhunderts" ist (Žižek 2014, 320–332, hier 330).

zeichnet.[5] Es ist daher auch wenig verwunderlich, dass sich die klassischen Natur- und Erfahrungswissenschaften gegen die traditionelle Metaphysik und Theologie durchsetzen sollten und methodologisch auch in manchen Frontstellungen gegenüber den Geschichts-, Geistes- und Sozialwissenschaften besser dastehen, da das formallogische Repertoire, auf das sie zurückgreifen, seit über zweitausend Jahren bekannt und abgeschlossen ist.[6] Den letztgenannten Wissenschaften fehlt hier, kurz gesagt, das formallogische Organon, um besagte Begriffsambivalenz streng wissenschaftlich auszudrücken. Die hermeneutischen Methoden allein können diesen Mangel jedoch nicht einfach ausgleichen, da es gerade zum Wesen der Hermeneutik gehört, dass sie das (Wissenschaftler*innen-)Subjekt dazu auffordert, subjektiv empfänglich zu werden für Phänomene, die ihrerseits einer anderen Subjektivität entspringen, d.h. zu-

5 Die Ambiguität der Formulierung ist vielsagend, denn sie drückt eine sehr menschliche Intuition aus, die sich im Grunde genommen schon früh – wenn auch unbewusst und im christlich-religiösen sowie theologischen Register – gegen die logizistischen Absoluta richtet und nicht nur ein diametrales Modell, nämlich die Inkarnation, sondern auch eine Mischkategorie, den Gottmenschen, ins Spiel bringt; denn es ist der Logosgedanke des Johannesevangeliums, der sich hier als „Komplementärintuition" zur aristotelischen Logik präsentiert (vgl. Günther 1980, VIII). Die „Lösung durch begriffliche Nicht-Lösung" drückt so zweierlei aus: Einerseits bleibt das Chalcedonense ein Fanal der Resignation der Kirchenväter angesichts der begriffslogischen Auflagen, die seit Platon und Aristoteles unbestritten gelten, andererseits zeigt sich im Bekenntnis auch ihre Resilienz, in der die absoluten und unvereinbaren Kategorien des zweiwertigen Denkens eben nicht voneinander gelöst, sondern im Gegenteil einander zugeordnet werden. Siehe auch Abschnitt 4 dieses Aufsatzes.

6 Wobei dazugesagt werden muss, dass gerade in den modernen Naturwissenschaften, wie etwa der Quantenphysik, aber im Grunde genommen auch schon lange in der organischen Biologie das Desiderat mehrwertiger Logikkalküle besteht, die etwa mikrokosmische Phänomene wie Quantenverschränkungen und Unschärferelation oder schlicht und ergreifend das Moment der Zeit, Prozessualität und Transformation (‚Die Pflanze wächst.') wissenschaftlich handhabbar machen.

meist einer zeitlich und/oder kulturell fremden Deutungssphäre bzw. Sprache.

Unterm Strich heißt das: Die traditionellen Geisteswissenschaften und damit vor allem die Theologie steht vor dem Problem, dass ihr formallogisches Repertoire, dessen Anwendung sie als ordentliche Wissenschaft qualifiziert, nicht ausreicht, um ihre eigentlichen Gehalte strengwissenschaftlich auszudrücken, was im Umkehrschluss dazu führt, dass sie ihre Anschlussfähigkeit verliert. Ihre komplementäre Methode, die Hermeneutik, setzt nur Verstehen voraus, aber anders als die (klassische) logische Axiomatik, ist dieses Verstehen nicht zwingend, es bleibt – mit Hegel gesprochen – subjektiv. Hier entpuppt sich auch die Hermeneutik als Multiplikator des o. g. Methoden-Dualismus: „Alles hermeneutische Verstehen beruht auf dem Glauben, daß sich in der Welt ein Jenseitiges, eine absolute Transzendenz manifestiert, die dem analysierenden Verstande und seinen ‚klassifizierenden' Methoden nicht zugänglich ist." (Günther 1979, 160) Hierin gleichen sich hermeneutische Geisteswissenschaften und analytische Erfahrungswissenschaften, mit dem entscheidenden Unterschied, dass die Letztgenannten *innerhalb* der gegebenen zweiwertigen Logik mit vollem Recht behaupten können, dass jene Transzendenz als Drittes wissenschaftlich irrelevant ist, während die anderen mit gleichem Recht die Werte umkehren und ihrem Gegenüber „Seinsvergessenheit" (M. Heidegger) ankreiden können. Zurück bleibt nur die Leerstelle, das „Bewusstsein von dem, was fehlt". Günthers Vorschlag zur Bewältigung dieses althergebrachten Problems sieht die Öffnung der Geistes- und Sozialwissenschaften für mehrwertige Logikkalküle vor, die in letzter Konsequenz in einer Strukturtheorie münden müssen, in der Analytik und Hermeneutik in ein klares wissenschaftlich aussagbares Komplementärverhältnis gesetzt sind, das sich in einer Stellenwertlogik und Topik niederschlägt. Die hochkomplexe und unabgeschlossene Theorie muss ich hier unterschlagen, zumal ich außerdem die begründete Vermutung habe, dass sich Günthers Diagnose für die Theologie zunächst in einer viel grundlegenderen Selbstverständigung zu manifestieren hat und von der ich behaupten will, dass Bonhoeffers Theologie hier genauso sehr bewusst wie intuitiv Ansätze formuliert und bereit hält, die in Richtung einer streng-wissenschaftlichen Theologie deuten.[7] Ich will abschließend aber wenigstens ein paar Hinweise diesbezüglich geben:

4. Schelling – Günther – Bonhoeffer

Günthers Relektüre von Schelling (vgl. Günther 1937) bringt nun noch einen interessanten Sachverhalt ans Licht, der uns wieder zu Bonhoeffer zurückführt, von wo aus wir einen Impuls in Richtung einer modernen Wissenschaftstheorie der christlichen Theologie formulieren wollen: In der *Einleitung* zu seiner *Philosophie der Mythologie* von 1842 stellt Schelling die positive These auf, dass der christliche Monotheismus das Heidentum nicht überwunden hat, wie es die Religionstheorie eines abstrakten transzendentalen Idealismus meint; stattdessen gilt es zu erkennen, inwiefern er „seine materiellen Voraussetzungen in der natürlichen Religion hat" (Schelling 1985a, 258). Schelling spielt in Bonhoeffers Werk eine marginale Rolle[8], umso erstaunlicher ist es daher, dass uns in *Widerstand und Ergebung* die ‚reizvollen' heidnischen Götter, genauer gesagt die „Götter Griechenlands" (W. F. Otto) begegnen, die Bonhoeffer faszinieren. Er glaubt, „diese Götter für Christus in Anspruch nehmen zu können" und erklärt, dass W. F. Ottos Buch über jene für seine „gegen-

---

7 Der Verfasser arbeitet gegenwärtig im Rahmen seiner Forschung an der hier angesprochenen grundlegenden Selbstverständigung der Theologie mit Querbezügen zur Bonhoefferschen Intuition.

8 Der Herausgeber von *Akt und Sein* vermutet, dass sich Bonhoeffer „die grundbegrifflichen Konstellationen der großen europäischen Überlieferung – jedenfalls zum Zeitpunkt der Abfassung von ‚Akt und Sein' – sicher nur aus zweiter Hand verdeutlicht [habe]" (Bonhoeffer 1988, 166), wobei er auch auf Schelling verweist (vgl. ebd. 165).

wärtigen theologischen Überlegungen […] sehr wertvoll" ist (Bonhoeffer 1998, 492). Nicht zuletzt begegnen sie uns auch im *Entwurf*:

> „Gott in Menschengestalt! nicht wie bei orientalischen Religionen in Tiergestalt als das Ungeheure, Chaotische, Ferne, Schauerliche; aber auch nicht in den Begriffsgestalten des Absoluten, Metaphysischen, Unendlichen etc.; aber auch nicht die griechische Gott-Menschgestalt des ‚Menschen an sich', sondern ‚der Mensch für andere'! darum der Gekreuzigte. Der aus dem Transzendenten lebende Mensch." (Bonhoeffer 1998, 558 f.)

Die metaphysikkritische Haltung Bonhoeffers, die sich in diesen Zeilen ausdrückt, zielt auf einen Zwischenbereich, den die philosophisch-ideologischen Metatheorien des zwanzigsten Jahrhunderts nicht (wissenschaftlich) abbilden können: Abstrakter transzendentaler Idealismus, genauso wie der latent teleologische dialektische Materialismus lösen diesen Zwischenbereich auf in der Kategorie der Geschichte, die aber nur – mit Schelling gesprochen – den Bereich der „gewesenen Freiheit" abdeckt und die wirkliche Freiheit (Gottes) im Offenbarungsgeschehen nicht einmal zum Thema machen kann, wie Bonhoeffer mit Barth schon in *Akt und Sein* kritisch gegenüber Bultmann betont (vgl. Tietz-Steiding 1999, 187–190). „[D]arum der Gekreuzigte" – es geht Bonhoeffer um die Transzendenz des Gottes, der gestorben ist, eines Gottes, der sehr wohl Mensch und damit materiell, immanent ist, der aber eben auch als „Mensch für andere" – wie es für jeden Menschen gilt[9] – eine Trans-

9 So lassen sich etwa Freiheit, Wille und Intentionalität nicht objektiv erfahren, sondern nur durch die individuelle Subjektivität. Das bedeutet aber auch, dass die Freiheit, der Wille usw. des Anderen unweigerlich eine innerweltliche Transzendenz bilden. (Mithin ließe sich auch sagen, dass zudem die eigene Subjektivität als Selbstbewusstsein eine Transzendenz ist, die sich als Introszendenz [vgl. Günther 2021, 20] zugleich manifestiert, indem sie sich dem Subjekt, das durch

zendenz bildet. Es ist der Gott, der seinen eignen Tod, seine „Ohnmacht in der Welt“ (Bonhoeffer 1998, 535) verkörpert und in Bezug auf den der Mensch „dem anderen ein Christus werden darf und soll“ (Bonhoeffer 1986, 121). Bonhoeffers theologische Ideen, die dann ja auch verständlicherweise in einer Ethik resultieren müssen, spiegeln hier, was Günther 1937 als wissenschaftstheoretisches Desiderat der Geisteswissenschaften identifiziert:

Günther stellt fest, dass Schellings Kritik der abstrakten „Metaphysik des toten Seins“, in der der monotheistische Gott zum der Welt gegenübergestellten reinen Geist hypostasiert wird, auf die Möglichkeit einer in entgegengesetzter Richtung verlaufenden komplementären „Metaphysik des absoluten Todes“, resp. „Metaphysik der Willens“ hindeutet (vgl. Günther 1937, 46). Die klassische Logik ermöglicht eben nur die Rede von statischen mit sich selbst identischen Seinskategorien, für dynamische Reflexionsbestimmungen gibt es in dieser Axiomatik keinen Platz. Nun sind aber, wie oben angedeutet, Terme wie Offenbarung und Schöpfung offensichtlich kommunikativer und prozessualer Natur, d. h. in ihnen gibt es reversible Momente, die sich der starren (höchstens emanativen) Seinslogik entziehen (vgl. Günther 2021, 28, Anm. 14).

M. a. W., der strukturale Vergleich zwischen Bonhoeffers theologischen Impulsen und Entwürfen mit Günthers wissenschaftstheoretischen Konzepten lassen die Hypothese zu, dass Bonhoeffers Theolo-

---

sie zum Subjekt wird und durch dessen Subjektivität sie sich ereignet, entzieht.) Hier ließe sich eine interessante Konstellation im Bonhoefferschen Denken herstellen, die Früh- und Spätwerk verbindet. So mag der Gott, der „mitten in unserem Leben jenseitig“ ist (Bonhoeffer 1998, 408), sich gerade im Vorgang der Nächstenliebe als immanentes Geschehen ereignen, insofern es hierbei darum geht „dem anderen ein Christus werden“ (Bonhoeffer 1988, 121) zu *dürfen* und zu *sollen*. Freilich wäre die systematische Entfaltung dieses Gedankens keine genuin Bonhoeffersche mehr, aber allemal ein Überschreiten traditioneller theologisch-begrifflicher Grenzen mithilfe Bohoefferscher Impulse, zu der man sich wohl hinreißen lassen darf und soll.

gie einen guten Ausgangspunkt liefert, um in Kommunikation mit der Wissenschaftstheorie die Grundlegung für eine streng wissenschaftliche Theologie zu entwickeln, eben eine nicht-religiöse Interpretation biblischer Begriffe. Hierbei ist der besagte Zwischenbereich, das ausgeschlossene Dritte entscheidend. Es ist der Bereich der Offenbarung (u. dgl. wie Gebet, die Liebe usw.), den die moderne Logik (und dabei konkret ihre praktische Seite, die Kybernetik bzw. die Kommunikations- und Maschinentheorie) unter dem Begriff Information und Kommunikation behandelt – Kategorien, die so gesehen auch latent ethischer Natur sind, da es hier um die Verschränkung von Transzendenzen geht, die Theologie und Philosophie traditionell als Ich und Du bezeichnen – Kategorien, die aber ein für alle Mal mit der klassischen Metaphysik brechen und eine ganz neue Form der Metaphysik fordern, zu der gerade die Theologie mit Sicherheit viel beitragen kann.

5. Literaturverzeichnis

Agamben, G. (2006) *Die Zeit die bleibt. Ein Kommentar zum Römerbrief.* Übers. von D. Giuriato. Frankfurt a. M: Suhrkamp.

Bochenski, J. M. (1978) *Formale Logik.* Freiburg i. Br: Karl Alber.

Bonhoeffer, D. (1986) *Sanctorum Communio. Eine dogmatische Untersuchung zur Soziologie der Kirche.* Dietrich Bonhoeffer Werke, Bd. 1 (= DBW 1). Hg. von J. von Soosten. Gütersloh: Gütersloher Verlagshaus.

– (1988) *Akt und Sein. Transzendentalphilosophie und Ontologie in der systematischen Theologie.* Dietrich Bonhoeffer Werke, Bd. 2 (= DBW 2). Hg. von H.-R. Reuther. Gütersloh: Gütersloher Verlagshaus.

– (1998) *Widerstand und Ergebung. Briefe und Aufzeichnungen aus der Haft.* Dietrich Bonhoeffer Werke, Bd. 8 (= DBW 8). Hg. von C. Gremmels et al. Gütersloh: Gütersloher Verlagshaus.

Günther, G. (1937) ‚Religion, Metaphysik und transzendentaler Idealismus', in ders. und H. Schelsky (Hg.) *Christliche Metaphysik und das Schicksal des modernen Bewußtseins.* Leipzig: S. Hirzel, 9–46.

– (1978a) *Grundzüge einer neuen Theorie des Denkens in Hegels Logik* [1933]. 2. Auflage. Hamburg: Meiner.

– (1978b) *Idee und Grundriß einer nicht-Aristotelischen Logik. Die Idee und ihre philosophischen Voraussetzungen* [1959]. 2. Auflage. Hamburg: Meiner.
– (1979) ‚Kritische Bemerkungen zur gegenwärtigen Wissenschaftstheorie', in ders. *Beiträge zur Grundlegung einer operationsfähigen Dialektik.* Bd. 2. Hamburg: Meiner, 157–170.
– (1980) *Beiträge zur Grundlegung einer operationsfähigen Dialektik.* Bd. 3. Hamburg: Meiner.
– (2021): *Das Bewußtsein der Maschinen. Eine Metaphysik der Kybernetik*, Frankfurt a. M: Klostermann.
Günther, G. und Schelsky, H. (1937) *Christliche Metaphysik und das Schicksal des modernen Bewußtseins.* Leipzig: S. Hirzel.
Habermas, J. (2003) ‚Glauben und Wissen. Friedenspreisrede 2001', in ders. *Zeitdiagnosen. Zwölf Essays 1980–2001.* Frankfurt a. M.: Suhrkamp, 249–262.
– (2005) *Zwischen Naturalismus und Religion. Philosophische Aufsätze.* Frankfurt a. M.: Suhrkamp.
– (2008) ‚Ein Bewußtsein von dem, was fehlt', in M. Reder und J. Schmidt (Hg.) *Ein Bewußtsein von dem, was fehlt. Eine Diskussion mit Jürgen Habermas.* Frankfurt a. M.: Suhrkamp, 26–36.
Klagenfurt, K. (1995) *Technologische Zivilisation und transklassische Logik. Eine Einführung in die Technikphilosophie Gotthard Günthers.* Frankfurt a. M.: Suhrkamp.
Münchow, T. (2022) *Kritik der ethischen Institution. Kant, Hegel und der Tod Gottes.* Bielefeld: transcript.
Schelling, F. W. J. (1985a) ‚Erstes Buch. Historisch-kritische Einleitung in die Philosophie der Mythologie [1842]', in ders. *Ausgewählte Schriften 1842–1852.* Bd. 5, hg. von M. Frank. Frankfurt a. M.: Suhrkamp, 11–262.
– (1985b) ‚Philosophie der Mythologie [1842]', in ders. *Ausgewählte Schriften 1842–1852.* Bd. 6, hg. von M. Frank. Frankfurt a. M.: Suhrkamp.
Tietz-Steidig, C. (1999) *Bonhoeffers Kritik der verkrümmten Vernunft. Eine erkenntnistheoretische Untersuchung.* Tübingen: Mohr Siebeck.
Wüstenberg, R. K. (2009) *Christologie. Wie man heute theologisch von Jesus sprechen kann.* Gütersloh: Gütersloher Verlagshaus.
Žižek, S. (2014) *Weniger als nichts. Hegel und der Schatten des dialektischen Materialismus.* Übersetzt von F. Born. Berlin: Suhrkamp.

Dietrich Bonhoeffer – Pacifist and Resistance Fighter. A Dialectic with a Current Relevance

Gunter Prüller-Jagenteufel

As a friend and a colleague, I highly appreciate Ralf Wüstenberg's contribution to the studies of Dietrich Bonhoeffer, especially his works on Bonhoeffer's significance for present day challenges (cf. Wüstenberg 2006; 2008; 2009 et mult.). Bonhoeffer is highly regarded as an example of political action based on Christian conviction: As theologian and Christian he took up the challenges of his time – and he paid the ultimate price. But Bonhoeffer is also significant because of his of ecumenical work for peace, both in practice and in theology, based on the idea that „the church is church only when it is there for others" (DBWE 8, 503). And it is precisely his responsible pacifism, as I would like to call it, that can show us ways how to deal with the deepest crisis that Europe has faced since World War II.[1]

---

1 This contribution on the dialectical character of Bonhoeffer's pacifism is based on a paper presented at the „8th Workshop on Liberating and Contextual Theologies" held in Wittenberg, October 12th–14th, 2023. The original paper (in German) is published under the title: „Dietrich Bonhoeffers Pazifismus in der Dialektik von Frieden und Widerstand, Gewaltlosigkeit und Tyrannentötung" (Prüller-Jagenteufel 2024). For this book it has been not only translated but also abridged and fundamentally revised.

1. The theological and biographical context

Bonhoeffer's critical position on war is rooted in the death of his elder brother Walter, who had been mortally wounded in the First World War (cf. Huber 2013, 133), but also in his disgust with the nationalist and revanchist movements of his time. This and his international contacts led him to his work in the ecumenical peace movement and ultimately to his resistance against the Nazi ideology. During his academic years he concentrated more on the Christian Churches' responsibility for peace, but once the Nazis took power he changed his focus to resistance – at first concentrated on the „Confessing Church", later in a more political way. Even if these phases reflect different times, for Bonhoeffer there is still an underlying unity, albeit a dialectical one: Pacifism and resistance are not opposites, but rather based on the same grounds. (cf. Huber 2013, 129–130.)

The theological core is Bonhoeffer's Christology, specifically the incarnational unity of God and the world which determines all reality (cf. Prüller-Jagenteufel 2004, 267–281). The rejection of all dualism is characteristic of Bonhoeffer and also of contemporary political and public theologies. As long as we understand Christ and the world „as two realms [Räume] repelling each other", we try to have „Christ without the world or the world without Christ – and in both cases we deceive ourselves" (DBWE 6, 57–58). As Christians we have no other option than to follow Christ *in* the world: „Just as the reality of God has entered the reality of the world in Christ, what is Christian cannot be had otherwise than in what is worldly" (DBWE 6, 59). World and faith therefore cannot be understood in opposition to each other; neither escape from the real world nor cheap adaptation to it is required, but rather a firm stand in the world. And for God's sake a critical, even „polemical", one: „Christians are to remain in the world [...] in order to engage the world in a frontal assault. [...] The world must be contradicted within the world,"

(DBWE 4, 244). But all this not to escape the world but „in the name of a better worldliness“ (DBWE 6, 60).

In that context pacifism is by no means to be confused with an escape into the passivity of a special sacred realm or into Quietist endurance. Rather, Bonhoeffer derives pacifism from the Beatitudes: He stresses the fact that the well-known word „beati pacifici“ (Mt 5:9) does not mean „the peaceful“ (die Friedfertigen), as German translations usually would name it, but „the peacemakers“, clearly an active commitment. Thus, Bonhoeffer does not withdraw from the challenges of his time but engages them: Whatever is necessary to secure or regain peace has to be done, not matter the risk.

2. The development of Bonhoeffer's position on war and peace

Since Bonhoeffer's theological and ethical reflections on war and peace can only be understood against the background of his time (cf. Glenthøj 2001; Green 2021; Mokrosch 2003; Tietz 2021; Zeyher-Quattlender 2021), it is important to consider the more extreme positions of that time that we usually have not in mind today. Before, during and after World War I, most theologians and church people considered war as a legitimate means of politics to enforce state interests. More or less theologians agreed with Clausewitz's famous notion that war was nothing more than the „continuation of politics by other means“ (cf. Huber 2019, 131–133).

a) The young Bonhoeffer: Vicariate abroad in Barcelona (1928–29)

As a young vicar (aged just 22) in Barcelona, Bonhoeffer's position was still influenced by national Protestant theology and situational ethical decisionism (cf. Huber 2019, 133). In a lecture on Christian ethics in Barcelona (DBWE 10, 359–378) he strongly rejected pacifism:

> „If ever I find myself in the distressing situation of having to decide whether to expose my biological brother, my biological mother, to the hand of the attacker, or to raise my own hand against the enemy, then the moment itself will doubtless tell me which of these two is and must be my neighbour" (DBWE 10, 371).

For Bonhoeffer, this also applies to his own people, „for God created the peoples" (DBWE 10, 371). According to him the primary duty of defence, even with military force, was grounded in God's order of creation. This idea is, of course, easily explained by the theological mainstream of this time, in which the „people" was widely considered as a creational reality. Bonhoeffer's restriction that „Christians who go to war [...] will not hate their enemy", but pray for them and their souls even „when they deliver their bodies to death" (DBW 10, 371), does not help, because it just shows a certain dualism between action and mind – a division that Bonhoeffer later strongly opposes. But although Bonhoeffer overcame this approach rather quickly, a look at this early position still shows how radically Bonhoeffer distanced himself from this mainstream thinking in the following years.

b) „Turning from the phraseological to the real" (DBWE 8, 358): Bonhoeffer's first stay in the USA (1930–31)

The turning point in Bonhoeffer's theological thinking came during his studies at the Union Theological Seminary in New York. In retrospect, Bonhoeffer notes that there he discovered the Bible „for the first time". Particularly the Sermon on the Mount opened up to him „Christian pacifism [...] as something utterly self-evident" (DBWE 14, 134). This development was triggered by concrete encounters with people that would serve as significant others: The friendship with the French pastor and pacifist Jean Lasserre changed Bonhoeffers view of the classic friend-foe scheme (cf. Tietz 2021, 263–264). Watching the movie „All Quiet On The

Western Front" together led them to a nuanced exchange of war experiences and traumas – quite unusual in a time that held fast the ideology of the French-German „Erbfeindschaft" (hereditary enmity). Beyond that Bonhoeffer learned about the political dimension of Christianity during his involvement wiht the Abbessinian Baptist Church in Harlem. There he got to know the Social Gospel movement and the struggle of African Americans against personal and structural racism. Bonhoeffer's theology of peace and justice has it's Sitz im Leben precisely in these encounters. The experience of the „unity of Christianity" and the „brotherhood of mankind" (DBWE 10, 417), motivated him to revise his earlier ideas profoundly. Just a little more than one year after his talk in Barcelona, he states, „It must never more happen that a Christian people fights against a Christian people, brother against brother, since both have one Father." (DBWE 10, 417)

c) „Commandments that are true today": Peace as a theme in the „friendship work of the churches"

After his return from the New York, Bonhoeffer became involved in the ecumenical peace work, specifically in the World Alliance for Church Friendship, where he served as Youth Secretary for Central Europe and Scandinavia. Dissatisfied with the pragmatic approaches prevailing there, he set about establishing a concise theological foundation for a Christian pacifism.

In his lecture „On the Theological Foundation of the Work of the World Alliance" given 1932 in Čiernohorské Kúpele, Bonhoeffer concentrates on the commandment of Christ: „The church [...] can proclaim not principles that are always true but rather only commandments that are true today." (DBWE 11, 359–360) That meant concretely,

> „The church must in the event of a decision about war not only be able to say: There should be no war; but there are also necessary wars,

> and then leave it to each individual to apply this principle – rather, the church should be able to say concretely: fight this war, or do not fight this war." (DBWE 11, 360)

Even when in former times Christians chose war in good conscience this seemed no longer possible, „[…] simply because it [i. e. war] is absolutely destructive. The power of destruction reaches the inner life as well as the external life of human beings. Today's war destroys soul and body." (DBWE 11, 367).

Only a few months later, at a lecture in Berlin, Bonhoeffer called for an absolute ban on military service: „The commandment 'You shall not kill,' the word that says, 'Love your enemies,' is given to us simply to be obeyed. For Christians, any military service, except in the ambulance corps, and any preparation for war, is forbidden." (DBWE 12, 260)

Two years later, Hitler had come to power and Bonhoeffer had realised from the very beginning that this inevitably would lead to war (cf. Gremmels / Grosse 2006, 26). In August 1934, at the World Alliance Conference in Fanø, he once again spoke out against the war that the Nazis were already preparing:

> „There shall be peace because of the Church of Christ, for the sake of which the world exists. And this Church of Christ lives at one and the same time in all peoples, yet beyond all boundaries, whether national, political, social or racial. And the brothers who make up this Church are bound together, through the commandment of the one Lord Christ, whose word they hear, more inseparably than men are bound by all the ties of common history, of blood, of class and of language." (DBWE 13, 308)

Bonhoeffer understood perfectly well that he was calling for something radical and unheard of, something considered even irresponsible in that time of general rearmament. He criticised the doctrine of national security and called for trusting cooperation even in times of general mistrust: „There is no way to peace along the way of safety. For peace must be dared. It is the great venture. It can never be made safe. Peace is the opposite of security. To demand guarantees is to mistrust, and this mistrust in turn brings forth war." (DBWE 13, 308–309) However, since the appeal of individuals, including individual churches, seemed to be hopeless against the warmongering forces, Bonhoeffer called for the „one great Ecumenical Council of the Holy Church of Christ over all the world", that alone could overcome war by speaking out to all Christians, declaring war as „forbidden" and proclaiming „the peace of Christ against the raging world." Bonhoeffer tried to take the wind out of his critics' sails by referring to Gandhi's non-violent resistance: „Must we be put to shame by non-Christian peoples in the East?" (DBWE 13, 309).

The implicit reference to Gandhi should not come as a surprise. Gandhi's non-violent resistance against the British colonisers had been widely known in Germany, especially since the „Salt March" of March / April 1930; and the newly published book „Die Gandhi Revolution" („The Gandhi Revolution") was widely discussed among German intellectuals (Dittrich 1930; cf. Oppel 2017, 7). In a sermon on Luke 13:1–5 from July 1934, Bonhoeffer described Gandhi as a „heathen Christian" (DBWE 13, 370) and in a private letter to his grandmother he wrote, „In any case it sometimes seems to me that there's more Christianity in their 'heathenism' than in the whole of our Reich Church." (DBWE 13, 152) Bonhoeffer even made plans to travel to India to meet Gandhi and, with the help of Bishop George Bell, he had already received a personal invitation (DBWE 13, 229–230). However, the visit never materialised because Bonhoeffer was needed in the formation of the future pastors of the Confessing Church. But it was due to his fascination with Gandhi that prompted Bonhoeffer to advocate a „preferential option for non-violence" (Huber 2019, 150) until the outbreak of World War II. Then, however, he changed this position to the effect that under severe circumstances, for the sake of peace, the aggressor had to be stopped even by force. This dialectic is easier understood if we look at Bonhoeffer's path to resistance, which had already begun in 1933.

d) „Seize the [spokes of the] wheel itself": Responsibility in the resistance (1933)

Bonhoeffer was critical of National Socialism for both personal and theological reasons. The totalitarian and racist ideology as well as the preparations for war represented a blatant contradiction to the Christian faith – and accordingly he saw the Church as being called upon to put up resistance (cf. Prüller-Jagenteufel 2004, 382–392). When in April 1933 the Nazi administration proclaimed the infamous „Arierparagraph" (Aryan Paragraph) which removed all civil servants of „Jewish race" from office, also the church had to deal with the problem of „Jewish" ministers. While the extreme position of the „Deutsche Christen" (German Christians) wanted a church of total racial purity, more moderate groups only wanted to dismiss the non-Aryan pastors from ministry. Bonhoeffer argued against both ideas in his famous article „The Church before the Jewish Question". There he argues from the fundamental Protestant principles: The church must not set conditions for membership or office except faith alone. Limitations on racist grounds would contradict this principle of „sola fide", and also it would mean to give up church autonomy in its internal affairs (cf. DBWE 12, 368–369).

Even more important, the church itself had to maintain a critical relationship vis-à-vis the state (cf. Prüller-Jagenteufel 2017, 287–289). Fundamentally, out of Christological reasons, Bonhoeffer states, „The church has an unconditional obligation toward the victims of any societal order, even if they do not belong to the Christian community" (DBWE 12, 365). Specifically, he sees three particular ways for the church to fulfil this obligation (cf. DBWE 12, 365–366):

1. „questioning the state as to the legitimate state character of its actions, that is, making the state responsible for what it does";

2. „service to the victims of the state's actions";

3. „the third possibility is not just to bind up the wounds of the victims beneath the wheel, but to seize the [spokes of the] wheel itself."

The last possibility, arguably one of Bonhoeffer's best-known words, refers to the „direct political action" to which the church is called in extreme cases, i. e. if political discussion and social work are not sufficient to uphold a certain level of justice. In 1933, Bonhoeffer basically thought of non-violent actions by the church; however, the ultimate consequence of violent resistance was at least imaginable.

The extent and importance of his critical stance shows Bonhoeffer's position on military service. When members or graduates of the Finkenwalde seminary were conscripted, he left the decision to follow or to object up to them; usually he did not encourage refusal of military service because of the severe personal consequences that this entailed. But personally, he was ready to object as he explained to George Bell in the springtime of 1939:

„I am thinking of leaving Germany sometime. The main reason is the compulsory military service to which the men of my age (1906) will be called up this year. It seems to me conscientiously impossible to join a war under the present circumstances. [...] Perhaps the worst thing of all is the military oath which I should have to swear. [...] In spite of much reading and thinking concerning this matter I have not yet made up my mind what I would do under different circumstances. But actually, as things are I should have to do violence to my Christian conviction, if I would take up arms 'now and here.'" (DBWE 15, 156–157)

The text shows that Bonhoeffer is not rejecting military service in principle, but rather the concrete circumstances: He is not willing to take part in *this* war for *that* state. After a shortened stay in the US, on his way back to Germany in June 1939, he explained his change of mind to Reinhold Niebuhr: „Christians in Germany will face the terrible alternative of either willing the defeat of their nation in order that Christian civilization may survive, or willing the victory of their nation and thereby destroying our civilization." So he states: „I will have no right to participate in the reconstruction of Christian life in Germany after the war if I do not share the trials of this time with my people." (DBWE 15, 210)

It was precisely Bonhoeffer's unchanged resistance to Nazism that led to the decision to return and fight for justice and peace precisely from within. Consequently, he joined the military resistance group of Admiral Wilhelm Canaris and Major General Hans Oster. Bonhoeffer was integrated into the German counter-intelligence („Abwehr") on the pretended grounds that he would use his ecumenical contacts to gather relevant information. In reality, Bonhoeffer was supposed to use his church connections as a contact to the Allies in order to pass on information about the resistance. Although Bonhoeffer was not directly involved in the assassination plans of Colonel Claus Schenk Graf v. Stauffenberg, he knew and supported them. In view of the developments in church and politics, he no longer saw „seizing the [spokes of the] wheel" as the duty of the church as such, but as a mainly personal one (cf. Prüller-Jagenteufel 2004, 382–392).

e) Bonhoeffer's ethics of concrete responsibility

At that time, Bonhoeffer began to work on his ethics, which he conceptualised as ethics of concrete individual responsibility. The word „today and here" is a central topos of his ethical considerations; and so his thoughts revolve around the concrete will of God, who wants salvation for all people – not only in eternity but already here and now. And this brings Bonhoeffer to the crucial challenge: „The ultimately responsible question is not how I extricate myself heroically from the situation but [how] a coming generation is to go on living.“ (DBWE 8, 42)

Christian life, therefore, consists of taking responsibility in the world with all its ambiguities and limitations; there is no falling back on eternal principles and norms. What is needed is rather insight into the situation, ethical competence to recognise what is specifically necessary „today and here“, and the courage to act accordingly:

> „The objective is not the application of some kind of limitless general principle. Thus, in the given situation it is necessary to observe, weigh, evaluate, and decide, and to do all that with limited human understanding. We must have courage to look into the immediate future; we must seriously consider the consequences of our actions [...]. It cannot be our task to revolutionize the way the world operates, but at the given place to consider reality and do what is necessary.“ (DBWE 6, 268)

However, since all people living in this concrete reality are standing in the unclarity of „twilight“ (DBWE 6, 222 et mult.), the ethical decision is also not simply a choice between a „clearly recognised good“ and an „evil recognized with equal clarity“, but it is „the very risk of the action itself“ (DBWE 6, 247–248) that one can and must take.

For Bonhoeffer, as a resistance member, the violation of general ethical norms (e. g. lying) was necessary but by no means an easy choice. The „necessity“ of a given situation alone could justify such acts, and only as „ultima ratio“ (DBWE 6, 273). Bonhoeffer states that even the killing of a tyrant like Hitler is not justified *in principle*, but only on the basis of the „necessità“ (DBWE 6, 273) – an idea that Bonhoeffer takes explicitly from Macchiavelli:

> „In such a situation, one must completely let go of any law, knowing that here one must decide as a free venture. This must also include the

> open acknowledgement that here the law is being broken, violated; that the commandment is broken out of dire necessity, thereby affirming the legitimacy of the law in the very act of violating it." (DBWE 6, 274)

We have to keep in mind that Bonhoeffer regards the right to life as „the first natural right of human beings" (DBWE 6, 188). However, he also states: „The killing of a criminal who has encroached on another life is, of course, not arbitrary." (DBWE 6, 189) Without knowing the context one could simply see this as a justification of capital punishment. However, regarding the context, Bonhoeffer speaks – in disguise – about killing Hitler.

In his personal account „After ten years" Bonhoeffer states that it is only the „venture" of „free action" that „rests wholly in one's own responsibility" that „strikes at the very core of evil and can overcome it." (DBWE 6, 79; DBWE 8, 40)[2] The meaning of this becomes clear in an oral statement from Bonhoeffer's time in prison: When asked by a fellow prisoner how he, as a Lutheran pastor, could participate in the resistance, violating the official position of the church, he replied: „If a drunk driver is racing down Kurfürstendamm at high speed, it cannot be his, the pastor's, only and primary task to bury the victims of the madman and comfort their relatives; it is more important to wrest the steering wheel from the drunk." (Dudzus 1964, 75)

3. Acting responsibly for peace

Bonhoeffer's ethics clearly are, both theoretically (from his writings) and practically (from his biography), an ethics of personal responsibility. It is

2 In the original German the wording is identical whereas the English translations in DBWE 6 and DBWE 8 differ from each other.

based neither on an order of nature or creation, however preconceived, nor on general, and therefore abstract, principles that only hat to be applied (cf. Wüstenberg 2012). Rather, Bonhoeffer is always concerned with the concrete situation and its demand on the person, „today and here". So he builds his ethics effectively on Martin Luther's dialectics of the „Freiheit eines Christenmenschen" (Freedom of a Christian). There, Luther famously states, „A Christian is a perfectly free lord of all, subject to none. A Christian is a perfectly dutiful servant of all, subject to all." (WA 6, 20) Bonhoeffer expresses the same dialectic in modern language: „In responsibility both obedience and freedom become real. Responsibility has this inner tension. Any attempt to make one independent of the other would be the end of responsibility." (DBWE 6, 288)

a) Bonhoeffer's concept of a Christian ethics of peace

We have seen that Bonhoeffer's pacifism can only be understood in the context of his resistance against National Socialism (cf. Eleyth 2019, 151). At the same he distinguishes the Christian ethics of peace from any kind of „secular pacifism" (DBWE 13, 305). All Christian ethics has to focus on the „ultimate reality" (cf. DBWE 6, 146–170) of God's Kingdom, while any human activity is nothing more than „preparing the way" (DBWE 6, 161 et mult.). Therefore, a truly Christian ethics of peace cannot be understood as the implementation of a general principle of non-violence. Rather it is an ethics of avoiding war by taking on the concrete responsibility for „the others", especially those in need. However, violence being already at large, one can no longer just concentrate on avoiding further violence; rather any prevailing violence must be stopped. Ethics of peace is therefore not a contradiction to active resistance, even if it resorts to (counter-)violence as a last resort.

Theologically, Bonhoeffer's ethics of peace (cf. Green 2021, 365–367; Zeyher-Quattlender 2021, 264–351) is based on his Christology: Since God's revelation it is not about an abstract truth from which principles and norms can be derived, but rather God's redemptive love for the concrete world, Christian ethics has to realise God's will „today and here". While Bonhoeffer stresses the commitment to the Sermon on the Mount in „simple obedience" (DBWE 12, 260), it is clear that such an obedience must not be understood in a fundamentalist way as literal fulfillment of a general but abstract command but rather as accepting personal responsibility in a concrete situation.

Since the core message of the Gospel calls not only for love of the neighbour, but also for love of the enemy, working for peace is not an arbitrary choice but rather the essential element of Christian discipleship. In other words: A church that does not actively work for peace cannot rightly see itself as church of Christ. However, a truly Christian ethics of peace is also characterised by the mystery of the cross: Working for peace is not without risk. For this reason, love of enemies is always a moment of the „extraordinary" – to which Christians are called, nevertheless (cf. DBWE 4, 137–145).

These theological moments are very clear in Bonhoeffer's personal commitment (cf. Green, 2021, 368): First in his involvement in the ecumenical movement for peace in the early 1930s and his interest in Gandhi's concept of non-violence; later in his resistance against the Nazi ideology, especially the persecution of the Jews; in his justification and advocacy of conscientious objection against military service; and, last but not least, in his active participation in the conspiracy against Hitler to end the war. All these are different ways to promote the one goal: to reinstate and strengthen justice and peace in the „penultimate reality" of the world for the sake of the „ultimate reality" of God's „Kingdom" – which is by no means „otherworldly" but present „today and here" (cf. DBWE 12, 285–297).

b) Bonhoeffer's relevance for a contemporary peace ethic

With Bonhoeffer in mind, it is also clear that in challenging situations the Christian position is not a question of principles but rather one of concrete responsibility. Nevertheless, we can identify several fundamental ideas (cf. Huber 2019, 154–157). First, as long as there is no war, Christians – individuals, groups, the church itself – should involve themselves in resisting military armament, which always has deadly consequences even without actual war (John XXIII 1963, nos. 59–63). Also, whenever possible, peace action should be organised according to the principles of non-violence. And thirdly conscientious objection to military service has to be recognised as a valid Christian choice – even if it is not an obligatory one.

However, in extreme cases – Bonhoeffer speaks of „ultima ratio" and „necessity" – the use of violence cannot be ruled out in principle. It is clear that „actions that serve peace should not be considered in military terms and should not be limited to the means of military force," (Huber 2019, 155) but, nevertheless, in certain situations the use of force may be necessary (cf. Sandsmark 2023). This applies to so-called humanitarian interventions as well as support for victims of military aggression. With Bonhoeffer in mind, Wolfgang Huber points out: „Where evil [...] breaks out, a situation can arise in which there is no longer any alternative to counter-violence." (Huber 2019, 156) So all humans, also Christians, have to decide out of personal responsibility without claiming to represent the only correct solution, even more without the certainty of personally having made the right choice. So Christians find themselves in the „twilight" taking personal responsibility for their actions, following not abstract principles but the living Christ. Preparing the way for peace in that sense may not be easy, but that is the „costly grace" (DBWE 4, 43–56) of discipleship.

4. References

The original writings of Dietrich Bonhoeffer are quoted with the abbreviation *DBWE*, according to:

Dietrich Bonhoeffer Works (1998–2014) General Editors: Floyd W. W. et al. 17 vols. Minneapolis: Fortress Press.

The original writings of Martin Luther are quoted with the abbreviation *WA*, according to:

D. Martin Luthers Werke (repr. 1930–2009). Kritische Gesamtausgabe. 36 vols. Weimar: Böhlau (orig. 1883 ff.).

Bethge, E. (1983) *Dietrich Bonhoeffer. Theologe – Christ – Zeitgenosse*. 5th edn. München: Kaiser.

Dudzus O. (1964) 'Dem Rad in die Speichen fallen', in: Zimmermann W. (ed.), *Begegnungen mit Dietrich Bonhoeffer. Ein Almanach*. München: Kaiser, 75–84.

Eleyth N. (2019) 'Resistance ethics as resilient ethics. On the evolution of Dietrich Bonhoeffer's theology of peace', in: Jähnichen T. et. al. (ed.) *Dietrich Bonhoeffer. Life and Legacy*. Theologie in der Öffentlichkeit 11. Wien: Lit-Verlag, 147–158.

Dittrich F. (ed.) (1930) *Die Gandhi-Revolution*. Dresden: Jess.

Glenthøj J. (2001) 'Dietrich Bonhoeffers Weg vom Pazifismus zum politischen Widerstand', in: Mayer R. and Zimmerling P. (eds.) *Dietrich Bonhoeffer aktuell. Biographie – Theologie – Spiritualität*. Gießen: Brunnen-Verlag, 37–53.

Green C. (2021) 'Frieden', in: Tietz C. (ed.), *Bonhoeffer Handbuch*, Tübingen: Mohr Siebeck, 360–370.

Gremmels C. and Grosse H. (eds.) (2006) *Dietrich Bonhoeffer. Der Weg in den Widerstand*. 3rd edn. Gütersloh: Gütersloher Verlagshaus.

Huber W. (2019) *Dietrich Bonhoeffer. Auf dem Weg zur Freiheit. Ein Porträt*. München: C. H. Beck.

John XXIII. (1963) Encyclical letter *Pacem in terris*. Online: https://www.vatican.va/content/john-xxiii/en/encyclicals/documents/hf_j-xxiii_enc_11041963_pacem.html)

Mokrosch R. (2003) 'Was heißt „Frieden stiften"?' in: Mokrosch R. and Johannsen F. and Gremmels C. (eds.), *Dietrich Bonhoeffers Ethik. Ein Arbeitsbuch für Schule, Gemeinde und Studium*, Gütersloh: Gütersloher Verlagshaus, 107–181.

Oppel K. (2017) *„Viel lieber würde ich gleich zu Gandhi gehen …". Dietrich Bonhoeffer und Mahatma Gandhi: Zwei Stimmen für den Frieden*. Ostfildern: Patmos.

Prüller-Jagenteufel G. (2004) *Befreit zur Verantwortung. Sünde und Versöhnung in der Ethik Dietrich Bonhoeffers*. EThD 7. Münster: Lit-Verlag.

– (2016) 'A Poor Church in Service of „the World". The Utopian Dimension in Dietrich Bonhoeffer's Ecclesiology', in: Pittl S. and Prüller-Jagenteufel G. (eds.), *Unterwegs zu einer neuen „Zivilisation geteilter Genügsamkeit". Perspektiven utopischen Denkens 25 Jahre nach dem Tod Ignacio Ellacurías*. RaT 11. Göttingen: V&R unipress, 177–187.

– (2017) „Nur wer für die Juden schreit, darf auch gregorianisch singen. Dietrich Bonhoeffer und das Judentum", Theologisch-praktische Quartalschrift 165(3), 285–294.

– (2024) 'Dietrich Bonhoeffers Pazifismus in der Dialektik von Frieden und Widerstand, Gewaltlosigkeit und Tyrannentötung', in: Silber S. et al. (eds.) *Gewalt und Widerstand. Befreiungstheologische Perspektiven*. MWF. NF 38. Neuendettelsau: Erlanger Verlag für Mission und Ökumene, 20–37.

Sandsmark E. (2021) „Dirty Hands, Supreme Emergencies and Catholic Moral Theology", *Journal of Religious Ethics* 49(4), 739–766.

Tietz C. (2013) *Dietrich Bonhoeffer. Theologe im Widerstand*. München: C. H. Beck.

– (2021) ‚War Bonhoeffer Pazifist? Oder: Bonhoeffers Äußerungen zum Krieg', in: Tietz C. (ed.) *„Die Spiegelschrift Gottes ist schwer zu lesen". Beiträge zur Theologie Dietrich Bonhoeffers*. Dietrich Bonhoeffer Studien 2. Gütersloh: Gütersloher Verlagshaus, 261–271.

Wüstenberg R. K. (2006) *Eine Theologie des Lebens. Dietrich Bonhoeffers „nichtreligiöse Interpretation biblischer Begriffe"* Leipzig: Evangelische Verlagsanstalt.

– (2008) *Bonhoeffer and Beyond – Promoting a Dialogue between Religion and Politics*. International Bonhoeffer Interpretations 2. Frankfurt a. M.: Peter Lang.

– (2009) *The Political Dimension of Reconciliation. A Theological Analysis of Ways of Dealing with Guilt during the Transitions to Democracy in South-Africa and Germany*. Grand Rapids: Eerdmans 2009.

– (2012) „Die Wirklichkeit als Sakrament des Gebotes. Zum Verhältnis von Prinzipien und konkretem Gebot", *Bonhoeffer-Rundbrief* No 97, 13–23.

Zeyher-Quattlender J. (2021) *Du sollst nicht töten (lassen)? Eine Rekonstruktion der Friedensethik Dietrich Bonhoeffers aus der Perspektive öffentlicher Theologie in aktueller Absicht*. ÖfTh 40. Leipzig: Evangelische Verlagsanstalt.

Zwischen Wahrheit und Verhüllung. Ethik der Wahrhaftigkeit im Anschluss an Gedanken Bonhoeffers

Karsten Lehmkühler

1. Die Tugenden der Wahrheit[1]

Es gibt einen wichtigen Unterschied zwischen den Begriffen „Wahrheit" und „Wahrhaftigkeit": „Wahrheit" ist eine Eigenschaft von Aussagen oder Behauptungen; „Wahrhaftigkeit" ist dagegen eine Eigenschaft von Personen. In der Ethik geht es um beides, um Wahrheit und um Wahrhaftigkeit: Beim ersten Begriff geht es darum, die *Wichtigkeit von wahren Aussagen* zwischen Menschen zu unterstreichen, beim zweiten Begriff stehen die *Charaktereigenschaften* einer Person im Fokus des Interesses. Gerade angesichts der intensiven Debatten um fake news, insbesondere in den neuen Medien, liegt es oft nahe, sich auf die Frage der sogenannten „Faktenchecks" zu konzentrieren und zu überlegen, wie man den Wahrheitsgehalt von Aussagen überprüfen kann. Mindestens ebenso wichtig ist aber die Frage nach der *Wahrhaftigkeit*, also die Frage nach Charaktereigenschaften und eingeübten Lebensweisen, die das Aufleuchten der Wahrheit unter uns Menschen fördern.

Eine solche *Ethik der Wahrhaftigkeit* ist sicherlich heute ein Desiderat, und sie sollte mindestens *drei Hauptbereiche* haben: den Bezug zu

1 Der vorliegende Text stellt die die überarbeitete Fassung eines Vortrages dar, der auf der Jahrestagung der Internationalen Bonhoeffergesellschaft am 14. September 2024 in Eisenach gehalten wurde. Ich widme ihn hier meinem Kollegen Ralf K. Wüstenberg, in herzlicher Verbundenheit.

sich selbst (wie kann man sich selbst gegenüber wahrhaftig sein?), der Bezug zum Anderen (was bedeutet Wahrhaftigkeit in den persönlichen Beziehungen?), und schließlich die Frage nach Wahrhaftigkeit in der Gesellschaft (welchen Status hat die Wahrhaftigkeit in den Institutionen des Staates, in der Presse und in den Medien?).

Diese Beschäftigung mit bestimmten wünschenswerten Eigenschaften des Menschen, also die Frage „Welche Person möchte ich sein?", wird im Allgemeinen der sogenannten „Tugendethik" zugeschrieben. Im Unterschied zur deontologischen Ethik, die nach den gültigen Normen und nach unseren aus diesen abgeleiteten Pflichten fragt, im Unterschied auch zu einer konsequentialistischen Ethik, die nach den Folgen unseres Handelns fragt und diese optimieren möchte, interessiert sich die Tugendethik für die Eigenschaften, die wir uns angeeignet haben und die unser konkretes Handeln bestimmen. Welche Charakterzüge – oder eben: welche Tugenden – sollte man anstreben, und wie kann man sie fördern?

Für unsere Frage nach der *Wahrheit* und der *Wahrhaftigkeit* ist dieser Ansatz besonders faszinierend: Gibt es *Charaktereigenschaften*, die die Wahrheit in unserem Selbstbezug, in unseren Beziehungen zu anderen und in unserer Gesellschaft fördern, sie zum Leuchten bringen? Gibt es die Wahrheit als eine Art *Lebensmodus*, als eine Art, diese Welt zu bewohnen? Kann man, wie der tschechische Schriftsteller Vaclav Havel es so eindrücklich beschrieb, „in der Wahrheit leben" (vgl. Havel 1990), oder kann man, wie es in den Johannesbriefen und auch im Alten Testament einige Male heißt, „in der Wahrheit wandeln" (2. Joh 4; 3. Joh 3–4; vgl. auch alttestamentliche Stellen wie z. B. 2. Kön 20,3)? Die Frage nach den „Tugenden der Wahrheit" hat schon den britischen Philosophen Bernard Williams umgetrieben, und er hat ihr ein wichtiges Buch gewidmet, dass 2002, kurz vor seinem Tod, unter dem Titel „Truth and Truthfulness", also „Wahrheit und Wahrhaftigkeit", erschienen ist (vgl. Williams 2003). Die Tugenden der Wahrheit definiert er wie folgt: Tugenden der Wahrheit sind „Eigenschaften von Personen, und diese Eigenschaften äußern sich, wenn man den Wunsch hat, die Wahrheit zu erkennen, sie ausfindig zu machen und sie anderen Menschen mitzuteilen." (Ibid., 19)

Williams arbeitet zwei „Tugenden der Wahrheit" heraus, sie lauten „accuracy" (Genauigkeit) und „sincerity" (Aufrichtigkeit). Wenn wir also wollen, dass die Wahrheit unsere Sicht auf die Welt und unsere Beziehungen prägt, dann sollten wir, so Williams, Genauigkeit und Aufrichtigkeit einüben, und das heißt: „Man tut alles, was man kann, um zu wahren Überzeugungen zu gelangen [*accuracy*; Anm. K. L.]; und was man sagt, zeigt, was man glaubt [*sincerity*; Anm. K. L.]." (Ibid., 26)

Ich denke, dass dieser Einsatz bei den *Tugenden* der Wahrheit ein genialer Kunstgriff Williams ist: Er leitet unsere Überlegungen hin auf das Gebiet der *Charakterbildung*, der Arbeit an der Persönlichkeit, und dies ist ein Feld, wo man in der Tat vielen Alltagsfragen zur Wahrhaftigkeit, aber auch den schwierigen Phänomenen moderner Kommunikation begegnen kann. So schützen zum Beispiel Genauigkeit und Aufrichtigkeit gegen die Produktion von fake news, wie auch gegen die leichtfertige Akzeptanz und Weitergabe solcher Nachrichten.

Nun gilt es aber, einen entscheidenden Gedanken hinzuzufügen: Schon bei Aristoteles ist eine Tugend ja beschrieben als die goldene *Mitte* zwischen zwei Extremen. Die Großzügigkeit beispielsweise ist die richtige Mitte zwischen Geiz und Verschwendungssucht. Für unser Thema stellt sich deshalb die unerwartete Frage nach einem möglichen „Zuwenig" oder „Zuviel" an Wahrheit, ein Zuwenig oder Zuviel an Genauigkeit und Aufrichtigkeit. Vor allem der letzte Aspekt macht uns stutzig: Gibt es denn ein „Zuviel" an Wahrheit, einen ungesunden Umgang mit der Wahrheit, eine Verhaltensweise, die zwar die Genauigkeit und die Aufrichtigkeit für sich reklamiert, aber eigentlich die Mitte verlassen hat und zu einer Art Wahrheitsfanatismus führt? Ist es tatsächlich so, dass es unter Menschen immer ein Wechselspiel, eine Dialektik zwischen dem *Aussprechen* der Wahrheit und der *Verhüllung* der Wahrheit geben muss?

Sofort fallen uns berühmte Beispiele ein, wo man in der Tat ein solches Zuviel an Wahrheit kritisieren kann, so natürlich das von Augustinus angeführte und von Immanuel Kant aufgegriffene Beispiel des Mörders vor der Tür, der nachfragt, ob das potentielle Opfer im Haus ist (vgl. Augustinus 2013, 73; Kant 1983, 639), oder auch das Beispiel Bonhoeffers in seinem Aufsatzfragment „Was heißt ‚Die Wahrheit sagen'?", wo ein Lehrer ein Kind vor der Klasse nach dem Alkoholproblem des Vaters befragt (vgl. Bonhoeffer 1996, 625). In solchen Situationen ist für die meisten Menschen einleuchtend, dass auch eine Verhüllung der Wahrheit, vielleicht sogar eine Lüge, ethisch geboten sein kann.

Aber solche Extremfälle machen nicht unser Leben aus. Die Frage nach dem *rechten Maß* des „Wahrsprechens" ist eine *Alltagsfrage*, die uns sozusagen täglich begegnet, und zwar gerade auch in den engen zwischenmenschlichen Beziehungen, die uns sehr wichtig sind, zum Beispiel in der Ehe oder Partnerschaft, oder in der Freundschaft. Gerade in den engsten Beziehungen, das heißt in besonderen *Vertrauensverhältnissen*, sollten doch, so möchte man meinen, Genauigkeit und Aufrichtigkeit gedeihen, damit unter Personen, die sich nahestehen, ein Maximum an Wahrhaftigkeit erreicht werden kann. Gibt es dennoch auch hier eine Dialektik zwischen Wahrsprechen und Verhüllen?

Aus der unendlichen Vielzahl der Situationen und Beziehungen, in denen die Frage nach der Wahrhaftigkeit unter uns wichtig wird, greife ich im Folgenden ein *kleines Segment*, eine besondere Konstellation heraus, indem ich die Frage nach Wahrhaftigkeit und Verhüllung in engen persönlichen Beziehungen stelle. Ich bin allerdings überzeugt, dass die Analyse dieses Teilbereiches auch aufschlussreich ist für andere Bereiche unserer Fragestellung, zum Beispiel auch für die Medienethik.[2]

2 Wenn im Folgenden von der Scham und der Verhüllung die Rede sein wird, so kann man hier zum Beispiel auf eine ungesunde „Offenheit" und „Zurschaustellung" in den sozialen Netzwerken hinweisen, wo Schamlosigkeit dem Anderen und sich selbst gegenüber alltägliche Phänomene sind.

2. Scham und Verhüllung bei Bonhoeffer

Ich komme nun auf Dietrich Bonhoeffer zu sprechen, weil er für beides sehr sensibel war: für die *Aufrichtigkeit* wie auch für die Notwendigkeit, Dinge vor einer anderen, vielleicht auch gerade vor der besonders vertrauten Person zu *verhüllen*. Dem wollen wir weiter nachgehen.[3]

a) Die notwendige Verhüllung zwischen Menschen

In einem Brief aus dem Gefängnis in Tegel, vom 26. 11. 43, schreibt Bonhoeffer an seinen Freund Eberhard Bethge:

> „Ganz offen reden die Leute hier von der Angst, die sie gehabt haben. Ich weiß nicht recht, was ich davon halten soll; denn eigentlich ist die Angst doch auch etwas, dessen sich der Menschschämt. Ich habe das Empfinden, man könnte eigentlich nur in der Beichte davon reden. Es kann sonst so leicht etwas Schamloses darin liegen. (…) (E)s gibt eben auch so eine zynische, ich möchte fast sagen: gottlose, Offenheit (…). Ob nicht die Angst doch auch zu den ‚pudenda' gehört, die verborgen werden sollen? Ich muß das noch weiter überlegen, Du wirst ja damit auch Deine Erfahrungen gemacht haben." (Bonhoeffer 1998a, 211)

Daraufhin sein Brief vom 2. Advent 1943, ebenfalls an Bethge:

> „Ich habe noch über das Reden über die eigene Angst, von dem ich Dir kürzlich schrieb, nachgedacht. Ich glaube, unter dem Anschein der Ehrlichkeit wird hier etwas als ‚natürlich' ausgegeben, was doch im-

3 Zum Thema der Verhüllung und der Scham bei Bonhoeffer vgl. besonders: Tietz 2021; Frommann-Breckner 2021, besonders 107–121.

> grunde ein Symptom der Sünde ist; es [ist] wirklich ganz analog dem offenen Reden über sexuelle Dinge. ‚Wahrhaftigkeit' heißt eben doch nicht, daß alles, was ist, aufgedeckt wird. Gott selbst hat den Menschen Kleider gemacht, d. h. in statu corruptionis sollen viele Dinge im Menschen verhüllt bleiben, und das Böse, wenn man es schon nicht ausrotten kann, soll jedenfalls verhüllt werden; Bloßstellung ist zynisch; und wenn der Zyniker sich auch besonders ehrlich vorkommt oder als Wahrheitsfanatiker auftritt, so geht er doch an der entscheidenden Wahrheit, nämlich, daß es seit dem Sündenfall auch Verhüllung und Geheimnis geben muß, vorbei." (Ibid., 228 f.)

Diesen Gedanken der notwendigen Verhüllung, der natürlichen Scheu und der Bedeutung der Scham spricht Bonhoeffer schon in seiner Genesisvorlesung (1932 / 33) (vgl. Bonhoeffer 2002b, 95–117), dann in seiner Ethik (vgl. Bonhoeffer 1998b, 304–309) und schließlich hier in den Gefängnisbriefen an. Worum geht es?

Beginnen wir mit einem der Kernsätze des zweiten Briefzitates: „‚Wahrhaftigkeit' heißt eben doch nicht, daß alles, was ist, aufgedeckt wird." Es geht hier nicht um die Thematik des *Lügens*, sondern um die Frage, ob auch Dinge *ungesagt* bleiben sollten, ob (und wann) zu viel Reden oder Fragen kritisiert werden müsste. Insbesondere denkt Bonhoeffer an die Preisgabe von sehr persönlichen Erlebnissen oder Emotionen, besonders solcher, deren man sich schämen zu müssen meint. Im beiden Briefzitaten taucht diesbezüglich das Adjektiv „zynisch" auf. Angespielt wird wohl an den antiken Kyniker, der sich schamlos exponiert und der die Wahrheit ohne jede Rücksicht auf Verluste verbreitet. Er verletzt die *Scham* und missachtet die Notwendigkeit der Verhüllung (vgl. Lehmkühler 2023). Aber warum müssen sich Menschen voreinander verhüllen?

b) Scham und Sünde

Bonhoeffer stellt nun das menschliche Phänomen der Scham in den Zusammenhang theologischer Überlegungen zur Sünde und zur biblischen Geschichte vom sogenannten „Sündenfall" in Genesis 3. In der Tat heißt es von Adam und Eva im Paradies zunächst (Gen 2,25): „Und sie waren beide nackt, der Mensch und seine Frau, und schämten sich nicht."

Nach dem Sündenfall wird dann in Gen 3 berichtet, dass die beiden ihre Nacktheit bemerken und sich Schurze machen (3,7), bevor schließlich Gott selbst ihnen „Röcke von Fellen" (3,21) gibt. Der Bibeltext betont so einen Zusammenhang zwischen dem Ungehorsam der Menschen und dem Aufkommen der Scham.

Auf diese Perspektive geht Bonhoeffer ein, wenn er das Phänomen der Scham als ein postlapsarisches, also als ein nach dem Fall verursachtes Phänomen auffasst. In der Ethik präzisiert er, dass die Scham Konsequenz und auch Zeichen für eine „Entzweiung" zwischen Gott und Mensch ist. Um die Entstehung dieser Entzweiung zu verstehen, wird der Begriff der „*Grenze*" wichtig. Der Baum der „Erkenntnis des Guten und des Bösen" im Garten Eden, von dem nicht gegessen werden sollte, stellte das Unverfügbare, die Grenze dar. Es gibt also auch schon im Paradies etwas Unverfügbares! Aber, und darauf hat Christiane Tietz hingewiesen (Vgl. Tietz 2021, 217), auch *der oder die Andere* ist für den Menschen *natürlicherweise eine Grenze*, jemand, der nicht er oder sie ist. Ganz ohne Grenze zu sein, würde heißen, allein zu sein.

Das Essen der verbotenen Frucht steht nun für das Übertreten von Grenzen. Zunächst wird die Grenze des Gebotes Gottes übertreten, und Gott wird zu jemandem, dem man misstrauen, dessen Wort man hinterfragen kann. Diese *Entzweiung* mit Gott hat aber auch Auswirkungen auf die Beziehung der Menschen untereinander. Auch der oder die Andere kann nun als negative, das eigene Ich beschränkende Grenze wahrgenommen werden, es kommt auch hier zur Entzweiung, eine gewisse ursprüngliche Einheit ist verlorengegangen.

In dieser Situation einer auch unter Menschen gebrochenen Beziehung tritt die – vorher unbekannte – *Scham* auf. Man kann dies, so Tietz in Anlehnung an Bonhoeffer, doppelt interpretieren: Die Verhüllung kann ein *Schutz* vor dem Anderen sein, der mich eventuell besitzen oder mir schaden will, sie kann aber auch die Funktion haben, die *eigenen*, nun als negativ wahrgenommenen Motive des Besitzens oder Schadens zu *verdecken*.

Nun ist zwar Inhalt der christlichen Verkündigung, dass diese Entzweiung, dieses fehlende Vertrauen des Menschen zu Gott durch die Vergebung wieder aufgehoben werden kann.[4] Aber, wenn ich recht sehe, ist Bonhoeffer der Meinung, dass eine damit einhergehende Aufhebung der Scham in diesem Leben zwar vor *Gott* möglich ist (insbesondere wird hier die Beichte wichtig; vgl. bes. Bonhoeffer 2002a, 93–102), dass wir aber unter den *Menschen* mit dem Phänomen der Scham leben müssen – und auch leben *dürfen*.

c) Verhüllung auch in der engsten Gemeinschaft

Was bedeutet diese Interpretation für *enge menschliche Beziehungen*? In der Ethik heißt es, es gebe eine „fundamentale Bedeutung der Scham für die menschliche Existenz", und Bonhoeffer führt näher aus:

> „Weil Scham das Ja und das Nein zu der Entzweiung enthält, darum lebt der Mensch zwischen Verhüllung und Enthüllung, zwischen Sich Verbergen und Sich Offenbaren, zwischen Einsamkeit und Gemeinschaft. (…) Auch die engste Gemeinschaft darf das Geheimnis des entzweiten Menschen nicht zerstören. Es kann daher als Verletzung der

4 So sagt Bonhoeffer in seiner Ethik (Bonhoeffer 1998a, 308): „Überwindung der Scham kann es nur geben, wo die ursprüngliche Einheit wieder[her]gestellt ist, wo der Mensch wieder bekleidet wird durch Gott und den anderen Menschen."

> Scham empfunden werden, sich über [das] Verhältnis, das man zueinander hat, in Worten auszusprechen, und sich damit vor sich selbst zu offenbaren, bloßzustellen. Auch tiefste eigenste Freude und tiefster eigenster Schmerz duldet nicht die Enthüllung im Wort. (…) Schließlich wahrt der Mensch auch sich selbst gegenüber eine letzte Verhüllung, er behütet sein eigenes Geheimnis vor sich selbst, indem er zum Beispiel sich weigert, sich selbst in allem, was in ihm wächst, bewußt zu werden." (Bonhoeffer 1998a, 307)

In der Situation der Gebrochenheit der Existenz, in der Menschen leben, hat die Scham in *jeder* Beziehung eine wichtige Schutzfunktion. Man darf sie also nicht einfach im Namen einer ursprünglichen Einheit überspielen. Daraus ergeben sich zwei wichtige Erkenntnisse, die Tietz herausgearbeitet hat (vgl. Tietz 2021, 221 f.).

Menschen haben zum einen das *Recht*, Dinge ungesagt bleiben zu lassen. Es gibt keine Verpflichtung, alles Innere durch Worte nach außen zu kehren, keine Pflicht zur absoluten, totalen Offenheit unter Menschen. Im Gegenzug haben Menschen die *Pflicht*, eine Sphäre des „Geheimnisses" des oder der Anderen zu respektieren und nicht ungefragt in diesen Bereich einzudringen. Tietz erklärt übrigens überzeugend (vgl. ibid., 223 f.), das das „Geheimnis" hier zwei Aspekte hat, die man im Englischen mit „secret" und mit „mystery" wiedergeben kann: Menschen verbergen *konkrete Dinge und Inhalte* (secret), sie sind aber auch sich selbst ein „Geheimnis" (mystery), wie auch unsere Beziehungen zueinander. Der Respekt vor der Scham des oder der Anderen schützt *beides*, ungesagte Inhalte wie auch die Tatsache, dass es existentielle Wirklichkeiten gibt, die erfahren werden, die sich aber bisweilen der Sprache entziehen.

Bonhoeffer geht mit diesem Gedanken ziemlich weit. So erwähnt er ja in der zitierten Briefpassage, dass die Thematisierung des Verhältnisses, das Menschen zueinander haben, ihre Scham verletzen könne. Wichtig ist allerdings, dass hier von einer *Möglichkeit* die Rede ist: *es kann sein*, dass das Gespräch über eine enge Beziehung, etwa in einer Freundschaft, die Scham verletzt und man vorzieht, dieses schöne, gemeinsame Geheimnis nicht zu sezieren, zu analysieren, Worte dafür zu finden. Bonhoeffer selbst hat allerdings Eberhard Bethge gegenüber sehr offene Worte zu ihrer Freundschaft gefunden. So heißt es im Brief vom 22. Dezember 1943:

> „Wärest Du dagewesen, Eberhard, Du hättest als einziger mir den Freundschaftsdienst der Wahrheit erwiesen. Morgen oder übermorgen soll ich Dich sprechen können. Zum erstenmal nach ¾ Jahren werde ich die volle Wahrheit hören und sagen dürfen. Das ist ein Ereignis. Die Eltern und auch Maria muß ich schonen; Dir werde ich nichts vormachen und Du mir auch nicht. Das haben wir früher nicht getan und wollen es nie tun." (Bonhoeffer 1998b, 251 f.)

Man kann sicher diskutieren, inwieweit die Grenzen der Scham auch kulturell oder durch die jeweilige Persönlichkeit und Erziehung bestimmt sind. Wie immer man nun die Grenzen der Scham im Einzelnen setzen mag, wichtig ist der Grundgedanke, dass zwischen Menschen, ja sogar vor sich selbst, *immer* ein gewisser Grad an Verhüllung, an Scham gegeben ist. Diese Scham kann je nach der Natur der Beziehung variieren, aber sie ist nie gleich Null. Auch in einer Ehe oder in einer engen Freundschaft kann eine zynische Wahrheit etwas ohne Schutz zur Schau stellen und damit das feine Gefüge des gegenseitigen Vertrauens verletzen.

Für eine Ethik der Wahrhaftigkeit, und für das Nachdenken über die „Tugenden der Wahrheit" wäre also zu lernen, dass es ein *Missbrauch* der Tugenden der Genauigkeit und der Aufrichtigkeit geben kann: Es kann eine Verletzung der Scham sein, sein Innerstes immer ungeschützt in Worte zu fassen, oder von einer anderen Person durch Fragen zu fordern, dass sie ihre Sphäre des Geheimnisses preisgibt. Hier ist wirklich Vorsicht nötig; die eigene Person und die des anderen sind gleichsam „heiliges Land", wo ich „meine Schuhe ausziehen muss".[5]

3. Das Geheimnis bei Georg Simmel

Ich möchte die Überlegungen Dietrich Bonhoeffers zunächst mit einem zweiten, nicht-theologischen Beitrag zum Thema ins Gespräch bringen.

Der Philosoph und Soziologe Georg Simmel (1858–1918) hat in sein Hauptwerk „Soziologie. Untersuchungen über die Formen der Vergesellschaftung" ein Kapitel eingefügt, das den Titel trägt: „Das Geheimnis und die geheime Gesellschaft" (Simmel 1908, 337–402). Bonhoeffer hat dieses Buch Simmels gekannt und in seiner Dissertation „Sanctorum Communio" erwähnt (vgl. Bonhoeffer 2005, 16 f.203). Wie der Titel des Kapitels sagt, geht Simmel hier der Rolle und der Funktion des Geheimnisses zwischen Menschen nach, und zwar sowohl in Beziehungen zwischen Einzelnen als auch mit Blick auf sogenannte „Geheimgesellschaften", die sich als Gruppe konstituieren um einen Inhalt, der anderen und der Gesellschaft verborgen bleiben soll.

In sehr feinen, psychologisch-soziologischen Beobachtungen führt Simmel aus, dass zwischen Menschen immer ein Wechselspiel zwischen Kennen und Nicht-Kennen, zwischen Offenbarung und Zurückhalten des Geheimnisses der Person besteht und bestehen muss. Die Grade von Kennen und Nicht-Kennen hängen dabei ganz wesentlich vom Typus der Beziehung und den je gegebenen sozialen Konventionen ab. So ist für einen reinen „Zweckverband", etwa ein Verein, eine Kenntnis des Seelenlebens des anderen Vereinsmitglieds nicht erforderlich; es

---

5 So wie Mose vor dem brennenden Dornbusch, der von Gott hört (Ex 3,5): „Tritt nicht herzu, zieh deine Schuhe von deinen Füßen; denn der Ort, darauf du stehst, ist heiliges Land!"

reicht zu wissen, dass sich die betreffende Person in einer definierten Weise für die Sache des Vereins engagiert. Ähnliches gilt für unsere sogenannten „Bekanntschaften“: Wenn man sagt, „ich bin mit Person X bekannt“, sagt man damit gerade, dass man sie nicht wirklich kennt, und dass ein tieferes Eindringen in das Seelenleben von X auch gar nicht erwünscht ist.

Deshalb sind solche Beziehungen auch von dem wichtigen Phänomen der *Diskretion* geprägt. Diese, so Simmel,

> „besteht keineswegs nur in dem Respekt vor dem *Geheimnis* des Andren, vor seinem direkten *Willen*, uns dies oder jenes zu verbergen; sondern schon darin, daß man sich von der Kenntnis alles dessen am Andren fernhält, was er nicht positiv offenbart“ (Simmel 1908, 348).

Diese Diskretion unter Menschen gibt Zeugnis von der

> „Empfindung, daß um jeden Menschen eine ideelle Sphäre liegt, nach verschiedenen Richtungen und verschiedenen Personen gegenüber freilich ungleich groß, in die man nicht eindringen kann, ohne den Persönlichkeitswert des Individuums zu zerstören“ (Ibid., 349).

Aber wie sieht es mit den persönlichen Verhältnissen von Freundschaft und Ehe aus, also mit Verhältnissen zwischen Menschen, die nicht nur aufgrund bestimmter Interessen bestehen oder sich auf gesellschaftlich kodierte Umgangsformen beschränken, sondern „die sich, mindestens ihrer Idee nach, auf der ganzen Breite der Persönlichkeiten aufbauen“ (ibid., 352)? Simmel hat ihnen in seiner Untersuchung einen eigenen Platz eingeräumt.

Zunächst gibt es Idealvorstellungen, die sich mit Freundschaft und Ehe verbinden. Beim antiken Freundschaftsideal geht es, so Simmel, um „eine absolute seelische Vertrautheit“ (ibid., 352), um ein „Eintreten des ganzen, ungeteilten Ich in das Verhältnis“ (ibid., 353). Simmel beobachtet, dass in der Tat „bei nicht wenigen [...] die Liebe die einzige Form [ist], in der sie ihr ganzes Ich geben können" (ibid., 353). Gerade die Ehe als eine *auf Dauer* angelegte Beziehung scheint für die Realisierung dieses Ideals der gegenseitigen, möglichst vollständigen Offenheit, bestimmt zu sein. Dies gilt besonders hinsichtlich des modernen Eheverständnis, das sich von früheren Ehekonzeptionen unterscheidet, bei denen die Ehe vor allem bestimmte Funktionen zu erfüllen hatte, insbesondere die Hervorbringung rechtmäßiger Nachkommen. Die „soziologische Idee der modernen Ehe ist die *Gemeinsamkeit aller Lebensinhalte*" (ibid., 355, Hervorhebung: K. L.), und in der Tat, so Simmel, können Ehen an dieser Aufgabe wachsen, und kann die „Unbeendbarkeit dieses Prozesses das Glück und die innere Lebendigkeit des Verhältnisses" tragen (ibid., 355).

Allerdings muss dieses Ideal nun doch in mehreren Punkten präzisiert werden. Zunächst ist klar, dass das gegenseitige Teilen und Mitteilen ein *Prozess* ist, ein Wachstum. Solches Wachstum braucht Zeit und gegenseitig gewährten Raum; wird hingegen die Notwendigkeit der Zeit des Wachstums verneint, kommt es zur Mitteilung – oder zur an den Anderen gerichteten Forderung der Mitteilung – ohne Zurückhaltung und Respekt; Simmel spricht von einer „schamlosen Hingabe" und von einem „Mangel an Diskretion" (ibid., 357), an dem Ehen zugrunde gehen können. Dieser Mangel an Diskretion zerstört gleichsam das Geheimnis, das jede Person umgibt, indem die totale, absolute Kenntnis des Anderen erwartet wird. Doch die Liebe lebt auch davon, dass der Andere *unverfügbar* bleibt, dass er oder sie immer noch Facetten hat, die entdeckt werden könnten.

Simmel zeichnet ein Gegenmodell zu solcher falschen Hingabe, ein Modell, das das Ideal der Offenheit durchaus nicht aufgibt, es aber modifiziert durch den Gedanken des Respektes vor dem Geheimnis des anderen. Dies führt zu einer nachdenkenswerten Beschreibung einer solchen, von Respekt gekennzeichneten Beziehung:

> „Die fruchtbare Tiefe der Beziehungen, die hinter jedem geoffenbarten Letzten noch ein Allerletztes ahnt und ehrt, die auch das sicher Besessene täglich von neuem zu erobern reizt, ist nur der Lohn jener Zartheit und Selbstbeherrschung, die auch in dem engsten, den ganzen Menschen umfassenden Verhältnis noch das innere Privateigentum respektiert, die das Recht auf Frage durch das Recht auf Geheimnis begrenzen läßt." (Ibid., 357)

Der Text Simmels, als soziologischer Zugang zum Thema, bereichert die Perspektive der Scham und der Verhüllung, die uns bei Bonhoeffer begegnet. Simmel illustriert auf eindrückliche Weise, dass das „Geheimnis", das wir immer auch für uns selbst und für andere sind, zu respektierten ist, dass es nicht etwa im Namen der Tugenden der Genauigkeit und der Aufrichtigkeit gewaltsam ans Licht gezerrt werden darf.

4. Konsequenzen für die Ethik der Wahrhaftigkeit

a) Das Gut der Verhüllung

Wir haben gesehen, dass Simmel bei der Beschreibung der Dialektik von Offenbaren und Verhüllen, die insbesondere eine enge Beziehung zwischen zwei Personen prägt, ganz ohne *theologische* Konzepte auskommt. Sein Resultat gleicht dennoch dem, was wir bei Bonhoeffer gelesen haben. Was ist das Spezifikum der christlichen Behandlung unserer Frage?

Bei Bonhoeffer ist die Notwendigkeit der Scham, auch in engsten Beziehungen, letztlich eine Folge der *Sünde*. Allerdings wurde deutlich, dass das Phänomen der *Grenze* zur Idee eines „Urstandes" gehört: Die Grenze wird schon im Paradies durch den verbotenen Baum symbolisiert; sie ist nicht selbst schon Resultat eines Sündenfalls. Dies betrifft dann auch die Grenze, die die andere Person für mich bedeutet. *Ihr „Geheimnis", ihre „Unergründbarkeit" ist nicht etwa etwas Negatives oder, theologisch gesprochen, Ergebnis des Sündenfalls*. Sie gehört zur *kreatürlichen* Existenz dazu.

Der Begriff der *Scham* wird allerdings, in Anlehnung an Genesis 3, von Bonhoeffer der Situation des Menschen nach dem Fall zugeordnet. Dies ist verständlich, soweit dabei die Abwehr von Besitzansprüchen oder das Verbergen unlauterer Motive im Blick ist. Aber der Begriff der Scham verweist ja auch auf die genannte *Schutzzone* einer jeden Person. Freunde und Partner sind immer füreinander auch ein je existentielles Geheimnis (mystery): sie sind unergründbar, für sich selbst und für den anderen. Sie können sich auch niemals alles an Inhalten sagen, die sie jeweils von sich selbst wissen (secret). Dies nötigt zu gegenseitigem Respekt und zu einer behutsamen Zurückhaltung.

Die theologische Interpretation hat dies aufzugreifen, indem sie jedenfalls das ganze Thema der *Verhüllung* nicht vorschnell unter den Begriff der Sünde subsumiert. Zum einen sollte Verhüllung als ein Bewusstsein der Grenze zu den kreatürlichen Bedingungen des Menschen gerechnet werden. Zum anderen ist *unter Sündern* die Verhüllung eine heilsame, dem Menschen gegebene Möglichkeit, von der Vergebung zu leben. Bonhoeffer gibt hierzu selbst einen entscheidenden Hinweis, wenn er in der Ethik sagt, „Überwindung der Scham" und die „ursprüngliche Einheit" gebe es dort, wo „der Mensch wieder bekleidet wird durch Gott und den anderen Menschen" (Bonhoeffer 1998a, 308). Wenn Bekleidung hier für eine Form der *Verhüllung* steht, dann ist jedenfalls das Ziel der Erlösung, also der Überwindung der Sünde, *nicht* eine neue „Nacktheit", ein Zustand ohne jede Verhüllung, sondern der Zustand eines von Gott und dem Anderen gewährten Schutzes.

Zur Illustration dieser „neuen Kleider" zitiert Bonhoeffer einen bekannten Liedvers aus dem evangelischen Gesangbuch: „Christi Blut und Gerechtigkeit, das ist mein Schmuck und Ehrenkleid." (Ibid.) Diese neue, heilsame Verhüllung durch Christus – die in diesem Zusammenhang die Sünden betrifft – soll auch unter Christen geschehen, indem auch der je Andere zu einer neuen „Bekleidung" wird. Ich schlage vor, diese kryptische Bemerkung Bonhoeffers im Lichte einer eindrücklichen Bemerkung zu verstehen, die Martin Luther am Ende seiner Schrift „Von der Freiheit eines Christenmenschen“ (1520) gemacht hat. Er spricht dort davon, dass Gottes Güter durch Christus zu uns fließen, um von uns an den Nächsten weitergegeben zu werden. Dies führe dazu, dass ich die Sünden meines Nächsten „zudecke“.[6] Das „Ehrenkleid“, das Christus gibt, wird, wenn ich so sagen darf, auch unter Christen weitergegeben.

Angesichts des Ideals der totalen Offenheit in einer engen Gemeinschaft mag die Erkenntnis von der notwendigen Verhüllung unter Menschen wehtun, und eventuell muss man Trauerarbeit angesichts dieses Ideals leisten. Völliges „Erkanntsein“ gibt es dann, in theologischer Perspektive, nur in der Gottesbeziehung, wie dies zum Beispiel im Ausruf des Psalmisten (Ps. 139,1–2) deutlich wird: „HERR, du erforschest mich und kennest mich. Ich sitze oder stehe auf, so weißt du es; du verstehst meine Gedanken von ferne.“

b) Mut und Klugheit: zwei weitere Tugenden der Wahrheit

Wie aber kann die Spannung von Wahrheit und Verhüllung nun verantwortlich gelebt werden? Was kann eine Ethik der Wahrhaftigkeit hier sagen? Im *konkreten Einzelfall* ist ja noch gar nicht entschieden, was gesagt und miteinander geteilt werden sollte und was sich der Mitteilung eventuell entzieht.

Ich habe, in Anlehnung an Williams, zwei wichtige Tugenden der Wahrheit erwähnt: Genauigkeit und Aufrichtigkeit. Es wurde deutlich, dass diese beiden Tugenden nicht mit dem Ziel missbraucht werden dür-

6 „Aus uns sollen [Gottes Güter] fließen in die, die sie nötig haben – bis dahin, dass ich sogar meinen Glauben und meine Gerechtigkeit für meinen Nächsten vor Gott einsetze, um seine Sünde zu decken, sie auf mich zu nehmen und nicht anders damit umzugehen, als wären sie mein eigen, ebenso wie es Christus für uns alle getan hat.“ (Luther 2012, 315 [§ 29])

fen, schamlos in das Geheimnis des Gegenübers einzudringen. Wenn wir im Alltag die Dialektik zwischen Offenbaren und Verhüllen in einer gesunden Weise realisieren wollen, sind deshalb wohl noch andere Tugenden der Wahrheit nötig. Insbesondere geht es, so meine ich, um die beiden Tugenden des *Mutes zur Wahrheit* (Parrhesia) und der *Klugheit* (Phronesis).

In enger Gemeinschaft brauchen wir zum einen den *Mut zum Wahrsprechen*. Enge Beziehungen leben davon, dass auch sehr persönliche, bisweilen schwierige Dinge ausgesprochen werden können. Genauso brauchen wir aber auch *die Klugheit* oder *Weisheit*, eine Gabe der Unterscheidung. Manchmal geht es darum zu erkennen, wann der richtige Moment, der Kairos zum Wahrsprechen gekommen ist, manchmal auch darum, die eigene Schutzzone und die der anderen Person einfach zu respektieren.

Man kann natürlich aus ethischer Perspektive fragen, ob dabei gewisse Regeln oder doch wenigstens Hinweise leitend und hilfreich sein könnten. Ein entscheidender Faktor wird die Frage des *Vertrauens* sein. Der eingangs zitierte Philosoph Bernard Williams hat zum Beispiel betont, dass eine im Nachhinein entdeckte Lüge rückblickend als gewaltsamer Akt erfahren werden kann, bei dem das Gegenüber mir eine falsche Sicht der Welt aufgezwungen hat (vgl. Williams 2003, 182). Lügen zerstören das Vertrauen, und so wird man wohl sagen können, dass sie in engen Beziehungen kein geeignetes Mittel der Verhüllung sind. Aber auch das Verschweigen von Dingen, die für das Vertrauen zwischen zwei Menschen von fundamentaler Bedeutung sind, kann eine Beziehung belasten. Freunde und Partner haben hier miteinander, jeder aber auch für sich, die Verantwortung zu entscheiden, welche Inhalte weiterzugeben sind, oder welche Fragen offen gestellt werden dürfen oder sollten.

Allein die Tatsache aber, dass hier ein *Raum der Verantwortung* – und also auch ein Raum der Freiheit – geöffnet wird, kann zu einer Entlastung führen. Die so wichtigen Tugenden der Genauigkeit und der Aufrichtigkeit werden von den Tugenden des Mutes zur Wahrheit und der

Klugheit sekundiert, und in dem so aufgespannten Raum haben wir die Freiheit, unsere Beziehungen so zu gestalten, dass etwas von der Schönheit der Wahrheit unter uns Menschen aufleuchtet.

5. Literatur

Augustinus, A. (2013) ‚*De mendacio*', in A. Augustinus, *Die Lügenschriften*. Augustinus Opera, Werke 50. Paderborn: Schöningh.

Bonhoeffer, D. (1996) ‚Fragment eines Aufsatzes: Was heißt die Wahrheit sagen?', in Bonhoeffer, D. *Konspiration und Haft 1940–1945* (= DBW 16). Gütersloh: Gütersloher Verlagshaus, 619–629.

– (1998a) *Ethik* (= DBW 6). 2. überarbeitete Auflage Gütersloh: Gütersloher Verlagshaus.

– (1998b) *Widerstand und Ergebung. Briefe und Aufzeichnungen aus der Haft* (DBW 8). Gütersloh: Gütersloher Verlagshaus.

– (2002a) *Gemeinsames Leben. Das Gebetbuch der Bibel* (= DBW 5). 2., durchgesehene und aktualisierte Auflage. Gütersloh: Gütersloher Verlagshaus.

– (2002b) *Schöpfung und Fall* (= DBW 3). 2., durchgesehene und aktualisierte Auflage Gütersloh: Gütersloher Verlagshaus.

– (2005) *Sanctorum Communio* (= DBW 1). 2., durchgesehene und aktualisierte Auflage Gütersloh: Gütersloher Verlagshaus.

Frommann-Breckner, J. (2021) *Ambivalenzen von Maske. Ein Brückenschlag von Dietrich Bonhoeffers Theologie in die Popkultur*. Wiesbaden: Springer.

Havel, V. (1990) *Versuch, in der Wahrheit zu leben*, Neuausgabe Reinbek bei Hamburg: Rowohlt.

Kant, I. (1983) ‚Über ein vermeintes Recht aus Menschenliebe zu lügen' (1797), in I. Kant *Werke 7: Schriften zur Ethik und Religionsphilosophie, Zweiter Teil*. Hg. von W. Weischedel. Darmstadt: Wiss. Buchgesellschaft, 635–643.

Lehmkühler, K. (2023) ‚Zynische Wahrheit'? Bonhoeffer und Foucault zur Frage der Wahrhaftigkeit', in C. Ramstein, C. Tietz & P. Ziegler (Hg.) *Dietrich Bonhoeffer in einer globalen Zeit / in a Global Era. Christlicher Glaube, Zeugnis, Dienst / Christian Faith, Witness, Service*. Göttingen: Vandenhoeck & Ruprecht (FSÖTh 177), 389–403.

Luther, M. (2012) ‚Von der Freiheit eines Christenmenschen' (1520), in *Martin Luther Deutsch-Deutsche Studienausgabe. Bd. 1: Glaube und Leben*. Hg. v. Korsch, D. Leipzig: Evangelische Verlagsanstalt, 277–315.

Simmel, G. (1908) Soziologie. *Untersuchungen über die Formen der Vergesellschaftung*, Leipzig: Duncker & Humblot.

Tietz, C. (2021) ‚The Mysteries of Knowledge, Sin and Shame', in C. Tietz, *„Die Spiegelschrift Gottes ist schwer zu lesen". Beiträge zur Theologie Dietrich Bonhoeffers*. Gütersloh: Gütersloher Verlagshaus (Dietrich Bonhoeffer Studien 2), 216–234.
Williams, B. (2003) *Wahrheit und Wahrhaftigkeit*. Frankfurt a. M.: Suhrkamp.

On Being a Theologian

Stephen J. Plant

1. Introduction

In 1987 a slim, stylish and rather serious visiting student from the Theological Faculty in Berlin arrived at Ridley Hall, the Anglican Theological College in Cambridge. At that time, I was training for ordination at Wesley House, the Methodist Theological College with which Ridley Hall was in an ecumenical Federation, while also undertaking doctoral research on Dietrich Bonhoeffer at the University of Cambridge. While it was inevitable, therefore, that Ralf Wüstenberg and I should meet, I prefer to think of it as Providential. In Cambridge we began a friendship that has certainly enriched my life and work and, I hope, also his.

In this essay I want to consider a question that preoccupied us both from our earliest conversations: What does it mean to *be* a theologian? It seems natural to explore this question in relation to Bonhoeffer, who was the common subject of our respective doctoral theses. What was it that drew us both to Bonhoeffer? In 1989 Ralf and I felt pulled in two directions: to the university and to the church. The university and the church were not simply possible career routes competing like would-be lovers for our affections; they represented different *ways* of being a theologian. In Bonhoeffer we found the same dilemma: from 1923 when his theological studies began at the University of Berlin until late 1933 when, disenchanted with academic life, he took leave from his university duties to take up a pastorate in London, he too wrestled with what kind of theologian he was called to be.

In what follows, I want to attend to three interlinked episodes in Bonhoeffer's life that together shed light on how he came to construe his theological vocation. The first episode is his meeting with Karl Barth in 1931; the second is his brief participation in one of the early skirmishes of the Church struggle; and the third is his decision to leave behind his duties as a university lecturer (*Privatdozent*) to run one of the preachers' seminaries for the Old Prussian Union.

2. Bonhoeffer's formation as a theologian and his meeting with Karl Barth

As Eberhard Bethge reports, Bonhoeffer left no contemporaneous account of his decision to become a theologian (cf. Bethge 2000, 34–44), but looking back on the decision it appears it was taken when he was relatively young, prompted in part by his reflection on the death of his brother Walter in 1918. In Bonhoeffer's retrospective self-reflection on his choice of theology he identified mixed motives – among them vanity and ambition.[1] But once the decision had been made, he did not waver from it, although he may have intended to resign as a Pastor after the end of the war because of the possible reputational damage that would follow from his involvement in the attempted *coup d'état* of July 1944. Though the results of his First Theological Examination[2] and of his Second Theological Examination[3] were far from flawless, Bonhoeffer clearly had star quality as a theological student; certainly he sufficiently impressed members of his faculty that they allowed him to work on his dissertation for the licentiate degree alongside his 'undergraduate' studies. Yet, while Bonhoeffer formed good working relationships within his faculty, and while he also dipped his toe into the Theology Faculty at

1 Cf., for example, Bonhoeffer's letter to Elizabeth Zinn of January 27th, 1936, cited in Bonhoeffer 2013, 134 f.

2 For a breakdown of his First Examination results, cf. Bonhoeffer 2003, 183 f.

3 For a breakdown of his Second Examination results, cf. Bonhoeffer 2008, 231 f.

the University of Tübingen, by his own account he found his theological studies prior to 1931 to be a generally arid experience.

The theological desert burst into life for Bonhoeffer when he met Karl Barth in 1931. Bonhoeffer had already been reading Barth for a few years. Paula Bonhoeffer, Dietrich's mother, asked him in 1925 to send to her a copy of Barth's essay collection *The Word of God and the Word of Man* (cf. Bonhoeffer 2003, 148.), so he was certainly reading Barth by then. An undated set of Bonhoeffer's notes on Barth's 1927 *Die Christliche Dogmatik im Entwurf* (Bonhoeffer 2003, 436–438) was probably written very soon after its publication, indicating Bonhoeffer's growing interest. By 1930 Bonhoeffer was critically engaging Barth's theology in some depth in his habilitation thesis, *Act and Being*. So, when Bonhoeffer travelled to Bonn to sit in on Barth's lectures and seminars, while he did not identify as a 'Barthian', the ground had been well prepared.

Even so, Bonhoeffer's reaction to meeting Barth was strikingly enthusiastic. What seems to have struck Bonhoeffer most was not Barth's theology alone, but the way that theology was integrated in Barth's person. In Berlin, academic theology seemed technically sound, to Bonhoeffer it felt lifeless. Now, after meeting Barth in Bonn, Bonhoeffer wrote to his parents: 'I like him very much indeed and am also very impressed by his lectures. Everything is so well worked out *and has not yet become mechanical to him*' [my italics] (Bonhoeffer 2012, 33). To Erwin Sutz, with whom he shared his interest in the Swiss theologian, Bonhoeffer wrote that while Barth's students in Bonn appeared suspicious of an outsider from Berlin:

> „… everything is very much or completely different when it comes to *Karl Barth* himself. You can breathe freely. You are no longer afraid you will die for lack of oxygen in the rarefied atmosphere. I have, I believe, seldom regretted not having done something sooner in my theological past as much as I now regret that I did not go to Barth sooner.“ (Bonhoeffer 2012, 37).

Bonhoeffer continues by describing Barth's *manner*:

> „There is an openness, a willingness to listen to a critical comment directed to the topic at hand, for the sake of which he can speak proudly or humbly, dogmatically or with utter uncertainty, in a way that is certainly not intended primarily to advance his own theology … I am impressed by his discussion even more than by his writing and his lectures. He is really fully present. I have never seen anything quite like it nor thought it possible." (Bonhoeffer 2012, 37).

The contrast with the atmosphere in his own Faculty in Berlin was all too obvious for Bonhoeffer: 'This is really someone from whom one could learn something, and there one sits in poor, desolate Berlin and is discouraged because there is no one there from whom one can learn theology, and some other useful things along with it.' (Bonhoeffer 2012, 38). Bonhoeffer further spelled out his own conclusions from these experiences in a letter to Paul Lehmann, another friend from New York days: 'he really is a theologian at home as well as in the classroom.' (Bonhoeffer 2012, 42).

What Bonhoeffer was learning from Barth was that being a theologian is not simply a matter of technical training and competence: it has a kind of *existential* dimension. Being a theologian is more than a matter of academic skill: it has to do with one's faith in God. What marked Barth out for Bonhoeffer was his authenticity, a kind of personal *presence* in what he said. Barth was not simply a teacher but a human being – and it turned out that exactly this was what Bonhoeffer had inarticulately intuited was absent from his education in Berlin.

3. Karl Barth on 'Theological Existence'

What was it in Barth that – regardless of which and how many aspects of this theology one is minded to endorse – that characterises his practice of theology in such a way that it made the impression it did on Bonhoeffer? More succinctly, what was it in Barth that led him to *inhabit* his theology as he did? Towards the end of his life Barth gave a series of lectures that to this day perhaps remain the best text to place in the hand of someone thinking of becoming a theologian (cf. Barth 1963).[4] Theology for Barth was primarily an ecclesial discipline, and in the first part of his lectures he set out the origins of theology in the Word of God, witnesses to that Word, and the community of faith. In the third part of the lectures, Barth explored several threats to the theologian – solitude, doubt and temptation, before speaking of the *hope* that is the means by which those threats may be endured and borne. In the fourth part Barth explored theological work – in prayer, study and service – summing up this work in terms of *love*.

The second part of the lectures is what may most help us here. In Part II Barth examined theological *existence*, or what it means to *be* a theologian. And (to borrow Thomas Aquinas' contested characterisation of 1 Corinthians 13), in this part Barth gathers his reflections up in relation to the theological virtue of *faith*. Theological existence, for the later Barth, begins in wonder. (Bonhoeffer said something very similar in remarking that theology arises from those on bended knee!) Such astonishment is essential, Barth maintained, to being a theologian for sev-

4 The book collects the 5 lectures given by Barth at Princeton Theological Seminary in 1962. The putative theologians Barth has in mind were, very largely, people with a vocation to ordained church ministry, and in that sense rather unlike my own Faculty, in which a relatively small number will end up working for the church.

eral reasons. In general terms, wonder occurs whenever one encounters a spiritual or natural phenomenon that is genuinely strange and new. Theological wonder, however, is something rather different: 'Another kind of wonder assumes control over a man [sic][5] when he takes up the subject of theology … in theological wonder it is a sheer impossibility that he might one day finish his lessons, that the uncommon might become common, that the new might appear old and familiar, that the strange might ever become thoroughly domesticated' (Barth 1963, 63).

Wonder alone, however, will not suffice: one must also be (Barth allows himself a rare borrowing from philosophical literature) *existentially* concerned with the subject matter of theology: '[w]hen this object [God] arouses wonderment of the type we have described, transforming the man whom it involves into an astonished subject, this man also becomes *concerned*.' (Barth 1963, 73). Finally, being a theologian requires not only wonder and concern, but *commitment*. The role of theologian is a '*nobile officium*'; a vocation that is lifelong and costly; and a responsibility and duty that may not be exercised casually or mechanically. For each of these things *faith* is the only possible basis, since God alone can provide not only the object, but also the resources for the proper practice of theology. The bar that Barth sets for being a theologian is *impossibly* high and it is only when faith is the basis for theology that the impossibility becomes possible.

5 In this and in subsequent quotations from Barth's *Evangelical Theology* (1963), the use of gender exclusive nouns strikes a particularly discordant note because of the historic exclusion of women from vocations such as being a theologian.

4. Bonhoeffer on where a theologian's ultimate loyalties lie

At about the same time Bonhoeffer was meeting Barth, he was involved briefly in one of the earliest skirmishes in the struggle for the freedom of the churches in National Socialist Germany centred on the Protestant theologian Günther Dehn. From 1911–1931 Dehn worked as a Pastor in the district of Moabit in Berlin, where Bonhoeffer was presumably acquainted with him. In 1929, Dehn had been offered the chair of practical theology at the University of Heidelberg. There was, however, a problem. Like Karl Barth, Dehn was a keen reader of Christoph Blumhardt, Hermann Kutter and Leonhard Ragaz, and under their influence, and his experiences of ministry in his working-class Berlin parish, he had become a Christian socialist. His theological writings too dealt with issues that were particularly neuralgic for nationalists, for example arguing against a characterisation of the deaths of soldiers in the Great War in terms of Christian sacrifice. For these reasons, Nationalist students campaigned successfully against Dehn's appointment. In 1931 another chair at the University of Halle was offered to him, and again Halle University's members of the National Socialist Students Association threatened to withdraw *en masse* from the University if Dehn was appointed. As a temporary fix, Dehn was given research leave, but after 1933 and Hitler's appointment as Reich Chancellor, the post was permanently withdrawn.

At the height of the campaign against him at Halle, Dehn appealed for support from other theologians.[6] In response, Bonhoeffer and Hans Fischer together drafted theses on the case in what would prove to be an

6 For a presentation of the background to the Günther Dehn Case – and for a contentious view on Karl Barth's response to it –, cf. Peterson 2018, 221–253. Peterson makes a convincing case that Barth proved puzzlingly reluctant to throw in his weight behind Dehn.

unfulfilled hope of rallying the support of the Theology Faculty at Berlin. These theses illuminate an important aspect in Bonhoeffer's rapidly developing understanding of what it meant to be a theologian.

To a member of a University in the English-speaking academic world in 2024 there is something strangely contemporary about the Dehn case (cf. Bonhoeffer 2012, 99–101), in which universities were fearful of student action leading to an academic being not-platformed! The issue was freedom of speech. But in the case of a theologian, the general issue had a very particular cast. In their theses Bonhoeffer and Fisher state that:

> „The attack on Dr. Dehn confronts the church today with the question of the right of biblical proclamation. We expect a professor of Protestant theology, *as a teacher of the church*, to be responsible solely to biblical truth, to stand up for the pure teaching of the gospel, free from any restrictions from outside the church and from that standpoint to take a position on the questions of the church of the present day without concern for the consequence." [my italics] (Bonhoeffer 2012, 99; my italics)

The theological truth at stake in the Dehn case, from Bonhoeffer and Fisher's perspective, was nothing less than the truth at the heart of the Protestant Reformation: theology has to be free from the control of the state, and even of universities as organs of the state every bit as much as it must be free from the authority of the Pope. Departments of theology (in the case of Halle a *Protestant* Faculty of Theology) serve the church – *not* the state. For this reason, it was even more important for a *theologian* to be free to think and speak than for an academic belonging to another academic discipline. Universities and states may make some kinds of demand on (academic) theologians; but, Bonhoeffer and Fisher believed, they can have no business directing what theologians may think and say. Dehn's teaching, the theses conclude, must be recognised as being biblically based and properly rooted 'in the tradition of the Reformation'. The theologian's *ultimate* loyalty must always lie with God – whatever the personal cost. Following the failure of his appeals Dehn, like Bonhoeffer, started to teach at one of the Confessing church's illegal preachers' seminaries.

5. Bonhoeffer's crisis of confidence in theology within the university

Perhaps the failure of his own faculty to take up the call to defend Dehn's freedom of speech was a first nail in the coffin of Bonhoeffer's confidence in the university as a proper location for theology. It would not be the last. On May 10th, 1933, in Opernplatz, directly under the windows of the University of Berlin's main building, the books of Albert Einstein, Sigmund Freud, Heinrich Heine, Thomas Mann, Erich Maria Remarque, Stefan Zweig and others regarded for various reasons by the Nazis as subversive influences, were placed on a great bonfire that acted as a beacon signalling the end of intellectual freedom in Germany.

In addition to external events, something was happening to Bonhoeffer internally. Recalling this period a couple of years later Bonhoeffer wrote:

> „For the first time, I came to the Bible ... Nor had I ever prayed, or had done so only very rarely ... The Bible, especially the Sermon on the Mount, freed me from all this. Since then everything has changed. I have felt a great liberation. It has become clear to me that the life of a servant of Jesus Christ must belong to the church, and step-by-step it became clearer to me how far it must go ... My vocation now stands before me." (Bonhoeffer 2013, 134 f.)

From London, in the autumn of 1934, Bonhoeffer wrote to Erwin Sutz to tell him of his changing sense of where his future might lie:

> „I no longer believe in the University; in fact I never really have believed in it – to your chagrin! The next generation of pastors, these days, ought to be trained entirely in church-monastic schools, where the pure doctrine, the Sermon on the Mount, and worship are taken seriously – which for all three of these things is simply not the case at the university and under the present circumstances is impossible." (Bonhoeffer 2007, 216–217)

In less than a year Bonhoeffer had responded to the call of the Old Prussian Union to direct a seminary training Confessing church clergy, first in sand dunes of the Baltic Sea coast, and then a little to the southeast at Finkenwalde. At the seminary Bonhoeffer was able to put into practice the kind of 'church-monastic' community he adumbrated to Sutz. He was also able to begin to model the kind of theological authenticity he had admired in Barth a couple of years earlier. Already, as a *Privatdozent* in Berlin, Bonhoeffer had struck some students as being different to other lecturers. Wolf-Dieter Zimmermann, for example, later recalled:

> „What fascinated me most in this man from the very beginning [in first hearing Bonhoeffer lecture] was the way he saw things; he 'turned them around', away from where they were stored for everyday use, to the place God had ordained for them." (Zimmermann & Gregor-Smith 1973, 60)

Bonhoeffer in the lecture room was „very concentrated, quiet, unsentimental, almost dispassionate with a certain rational coldness, like a reporter." (Zimmermann & Gregor-Smith 1973, 62). Yet even in Berlin something in him was inspirational and several Berlin students would follow him to the seminary. There, several students recalled their struggle with the 'monastic' flavour of their training. Meditation on a single verse of scripture, periods of silence and the practice of confession would each prove 'a burden difficult to bear'.[7] In spite of the challenges, student recollections suggest Bonhoeffer found a way to be present to his students as he had earlier sensed Barth to be present to his students. Johannes Goebel, for example, sensed that Bonhoeffer had overcome something in himself in order to make himself available to his students in a way that also drew them out of themselves:

> „At that time the deliberate self-effacement which he practised in listening to us, but which involved a real and forceful transmission of strength, had an exciting effect on us, compelling us to the last effort, but at the same time liberating and relaxing us. I felt that this man of string will, so strange to me, understood me all the same, and it would be nonsensical to hide something, not to commit myself." (Goebel 1973, 124)

6. On being a theologian

Though Ralf Wüstenberg's work has moved from interpreting Bonhoeffer's theology onto other subjects, I suspect it would be hard to overestimate the influence his fellow Berliner has had on his understanding of what being a theologian means. For Wüstenberg as for Bonhoeffer, a contemporary Christian theologian is under pressure from both the church and the academy to interpret their vocation in a certain way. The challenge, in the 1930s and still now, is to discern *God's* call amidst the din of these competing calls on one's vocation. In a Festschrift edited for Jürgen Moltmann's 70th birthday, the philosopher Nicholas Wolterstorff sums up rather accurately the challenges contemporary theologians face (cf. Wolterstorff 1996). Many in the Christian Church feel a need, no

7 For a consideration of Bonhoeffer's approach to theological training in Finkenwalde, cf. Plant 2015.

less urgent than at any other time in the history of the Church, for sustained reflection about God. A good many of those who have attempted to respond have done so in the public academy. 'However, as modernity has advanced, the work of these latter displays less and less the stamp of Christian conviction, and proves less and less useful for the life of the church.' (Ibid., 36 f.) What accounts for this?

Wolterstorff sees contemporary theologians squeezed between a rock and a hard place. On the one hand, 'the root of the alienation of university theology from the church lies in the modern church wanting the wrong things of its theologians, and that the theologians of the modern academy are often nothing short of heroic in refusing to give the church what it wants', forcing the church to ask the questions it *should* ask, and to accept the answers it *should* accept. On the other hand: '... to practice theology within the institutional setting of the university is to be under pressure to conform one's practice to whatever that university's optative self-understanding of acceptability and excellence in learning' (Wolterstorff 1996, 37 f.). In my own context the churches place theologians under constant pressure to be practical and relevant while the universities cultivate a culture in which process triumphs over common sense, form over content, and in which good teaching is devalued.

A German context may differ in certain respects, but the pressures of late modernity on the discernment of a true theological vocation will be every bit as great. Today, as for Bonhoeffer, discerning a call to be a theologian will mean resisting pressure from the churches to serve their interests alone, and also mean resisting pressures from the university to serve its interests alone. The theologian may well be loyal penultimately to the church and be loyal also to a university; but their ultimate loyalties will lie elsewhere. As one outstanding interpreter of Bonhoeffer's prison theology has put it, in a theological axiom that one might say has guided Ralf Wüstenberg's own theological calling: „*To live as to believe* means *believing* through 'participation in Jesus' being' *as life* in 'being for others'"(Wüstenberg 1998, 160).

7. References

Barth, K. (1963) *Evangelical Theology: An Introduction.* New York / Chicago / San Francisco: Holt, Rinehart and Winston.

Bethge, E. (2000) *Dietrich Bonhoeffer: A Biography.* Revised edition. Minneapolis: Fortress Press.

Bonhoeffer, D. (2003) *The Young Bonhoeffer: 1918–1927.* Dietrich Bonhoeffer Works English, Vol 9 (= DBWE 9). Ed. by P. D. Matheny et. al. Minneapolis: Fortress Press.

– (2007) *London 1933–1935.* Dietrich Bonhoeffer Works English, Vol. 13 (= DBWE 13). Ed. by K. Clements. Minneapolis: Fortress Press.

– (2008) *Barcelona, Berlin, New York 1928–1931.* Dietrich Bonhoeffer Works English, Vol. 10 (= DBWE 10). Ed. by C. J. Green. Minneapolis: Fortress Press.

– (2012) *Ecumenical, Academic, and Pastoral Work: 1931–1932.* Dietrich Bonhoeffer Works English, Vol. 11 (= DBWE 11). Ed. by V. J. Barnett et al. Minneapolis: Fortress Press.

– (2013) *Theological Education at Finkenwalde: 1935–1937.* Dietrich Bonhoeffer Works English, Vol. 14 (= DBWE 14). Ed. by H. G. Barker & M. Brocker. Minneapolis: Fortress Press.

Goebel, J. (1973) 'When he sat down at the Piano' in W. D. Zimmermann & R. Gregor-Smith (eds.) *I Knew Dietrich Bonhoeffer.* London: Fontana, 123–125.

Peterson, P. S. (2018) *The Early Karl Barth: Historical Contexts and Intellectual Formation 1905–1935.* Tübingen: Mohr Siebeck.

Plant, S. (2015) 'Theological Education and Christian Formation in Conversation with Dietrich Bonhoeffer's *Life Together*', *Colloquium: The Australian and New Zealand Theological Review*, Vol. 47 / 2, 180–194.

Wolterstorff, N. (1996) 'The Travail of Theology in the Modern Academy', in M. Volf, C. Krieg & T. Kucharz (eds.) *The Future of Theology: Essays in Honour of Jürgen Moltmann.* Grand Rapids / Cambridge: Wm. B. Eerdmans, 35–46.

Wüstenberg, R. K. (1998) *A Theology of Life: Dietrich Bonhoeffer's Religionless Christianity.* Grand Rapids / Cambridge: Wm. B. Eerdmans.

Zimmermann, W. D. & R. Gregor-Smith (eds.) (1973) *I Knew Dietrich Bonhoeffer.* London: Fontana.

Gesetz und Evangelium. Hinweise zum Toleranzpotential einer lutherischen Grundunterscheidung[1]

Hartmut Rosenau

Ralf K. Wüstenberg, dem ich mit diesem kleinen Beitrag ein Zeichen des Dankes für seine langjährige, mir wertvolle, kollegiale Freundschaft zwischen Flensburg und Kiel geben möchte, hat sich seit langem nicht nur als bedeutender Bonhoeffer-Forscher national wie international einen Namen gemacht. Darüber hinaus entwickelt er in letzter Zeit – immer wieder in Bezug auf Bonhoeffers Versöhnungsgedanken – eine anspruchsvolle Theologie der Religionen vor dem Hintergrund seiner hermeneutisch angelegten Dialog-Pyramide (kognitiver, empathischer und spiritueller Dialog) vor allem zur Förderung von Toleranz zwischen Christentum und Islam (vgl. Wüstenberg 2021, bes. 19–23; 147). Diese Dialog-Konzeption steht, wie ich finde, repräsentativ für einen aktuellen Paradigmenwechsel gegenwärtiger theologischer Toleranz-Diskurse, in denen der Schwerpunkt nicht mehr so sehr (wie vor allem in Zeiten der Alten Kirche und des Mittelalters) auf der Wahrheitsfrage mit ihrer Problematik von exklusiven Absolutheitsansprüchen liegt, auch nicht mehr so dominant (wie vor allem in der Neuzeit) auf der Gerechtigkeitsfrage gegenüber zu duldenden oder nicht zu duldenden religiösen Minderheiten, sondern nunmehr auf der Frage nach den notwendigen Bedingungen der Möglichkeit von Verständnis und Vertrauen sowie ihren Gefähr-

1 Gefördert durch die Deutsche Forschungsgemeinschaft (DFG) – Projektnummer: 493131063.

dungen in einer durch und durch weltanschaulich pluralen Gesellschaft (vgl. Schwöbel, Tippelskirch 2002, bes. 11–37; 77–97).

Nun sind wir beide, Ralf K. Wüstenberg und ich, Systematische Theologen in dezidiert lutherischer Perspektive und dieser Tradition gerne aus Überzeugung verbunden, ja sogar verpflichtet. Luther zufolge (z. B. in seiner Galaterbrief-Vorlesung von 1531 und in seiner 1. Disputation gegen die Antinomer von 1537) ist es die vornehmste, aber auch schwierigste Aufgabe der Theologie, zwischen „Gesetz" und „Evangelium" zu unterscheiden (vgl. Bayer 1994, 36 f.). Im Kontext der europäischen Toleranz-Diskurse innerhalb wie außerhalb der Theologie spielt diese spezifisch lutherische Grundunterscheidung zwischen „Gesetz" und „Evangelium" (vgl. Ebeling 1964, Kap. VII u. VIII) aber trotz ihrer fundamentalen Bedeutung bislang eher keine oder wenn, dann nur eine kontraproduktive Rolle. Hat sie nicht ausgesprochen religionskritische Konsequenzen, wenn Luther z. B. im Blick auf die römische Kirche („Papisten") abwertend von einer „Gesetzes-Religion" spricht? Diente sie ihm nicht mit demselben Etikett zur theologischen Begründung seiner beschämenden Ausfälle gegen Juden und Muslime („Türken")? Und legitimiert diese Unterscheidung nicht einen rechthaberischen Exklusivismus, wenn Luther allein im Blick auf sein Verständnis des Christentums auf der Grundlage seiner mit den *particula exclusiva* (*solus Christus, sola gratia, sola fide, sola scriptura*) erläuterten Rechtfertigungslehre vom „Evangelium" spricht (vgl. Rosenau 2017)?

Ihm zufolge sind Gesetzes-Religionen letztlich gottlos. Denn sie setzen auf eigene Werke und Verdienste, vertrauen nicht vollumfänglich auf Gottes Heilshandeln in Jesus Christus, auf seine Heilszusage im Evangelium, lassen Christus nicht den alleinigen Heilsmittler sein und rauben somit Gott die allein ihm zustehende Ehre (vgl. Ratschow 1979, 15–19). So hat Luther auch seine anfängliche Juden-Freundlichkeit („Dass Jesus ein geborener Jude sei", 1523), begründet in missions-strategischen Überlegungen und selbstüberschätzendem Vertrauen auf die gewinnende Kraft seiner reformatorischen Entdeckungen, gerade wegen dieser theologischen Fundamental-Unterscheidung zwanzig Jahre später zugunsten übelstem Antijudaismus aufgegeben („Von den Juden und ihren Lügen", 1543) (vgl. Kremers 1985, bes. 72–108; 136–170).

Dieser Umschwung mag sicherlich auch biografische, psychologische und historische, also kontingente Motive gehabt haben. In erster Linie aber geht es um ein fundamentaltheologisches, also prinzipielles Problem, das uns Luther mit einer belastenden Wirkungsgeschichte bis heute mitgegeben hat. Denn Antijudaismus, im Unterschied zum Antisemitismus, meint ja eine prinzipielle, nicht bloß kontingent-situative Ablehnung des Judentums (wie auch analog des römischen Christentums, des Islam wie jeder Art von „Gesetzes-Religion") aus theologischen (und nicht aus vermeintlich rassisch-anthropologischen oder völkisch-kulturellen) Gründen. Das macht die „Sache" von Judenverfolgungen etc. im Endeffekt natürlich nicht erträglicher, genauso wenig wie relativierende Entschuldigungen, dass Luther eben auch nur Kind seiner Zeit gewesen und vielleicht sogar im Vergleich zu anderen damals noch verhältnismäßig „mild" aufgetreten, dass er eben nicht nur den Juden, sondern auch den genannten anderen, den „Römern" und „Türken", manchmal auch sich selbst als eigentlich verdammenswertem und erlösungsbedürftigem Sünder mit seiner hasserfüllten Ablehnung entgegengetreten sei. Das mag und wird alles so gewesen sein, mindert aber das Leid der Opfer seiner Religionskritik und seines Antijudaismus – bzw. derer, die sich hier auf Luther berufen – in keiner Weise.

Daher geht es meines Erachtens auch bei diesem Thema nicht um eine historische *quaestio facti*, sondern um eine systematische *quaestio iuris*, nämlich: Führt die typisch reformatorische, lutherische Unterscheidung zwischen Gesetz und Evangelium mit theologischer Berechtigung und Konsequenz zu abwertender Religionskritik, Antijudaismus und Intoleranz? Und wenn ja, mit welchem Recht? Sollte sie dann nicht wegen der uns belastenden Wirkungsgeschichte besser aufgegeben oder ersetzt werden (z. B. durch Bonhoeffers Unterscheidung zwischen „letzten" und „vorletzten Dingen")? Und wenn nein, wie ließe sich dann verhindern, dass sie faktisch zu solch intoleranten Konsequenzen führen kann?

Meine These, die ich hier, wenn auch nur umrisshaft, skizzieren möchte, lautet: Die Unterscheidung zwischen Gesetz und Evangelium kann, muss aber nicht zur Intoleranz anderen Religionen oder Weltanschauungen gegenüber führen – im Gegenteil: sie kann sogar (mit Luther und über ihn hinaus) Toleranz begründen und befördern. Darum sollte sie (vorerst) auch in einer heutigen dialogischen Theologie der Religionen beibehalten oder eingetragen und nicht leichtfertig aufgegeben, übergangen oder ersetzt werden. Sie kann durchaus produktiv anderen, aktuell gängigeren Motiven zur Begründung von Toleranz aus dezidiert christlich-reformatorischer Perspektive zur Seite gestellt werden. Zu diesen Motiven gehört z. B. die jeden exklusiven Absolutheitsanspruch aufhebende Einsicht in die Geschichtlichkeit und damit Relativität des Glaubens und aller seiner Inhalte (*fides quae creditur*), die inklusive Einsicht in die Unverfügbarkeit der Konstitutionsbedingungen des Glaubens (*fides qua creditur*),[2] die Möglichkeit, ja sogar die Notwendigkeit einer perspektivischen Integration von Glaubensgewissheit und Skepsis (*fides tentativa* oder „angefochtener Glaube“ [vgl. Ratschow 1978, bes. 233–315]) und die Betonung einer eschatologisch postulativ begründeten Erwartung, die das Heil (Rettung, Erlösung) ausnahmslos aller einschließt (Allversöhnung) (vgl. Rosenau 2012).

Zur Erläuterung meiner These möchte und kann ich hier im vorgegebenen Rahmen nur ein paar wenige Hinweise ohne breite und tiefe historisch-systematische Ausführungen geben. Es soll nur kurz Luthers Verständnis von Gesetz und Evangelium im Rahmen seiner Theologie rekapituliert werden, auch ohne dabei auf den in anderen Zusammenhängen durchaus wichtigen Unterschied zwischen dem paulini-

2 Vgl. CA V: „Er (= der Heilige Geist, H. R.) wirkt den Glauben, wo und wann es Gott gefällt …“ (lat.: ubi et quando visum est Deo), zit. n. Grane 1970, 46.

schen Verständnis von „Gesetz“ (griech.: *nomos* im Sinne von „Weisung“ Gottes, hebr.: *tora*, das durchaus zu halten, aber um Christi willen kein Heilsweg mehr ist: Gal 2,21; Phil 3,2–11) und dem Verständnis Luthers von „Gesetz“ (lat.: *lex* im Sinne von Anspruch und Forderung Gottes, die wir als Sünder nicht halten können, sondern daran verzweifeln müssen) näher einzugehen (vgl. dazu Joest 1986).

Grundsätzlich sind Gesetz und Evangelium nach Luther ja Unterscheidungen (vgl. Härle 2008) innerhalb des einen lebendigen Wortes Gottes selbst, also nicht zwei völlig verschiedene oder gar voneinander getrennte „Worte“. Deswegen ist deren klare Unterscheidung auch so schwierig, und es sind Verwechslungen im Blick auf ihren gemeinsamen Einheitsgrund möglich. Wären Gesetz und Evangelium völlig heterogene Dinge ohne Gemeinsamkeiten, könnte man sie auch nicht so leicht verwechseln. Für die Toleranz-Thematik bedeutet das: wer das Gesetz hat, hat also auch das Wort Gottes – zumindest in einer gewissen Hinsicht. So gesehen muss der von Luther abwertend und kritisch gegenüber Juden, Muslimen, Alt- und Andersgläubigen gemeinte Ausdruck „Gesetzesreligion“ eigentlich in einem guten, positiven Sinne verstanden werden. Denn auch das Gesetz ist wertvolles Wort Gottes, das gerade Luther zufolge letztlich dem Erhalt der Welt dient. Und wenn die anderen Religionen oder Konfessionen das Evangelium nicht kennen (sollten), dann ist es nicht deren Schuld oder Verantwortung, was Intoleranz der „Rechtgläubigen“ ihnen gegenüber befördern könnte. Sondern es liegt dann am ausbleibenden Wirken des uns allen gleichermaßen unverfügbaren Geistes Gottes selbst, am *„deus absconditus“*, dem verborgenen Gott als der „alles bestimmenden Wirklichkeit“ (so die bekannte Formulierung von Bultmann 1925, 26), also auch der Wirklichkeit der Religionen. „Gottlos“ sind sie, die anders Glaubenden und Denkenden, deswegen jedenfalls nicht, und darum ist auch Toleranz ihnen – wie dem *Deus absconditus* und seinem verborgenen Handeln – gegenüber geboten. Christliche Toleranz gründet also vornehmlich – nach Luther (vgl. Ebeling 1981) – in der *„tolerantia Dei“*, die aber – mit Luther und über

Luther hinaus – entsprechend der grammatisch möglichen Auflösung dieser lateinischen Formel sowohl als *genetivus subjectivus* als auch als *genetivus objectivus* zweifach akzentuiert werden kann: Es ist damit die Toleranz (im Sinne einer durchaus auch schmerzlichen Duldung oder eines widerwilligen Ertragens) Gottes gegenüber den (betont gesagt: allen) Menschen als Sünder gemeint (die Toleranz, die Gott als „Subjekt" uns gegenüber hat), aber genauso auch unsere Toleranz gegenüber dem uns oft rätselhaft und verborgen erscheinenden Gott als „Objekt" unseres (angefochtenen) Glaubens.

Mit „Gesetz" – und hier mag Luthers Erfahrung aus der mittelalterlichen Bußpraxis zwischen *confessio* (Bekenntnis), *contritio* (Reue) und *absolutio* (Vergebung) im Hintergrund stehen – ist jedes fordernde Wort Gottes gemeint, sein unbedingter Anspruch an uns. Es klagt uns an, macht unsere Sünde und den Zorn Gottes über sie offenbar und tötet uns, den „alten" Menschen letztlich (*mortificatio*), der sich diesem Anspruch zu entziehen sucht oder ihm nicht gerecht wird. Darin besteht das *opus alienum Dei*, das „uneigentliche" („fremde") Handeln Gottes uns gegenüber. Mit „Evangelium" ist im Unterschied dazu das schenkende Wort Gottes gemeint, sein unbedingter Zuspruch uns gegenüber, seine Vergebung. Es macht die Liebe Gottes zu uns offenbar und schenkt uns Seligkeit und neues Leben (*vivificatio*), macht uns (nach 2. Kor 5,17) zu einer neuen Kreatur. Darin besteht das *opus proprium Dei*, das „eigentliche" Handeln Gottes uns gegenüber. Insofern sind Gesetz und Evangelium nur innerhalb einer Gott-Mensch-Relation funktional zu verstehen und zu unterscheiden, nicht aber qualitativ an und für sich z. B. im Blick auf eine bestimmte literarische Gattung oder grammatische Form (Imperativ – Indikativ) oder andere religionswissenschaftlich im phänomenologischen Vergleich feststellbare Äußerlichkeiten oder Unterscheidungsmerkmale. So gesehen ist das Verhältnis von Gesetz und Evangelium am ehesten analog dem Verhältnis von „Geist" und „Buchstabe" (nach 2. Kor 3,4 ff.) aufzufassen: Der objektiv fixierte und fixierende Buchstabe an sich tötet, aber der freie und unverfügbare Geist macht lebendig. In ihm besteht das Evangelium, die frohe Botschaft der Christen von der Gnade Gottes und der daraus resultierenden *iustitia passiva*, der Gerechtigkeit, die uns passiv oder rezeptiv (geschenkweise) zuteilwird und nicht von uns aktiv oder spontan erwirkt werden kann. Alle anderen Religionen – einschließlich der Papstkirche – haben diese Botschaft – so Luther – nicht.[3] Sie sind an und für sich bloße „Gesetzesreligionen". Denn sie sehen die Menschen nur unter den (moralischen und / oder kultischen) Forderungen Gottes im Sinne einer *iustitia activa* stehen – letztlich gnadenlos.

Da nun aber weder das Gesetz noch das Evangelium an sich objektiv zu erkennen, also genauso wenig wie der Glaube und seine Konstitutionsbedingungen nach Mk 8, Mt 16 oder CA V aus einer Außenperspektive feststell- oder verfügbar ist (*coram mundo*), sondern nur in Bezug auf die vor Gott stehenden Menschen innerhalb einer subjektiven Innenperspektive (*coram Deo*), fällt diese Unterscheidung auch nicht mit dem äußerlichen Unterschied zwischen dem Alten und Neuen Testament oder zwischen dem Alten und Neuen Bund Gottes mit den Menschen zusammen, auch wenn es manchmal selbst bei Luther so klingt (wie z. B. in seiner „Freiheitsschrift" von 1520). Sowohl im Alten wie auch im Neuen Testament kann durchaus beides sein – je nachdem, wie Menschen das Wort Gottes auffassen und wie es die Menschen trifft: als „alten", unerlösten und sündigen (Gesetz) oder als „neuen", erlösten und gerechtfertigten Menschen (Evangelium). Dabei ist es wichtig zu betonen, dass hier kein (religionspädagogisch oder methodisch anzuwendendes) zeitliches Nacheinander im Sinne eines *ordo salutis* in den Blick genommen wird, sondern ein „zugleich" (*simul iustus et peccator*). In einer gewissen Hinsicht stehen Menschen – auch die Christenmenschen – also unter oder

---

3 Inzwischen ist natürlich klar, dass diese These Luthers religionswissenschaftlich wegen zahlreicher Strukturanalogien (z. B. im Amida-Buddhismus) nicht länger zu halten ist. Dennoch hat die Ein- und Abschätzung Luthers nach wie vor eine erhellende Bedeutung als existenziale Beschreibung des menschlichen Daseins.

vor dem Gesetz,[4] in einer anderen Hinsicht unter oder vor dem Evangelium. Insofern handelt es sich bei dem einen Wort Gottes als Gesetz und Evangelium nicht um die Alternative eines Entweder-Oder, sondern um unterschiedliche, durchaus gleichzeitig auftreten könnende Wirkweisen (*modi*) des einen Wortes Gottes, deren Schnittpunkt im menschlichen Gewissen liegt. Die „Schwärmer“ und „Antinomer“, mit denen Luther sich auseinandergesetzt hat, haben diesen modalen Sinn der Unterscheidung von Gesetz und Evangelium nicht verstanden. Sie meinen, das Gesetz sei nun seit und mit Christus abgetan, und nur das Evangelium zähle gegenwärtig und zukünftig noch. Welche chaotischen und zersetzenden Konsequenzen dieses Missverständnis nach sich ziehen kann, zeigt exemplarisch die kurze Geschichte des Täuferreiches zu Münster.

Um des Evangeliums willen muss also das Gesetz beibehalten werden, aber eben nur in einer bestimmten Hinsicht. Andernfalls würde das Evangelium selbst wiederum zum tötenden Gesetz werden, oder das Gesetz würde als Evangelium, als Heilsweg missverstanden, und die Freiheit eines Christentmenschen ginge verloren. Das Evangelium ohne Gesetz wird zur „billigen Gnade“ – und das Gesetz ohne Evangelium führt zum Fundamentalismus (wie z.B. bei Karlstadts Wittenberger Bildersturm 1522).

Die dihairetisch-synthetische, funktionale oder modale Unterscheidung zwischen Gesetz und Evangelium setzt nun wiederum eine vorgängige Unterscheidung innerhalb des Gesetzes voraus, sodass die Zusammengehörigkeit beider als das eine Wort Gottes noch deutlicher wird, das allerdings in sich selbst nicht uniform, sondern eben „lebendig“, polar und dynamisch ist. Damit ist der sogenannte „zweifache Gebrauch des Gesetzes“ (*duplex usus legis*) angesprochen, der auch zum typisch

4 An dieser Stelle könnte eine rechtfertigungstheologische Interpretation von Franz Kafkas Erzählung „Vor dem Gesetz“ interessant sein, die ich hier nur anmerken, aber nicht ausführen kann.

lutherischen ethischen Grundmodell der sog. „Zwei-Reiche-Lehre" geführt hat (vgl. Rosenau 1998). Im Unterschied zur reformierten Tradition, die noch einen hier nicht weiter zu erläuternden „dritten Gebrauch des Gesetzes" (*tertius usus legis*) kennt, der schließlich auch zur umgekehrten Reihenfolge „Evangelium und Gesetz" und dem typisch reformierten ethischen Grundmodell von der „Königsherrschaft Christi" führt (so z. B. prominent bei Barth 1946), wird in lutherischer Tradition (Melanchthon steht hier als Vermittler zwischen diesen Traditionen) nur zwischen einem ersten (*primus*) und einem zweiten Gebrauch des Gesetzes (*secundus usus legis*) unterschieden:

Der erste ist der („weltliche") *usus politicus* oder *usus civilis*. Hier geht es um das Wort Gottes zum Zweck der Welterhaltung, um die Stabilisierung unserer gesellschaftlichen Lebensverhältnisse, um die äußerliche Eindämmung der Sünde und ihrer ausufernden, das Leben bedrohenden Erscheinungen ohne weitere soteriologische Heilsansprüche und Erlösungserwartungen. Dazu dienen die sog. „Schöpfungsordnungen" und „Stände" Gottes: Kultur, Ethik, Politik, Ökonomie, aber eben auch Religion bzw. Kirche (vgl. Rosenau 1999). Darin zeigt sich, dass Luther hier einen sehr weiten Begriff von „Gesetz" hat (vgl. Schloemann 1961). Damit ist nicht nur all das gemeint, was an Geboten und Forderungen Gottes in der Bibel steht (z. B. der Dekalog), sondern auch all das, was an wertvollen, Gesellschaft und Leben stabilisierenden Traditionen und Werten außerhalb der Bibel, z. B. in Büchern der Philosophie und anderen Religionen gefunden und weisheitlich genutzt werden kann.

Der zweite („geistliche") Gebrauch des Gesetzes ist der entscheidendere und wichtigere *usus elenchticus* oder *theologicus*. Hier werden wir angesichts der Forderungen Gottes wie in einem Spiegel unserer prinzipiellen Sündenverfallenheit und Erlösungsbedürftigkeit überführt und so in unserem Inneren getroffen und dazu motiviert, Heil und Erlösung in Christus zu suchen. Insofern bewirkt das Gesetz in diesem zweiten Sinn eine Art innere Umkehr (*metanoia*) und Hinkehr zu Christus (*pai-*

dagogia eis Christon nach Gal 3,24 f.) und bereitet damit schon das Evangelium vor (*praeparatio evangelii*).

Die relationale Spannung zwischen Gesetz (*primus et secundus usus*) und Evangelium führt im konkreten Christenleben nun aber gerade nicht zu einem ständigen Hin und Her oder Auf und Ab, sondern sie zeigt uns „die rechte Mittelstraße zwischen Selbstüberhebung und Selbstverzweiflung" (Peters 1981, 38), zwischen *hybris* und *desperatio*. Glaubende Christen, vom Evangelium getroffen und innerlich verwandelt durch den Heiligen Geist, halten nun das Gesetz gerne und empfinden es nicht länger als zur Verzweiflung treibenden Zwang. Sie folgen ihm im Sinne einer Paränese aus „Lust und Liebe" (Luther 1520, 182; vgl. Track 1993) – nicht, weil sie sollen oder müssen, sondern weil sie es fraglos wollen und tun, so, wie ein guter Baum eben gute Früchte bringt, um in Luthers bekanntem Bild zu bleiben (vgl. Luther 1520, 178).

Wenn Luther im Rahmen seiner Unterscheidung von Gesetz und Evangelium anderen Religionen (entgegen manch anderer seiner Äußerungen in unterschiedlichen Kontexten) einerseits durchaus auch eine positive, nämlich erhaltende Rolle im Weltgeschehen zubilligen kann, so dass wir für sie eigentlich dankbar und ihnen gegenüber tolerant sein können, aber andererseits hier im Blick auf das vermeintlich nicht vorhandene Evangelium auch eine deutliche Grenze der Toleranz zieht, nämlich da, wo das Gesetz zugleich und als solches zum Evangelium gemacht und als (z. B. theokratischer) Heilsweg ausgerufen wird, so ist das kein Widerspruch, sondern im Grunde ein deutlicher Hinweis darauf, dass zur Toleranz auch und wesentlich eine Ablehnungskomponente gehört (vgl. Forst 2020, 12–23; 30–41). Das zu betonen ist vielleicht gerade gegenüber an sich unterstützenswerten, aber allzu gut gemeinten Toleranzbegründungen und -empfehlungen wichtig, die sich lernen wollendes Verständnis, uneingeschränkte Akzeptanz und mitgehende Wertschätzung des Anderen und Fremden bis hin zur (Nächsten- oder gar Feindes-) Liebe zum Ziel setzen und damit *nolens volens* wichtige Möglichkeiten von (wechselseitiger) Kritik aus der Hand geben bzw. innerhalb ihrer Konzeption kaum noch schlüssig begründen können (so z. B. Stosch 2021, 9–38). Natürlich können wir im interreligiösen Dialog wechselseitig viel voneinander lernen, vieles verstehen und wechselseitig wertschätzen – wenn es um Welterhaltung und Weltgestaltung geht (Gesetz), um „vorletzte Dinge" (Bonhoeffer). Aber wenn aus dem Anliegen der Welterhaltung offen oder unter der Hand ein Anliegen der (religiösen) Welterlösung geht (Evangelium), um „letzte Dinge" (Bonhoeffer), dann ist eine Grenze der Toleranz erreicht. In dieser Hinsicht sind Religionen nicht die Lösung (schon gar nicht die Erlösung), sondern Teil des Problems.

In Aufnahme und Weiterführung neuerer sozialphilosophischer Überlegungen hat Bernd Simon ein sozialpsychologisches Zwei-Stufen-Modell zum Verständnis von Toleranz als durch Respekt „gezähmte" Ablehnung entwickelt (vgl. Simon 2017). Es beinhaltet, aus unterschiedlichen Gründen auf einer ersten Stufe abgelehnte Andere auf einer zweiten, höheren Stufe und in gewisser Hinsicht doch auch als Gleiche wahrzunehmen. Beispielsweise können sich Anhänger zweier verschiedener Fußballvereine auf der ersten Stufe im Sinne einer *in-group-outgroup*-Kategorisierung heftigst ablehnen, aber sich auf einer zweiten, höheren Stufe doch als Fußballfans (etwa gegenüber Handballfans) auch als (andere oder unterschiedliche) Gleiche respektieren. So kann die eigene Position einerseits authentisch und kritisch einschließlich ihrer Ablehnungskomponenten gegenüber anderen vertreten, aber andererseits auch ohne Exklusivitäts- oder Absolutheitsansprüche relativiert und somit die nach wie vor vorhandene Ablehnung aufgehoben oder „gezähmt" werden.

Dieses Modell könnte prima facie auch z. B. auf konfliktträchtige Ablehnungsverhältnisse zwischen Katholiken und Protestanten angewandt werden, indem auf einer höheren Ebene wahrgenommen wird, dass beide Konfessionen doch gemeinsam dem christlichen Glauben (und nicht einer anderen Religion) angehören und insofern bei aller Ablehnung auf der ersten Ebene doch auch etwas oder sogar vieles gemeinsam haben, das die Ablehnung zugunsten von Respekt „zähmen“ könnte. Oder konfliktträchtige Ablehnungsverhältnisse zwischen Religionen (z. B. Christentum und Islam) könnten auf einer zweiten Ebene dadurch relativiert werden, dass wahrgenommen wird, dass Anhänger und Anhängerinnen verschiedener Religionen auf einer höheren Ebene doch immerhin gemeinsam Menschen sind und sich zumindest in dieser Hinsicht auch respektieren und ihre durchaus vorhandene und bleibende Ablehnung „zähmen“ könnten.

Theologisch genauer bedacht ist es aber mit diesem in sich selbst stimmigen Zwei-Stufen-Modell in Sachen Religion aber doch nicht ganz so einfach. Denn es unterstellt, dass zu einer bestimmten unteren Stufe, auf der wechselseitige Ablehnung z. B. im Blick auf Glaubensinhalte, Lebensführung und kulturelle Traditionen etc. stattfinden kann, immer auch noch eine höhere zweite Stufe gefunden wird, von der aus die Ablehnung auf der unteren Stufe relativiert und im Blick auf höhere Gemeinsamkeiten z. B. der Herkunft, der nationalen Identität, des sozialen Standes oder des Menschseins überhaupt (im Sinne Hegels) „aufgehoben“ (d. h.: als Prinzip verneint – *negatio*, als Moment bewahrt – *conservatio*, und auf eine höhere Ebene gebracht – *elevatio*) werden kann. Es ist aber die Frage, ob – aus der Innenperspektive religiöser Menschen und ihrer Glaubenssysteme – oberhalb oder außerhalb ihrer religiösen Prägung auf der ersten Stufe überhaupt noch eine Meta-Ebene auf einer zweiten Stufe gefunden werden kann, wenn doch ihre religiöse Prägung und Identität eine totale ist – so, wie der Glaube als ein in jeder Hinsicht „daseinsbestimmendes Vertrauen“ verstanden werden muss (so Härle 1995, 58) und eine aufhebende Außenperspektive gar nicht eingenommen werden kann. Wenn es also aufhebende („zähmende“) höhere Gemeinsamkeiten geben soll, dann müssen sie aus der Innenperspektive eines religiösen Glaubenssystems selbst (also auf der ersten Stufe oder von dieser ersten Stufe aus) hergeleitet werden können. Welches Potenzial zur Selbstrelativierung hat also eine bestimmte Religion, eine bestimmte Konfession oder ein bestimmtes Glaubenssystem aus seiner ureigenen Innenperspektive, das es in der Konsequenz möglich macht, Respekt Andersglaubenden oder Andersdenkenden gegenüber zu generieren und die eigene Ablehnung zur Wahrung und ohne Aufgabe der eigenen Identität (nicht verschwinden zu lassen, sondern) zu relativieren und zu „zähmen"?

Formal gesehen – und dazu bietet die lutherische Unterscheidung von Gesetz und Evangelium wichtige Anregungen – könnte dieses Toleranzpotential durch eine (im Sinne Kants) transzendentale Überlegung im Blick auf die erste Stufe des Ablehnungs-Respekt-Models entdeckt werden. Es müsste dann nach den notwendigen Bedingungen der Möglichkeit gefragt werden, die gegeben sein müssen, damit das eigene (hier: das reformatorisch-christlich geprägte) Glaubenssystem z. B. angesichts der Einsicht in die Unverfügbarkeit des Glaubens und seiner Inhalte einschließlich der Notwendigkeit einer Integration von Glaubensgewissheit und Skepsis aufgrund der bleibenden geschichtlichen Vermitteltheit des Glaubens etc. überhaupt entstehen und sich entfalten kann. Und im Blick auf diese notwendigen Bedingungen der Möglichkeit wären dann auch nötige Grenzen der Toleranz zu definieren, nämlich da, wo diese notwendigen Bedingungen der Möglichkeit – etwa durch Androhung oder Ausübung von Glaubenszwang und religiös motivierter Gewalt oder durch die Aufrichtung fundamentalistisch-exklusiver Wahrheitsansprüche in dogmatischer (kirchlicher) wie ethischer (politischer) Hinsicht oder durch Appelle an die eigene „Gerechtigkeit" vor Gott (*coram Deo*) – missachtet werden und damit wechselseitiges Vertrauen prinzipiell gefährdet oder ganz zerstört wird. Denn hier würde sich dann eine fatale Verwechslung, Vertauschung oder Vermischung von Gesetz und Evangelium abzeichnen, die gerade um der Toleranz willen abgelehnt werden muss.

Literatur

Barth, K. (1946) *Christengemeinde und Bürgergemeinde*. München: Kaiser Verlag.

Bayer, O. (1994) *Theologie*. Handbuch Systematischer Theologie. Bd. 1. Hg. von C. H. Ratschow. Gütersloh: Gütersloher Verlagshaus.

Bultmann, R. (1925), ‚Welchen Sinn hat es, von Gott zu reden?' (1925), in R. Bultmann (1980) *Glauben und Verstehen*. Bd. 1. 8. Auflage. Tübingen: Mohr Siebeck, 26–37.

Ebeling, G. (1964) *Luther. Einführung in sein Denken*. Tübingen: Mohr Siebeck.

– (1981) „Die Toleranz Gottes und die Toleranz der Vernunft", *ZThK*, 78(4), 442–464.

Forst, R. (2020) *Toleranz im Konflikt. Geschichte, Gehalt und Gegenwart eines umstrittenen Begriffs*. 6. Auflage. Frankfurt a. M.: Suhrkamp Verlag.

Grane, L. (1970) *Die Confessio Augustana. Einführung in die Hauptgedanken der lutherischen Reformation*. Göttingen: Vandenhoeck & Ruprecht.

Härle, W. (1995) *Dogmatik*. Berlin / New York: de Gruyter.

– (2008) ‚Gott fürchten und lieben – Martin Luther und die Kunst lebenswichtiger Unterscheidungen', in R. K. Wüstenberg (Hg.) *„Nimm und lies!" Theologische Quereinstiege für Neugierige*. Gütersloh: Gütersloher Verlagshaus, 110–125.

Joest, W. (1968) *Gesetz und Freiheit. Das Problem des tertius usus legis bei Luther und die neutestamentliche Parainese*. 4. Auflage. Göttingen: Vandenhoeck & Ruprecht.

Kremers, H. (Hg.) (1985) *Die Juden und Martin Luther – Martin Luther und die Juden. Geschichte – Wirkungsgeschichte – Herausforderung*. Neukirchen-Vluyn: Neukirchener Verlag.

Luther, M. (1520) ‚Von der Freiheit eines Christenmenschen', in W. Metzger (Hg.) (1996) *Calwer Luther-Ausgabe*. Bd. 2. 4. Auflage. Gütersloh: Gütersloher Verlagshaus, 161–190.

Peters, A. (1981) *Gesetz und Evangelium*. Handbuch Systematischer Theologie. Bd. 2. Hg. von C. H. Ratschow. Gütersloh: Gütersloher Verlagshaus.

Rosenau, H. (1998) ‚Wertewandel in der theologischen Ethik seit 1945', in H. Petri (Hg.) *Sozialhygiene – Rückblick und Ausblick im Spannungsfeld der Motivationen 1947–1997*. Hagen: ISL-Verlag, 28–52.

(1999) Art. ‚Schöpfungsordnung', in *TRE*. Bd. 30. Berlin / New York: de Gruyter, 356–358.

(2012) ‚Gottesferne und Heilserwartung – Überlegungen zu einer weisheitlichen Begründung von Toleranz', in J. Liß-Walther, & B. Gärtner (Hg.) *Aufbrüche. Christlich-Jüdische Zusammenarbeit in Schleswig-Holstein nach 1945*. Kiel: J. F. Steinkopf Verlag, 33–42.

(2017) *Von der Freiheit eines Christenmenschen. Grundzüge und Aktualität reformatorischer Theologie*. Berlin: LIT Verlag.

Ratschow, C. H. (1978) *Der angefochtene Glaube. Anfangs- und Grundprobleme der Dogmatik*. Gütersloh: C. Bertelsmann Verlag.

(1979) *Die Religionen*. Handbuch Systematischer Theologie. Bd. 16. Hg. von dems. Gütersloh: Gütersloher Verlagshaus.

Schloemann, M. (1961) *Natürliches und gepredigtes Gesetz bei Luther. Eine Studie zur Frage nach der Einheit der Gesetzesauffassung Luthers mit besonderer Berücksichtigung seiner Auseinandersetzung mit den Antinomern,* Berlin: Töpelmann.

Schwöbel, C. & Tippelskirch, D. von (Hg.) (2002) *Die religiösen Wurzeln der Toleranz.* Freiburg i. Br.: Herder Verlag.

Simon, B. (2017) „Grundriss einer sozialpsychologischen Respekttheorie: Implikationen für Kooperation und Konflikt in pluralistischen Gesellschaften", *Psychologische Rundschau,* 68(4), 241–250.

Stosch, K. von (2021) *Einführung in die Komparative Theologie*. Paderborn: Brill Schöningh.

Track, J. (1993) ‚Einführung: Von der Freiheit, Gutes zu tun', in W. Härle & R. Preul (Hg.) *MJTh V (Gute Werke).* Marburg: Elwert Verlag Marburg, 1–16.

Wüstenberg, R. K. (2021) *Einander wahrnehmen. Ein Dialogmodell für die christlich-islamische Begegnung*. Gütersloh: Gütersloher Verlagshaus.

Shame and Ethics. Theological Explorations into an Ambivalent Emotion

Stefan Heuser

1. Introduction: The emotional turn in social sciences

As unlikely as it seemed that neurosciences would ever disprove Mr. Spock, science officer of the starship USS Enterprise and one of the most popular fictional characters of the Star Trek series, and yet it has. The character „Spock" represents the ideal that cognitive processes should be executed by rationality, alone, and should not be impaired by emotions. But as neuroscientist Antonio Damasio in his book „Descartes Error: Emotion, Reason, and the Human Brain" has shown in 1994, emotions not only play an important role in rational decision making processes, they even appear to be basic prerequisites of reasonable subjects to make rational decisions at all (cf. Damasio 2005). Other attempts to explore emotions and their constitutive role in the worlds of psychology, biology, culture, sociality, literature, and history in the nineties have given rise to speak of an „emotional turn" and „affective turn" in various sciences (cf. Lemmings & Brooks 2014). The results of that research reveal that one needs to distinguish between different theories of emotions, that there is no generally recognized consensus on the question of what „emotions" or „feelings" actually are, and which term should be preferred in which context. However, there is a strong consensus in social, cultural, historical and neurosciences that the formation and expression of distinct emotions (or feelings) depends on social, cultural and political influences, and that they should not be confused with vegetative reactions (cf. Stearns & Stearns 1985). According to findings in the field of the sociology of emotions, there are strong reciprocal influences between emotions and socio-cultural structures (cf. von Scheve 2013).

This emotional turn of social sciences keeps having a significant impact on research in ethics, both in moral philosophy (cf. Nussbaum 2013; cf. Nussbaum 2001; see also the Special Issue of the *International Journal of Philosophical Studies* 2022) and in theological ethics (cf. Fischer 2012; Huizing 2016; Ammann 2007). Research in both disciplines has focused on the role of emotions such as fear, empathy, compassion, guilt, happiness, love, or joy in moral reasonsing, decision-making, and in ethical behavior. And it has included the specific role of emotions to the formation of the personal identity and moral agency (cf. Ricoeur 1992) and of religious affections in moral formation (cf. Cochran 2015).

The significance of emotions for an ethics of reconciliation and of dealing with guilt, particularly with regard to the political dimensions of reconciliation, also runs through the scientific oeuvre of Ralf K. Wüstenberg, who is honoured with this „Festschrift". From his seminal habilitation thesis (cf. Wüstenberg 2004; Wüstenberg 2009), to his rediscovery of the significance of rituals and practices of „confession" for ethics (Wüstenberg, Schließer & Prüller-Jagenteufel 2016), to his recent works on political (cf. Wüstenberg & Beljin 2017; Wüstenberg & Bongardt 2010) and interreligious dialogue (cf. Wüstenberg, Münchow & Barakat 2022; Wüstenberg 2016), Wüstenberg pays reference to the vital influence of emotions to practices of reconciliation in the lifeworld and in politics, particularly in regard of feelings like compassion, guilt, or revenge. In addition to our shared interest in drawing on the resources of theological ethics when facing contemporary issues of political ethics, I also feel myself deeply connected to Ralf Wüstenberg by the fact that his research consistently engages with the work of Dietrich Bonhoeffer – a common interest that found expression in a joint academic conference and publication (Wüstenberg & Heuser 2010).

In this paper, I will take Bonhoeffer's reflections on the ethical significance of shame, guilt and forgiveness as a starting point for continuing our discussion with a view to the emotional turn in ethics. In doing so, I will focus in particular on the emotion of shame, which has increasingly attracted the attention of Protestant ethics in recent years. Following this shift in attention from „guilt" to „shame", and taking up impulses from Dietrich Bonhoeffer and Ralf Wüstenberg, I will explore some crucial aspects of the emotion of „shame", and how theological ethics can relate to it.

2. State of research: Faces of Shame

Shame is everywhere and it has many different „faces" (Hilgers 2013). The US-American theologian James Fowler said about shame: „Now that I have eyes for it, I see it everywhere." (Fowler 1996, 91). And in George Bernhard Shaw's „Man and Superman" Tanner says:

> „We live in an atmosphere of shame. We are ashamed of everything that is real about us; ashamed of ourselves, of our relatives, of our incomes, of our accents, of our opinions, of our experience, just as we are ashamed of our naked skins." (Shaw 1992, 152).

However, it is not always easy to recognize, because shame is something that people hide, for they are ashamed of being ashamed (cf. Marks 2013, 12). This is why shame has been called „the Cinderella of the unpleasant emotions" (Rycroft 1972, 152). It is often left to the eyes of the expert to discover shame at work in an individual life, and in a society. At the same time, it is impossible to avoid shame, since it is an intrinsic part of our lives (cf. Marks 2013, 13). It would not be wise to do so because shame has a protective role for human subjectivity (for an overview cf. Pattison 2000, 78–82). Shame contributes to the regulation of encounter with the other human being *as a person*, and that means: as someone with inwardness, with reflexivity, with self-relation, as someone who presents and protects himself in his social role without which he or she would never encounter others. We cannot hide our presence to ourselves, and we are, therefore, standing naked in our subjectivity before others. In regard of this aspect of the human condition, shame helps to buffer the encounters of beings who – unlike animals – lost their immediacy and gained awareness of themselves, and it helps to protect these vulnerable selves (cf. Spaemann 2009).

This positive function of shame for everyday ethics hence seems to be evident. At the same time, shame can be a painful feeling that indicates that we have behaved or acted in a way that did not meet the standards of respect, shyness or modesty. In early Greek philosophy, the emotion of shame gains moral quality when the moral subject acts in the spirit of αἰδώς (Aidôs), which means reverence, awe, respect, or modesty (cf. Cairns 1993). The word αἰδώς even echoes αἰσχύνη (Aiskhynê), the Greek word for shame. The emotion of shame hence appears to be linked to attitudes or virtues of the moral subject. In everyday life, however, shame is an even broader phenomenon as it usually arises when a person's actions (or omissions) visibly fall short of the impression that the person likes to generate of him- or herself.

This aspect of shame touches upon Emmanuel Lévinas' analysis of shame in his early work „On Escape – De l'evasion" (1935). For Lévinas, shame arises when we cannot evade the visibility of something about ourselves that we would like to hide, or from which we would like to distance ourselves. Shame is intrinsically tied to the human condition (cf. Holte 2015, 31). According to Lévinas, shame about nudity is paradigmatic for this central aspect of shame, as it results from the impossibility of hiding the nakedness of one's physical existence. Lévinas writes:

> „Shame arises each time we are unable to make others forget [faire oublier] our basic nudity. It is related to everything we would like to hide

> and that we cannot bury or cover up. (…) What appears in shame is thus precisely the fact of being riveted to oneself, the radical impossibility of fleeing oneself to hide from oneself, the unalterably binding presence of the I to itself. (…) Nakedness is shameful when it is the sheer visibility [patence] of our being, of its ultimate intimacy. And the nakedness of our body is not that of a material thing, antithesis of spirit, but the nakedness of our total being in all its fullness and solidity, of its most brutal expression of which we could not fail to take note. (…) It is therefore our intimacy, that is, our presence to ourselves, that is shameful. (…) What shame discovers [*découvre*] is the being who uncovers himself [*se* découvre]." (Lévinas 2003, 64 f.)

For Lévinas, shame results from the impossibility to escape from ourselves, to appear as mere physical bodies, and to hide our subjectivity. Although we can reflect on our bodies as if they were material objects, we do not appear to others merely as objects, but as subjects. We appear immediately as ourselves: as beings who are related to themselves. This is why we need shame to safeguard our appearance as beings whose relation to themselves is revealed. Shame stimulates to cover our subjectivity from becoming exposed alongside our physical appearance, and it tries to protect our bodies as places where our reflexivity and self-relation express themselves.

One specific relevance of shame for ethics therefore lies in its role in the primordial ethical situation of the encounter with the other, the face-to-face of two selves. In this encounter, shame can protect the selves from becoming exposed, and it can safeguard interaction. Insofar as it mediates listening and responding, shame can even build a pathway to the human heart. At the same time, the mechanisms of shame and shaming render the self extremely vulnerable to humiliation. It remains ambivalent. To say that shame regulates encounters so that people do not mutually hurt each other remains awkward, particularly when its regulatory function in personal encounters is at stake. We can to some extend train the ethical response to shame: the attitude of awe, or of reverence, but this only amounts to a fragile cultivation of an attitude, while shame can become a pathological emotion. Shame can lead to destructive formations of the human self. Where an excess of shame-experiences can no longer be processed and integrated into the self, shame can – and very likely will – lead to aggression against oneself or others. Permanent shaming can result in chronic, prophylactic aggression that serves to protect oneself from being shamed. These defense mechanisms have been called the „masks" of shame (cf. Wurmser 2010): masks behind which this emotion hides itself, among them: violence, contempt, arrogance, coolness, conformity, projection, blaming, addictive behavior (including violence against oneself), or – again – shaming, which may establish a vicious circle of being shamed and dumping shame on others (cf. Marks 2015). This pathological shame has destructive effects on oneself and on interpersonal encounters. Persons who are motivated by pathological shame are prone to treat others and themselves in a bad way. And it is only insofar as others are affected by it that psychology is called to disrupt the vicious circle of shaming and being shamed by helping people to live with shame.

Shame is an ambivalent phenomenon, but this ambivalence has dark and inexplicable aspects to it, which need to be added to this short account of the faces of shame, starting with Kafka: In his posthumously published novel „The Trial" (German original: „Der Prozess", 1925), Franz Kafka tells the story of a man, Josef K., who gets charged for an unspecified crime by an anonymous authority. The novel tells K.'s permanent struggle to deal with this charge, with guilt and with his vain attempts to find justice. At the end of the novel, K. is taken by two gentlemen to a quarry, where they settle K.'s head down on the top of a stone. The two pass a butcher's knife back and forth between them, with K. knowing precisely, that it would be his duty before the authorities to thrust the knife into himself. But he does not take the knife. Kafka concludes his novel as follows:

> „But the hands of one of the gentlemen were laid on K.'s throat, while the other pushed the knife deep into his heart and twisted it there, twice. As his eyesight failed, K. saw the two gentlemen cheek by cheek, close in front of his face, watching the result. „Like a dog!" he said, it was as if the shame of it should outlive him." (Kafka 1925, 152)

In this passage, Kafka reveals the intrinsic relatedness of shame to the naked human existence and death, and its resistance against any attempts to deal with it in a rational way. As psychology tells us, shame is not primarily related to actions, but to persons who act. Where guilt says: „I have made a mistake", shame says: „I am a mistake". Guilt is related to what you've done, shame to who you are (cf. Marks 2013, 60). Yet Kafka deepens this understanding of shame. In his account, shame transcends the individual life and relates to the way human beings exist: They exist as beings who are not what they pretend to be, and if they realized where they stand, they could not handle this ethically, because if they were to give up pretending, they had to give up on themselves. Josef K. feels ashamed at the very moment when he is completely in the hands of his murderers. They kill him for no reason, as if he were a being that could be killed that way. What dawns on him is the fact, that he is indeed such a being. The vague rest of his self-esteem is revealed as something that visibly falls short of the truth of his existence, which is meaningless to others and completely subject to their whims. At the moment of his own death, where he is ultimately revealed as being subject to random killing, he still refers to rests of self-esteem when commenting that this is a way to die for a dog, not for a human being. K. is ashamed of the discrepancy between his self-esteem and the real value of his self in the eyes of others.

In Kafka's novel, Josef K. is not ashamed of something that he lacks, but of something that he has, namely his self-esteem which turns out to be vain. He simply could not despise himself, even when he was taken to the slaughter. So he is essentially ashamed of being human – and this shame of being human, Kafka says, survives individual existence. Kafka's novel confronts us with an insight into the way that human beings are: K.'s shame is the shame of those to whom it is revealed that they hold their existence in esteem without any other reason than because it is human to relate to oneself this way.

The complexity of this dimension of shame that arises in connection with the experience of dehumanization cannot be further elaborated on here. I will only briefly refer to the way in which Italian philosopher Giorgio Agamben has addressed this aspect of shame with regard to his theory of desubjectification. According to Agamben, shame is

> „the fundamental sentiment of being a subject, in the two apparently opposed senses of this phrase: to be subjected and to be sovereign. Shame is what is produced in the absolute concomitance of subjectification and desubjectification, self-loss and self-possession, servitude and sovereignty." (Agamben 2002, 107).

In this account, shame can play an important role in the disruption of social and political subjectification mechanisms and power structures, and in the opening of new paths for agency (cf. Snoek 2012). At the same time, shame arises from the revelation that human beings are not who they pretend to be: they are not masters of their own life, even to the point of being ashamed when they are convicted of esteem for their naked existence.

Shame hence remains an emotion apriori to moral reflection: something that can move people to behave and treat others with awe, and to regard one-self with self-esteem – or to try the opposite. Shame remains something that people can only influence to a certain extent, but that my stimulate practices of awe. It can be manipulated, and instrumentalised, and it can also be integrated into one's own life, but it cannot replace moral judgement. Shame does not only concern the maxims that we follow, but the persons who we are. The relation of ethical reflection to shame, to which I will turn now, is hence rendered complex, particularly when it comes to take on a theological perspective.

3. Discussion: The response of theological ethics to shame

Much of modern ethics does not concentrate on the person who acts, but on the moral value of the motives and principles that somebody acts upon. Emotions, in this line of thought, do not add to the moral value of an action. On the contrary, in the wake of rationalism, modern ethics tries to overcome emotions by reasoning in order to free ethics from arbitrariness, and to render it universally comprehensible and accountable.[1] In his seminal study „Shame and Necessity“, Bernard Williams has drawn on classical Greek philosophy to criticize this tradition of thought, claiming that it led to abstract and de-contextualized concepts of human action, and trying to regain the importance of shame over guilt for the development of character and excellence (cf. Williams 1993).

Following William's attempt to regain the ethical meaning of shame, Protestant theologian Klaas Huizing has tried to apply William's main insights to Protestant ethics by shifting its attention from guilt to shame. In his influential book „Scham und Ehre“ of 2016, Huizing claims that the ethics of modernity and with it, the ethics of Protestantism, has concentrated too much on the question of guilt, thereby overseeing or taking

1 Modern ethics usually distinguishes between a person and his or her works. This raises difficulties for a rationalistic ethics when it is confronted with emotions like shame which are not primarily related to what a person has done, but to who a person is. Shame arises from who we are, guilt from what we've done, and they are closely interwoven when someone feels ashamed when realizing that he is somebody capable of doing something that renders him guilty (cf. Spaemann 2009). Shame can arise after you realize that your actions did not pay due respect or awe to somebody.

deliberately into account that in fact guilt conceals experiences of shame. According to Huizing, Protestantism has thus focused on questions of guilt, sin, punishment and justification while losing track of shame and honour as its positive counterparts, and with them losing possibilities of the ethical formation of affects and of the growth of character. Huizing states that:

> „In shame arises the temptation to transform shame into guilt. Guilt is endowed with an apparent advantage: In becoming guilty, the ashamed person regains an active role. In shame, the person suffers passively, is completely committed to passivity. In contrast, guilt, although it destroys relationships, is initially more attractive because it lures with feelings of sovereignty. He who determines the situation. (…) *When shame is transformed into guilt, the shamed person escapes the passivity of the shame situation, but only at the price of guilt: he becomes a perpetrator.*“[2]

For Huizing, the specific chance of learning to deal with shame, properly, is to build character, and to become an ethical person:

> „The experience of shame, this physically experienced indication that a gulf has opened up between self-image and external image, contains the call to change, to build character, i. e. to develop virtues. To put it

2 „In der Scham entsteht die Verlockung, Scham in Schuld zu transformieren. Schuld ist mit einem scheinbaren Vorteil ausgestattet: Im Schuldigwerden gewinnt der Schämende die aktive Rolle zurück. In der Scham leidet der Mensch passiv, ist vollständig auf Passivität festgelegt. Dagegen wirkt Schuld, obwohl sie Beziehungen zerstört, zunächst attraktiver, weil sie mit Souveränitätsgefühlen lockt. Wer handelt, bestimmt die Situation. (…) *Wenn die Scham in Schuld umgewandelt wird, entkommt der Beschämte zwar der Passivität der Scham-Situation, aber nur zum Preis der Schuld: Er wird Täter.*“ (Huizing 2016, 44; my translation)

another way: People do not have to become compulsively guilty but can use the experience of shame to train their character or to develop virtues so that they are not ashamed in future and are not tempted to become guilty in the first place."[3]

Huizing claims that he follows Emmanuel Lévinas and his reconstruction of the original ethical situation by interpreting „the shame situation as a primordial key situation that is absolutely necessary for the constitution of the ethical person"[4]. However, while for Lévinas the face of the other „expresses my moral impossibility of annihilating" (Lévinas 1969, 232) and thus explicitly or implicitly signifies the commandment „You shall not kill!", Huizing replaces this basic call into responsibility in the key situation of face-to-face encounter with: „Schäm dich!" (literally: „You should feel ashamed!"). For Huizing, this amounts to a correction of Lévinas[5](Lévinas 1969, 39). A closer look reveals, however, that Huizing follows a different line of thought than Lévinas, whose interest is not a shift from guilt to shame but from shame to guilt in the sense of a moral obligation to take up responsibility for the Other.

Huizing and Lévinas agree insofar as the latter holds that „shame does not have the structure of consciousness and clarity. It is oriented in

3 „Schamerfahrung, dieser körperlich erfahrene Hinweis, dass zwischen Selbstbild und Fremdbild eine Kluft aufgerissen ist, enthält die Aufforderung, sich zu ändern, den Charakter zu bilden, sprich: Tugenden auszubilden. Anders gewendet: Menschen müssen nicht zwanghaft schuldig werden, sondern können die Schamerfahrung zur Charakterschulung oder eben zur Ausbildung von Tugenden nutzen, um sich künftig nicht zu schämen und auch erst gar nicht in die Versuchung zu kommen, schuldig zu werden." (Huizing 2016, 44, my translation).

4 „Die Philosophie von Emmanuel Levinas dient mir dazu, die Schamsituation als eine primordiale Schlüsselsituation zu deuten, die für die Konstitution der ethischen Person schlechterdings notwendig ist." (Huizing 2016, 13, my translation).

5 Ibid., 39.

the inverse direction; its subject is exterior to me." (Lévinas 1969, 84). Yet Lévinas proceeds by saying:

> „Discourse and Desire, where the Other presents himself as interlocutor, as him over whom I cannot have power [je ne peux pas pouvoir], whom I cannot kill, condition this shame, where, qua I, I am not innocent spontaneity but usurper and murderer." (Lévinas 1969, 84)

The face of the Other does not blame the „subject", but calls it into existence. It is called into an existential responsibility for the Other, not just to take responsibility for something shameful. For Lévinas, whoever is called into responsibility is constituted as the subject of the obligation to respond to the Other. Responsibility is something that someone owes to the Other in his or her need, and that translates into categories of justice. It signifies a shift from shame to guilt, but this guilt is understood in terms of an obligation, not in the forensic sense:

> „The face, for its part, is inviolable; those eyes, which are absolutely without protection, the most naked part of the human body, none the less offer an absolute resistance to possession, an absolute resistance in which the temptation to murder is inscribed: the temptation of absolute negation. The Other is the only being that one can be tempted to kill. This temptation to murder and this impossibility of murder constitutes the very vision of the face. To see a face is already to hear 'You shall not kill', and to hear 'You shall not kill' is to hear 'Social justice'." (Lévinas 1990, 8 f.)

Whether the plea „You shall not kill" (Lévinas) or the accusation „You should be ashamed!" (Huizing) emanates from the face of the other person is clearly different also in the sense of the ethics of the lifeworld. There is actually no point in telling somebody to be ashamed because it is impossible to command someone to feel in a certain way. Unlike actions shame cannot be morally wrong. One cannot have a wrong emotion – but one can be mistaken in evaluating the issue to which the emotion is related. When somebody says: „Shame on you!", this is not to be taken as a request to feel ashamed, but quite the opposite: it is a reminder that others would feel ashamed to be the person who has done, what he or she did. So „You should feel ashamed!" means something different than saying: „You should regret that!" because it does not evaluate the moral value of an action, but the lack of shame of a person who has done something morally wrong (cf. Spaemann 2009). To be ashamed of one's own action or to tell someone to be ashamed means to perceive a moral transgression as inadequate in regard of the person who is involved. Shame is not a moral judgement on actions, but an emotion related to the person who acts. But: While guilt may – to some extend – be forgiven and even taken away from someone, shame is a feeling that remains. It cannot become the subject of excuses but sticks to the person who did what he or she did, and what is more: it sticks to the human for being who he or she is.

One of the most interesting faces of shame, therefore, is its non-moral or pre-moral aspect. Shame remains a feeling that often occurs beyond any ethical judgement about good and evil. For ethics, this means a real challenge, since this face of shame eludes ethical judgement. This is where the ethics of reconciliation or redemption comes into play, and with it Dietrich Bonhoeffer's approach to the phenomenon of shame.

In his posthumously published „Ethics", Dietrich Bonhoeffer, a German theologian and member of the German resistance against Hitler, holds that shame results from a disunion and estrangement of humankind from its origin (cf. Bonhoeffer 2009, 300), and says:

> „It is a peculiar fact that we lower our eyes whenever we meet the eyes of another. This is not an expression of remorse about having done something wrong, but of shame; in being looked at, we are reminded of

> our own nakedness, of something that is missing, of the lost wholeness of life." (Bonhoeffer 2009, 303)

But why should this be so? Commenting on the story of the fall of Adam and Eve in Gen 2–3, Bonhoeffer says that „human beings are ashamed because of the lost unity with God and one another" (Bonhoeffer 2009, 303). Shame originates in a division from God that is signified by the mythical „Fall" of the first human couple, Adam and Eve, to become a modus vivendi and emotional feature of all human beings. Bonhoeffer refers to the old theological idea that after eating the forbidden fruit, Adam and Eve have become like God, knowing good and evil, but opposed to God. They no longer lived completely out of their origin in God, but out of their own origin. When their eyes are opened, they see themselves in their disunion from God and from another:

> „Human beings recognize themselves in their disunion from God and one another. They recognize themselves as naked. With God and others no longer serving as a protection and covering for them, human beings find themselves exposed. Shame appears. Shame is the irrepressible memory of disunion from their origin. It is the pain of this disunion and the helpless desire to reverse it. Human beings are ashamed because they have lost something that is part of their original nature and their wholeness; they are ashamed of their nakedness." (Bonhoeffer 2009, 303)

Following the biblical narrative, Bonhoeffer describes the occurrence of shame in the interpersonal encounter: Adam and Eve made loincloths for themselves in order to overcome the estrangement, a cover that at the same time affirms the estrangement:

> „Human beings seek cover, they hide from other human beings and from God. The covering is necessary because it keeps shame alive, re-

> minding them of their estrangement from the origin; it is also necessary because human beings must now just endure themselves and live a hidden life as the estranged and divided beings they are. (…) However, this mask is not a disguise and a deception from others, but the necessary sign of the estrangement and disunion that exists. As such it must be respected. Beneath the mask lives the desire for the restoration of the lost unity.“ (Bonhoeffer 2009, 304).

As Bonhoeffer points out, human beings cannot hide that they are aware of their nakedness. The estrangement of human beings from another and from God remains insurmountable, but – at least – nakedness can be covered. In his lecture on Genesis 1–3, Bonhoeffer says what this means for an ethical response to the phenomenon of shame:

> „Shame arises only out of the knowledge of humankind's dividedness [Entzweiung], of the world's dividedness in general, and thus also of one's own dividedness. Shame expresses the fact that we no longer accept the other as God's gift but instead are consumed with an obsessive desire for the other; it also expresses the knowledge that goes along with this that the other person too is no longer content to belong to me but desires to get something from me. Shame is a cover in which I hide myself from the other because of my own evil and the other person's evil, that is, because of the dividedness that has come between us. Where one person accepts the other as the helper who is a partner given by God, where one is content with understanding-oneself-as-derived-from and destined-for-the-other, in belonging-to-the-other, there human beings are not ashamed.“ (Bonhoeffer 1997, 101)

This is where ethics may respond to shame with a full set of those practices that cover the nakedness of human beings: like expressions of awe, empathy, shyness, or modesty. These are ways to deal with shame in order to preserve its protective and regulative function. However, if we follow Bonhoeffer's interpretation that shame arises from an estrangement, or: division between humankind and God, the role of ethics is restricted to compensation. The abyss between human beings and God from which shame arises cannot cannot be bridged by ethics. While guilt can be forgiven – if at all – shame cannot. People cannot „ex-shame" themselves without giving up our destroying what is an intrinsic part of the human condition, namely to relate to oneself. Somebody can repent his actions that have done harm to others, and those, who suffered, can forgive him. But nobody can take the shame of him that he is somebody who could do what he did. Hence shame is subject to reconciliation, and the role of ethics is to pave the way and witness to this reconciliation. Ethics can thus bear witness both to an abyss, and to reconciliation – but, according to Bonhoeffer, it cannot heal the original division between God and humankind.

4. Conclusion: Bonhoeffer and Wüstenberg on the ethics of reconciliation

Following Bonhoeffer's interpretation of shame means to place shame in a different, namely theological story. This theological interpretation of shame cannot be derived from the lifeworld and its real-life experiences of shame, but it can place them in a new perspective – one that is linked to hope. Bonhoeffer's thoughts on the mythical origin of shame do not add new, psychologically relevant faces to this highly differentiated emotion, but they put shame into a hopeful perspective, one that inspires an ethics that witnesses to this hope and that paves the way for a reconciled reality to become real.

As witness to the specific theological story from „fall" to „restoration", from the division of humankind from God to its reconciliation with God in Christ, ethics can respond to shame as expression of the division between God and humankind that continues to drive a gap between human beings. With reference to a different, reconciled reality, Humans can answer practically to the estrangement, nakedness, pretense, and to the illusions about oneself as well as to cynicism, cruelty, and to reckless self-assertion. In the light of the story that the origin of shame, the divide between God and humankind and among human beings will be overcome, they can practice awe, recognition, benevolence, and care. Such ethics can practically witness to the hope that stems from the reconciliation with which God himself responds to the reasons of shame.

Here ethics amounts to a witness for a redemption that is subject to hope, paving the way for the expected reality to arrive. The ethical response to shame is an ethics that reveals that it is impossible to negotiate the reasons of shame, and to overcome the human condition, but at the same time practically witnesses to the Divine power to do so.

In his analysis of political reconciliation processes in South Africa and in Germany, Ralf Wüstenberg has critically taken up insights of Bonhoeffer to show that this witness to reconciliation is not confined to Christian ethics, or to the social reality of the Church. Wüstenberg contends that the practices of reconciliation – from initial forgiveness to the restoration of justice and to the gradual healing of relationships – can be regarded as a universal answer of human beings to experiences of injustice, guilt, and shame. The role of Christian ethics, however, is to path the way for reconciliation by witnessing to the reality of God's reconciling action in all processes of reconciliation. In his article „Vom 'Vernarben' der Schuld und Perspektiven der Versöhnung. Drei Impulse ausgehend von Dietrich Bonhoeffer" (cf. Wüstenberg 2017, 18), Wüstenberg shows that it is vital for the ethics of reconciliation to distinguish between God's forgiveness and the political processes of reconciliation. At the same time, he shows that one cannot separate the restoration of justice and the healing of guilt from the hope in the possibility of a new beginning, and of the radical break with the vicious circle of guilt and retribution. Following Bonhoeffer, Wüstenberg teaches to distinguish: Forgiveness from amnesty, and moral forgiveness from the legal prosecution of perpetrators, but he puts both into the perspective of hope into the becoming real of Divine forgiveness. It is, Wüstenberg holds, not only the space of the church that makes reconciliation possible, but the „reality of Christ" (Bonhoeffer's „Christuswirklichkeit") breaks into and becomes real in the midst of political reality (cf. Wüstenberg 2017, 18) This leads Wüstenberg to conclude:

> „The limits of a policy of reconciliation will be seen where an attempt is made to methodically create forgiveness. The opportunity for a policy of reconciliation will lie in creating the framework conditions for forgiveness to become a reality in the political arena." (Wüstenberg 2017, 19; my translation)

While Bonhoeffer's move to address political questions of reconciliation from the point of view of the Christian doctrine of forgiveness may be regarded as historically unique in times of WW2, Wüstenberg's contemporary insistence on „reconciliation" as a crucial perspective of political ethics and of interreligious dialogue may appear as an appropriate continuation of Bonhoeffer's project – especially since the political significance of theological perspectives on reconciliation is far from evident, today. The „preciousness" that Wüstenberg attributes to the Christian concept of forgiveness, as it is reflected in the work of Bonhoeffer, can be attributed to his own endeavor to interpret the politics of reconciliation within the horizon of Christian doctrine and practices.

Wüstenberg's theological approach can thus also be regarded as paradigmatic for ethical responses to shame. Following Wüstenberg, the ethics of reconciliation does not neglect the abyss from which shame arises, and which is ripped even wider open by injustice and guilt. The estrangement between human beings, and their estrangement from God, cannot be bridged by human beings themselves, but nakedness can be covered, shame can be met with awe, and encounters can be put into the perspective of a hope that witnesses to a different, namely: theological story of shame and reconciliation.

5. Literatur

Agamben, G. (2002) *Remnants of Auschwitz. The Witness and the Archive. Homo Sacer III.* Translated by D. Heller-Roazen. New York: Zone Books.

Ammann, C. (2007) *Emotionen – Seismographen der Bedeutung. Ihre Relevanz für eine christliche Ethik.* Stuttgart: Kohlhammer.

Bonhoeffer, D. (1997) *Creation and Fall: A Theological Exposition of Genesis 1–3.* Dietrich Bonhoeffer Works in English Vol. 3 (= DBWE 3). Ed. by J.W. de Gruchy. Minneapolis: Fortress Press.

– (2009) *Ethics.* Dietrich Bonhoeffer Works in English Vol. 6 (= DBWE 6). Minneapolis: Fortress Press.

Cairns, D.L. (1993) *Aidos: The Psychology and Ethics of Honour and Shame in Ancient Greek Literature.* Oxford: Clarendon Press.

Cochran, E.A. (2015) „The Moral Significance of Religious Affections: A Reformed Perspective on Emotions and Moral Formation Studies", *Christian Ethics*, 28(2), 150–162. DOI: https://doi.org/10.1177/0953946815570590.

Damasio, A.R. (2005) *Descartes' Error: Emotion, Reason, and the Human Brain.* First ed. 1994. New York, NY u.a.: Penguin Books.

Fischer, J. (2012) *Verstehen statt Begründen. Warum es in der Ethik um mehr als nur um Handlungen geht.* Stuttgart: Kohlhammer.

Fowler, J. (1996) *Faithful Change.* Nashville: Abingdon Press.

Hilgers, M. (2013) *Scham. Gesichter eines Affekts.* 4. erw. Aufl. Göttingen: Vandenhoeck & Ruprecht.

Holte, S. (2015) *Meaning and Melancholy in the Thought of Emmanuel Levinas.* Göttingen: Vandenhoeck & Ruprecht.

Huizing, K. (2016) *Scham und Ehre: Eine theologische Ethik.* Gütersloh: Gütersloher Verlagshaus.

Kafka, F. (1925) *The Trial.* Franz Kafka online. Translated by D. Wyllie. Available at: https://www.kafka-online.info/the-trial.html.

Lemmings, D. & Brooks, A. (eds.) (2014) *Emotions and Social Change: Historical and Sociological Perspectives.* New York: Routledge.

Lévinas, E. (1969) *Totality and Infinity: An Essay on Exteriority.* Transl. by A. Lingis. Pittsburgh: Duquesne University Press.

– (1990) 'Ethics and Spirit', in E. Lévinas *Difficult Freedom. Essays on Judaism.* Transl. by S. Hand. Baltimore: The Johns Hopkins University Press, 3–10.

– (2003) *On Escape. De l'evasion.* Translated by B. Bergo. Stanford: Standford University Press (1935).

Marks, S. (2013) *Scham – die tabuisierte Emotion.* 4. Aufl. Ostfildern: Patmos.

– (2015) 'Scham – Hüterin der Menschenwürde. Jugendpädagogische Beobachtungen zur Scham-Entwicklung', in U. Link-Wieczorek (ed.) *Verstrickt in Schuld, gefangen in Scham? Neue Perspektiven auf Sünde, Erlösung und Hoffnung.* Neukirchen-Vluyn: Neukirchener, 33–42.

Nussbaum, M. C. (2001) *Upheavals of Thought: The Intelligence of Emotions.* New York: Cambridge University Press.

(2013) *Political Emotions: Why Love matters for Justice.* Cambridge, Mass. e. a.: The Belknap Press of Harvard University Press.

Pattison, S. (2000) *Shame. Theory, Therapy, Theology.* Cambridge: Cambridge University Press.

Ricoeur, P. (1992) *Oneself as Another.* Translated by K. Blamey. Chicago: University of Chicago Press.

Rycroft, C. (1972) *A Critical Dictionary of Psychoanalysis.* London: Penguin Books.

Shaw, G. B. (1992) *Man and Superman. A Comedy and a Philosophy.* London: Penguin Classics.

Snoek, A. (2012) *Agamben's Joyful Kafka: Finding Freedom Beyond Subordination.* New York. London, New Delhi, Sydney: Bloomsbury.

Spaemann, R. (2009) „Wie konntest du tun, was du getan hast? Ein philosophischer Versuch über das Gefühl der Scham und die verbreitete Schamlosigkeit", *Communio* 3, 283–290.

Special Issue of the *International Journal of Philosophical Studies* (2022) „Ethics and Emotion", 30(3). DOI: https://doi.org/10.1080/09672559.2022.2138259.

Stearns, P. N. & Stearns, C. Z. (1985) „Emotionology: Clarifying the History of Emotions and Emotional Standards", *The American Historical Review*, 90(4), 813–836. DOI: https://doi.org/10.2307/1858841.

von Scheve, C. (2013) *Emotion and Social Structures. The Affective Foundations of Social Order.* New York: Routledge.

Williams, B. (1993) *Shame and necessity.* Sather Classical Lectures Vol. 57. Oxford: University of California Press.

Wurmser, L. (2010) *Die Maske der Scham. Die Psychoanalyse von Schamaffekten und Schamkonflikten.* 6. Auflage. Magdeburg: Klotz.

Wüstenberg, R. K. (2004) *Die politische Dimension der Versöhnung. Eine systematisch-theologische Studie zum Umgang mit Schuld nach den Systemumbrüchen in Südafrika und Deutschland.* Öffentliche Theologie Bd. 18. Gütersloh: Gütersloher Verlagshaus.

– (2009) *The Political Dimension of Reconciliation in South-Africa and Germany.* Grand Rapids / Cambridge: Wm. B. Eerdmans.

– (2016) *Islam ist Hingabe. Eine Entdeckungsreise in das Innere einer Religion.* Gütersloh: Gütersloher Verlagshaus.

– (2017) 'Vom 'Vernarben' der Schuld und Perspektiven der Versöhnung. Drei Impulse ausgehend von Dietrich Bonhoeffer', in: R. K. Wüstenberg & J. Beljin (eds.) *Verständigung und Versöhnung. Beiträge von Kirche, Religion und Politik 70 Jahre nach Kriegsende.* Beiheft Berliner Theologische Zeitschrift. Leipzig: Evangelische Verlagsanstalt, 12–19.

Wüstenberg, R. K. & Beljin, J. (eds.) (2017) *Verständigung und Versöhnung. Beiträge von Kirche, Religion und Politik 70 Jahre nach Kriegsende.* Beiheft Berliner Theologische Zeitschrift. Leipzig: Evangelische Verlagsanstalt.

Wüstenberg, R. K. & Bongardt, M. (2010) *Versöhnung, Strafe und Gerechtigkeit. Das schwere Erbe von Unrechtsstaaten.* Göttingen: Edition Ruprecht.

Wüstenberg, R. K. & Heuser, S. (eds.) (2010) *Bonhoeffer and the Biosciences.* Frankfurt a. M. e. a.: Peter Lang.

Wüstenberg, R. K., Münchow, T. & Barakat, Z. (eds.) (2022) *Islam & Democracy. Law, Gender and the West.* Reconciliation and Conflict Resolution (ReCo), Bd. 2. Darmstadt: WBG.

Wüstenberg, R. K., Schließer, C. & Prüller-Jagenteufel, G. (eds.) (2016) *Beichte neu entdecken. Ein ökumenisches Kompendium für die Praxis.* Göttingen: Edition Ruprecht.

II. Die politische Dimension der Versöhnung / The Political Dimension of Reconciliation

Conflicting Loyalties in Intergenerational Trauma and the Significance Thereof for Reconciliation

Christo Thesnaar

1. Introduction

I first had the privilege of encountering Ralf Wüstenberg's work through his remarkable book, The Political Dimension of Reconciliation (see Wüstenberg 2009), which explores the reconciliation processes in South Africa and Germany. Reading it many years ago was a transformative experience, as it provided me with a profound theological language and a deeper understanding of reconciliation. I was immediately drawn to his insights and knew I had to meet the person behind such groundbreaking work and follow his continued contributions to the field. Since the publication of that book, the world has changed in countless ways, yet Ralf Wüstenberg's writings have remained as relevant as ever, continuing to engage with the pressing challenges of our time, also for my following considerations about loyalty, intergenerational trauma, and reconciliation.

If individuals, families, societies, and nations can be loyal to versatile contexts it can provide them with the ability to be more flexible to deal with their own identity within a multiple identity context. The opposite is also true as they can become continuously more anxious about their own identity in a diverse and multicultural society. In other words, when they develop anxiety because their identity is threatened, the more they tend to claim total loyalty. There is thus no room for a middle position as you are either totally in favor, or you are not. Often the majority in a society will determine to whom the minority need to indicate and show their loyalty to. This more than often leaves no space for migrant communities, refugees, and minority groups in any society to openly be loyal to any other identity than to the identity determined by the majority. Mos & Meulink-Korf, (2009, 243) indicate

> „because they believe their cause is just, and because the population they hope to protect is purportedly so deprived, abused, helpless, they persuade themselves that any action – even a heinous crime – is justified. They know they are right, not just politically, but morally. They believe that God is on their side“.

When identities are threatened and no disloyalty is tolerated it becomes destructive and this often leads to actions of xenophobia, racism, cultural violence, conflicts, and even war.

Loyalty forms a significant part of relationships with each other as well as with nature and therefore it consistently requires choices. Although loyalty is fundamental in terms of how we make decisions in relationships, we cannot limit our decisions based on a particular loyalty. Mos & Meulink-Korf, (2009, 256) confirms that loyalty is never a fatal bond, but always needs to be subjected to justice. All relationships are multifaceted and complex, and therefore any decision cannot just be based on a loyalty to a particular context or person(s) that affects their relationships. In fact, there are multiple loyalties that come into play when making decisions of any kind. This contribution will first engage with the concept of conflicting loyalties. Secondly, it will attempt to indicate how conflicting loyalties manifest in intergenerational trauma, and lastly, I will attempt to indicated how conflicting loyalties in intergenerational trauma affect the process of reconciliation.

2. Conflicting loyalties

Ducommun-Nagy (2008, 43) indicates that we cannot limit the concept of loyalty exclusively to the relation between two individuals, as it should consequently be extended to relations between individuals and the group to which these individuals belong as well as to relations between communities, and between nations. Conflicting loyalties refer to any kind of situation where an individual, family or group need to decide between two or more competing loyalties. The complexity is that when an individual's or group's loyalties are in conflict, it is often impossible to make decisions or take any type of action that will satisfy the conflicting sides within the conflict. On an ethical level it can also be extremely problematic to navigate any kind of conflict without sacrificing one's values or relationships. Ducommun-Nagy (2008, 35) reminds us that human beings are programmed for reciprocity and loyalty and in this regard, we have the right to expect that there will be reciprocity and fairness in our relations. As a result, individuals, families, and societies will generally demonstrate a tendency to be loyal to those who help and support them or their cause. Collectively, this implies that in general they will be inclined to defend their loyalty to a group when any other person, group, or nation threatens their identity or directly attacks them. To react and deal with conflicting loyalties in this way is so inherently part of our function on a biological, genetic, and neurologic level. Somehow our reactions appear to be moralistic as it is linked to our ability to experience emotions and remember them.

Relationally we are aware that decisions can be particularly difficult when different loyalties hold significant emotional value and are important to the individual, family, group, and nation we belong. Conflicting loyalties have the potential to lead to functional and dysfunctional decisions, behaviors, and actions that can cause internal conflict, moral ambiguity as well as guilt, and shame. In this regard, Ducommun-Nagy

(2008, 43) indicates that the decisions we make can be a constructive power for one group, but for another group, they can be devastating and destructive. She continues to argue that because loyalty can be devastating and destructive it has the potential to erupt at any moment and can develop into conflict, violence, and even full-scale war with whoever threatens us, even if we have no personal reason to do so. In other words, this will imply that the enemy of our friends, family, society, and nation becomes our enemy as well.

To illustrate the complexity of conflicting loyalties this chapter want to focus on migrant and ethnic minorities in Europe. Some of these communities that have lived for decades in Europe have become citizens of these countries whilst some are only allowed to work in these countries but can never be eligible to become full citizens. There has also been a steady increase in the number of refugees and asylum seekers in Europe in the last number of decades due to local conflicts, regional wars, and the desperation to find money to care for their families in their countries of origin. Where refugees and asylum seekers are eligible to become citizens in the adopted country it immediately raises the question of loyalty. Ducommun-Nagy (2008, 90) refers to this phenomenon as loyalty conflict. Some countries require that these new citizens become loyal to them and live according to their values and culture, as well as adhere to their attitudes and perspectives. Most countries require that they need to adhere to certain principles if they want to become citizens such as a language test, write an exam with a specific curriculum, and attend an acculturalization program. In some cases, they even must take an oath of loyalty to a King/Queen or the constitution of the newly adopted country. It intrinsically requires that they need to choose the new guest country and its people above their country of origin. Ducommun-Nagy (2008, 91) further indicates that this is a typical process of naturalization when the loyalty from their country of heritage needs to move to the new guest country. Although they come to the newly adopted country very exposed, vulnerable, and open, the extent of the confusion of taking an oath of loyalty to the new guest country results that this action will inherently require them to be disloyal to their culture, faith, and country of origin. For new citizens, this confusion can be unbearable and for many, it leads to a loss of identity.

The Surinamese-Dutch writer and teacher, Astrid Roemer (2019, 259) alerts to an intense experience of pain when you leave your country of birth. She reminds us that even migration and ethnic minorities and guest workers living in the new guest country for generations still experience the pain of their longing for their homeland despite everything that might have caused them to leave. Astrid Roemer (2019, 259) refers to this phenomenon as migrant stress and questions if the people in the newly adopted country have any idea or understanding of what it entails. Astrid Roemer (2019, 259) describes that racism, discrimination, and poverty are causes of illness in a person, and that causes real misery and suffering. She further indicates that migrants are still rooted in the other world's cultural symbols and that this is foreign to countries in the West. Astrid Roemer (2019, 266) then alludes to what many non-Western migrants in Western countries struggle with, and that is that they

> „are laden with stress and connotations of just and injustices. The connotations reach further than just the personal history of the individual. The existence reality of a migrant vitalizes the total historical political context. Paradoxes, ancestral frustrations, and anger penetrate the consciousness of the migrant".

The implication of this is that they have become more and more disillusioned that their traditional man- and worldviews have also become a crisis. Astrid Roemer (2019, 266) then asks if we by any means understand what it means to become dependent on the benevolence of a nation that has contributed to the political confusion in their native country. This, she indicates, is an existential paradox, and that this paradox is even deeper than a conflict of loyalty, with which many non-Western migrants and ethnic minorities in Western countries struggle. Migrants and ethnic minorities are people caught up between people they thought they could trust in their country of origin and people they have become dependent on in their new guest country. In short, they are wounded because their trust and justice are harmed due to their conflicting loyalties.

3. Conflicting loyalties in intergenerational trauma.

The struggle with conflicting loyalties within our relations can never be limited to relations within the current context where we live and function. Loyalty needs to be understood inter-generationally as relational people we are bound to all those from past, present, and future generations. It also bounds us, to past conflicts (including wars), disruptions in our relations on different levels, death, and destruction. Based on this reality the question we need to grapple with is what people from the new guest country understand of the complexities and paradoxes migrants experience in their daily life. We should not be that surprised if we continuously hear that there is an increase in intolerable discomfort towards migrant communities in different countries all over the world. As an example, in a European country Astrid Roemer (2019, 265) indicates, „Anti-Semitism and stranger hate have till now brew under the blanket of democratic openness".

Ducommun-Nagy (2008, 93) cautions, if people such as migrants are not able to express their loyalty to their country of birth, it will most probably continue to thrive under the so-called blanket in an invisible and destructive way. Huyse (2009, 7) in his book *All Things Pass, Except the Past* indicates that brutal repressions such as apartheid, Ruanda, the former Yugoslavia, and the holocaust, and we can add current realities such as the situation in the Middle East and the Ukraine, will never die completely. This also includes migrant communities who just entered their new guest country but also those who have lived in Europe for generations such as the Moluccans in the Netherlands, the Turkish in Germany, migrants from Tunisia and other African countries in France, to name a few. Many of these migrants and refugees experienced first-hand the unanswered questions and the sadness of traumatic events that they had to leave behind in their country of birth as well as the reality that these traumatic events do not disappear but continue to live on in their minds. Huyse (2009, 7) refers to this continued reality as a 'phantom pain' that is perpetuated in the bodies of the coming generations. Where conflicting loyalties are undermined or not recognized, the trauma it causes will become hidden and frozen (cf. Boszormenyi-Magy & Spark 1973). These deep rootedness of conflicting loyalties within these types of relations should not be underestimated as it plays a key role in the transference of narratives from one generation to the next, whether constructive or destructive.

The second and third generations of migrant and ethnic minority communities, mostly the youth tend to react in a way that has led to the rejection of the guest country or even have turned to violent attacks on the citizens of the guest country. According to Ducommun-Nagy (2008, 93), „It is mostly the youth that has a strong need to show their identity visibly". She expounds that it is a typical result of a generation caught up in two worlds, the world of the guest country and the world of their country of origin. Because of their identity confusion, they are easily drawn into forms of fundamentalism where there is no room for any form of ambivalence. Examples of these new identities are street gangs, religious fanatical groups, and other similar groups who demand total loyalty and obedience. It is therefore understandable that many children from migrant and ethnic minority communities turn to violent behavior, even to terroristic actions, because they do not know whom they can show their solidarity with except to other youngsters and groups who share their uncertainty and confusion.

The tendency that terrorist actions all over the world were usually executed by people that were not citizens of that country has dramatically changed in the last few decades. The first signs of this change already came to the fore when the second generation of Moluccans violently reacted due to the conditions their parents had to face since arriving in the Netherlands in 1952 as well as the injustices done to the Moluccan people in Java (Indonesia) by the Netherland's government during the time of their colonization. In 1975, a group of second-generation Moluccans hijacked a train at 'Die Punt', they took 105 children and teachers hostage at a school, and occupied the Indonesian consulate in Amsterdam. Several people lost their lives in the hijacking of the train (Van Lent 2023). On 7 July 2005, four suicide bombers struck London's transport network, killing 52 people, and injuring over 770 others (British transport Police Report 2005). These second and third-generation citizens, born in England, carried out these attacks.[1] These examples can be referred to as an anxiety paradox, an in-depth struggle with conflicting loyalties but also as intergenerational trauma because of frozen conflicts.

Intergenerational trauma refers to the transmission of traumatic experiences and their psychological and emotional effects across several generations. Trauma can be transmitted from one generation to the next through various mechanisms, such as behaviour, narratives, cultural practices, and family dynamics as well as via non-verbal communication and frozen conflicts. Although trauma may not be explicitly verbally discussed or acknowledged by the previous generation, it can still manifest in different ways within the following generations especially in families, communities, and even nations.

What is also evident is to acknowledge that the effect of traumas in the form of conflicting loyalties can extend for centuries and decades beyond the individuals who directly experienced it. As indicated earlier, it is often associated with events such as war, genocide, colonization,

1 Also see the Paris attacks in 2015 (Ray 2024) and the attack in Nice in 2016 (Love 2016).

slavery, and other forms of systemic oppression or violence. Van Aalst (2023, 21) indicated that Dutch soldiers used extreme violence during the Indonesian War of Independence from 1945–1949. The extreme violence consisted of, among others, extrajudicial executions, rapes, torture, revenge attacks, hostage-taking, looting, and burning villages. Van Aalst questions, why it took decades before the Dutch state would recognize the irresponsible and inhuman dead's done to the people of Indonesia, by some of its soldiers during their colonialization period. Van Aalst (2023, 24) ends his contribution by asking an existential question that confronts the cultural and social dynamics of any society and this is: How is it possible that some of our sons in Java, just freed from the Nazis, then tortured, raped, and illegally execute people while others bear witness to it? What does this say about who we are as humans?

Intergenerational trauma can also have a profound effect on the psychological well-being of individuals, families, communities, and nations. It may manifest as symptoms of post-traumatic stress disorder (PTSD), depression, anxiety, substance abuse, relationship difficulties, and a range of other psychological and emotional challenges. It is not only the experiences and memories of the trauma experienced by migrants in their newly adopted country, or the trauma they experienced from living in their native country but also the trauma of continued denial of the horrific atrocities done by the colonizers, in many cases by the adopted country they currently live in, that effect their psychological well-being. This is why Huyse (2009, 7) refers to trauma as a 'phantom pain' that people continue to experience.

Intergenerational trauma can also influence the cultural and social dynamics within affected communities. It could shape collective memory, cultural beliefs, and societal structures, perpetuating cycles of trauma and affect the overall resilience and well-being of the community. Van Aalst (2023, 22) alerts us to how one-sided a generation can shape collective memory by indicating that human beings, societies, and nations regularly commemorate past wars with a focus on the victims and the heroes, but we downplay, obscure, and deny any reference to perpetrators. There is no place within the collective memory to acknowledge any form of abuse or being the perpetrator. This responsibility is normally very easily blamed on the other. Societies struggle to take moral responsibility for the actions of the previous generation or generations. Todorov (2003, 143–145) confirms that a society wants to celebrate the heroes of the previous generations as good and therefore they would rather cover up to deny any inhuman actions.

4. Significance for reconciliation

What then is the significance of conflicting loyalties in intergenerational trauma for reconciliation? Boesak (2021, XIII) in his reflection on the quest of Steve Biko's legacy, rightly ask if it is possible that our solidarity can „rise above race and tribe", to embrace „the wider loyalties" of the human community, rather than just the narrow loyalties of nationalism and ethnocentricity, so that, in these times especially, we find ourselves on the „right side" of the revolution?" It is therefore essential to find ways in which to develop a solidarity that is based on loyalty to the human family in general. This will assist us to stay in solidarity with others if we do not know who we are. To develop a solidarity that stretches beyond the boundaries of our family, group, and nation, Boszormenyi-Nagy (1986, 195–212) calls transgenerational solidarity. When loyalty becomes constructive it is perceived as solidarity with the human family and this will lead to acts of responsibility, accountability, and justice to contribute to the survival of humanity and all living creatures.

To endeavor on the journey towards reconciliation requires the recognition of intergenerational trauma as well as understanding of the reality of conflicting loyalties immigrants and migrants constantly need to face. In recent times, several countries in Europe have implemented several enculturation programs to address the issues of integrating migrants and refugees in their newly adopted countries. Phalet & Kosic (2006, 22) indicate that the west of Europe has mainly been concerned with very different challenges of immigrant multiculturalism. These programs unfortunately had limited success due to the complexity of relations. As Phalet & Kosic (2006, 12) affirms „… inter-group relations in European cities and societies are generally more complex than the deceptively simple divide between 'Us' (nationals) and 'Them' (immigrants)". They further indicate that commonly used distinctions between 'ethnic' and 'national' groups take on different meanings in different European countries and they also alert us to the reality that national and ethnic self-definitions and ethnic categories are not simply given, nor are they invented overnight. They are actually „socially constructed and politically mobilized in response to changing socioeconomic opportunities, institutional arrangements and cultural meaning systems" (Phalet & Kosic 2006, 12). According to Phalet & Kosic (2006, 12) the emphasis is more on „ethnic categories and cultures mostly refer to non-immigrant minorities who have formed distinct cultural or linguistic communities over generations" in Central and Eastern Europe.

Another challenge that immigrants and migrants need to deal with on a continuous basis is political, social, and economic exclusion. This entails exclusion from the labour market, key social, legal, and political institutions, local communities and neighbourhoods, and employment discrimination. Political, economic, and social exclusion is fuelled by what Phalet & Kosic (2006, 22) calls „the rise of a significant anti-immigrant vote and widespread anti-immigrant attitudes in several EU countries, presenting immigrants as a threat to national culture, unity, and prosperity". Islamophobia, together with „economic insecurity and ethnopolitical tension, national media and – to some extent – public opinion are now overtly framing immigrants and their children as a socio-economic burden, as cultural outsiders and as a security threat" (Phalet & Kosic 2006, 22).

It is therefore essential to scrutinize the current processes of reconciliation in relation to immigrants and migrants. Astrid Roemer (2019, 261) indicates that the current pastoral and reconciliation processes used are too selective, and one-sided, as it was initiated and coined by white middle-class Western men who were not aware of the language or beliefs of the migration and ethnic minorities, and this leads to prejudice in its professional contexts. According to her,

> „The symptoms we see presented as racism, ethnocentrism, sexism, or based on class-based prejudices that disrupt and become destructive in the helping process. We are not able to assist if we do not acknowledge or are in touch with other cultures“ (Astrid Roemer 2019, 261).

In an attempt to address these destructive reconciliation processes, Phalet & Kosic (2006, 23) propose a careful 'derived-ethics' approach to comparative research that starts from an 'emic' understanding of the acculturation process within its social, cultural, and institutional context. What they are essentially proposing is a process of engagement from the bottom up and not from the top down or in other words being the objects of research. This is not only relevant for approaches to comparative research but especially also to approaches for dealing with intergenerational trauma in the process of journeying toward reconciliation. Phalet & Kosic (2006, 23) further propose that this approach should be truly interactive with a quest for common patterns as well as areas of difference that invite us to adjust our conceptual tools and empirical measures, learning and contributing our insights across national as well as disciplinary borders to find other ways to assist immigrants and migrants minorities in their confusion and identity uncertainty.

What is further particularly helpful from the contribution by Phalet & Kosic (2006, 23) is that they do not only define the context of the migration and ethnic minorities to their immediate situational setting of intercultural encounters, but they also take their wider historical, political, and discursive embeddedness of the acculturation process, into account. Boszormenyi-Nagy and Krasner, (1986, 414) emphasise that context should also be understood relationally and a person's context relationships extents into the past and future. Meulink-Korf and van Rhijn (1997, 479) eloquently refer to context as a fibre of trust and mutual dependency that develops from give and take between people. This is about understanding immigrants and migrants within the network of relationships (context) they are in and especially the network of relationships between different generations. Meulink-Korf and van Rhijn (2016, 50) further refer to context as a community of diversity as well as 'the dynamic and ethical interconnectedness'. Being interconnected with one another requires understanding context in a relational ethical way. In this regard, a human being or a community is not only meaningful to others but they in turn also receive meaning from the other. However, Meulink-Korf and Van Rhijn (2016, 42) indicate that the context of the other is not something we can explain fully or pretend to know fully as it will always be strange to us. By honoring the strangeness of the context of the other it will appeal to me.

This attitude is a fundamental part of any reconciliation process as it will pave the way for reestablishing trust between the migration and ethnic minorities as well as current refugees and the citizens of a country. According to Mugumbi (2012, 27), mutual trust can only be cultivated through demonstrable mutual respect and reciprocity. When the different parties in a relationship experience this, a real encounter becomes possible (Meulink-Korf and Van Rhijn, 2016, 8). The encounter is not possible without mutual recognition and acknowledgment. Within the encounter, all need to consider our fixed prejudices that help govern people's thinking, feeling, doing, and acting. Boszormenyi-Nagy & Krasner (1986, 420) call this relational ethics, as this has specifically to do with the justice within existential relationships. As justice is present in all relationships it therefore needs justice to restore relationships. Roemer (2019, 261) helps us to understand that it is within the tension between real and creative conflicts that forces us to also involve relational ethics at the macro and mezzo levels and possibly even extend it to a historically charged relationship of colonialism, guest labor, and north-south relations.

Boszormenyi-Nagy & Krasner (1986, 73, 451) affirm that what is needed in relationships is genuine dialogue where reciprocity of responsible caring and mutuality of commitment forms an essential part of the dialogue in both symmetrical and asymmetrical relationships. Genuine dialogue with our past generation as well as with the other has the potential to break through the frozen intergenerational trauma that continues to haunt us through conflicting loyalties. When genuine dialogue starts to build trust within the relationship then it slowly but surely opens the way for the current generation to take responsibility to develop their own identity that is not based on unresolved guilt from the past generation(s) or others. Only when we are able to touch the wound of the other (previous generation or others) and learn from them we will understand why responsibility and justice are so closely linked in relationships with the 'other'. Paul Ricoeur (Balfour 2018) wrote extensively on the nature of memory and its role in shaping human identity and understanding. One of the key concepts he worked with was „wounded memory". Wounded memory is a powerful reminder of the complexity of human experience and the importance of engaging with our memories thoughtfully and reflectively on the journey toward reconciliation.

When we are then able to have an encounter and engage in dialogue the process of trust will allow participants to embrace their wounded memory and they will share more and more with honesty. An example of deep honest sharing is when migrants and ethnic minorities can share the contrasting sides of the traumas and conflicting loyalties that they need to deal with. Roemer (2019, 261) indicates when they face the reality that their

> „images of man and the world that used to clearly and distinctly structure our identity, and the persons we identified with them, such as politicians, spiritual leaders, scientists, and technicians, have deceived us because they promote interests that are exclusive, that is, are violent and exclusively what fellow human beings other than those supposedly belonging to us".

To understand this and to respond to this in a fair way Boszormenyi-Nagy & Krasner (1986, 416) propose multi-directed partiality that respects the dignity of each person in the relationship by seeking and non-excluding partiality. This implies in practice being able to stand behind the victim, the perpetrator, and even those that are absent. With this the impossible can become possible.

5. Conclusion

This chapter attempt to share light on the significance of conflicting loyalties within migrant, ethnic, and refugee communities and their struggles with conflicting loyalties as they are in many ways forced to make critical decisions to break their visible solidarity with their families, their past, culture, faith, and country of origin. These communities have a strong intergenerational loyalty to their country of origin that can never be overshadowed by the events that made them leave their country of origin. Although there are, still many unanswered questions and the lasting trauma of these events still lives on in the minds of those who experienced them they were trapped between the conflicting loyalties of their original country of origin and the new guest country they live in. Where conflicting loyalties are undermined or not recognized, they can become invisible; causing the trauma, they bear, to become frozen and therefore destructive. This contribution has indicated that frozen trauma has historical ingredients that can explode at any moment. It is argued that we should not underestimate the deep-rootedness of conflicting loyalties in the lives of migrant, ethnic, and refugee communities that play a key role in the transference of destructive narratives from one generation to the next.

Processes of reconciliation and healing should acknowledge the effect of conflicting loyalties in the intergenerational narratives of these communities as well as the effect it has on the following generations. It argued that processes of reconciliation should be based on a bottom-up approach where people from all sides are equal subjects on the journey. This process should demonstrate a non-judging understanding of conflicting loyalties with its unique context when dealing with invisible intergenerational frozen conflict. The process of reconciliation only become possible when there are intergenerational solidarity takes place, true dialogue happens, trust develops, and multi-directed partiality is practiced. A reconciliation process that is grounded in this attitude when journeying towards reconciliation can be life-giving and lead to the impossible becoming possible.

6. References

Balfour, B. J. V. (2018) „'Wounded Memory', Post-War Gender Conflict and Narrative Identity: Reinterpreting Reggio Emilia Schools' Origin Stories", *History of Education*, 47(6), 727–740. Online: https://doi.org/10.1080/0046760X.2018.1465130.

Boesak, A. A. (2021) *Selfless Revolutionaries*. Stellenbosch: African SUN Media.

Boszormenyi-Nagy, I. (1986) „Transgenerational solidarity: The expanding context of therapy and prevention", *The American Journal of Family Therapy*, *14*(3), 195–212. Online: https://doi.org/10.1080/01926188608250641.

Boszormenyi-Nagy, I. (1986) 'Transgenerational Solidarity: The Expanding Context of Therapy and Prevention', in *The American Journal of Family Therapy*, 14(3), 195–212. Online: https://doi.org/10.1080/01926188608250641

Boszormenyi-Nagy, I. & B. Krasner, (1986) *Between Give and Take – a clinical Guide to Contextual Therapy*. New York: Brunner & Mazel.

Boszormenyi-Nagy, I. & G. M. Spark (1973). *Invisible Loyalties*. Reprint edition. New York, NY: Brunner & Mazel.

British transport Police Report (2005) 'London bombings of 2005'. Online: https://www.btp.police.uk/police-forces/british-transport-police/areas/about-us/about-us/our-history/london-bombings-of-2005 (Accessed 31 May 2024).

Ducommun-Nagy, C. (2008) Van onzichtbare naar bevrijdende loyaliteit. Transl. by M. Michielsen. Leuven / Voorburg: Acco. Original: (2006) Ces loyautés qui nous libèrent. Paris: JC Lattès.

Huyse, L. (2009) *All things pass, except the past.* Leuven: Awepa.

Love, B. (2016) 'Deadly truck attack in Nice unfolded at high speed', Reuters, July 15. Online: https://www.reuters.com/article/idUSKCN0ZV1VG (Accessed 31 May 2024).

Meulink-Korf, H. & A. van Rhijn (1997) *De Context en de Ander: Nagy herlezen in het spoor van Levinas met het oog op pastoraat.* Zoetermeer: Boekencentrum.

– (2016) *The unexpected third – Introduction in Contextual Pastoral Care.* Wellington: CLF.

Mos, K. & H. Meulink-Korf (2009) 'Justice in the waiting. Violence against older parents and old people. A biblical-theological and contextual approach', in A. Dillen (ed.) *When 'love' strikes: Social sciences, ethics, and theology on family violence.* Leuven: Peeters, 235–258.

Mugumbi, J. N. K. (2012) 'Justice, participation, and sustainability as prerequisites for peaceful coexistence', in J. N. K. Mugumbi & D. W. Lutz (eds.) *Applied Ethics in Religion and Culture.* Nairobi: Acton, 9–29.

Phalet, K. & A. Kosic (2006) 'Acculturation in European societies', in D. Sam & J. W. Berry (eds.) *The Cambridge Handbook of Acculturation.* Cambridge: Cambridge University Press, 331–348. Online: https://www.researchgate.net/publication/46676179_Acculturation_in_European_societies (accessed 18 May 2024). DOI: 10.1017/CBO9780511489891.025.

Ray, M. (2024) 'Paris attacks of 2015', Encyclopedia Britannica, September 19. Available at: https://www.britannica.com/event/Paris-attacks-of-2015 (Accessed 31 May 2024).

Roemer, A. H. (2019) 'Migranten hulpverlening in contexstueel perspectief', in M. Michielsen, W. van Mulligen & L. Hermkens (eds.) *Leren over leven in loyaliteit.* Leuven / Den Haag: Acco, 259–277.

Todorov, T. (2003) *Hope and Memory: Lessons from the Twentieth Century.* Princeton: Princeton University Press.

Van Aalst, L. (2023) „Storende herinneringen", *wapenveld,* 73(2), 22–26.

Van Lent, L. (2023) 'Wat gebeurde er tijdens de Molukse treinkaping bij De Punt? ', NPO Kennis, March 10, Online: https://npokennis.nl/longread/7672/wat-gebeurde-er-tijdens-de-molukse-treinkaping-bij-de-punt (Accessed: 31 May 2024).

Wüstenberg, R. (2009) *The political Dimension of Reconciliation. A theological analysis of ways of dealing with guilt during the transition to democracy in South Africa and (East)Germany.* Grand Rapids / Cambridge: Wm. B. Eerdmans 2009.

Bridging the Devide. The Radical Power of Empathy in Reconciliation

Zeina M. Barakat

In 2016, I had the pleasure of meeting Professor Wüstenberg for the second time at a conference held at Friedrich-Schiller-Universität, Jena. This encounter was particularly memorable, as he gifted me a copy of his book, The Political Dimension of Reconciliation. The topic resonated deeply with me, aligning closely with the research I had just completed for my dissertation that same year. Our conversation at the Black Bean Coffee Shop remains vivid; Professor Wüstenberg's genuine curiosity about my background and aspirations left a lasting impression. When I shared that I am Palestinian, with a fervent hope to bring peace to my region and end the cycle of violence, he listened intently, giving me the space to express my thoughts and dreams.

This meeting marked the beginning of a series of meaningful interactions, eventually leading to my involvement in his classes at Europa-Universität Flensburg, where I had the privilege of lecturing. Our professional collaboration culminated in the establishment of the European Wasatia Graduate School for Peace and Conflict Resolution in 2019[1], a milestone in my career and a testament to Professor Wüstenberg's vision and dedication. Working closely with him provided invaluable insights and learning experiences, shaping my understanding of reconciliation and peacebuilding.

1 See https://www.uni-flensburg.de/trilateral-graduate-school

The journey didn't end with the creation of the European Wasatia Graduate School. Together, we forged collaborations with numerous universities and established Erasmus partnerships, creating a wide network of professors and colleagues dedicated to the principles of reconciliation and interreligious dialogue. These collaborations have allowed us to explore various fields and work with a diverse group of scholars, expanding the reach and impact of our efforts.

Today, I am honored to contribute this chapter in recognition of Ralf Wüstenberg's unwavering commitment to promoting reconciliation. His guidance and dedication have inspired many, including myself, and it is my privilege to celebrate his contributions to the field.

In this chapter of his festschrift, I will explore the importance of empathy in achieving peace and reconciliation. Mutual encounters with the suffering of the other are critical to fostering reconciliation and coexistence between individuals and groups in conflict. Developing empathy through these encounters serves as a methodological tool for addressing collective memories of the past, ensuring that they do not become obstacles to a peaceful future where diverse communities can coexist.

I will reflect on my experiences as a Jerusalem Palestinian woman, leading Palestinian students on educational trips to former Nazi concentration camps in Germany (Buchenwald and Sachsenhausen). Between May 2017 and 2021, I led three groups of thirty students each to these sites, where they learned about the horrors and crimes committed by the Nazi regime, which resulted in the deaths of nearly ten million people during the Holocaust, six million of whom were Jews.

Through these experiences, I argue that reconciliation, viewed through the lens of empathy-building, is crucial to overcoming the elusive quest for peace in the Middle East.

1. Introductory remarks on reconciliation, empathy, and truth

Envisioning reconciliation between Israel and Palestine amid conflict is a cry from the heart, especially when we see the human casualties caused by the 2023 Gaza war between Israel and Hamas. When working on my Ph. D. research on conflict resolution and reconciliation, I tried my best to raise awareness of the need for empathy in my country whenever I had time and opportunity. In doing so, I learned I was unaware of the scope and meaning of the primary term reconciliation and its relation to empathy. This is the goal of this article and its scope: reconciliation through empathy (cf. Barakat 2022).

In general terms, reconciliation is perceived as finding balance within oneself by moving ahead with life and leaving behind the excess baggage of anger, bitterness, hurt, and resentment caused by others or by events beyond one's control, whether on a personal, group, or national level. It also includes, but is not limited to, forgiveness of those who have caused injury, pain, misery, and sorrow. In more specific terms, Ralf Wüstenberg's distinctions and differentiations from his reconciliation research are conceptionally helpful (cf. Wüstenberg 2024): In connection with his reconciliation research on the South African TRC he distinguishes between intra-, inter- and national reconciliation. Intrapersonal reconciliation is the individual coming to terms with the painful past, a relationship that every individual has with its own history of traumatic experiences. Unlike inter-personal reconciliation it does not necessary require forgiveness, except for a 'self-forgiveness' or a healing of the memory. Interpersonal reconciliation is about an interaction between perpetrator and victim / survivor and the most difficult constellation for both the willingness to take responsibility and a willingness to forgive are required. In political or national reconciliation forgiveness is not required (neither on the interpersonal nor the individual level); however, examples of such forgiveness, e.g. at forums of Truth commissions can foster a political process of reconciliation that in most cases aim at peaceful coexistence, nation building etc.

In sum, reconciliation aims to foster acceptance, co-existence, and tolerance and restore cooperative relationships (interpersonal reconciliation). One way to achieve this is by engaging civil societies in people-to-people activities that lead to social, psychological, and spiritual healing (intra- and interpersonal reconciliation). Both conflicting communities would then be involved in face-to-face encounters with those they once thought were their mortal enemy (national reconciliation).

Thus, the key questions for conditions of such complect dimensions of reconciliation include the willingness to move on, forgive, the courage to leave painful memories of the past behind, strategic visions for the future, and addressing human and civil rights, economic and political injustice, and freedom and liberty for oppressed people. However, according to John de Gruchy, „Every conflict situation is different, and each requires its own specific ways and means for dealing with it.“ (De Gruchy 2002, 11)

In light of this, it is my sincere wish, that both Israelis and Palestinians, generally known for being two civilized people of learning and culture, will realize those simple facts.[2] Political reconciliation begins with peaceful coexistence, meaning very literately that conflicting parties stop killing each other and it might end with forgiveness. As Krushil Watene and Eric Palmer put it for the lower level of reconciliation, „Political reconciliation is concerned with the pursuit and realization of respectful relationships between two or more communities in conflict, or relationships of oppression by one group over the other(s).“ (Watene & Palmer 2020, 12) Erin Daly and Jeremy Sarkin also reflect on the importance of mutual recognition considering the South African experience: „Recon-

2 On peacemaking cf. Firer 1995, 79–86; Sandole & Merwe 1993.

ciliation at the national level is fundamentally about accommodation. It is about accepting the right of others in the state to have differing views ideally should be recognized and even welcomed as part of the national debate". (Daly & Sarkin 2007, 99) And Jane Vennard notes for the higher level of reconciliation:

> „Forgiveness keeps us from being stuck in the past and helps us find a way beyond the prison of bitterness. When we forgive, we let go of our emotional attachment to what has happened, but we do not forget or excuse the wrong that was done or the pain that was caused." (Vennard 2015, 21; cf. Dowrick 1998; Smedes 1996a; Smedes 1996b)

In a concluding statement on the role of reconciliation, South African theologian John de Gruchy summarizes the reconciliation concept by rigorously arguing

> „that reconciliation demands repentance on the part of oppressors and a fundamental redistribution of wealth and power... Reconciliation is founded on economic justice, and implemented with mercy and compassion, a task in which religious people should engage" (De Gruchy 2002, 124)

and have the willingness to take this path. There is evidence for the ethics of reconciliation. Desmond Tutu wrote in his book *In God's Hands*: „Our world is organized based on this work ethic – you reap what you sow." (Tutu 2014, 85) Ali Mirsepassi, in his book *Islam, Democracy, and Cosmopolitanism* also mentions the moral dimension by saying, „To be is to access authentic truth; to know is merely to embrace a shallow reflection." (Mirsepassi 2014, 10)

For most scholars, reconciliation is both a goal and a process. By conditions such as empathy, interestingly, I have been engaged in a journey of discovery, learning to know the „enemy" firsthand and putting myself in his shoes. 'Looking back, learning from the past, moving on, reaching forward' was my motto as I began pursuing my doctorate at a German university. By bringing Palestinian students to visit former Nazi concentration camps in Germany, the idea was to help the Palestinians open their minds and hearts to this tragic chapter in human history that was denied for a long time and help them see what the Jewish people went through during the Holocaust and stepping into their shoes. As an academic and educator, I believe it to be more effective to not only be teaching theoretically, such as reading books and memoirs of Holocaust survivors and watching Holocaust documentary films but more practically by bringing students to the camps where it happened and letting them witness this tragedy on the ground to arm them with field experience and knowledge.

Encountering the suffering to feel on the ground and observing how the students reacted was the cornerstone where I felt empathy for the others. Unfolding the truth by leading Palestinians to encounter the suffering of the others on the ground, opening their eyes to this atrocity to make them aware of what the Jewish people went through during this horrific history in their lives.

Learning about the other and feeling empathy and compassion for the suffering of the other are crucial to achieving reconciliation and peace. Donald C. Decker defines empathy as „the kind willingness to be in another's feelings to help … Empathy is the willingness to participate, be a part of the feelings or ideas of another person." (Decker 1995, 60) According to him, the opposite of empathy is indifference. Without empathy, he asserts, we never really know the other person. (Decker 1995, 61)

How does empathy relate to truth? It seems evident that in acknowledging the truth, society could be set free to move forward. We have a vivid example of how the TRC in South Africa assisted society in moving forward after revealing the truth. Pricilla Hayner, who compared truth commissions on the international scene dealing with the past in Germany, suggests: „As a rule, one has much to gain by looking beyond one's borders." (Hayner 1997, 3) The educational goal was to move from a stage of denial to a stage of empathy, where empathy plays a crucial role. Empathy is „the feeling that one understands another person's emotional state." (Barakat & Wüstenberg 2022, 41)

In his book *Empathy: A Social Psychological Approach*, Mark Davis suggested that empathy is a more active attempt by one individual to get „inside" the other, to reach out in some fashion through a deliberate intellectual effort. (Davis 1996, 5) Donald W. Shriver explains, „Apathy is the opposite of empathy and quite different from sympathy and excuse. When empathy occurs on both sides of a fractured human relation, victims and evildoers have taken another step toward forgiving and being forgiven." (Shriver 2001, 162) He writes:

> „In his monumental study, The Nazi Doctors, Robert Lifton, an American psychiatrist, came to the conclusion that the gruesome „medicine" that the doctors practiced in Auschwitz was only possible through their systematic exclusion of empathy for the victims." (Shriver 2001, 161)

Methodologically, I will draw constructively referred to the larger discourses of empathy in the sense that truth is a condition to reconciliation, and I will address some examples of how the students while encountering the suffering of the other and how reconciliation through empathy work in practice.

2. Field study – How Palestinian showed empathy

The Palestinian trip to the Nazi concentration camps left deeply emotional imprints on its participants, causing a transformation in the way participants perceived the Holocaust and dealt with Jews. The Palestinian students' experience of visiting Nazi concentration death camps shook deeply rooted misperceptions providing a fresh start and a new language with which to ask difficult questions about the Holocaust. The trips urged the need to know the truth.[3] The visits aimed to show the human side of the Holocaust's victims to promote empathy and compassion to soften their hearts toward peace. The goal was to make students see with their own eyes the suffering of victims in the concentration camps to help them understand better the horrors that took place during the Holocaust.

I argued with the students that the time had come to break this taboo and that learning about the Shoah and other human tragedies was a moral obligation. My views on this issue have already been expressed in an article published in the *Atlantic* magazine. (Barakat 2014) There were knowledge gains and attitude changes among the students after they visited the Nazi concentration camps. Seeing the physical reminders of the scale of extermination stirred a whole range of emotions.

One student remarked:

> „My experience was extraordinary due to the rich information I gathered from the concentration camp. My historical knowledge about the Nazi period was limited since we were not taught about it in school, and to hear it from the Germans themselves adds the picture to the story. My visit to the concentration camp to learn about the Holocaust was very moving."[4]

Another female student commented,

---

3 A useful reference for the trip that took place in March 2014 and was led by Professor Mohammed Dajani in which I was the trip coordinator (cf. Dajani, Leiner & Barakat 2016).

4 Student's participants were asked to fill a post trip questionnaire. These quotes are from these documents.

„After what I saw and heard during my visit to the Nazi concentration camp, I realized to what extent humans, including Jews, were subjected to the ugliest conditions in human history. This is heartbreaking. Jews and Israelis must be the ones to stand up beside the Palestinians against every racist law the Israeli Knesset is legislating. Peace-loving Israelis need to bring down the Separation Wall to change history as the Germans did with the Berlin Wall. I am looking forward to a better future with a better-informed generation. As for us Palestinians, we will continue demanding better education as a more useful weapon to fight fire with water. This is a sign of respect for the victims and does not mean fear nor weakness."

A Palestinian female student, during her visit to the Buchenwald concentration camp, expressed her emotions, saying, „I feel my heart is torn apart while seeing this camp.... regardless of race, religion, or ethnicity, how can a human being do such cruel acts against another human being? How can anyone think of annihilating a whole race?" In this sentence, we see how the place has the potential to stimulate empathy. John Paul Lederach underlines the role of place in the process of reconciliation: „A place is a specific time and space where certain things come together in the journey." (Lederach 2014, 43)

Another student at the Buchenwald site shared, „When you see the facts, it is not the same as when you learn about them in school. Textbooks do not change the way you feel." Initially, students feared letting other Palestinians know about their participation in the trip but later dared to share their feelings on social networks. Their experience shows that reconciliation will not stop but will be transferred to others. The subject is not taboo anymore. The educational quest will be transferred to others within the students' surroundings or circles. What Palestinian students witnessed during their visit to Nazi concentration camps could be understood in the light of the different notions of reconciliation as a contribution to intrapersonal reconciliation, the healing of the memories of experienced injustices.

Empathy, both social, religious, and political, was unfolded in statements of students at the Buchenwald site, such as,

> „I imagined myself in this place which made me feel lonely, distressed, and upset, waiting to die in any minute 'standing in this line where I will meet my death.' I put myself in the shoes of the other. How can I see my parents, relatives, or friends going into the gas chambers?"

The student went on to say,

> „I know they are my enemy, and they have been occupying my homeland for more than 70 years now, and we are still suffering from this ongoing conflict, yet still, I cannot perceive that a human being can inflict such pain, suffering, torture, acts of oppression, and murder of various ethnic and religious groups in Europe."

Empathy is not easy to express, especially for those unfamiliar with expressing their emotions in public. Yet, there were tears in the eyes of the student participants while witnessing the evidence for the stories of atrocities in the camp.

One scene that left much impact on the students was the gas chambers. Another thing that attracted their attention was when the tour guide explained how sanitary facilities were used by prisoners, which were extremely poor and inhumane. They found it to be so degrading that prisoners entered the toilets together and were given a very short time to use it with all the other prisoners at the same time. Then, they had no water to clean up. And so, they spent their day in the camp dirty and in filthy clothes, contracting infections and diseases which led them to suffer and feel degraded.

The Palestinian students were genuinely touched by their visit to the Nazi concentration camps. To them, the brick walls of the prison buildings, the barbed wires surrounding the prison fences, the overcrowded cells, the absence of privacy, etc., all seem to speak silently of the terror that takes place within the parameters of any barbed electric wires of an Israeli jail and its guard posts, which some of them had experienced. Yet, the visit helped them to distinguish between the Nazi death concentration camps where the only way out for all prisoners was through the chimneys of the crematorium.

The Palestinian students needed to encounter the suffering of others and witness what the Jews went through. This helps empower their feelings of empathy and thus may usher in reconciliation as a positive value (cf. Barakat 2017, 129; Dajani 2014).

3. Empathy as a key of reconciliation

Empathy helps one to see others as human beings first, with a moral code dedicated to cherishing the welfare and happiness of others. It facilitates their understanding of the other. It is an effective tool to foster mutual recognition and facilitate peaceful coexistence. It leaves a deep imprint on students and their collective memory. It helps open tracks in their souls for empathy.

In sum, an empathetic stance helps us appreciate the condition of the other, both cognitively and emotionally. There is a need to know the experience of the other and to feel their suffering and pain. Knowledge and understanding of the other means that compassion is possible. Compassion encourages behaviors that are likely to be moral. No quality of human nature is more remarkable in its consequences than our propensity to empathize with others, their inclinations, and sentiments, however different from or contrary to our own. (Howe 2013, 148) Barbara K. Given suggests that

> „children who understand emotions – theirs and those of their peers – have more positive peer relations. They tend to interact more successfully when a friend gets angry with them, and they can talk about

> their own emotions; this process helps them negotiate disputes with friends." (Given 2002, 41)

As we observe here, empathetic dialogue does not involve only victims and perpetrators; it can also be a dialogue within oneself based on compassionate feelings.

Pumla Gobodo-Madikizela asserts hostile attitudes and enmity „change" when both parties are exposed to each other „and meet … as a fellow human being(s)". (Lederach 1997, 62)

In understanding student sentiments, following the path laid by David Howe is helpful. Howe argues that in imagining the other,

> „Prejudice might be reduced if we encourage members of one group, whether defined by sex, race, or religion, to put themselves in someone else's shoes. Some experiments in improving inter-group relations have shown that when individuals in one group are invited to think about and empathize with the experiences of people in another 'out'-group, intergroup prejudice, adverse judgment, bias, and hostility decrease." (Howe 2013, 156)

In exploring the political and educational dimension,

> „empathy helps us accept the abnormal and understand the position of minorities: we learn to respect another person as a human being. Thus, empathy can be considered the primary stage of social tact on the way towards humanity." (Kalliopuska 1992, 134)

Analyzing the empirical data collected from the trips of Palestinian students to the Nazi concentration camps, I summarize the notion of empathy as follows,

1. Like in South Africa, empathy helped the victims regain their humanity. In our case, students rejected fundamental Nazi doctrines

such as 'human beings are not created equal' or 'some races or religions are better or stand above others.' „I condemn the Holocaust and the killing of any human being, regardless of their religion, race, color, or belief."

2. Regarding religious tolerance, Palestinian students, mostly Muslims, thought that the Holocaust was not only an atrocity against Jews but against humanity. Most of them didn't know that the victims of the Holocaust included not only Jews but also Christians, Gypsies, older people, children, homosexuals, the mentally and physically disabled, opponents, communists, and other groups.

3. Empathetic dialogue as a means of education. Students learned Holocaust denial was not an option anymore once they were exposed to the concentration camps. Before their trip, they mentioned that they didn't know what a Nazi concentration camp looked like. They later noted that seeing the reality of the camps is entirely different than reading, watching television, or movies about it. It helped them distinguish between death camps and work camps.

4. Empathy with the suffering of others in the past and present helps build bridges in the present for the future. Genocides are a gross injustice to humanity. Feeling that way narrows the wide gap between people in conflict, such as Jews and Muslims, Palestinians and Israelis.

5. To empower the feelings of empathy, there should be no competition over victimhood. The Holocaust is unforgettable for Jews, and similarly, the experiences of the Nakba are memorable for Palestinians.

6. Never again. The Palestinian students realized that the Israeli nightmare is the fear of another Holocaust, the fear of having to go through another painful experience again. Moreover, Israel perpetuates this feeling through its rigid security discourse. But this situation is doomed to break, as every brittle object can shatter when it falls.

7. Empathetic Dialogue proved to be a dialogue within oneself. Students grappled with their memories of the Israeli occupation, which included unjust imprisonments, house demolitions, incarceration without

trial, land confiscations, administrative detention, solitary confinement, and being held and delayed at checkpoints without legal justification.

In sum, it was apparent that the participants had two opposing views. The majority who embarked on the trip with an open mind overcame the collective narrative of Holocaust denial and were entirely independent in their way of thinking. They felt compassion with the victims of the Holocaust. The minority who embarked on the trip with a closed mind did not overcome the collective narrative of Holocaust denial. They were unwilling to see or accept what had happened and remained in denial. Their experience of pain was too deep in the present, and that of the other was so much in the past. For this group, the claim by Sara Ahmed in her book *The Cultural Politics of Emotions* proved right, namely that „pain which is often experienced as 'already there' is difficult to grasp and to speak about, whether in the event of talking about pain in the past or pain in the present." (Ahmed 2004, 30) For the first group, the claim by Gulaya proved true, namely,

> „Recognition of common pain opens up a space for connecting with the other through an empathetic sorrow, and this move describes an effective alliance with the others; sadness without claiming the others specific loss as one's own." (Caluya 2006, 98)

4. Conclusions

In conclusion, As Arundhati Roy said, „Empathy may be the single most important quality that must be nurtured to give peace a fighting chance." (Postings 2021, 39)

Cultivating empathy from an early age in children paves the way for them to be more empathetic and aware of what is going on in the future.

The Gaza war that started on the 7th of October 2023 will harm the Palestinian-Israeli peace attitudes and the willingness of Palestinians to visit the Nazi concentration camps and learn about the Holocaust and express empathy for its Jewish victims.

The Hamas atrocities that took place on October 7th and the heavy bombardment and mass killings of Palestinians in Gaza will harden feelings on both sides. Already, Palestinians and others are comparing the Holocaust with the massacres committed against Palestinian civilians in the Gaza Strip. The question here is, after what we witnessed in the Gaza war, how can we prevent comparing these mass killings of civilians and children with the Holocaust? Shall we say atrocities take place during wars?

The slogan yesterday among Jews was, „We will never forget." The slogan today among Palestinians might be, „We will never forget." Those on both sides who lost their sons, daughters, and relatives will not forget, and many may not forgive. Violence has created enmity and hatred and intensified feelings of revenge and bloodshed. I will end by two citations, both from German Politicians, one from 1990 after the German reunification in the Bundestag and one from 2024 after the Hamas attacks in the Wasatia Graduate School at Europa-Universität Flensburg.

„In History, one cannot delete war, separation, injustice, dictatorship" (Wolfgang Schäuble, Deutscher Bundestag 1990, 18; my translation)[5]

> „'Peace' is not a condition which only needs to be achieved once, but rather a long and difficult process which is constantly confronted by new challenges and put to the test. (…) **Now more than ever,** we need to talk about peace. About a way out of the severe spiral of violence, about the road back to de-escalation and a pragmatic prospect for the future" (Özoğuz 2024).

5 Wolfgang Schäuble in the debates of the Unification Agreement of September 5, 1990: „Man kann in der Geschichte Krieg, Teilung, Unrecht, Diktatur nicht rückgängig machen" (Deutscher Bundestag 1990, 18).

The question, however, will remain, how the memory of the Holocaust can be upheld and, at the same time, the injustices that was committed against Palestinians through the 75 years of occupation be overcome.

5. References

Ahmed, S. (2004) *The Cultural Politics of Emotions.* New York: Routledge.

Barakat, Z. (2014) „A Palestinian Student Defends Her Visit to Auschwitz", *The Atlantic*, 28 April. Available at http://www.theatlantic.com/internatioal/archive/2014/04/a-palestinian-student-defends-her-visit-to-auschwitz/361311 (Accessed: 1 July 2024).

Barakat, Z. (2017) *From Heart of Stone to Heart of Flesh: Evolutionary Journey from Extremism to Moderation.* München: Utz.

Barakat, Z. (2022) *Envisioning Reconciliation: Signs of Hope for the Middle East Conflict.* Reconciliation and Conflict Resolution. Vol. 1. Darmstadt: Wissenschaftliche Buchgesellschaft.

Barakat, Z. & Wüstenberg, R. K. (2022) 'The Urge for an 'Empathetic Dialogue': An Exploration of the Political and Religious Dimension of Empathy', in Tacchini, D., Barakat. Z., Al Dajani, I. & Leiner M. (eds.) *Reconciliation and Refugees: The Academic Alliance for Reconciliation Studies in the Middle East and North Africa.* Göttingen: Vandenhoeck & Ruprecht, 41–50.

Bourdieu, P. (1990) *The Logic of Practice.* Cambridge: Polity Press.

Caluya, G. (2006) „The Aesthetics of Simplicity. Yang's Sadness and the Melancholic Community", *Journal of Intercultural Studies*, 27(1–2), 83–100.

Dajani, M. & Baskin, G. (2006) 'Israeli-Palestinian Joint Activities: Problematic Endeavor, but Necessary Challenge' in Kaufman, E., Salem W. & Verhoeven J. (eds.) *Bridging the Divide: Peacebuilding in the Israeli-Palestinian Conflict.* Boulder, Colorado: Lynne Reinner Publishers, 87–110.

Dajani, M. (2014) „Evolution of a Moderate", *Moment* magazine, July / August, 23–39.

Dajani, M., M. Leiner, & Z. M. Barakat (eds.) (2016) *Teaching the Holocaust in Palestine: Reconciliation in the midst of Conflict.* Jerusalem & Jena: Wasatia Publishing.

Daly, E. & Sarkin, J. (2007) *Reconciliation in Divided Societies: Finding Common Ground.* Philadelphia: The University of Pennsylvania Press.

Davis, M. (1996) *Empathy: A Social Psychological Approach.* Boulder, Colorado: Westview Press.

Decker, D. (1995) *Virtues Life's Enrichments: The Power of Virtues.* Second edition. New York: Basic Western Book Company.

Deutscher Bundestag (Hg.) (1990) *Deutsche Einheit V. Zur Sache. Themen parlamentarischer Beratung: Auf dem Weg zur deutschen Einheit. Deutschlandpolitische Debatten*

im Deutschen Bundestag und der Volkskammer in fünf Bänden. Bonn: Deutscher Bundestag, Referat für Öffentlichkeitsarbeit.
De Gruchy, J. W. (2002) *Reconciliation: Restoring Justice.* London: SCM Press.
Dowrick, S. (1998) *Forgiveness and Other Acts of Love.* New York: Norton.
Firer, R. (1995) 'From Peace Making to Tolerance Building', in R. Moses (ed.) *The Psychology of Peace and Conflict: The Israeli-Palestinian Experience.* Jerusalem: Truman Institute, Hebrew University, 79–86.
Given, B. K. (2002) *Teaching to the Brain's Natural Learning Systems.* Alexandria, Virginia: Association for Supervision and Curriculum Development.
Hayner, P. B. (1997) *Unspeakable Truths: Confronting State Terror and Atrocity.* New York: Routledge.
Howe, D. (2013) *Empathy: What it is and why it matters.* London: Palgrave Macmillan.
Kalliopuska, M. (1992) *Empathy – The Way to Humanity.* Durham: The Pentland Press Ltd.
Kidder, R. M. (2005) *Moral Courage: Taking Actions When your Values are Put to the Test.* New York: Harper Collins Publishers.
Lederach, J. P. (1997) *Building Peace: Sustainable Reconciliation in Divided Societies.* Washington, D. C.: United States Institute of Peace Press.
Lederach, J. P. (2014) *Reconcile. Conflict Transformation for Ordinary Christians.* Virginia: Herald Press.
Mirsepassi, A. (2014) *Islam, Democracy, and Cosmopolitanism: At Home and in the World.* New York: Cambridge University Press.
Özoğuz, A. (2024) Vice-President of Deutscher Bundestag in her 'Speech during the visit to the Wasatia Graduate School on 29 May 2024'. Online: https://ugc.production.linktr.ee/31f076f6-dd65-41a8-83dd-ce57982c8905_2024-05-29-Gru-wort-Wasatia-EN.pdf (Accessed 20 Sep 2024)
Postings, T. (2021) *Counselling Skills.* Los Angeles, California: Sage Publications.
Sandole, D. & Merwe, H. van der (eds.) (1993) *Conflict Resolution Theory and Practice: Integration and Application.* New York: Manchester University Press.
Shriver, D. W. (2001) 'Forgiveness: A Bridge Across Abysses of Revenge', in Helmick, R. G. & Petersen, R. L. (eds.) *Forgiveness and Reconciliation.* Philadelphia & London: Templeton Foundation Press, 151–169.
Smedes, L. B. (1996a) *Forgive and Forget: Healing the Hearts We Don't Deserve.* San Francisco: Harper-One.
Smedes, L. B. (1996b) *The Art of Forgiving.* Nashville: Moorings.
Tutu, D. (2014) *In God's Hands.* London: Bloomsbury Publishing Plc.
Vennard, J. E. (2015) 'Leaving the Past Behind', in *The Forgiveness Handbook: Spiritual Wisdom and Practice for the Journey to Freedom, Healing and Peace.* Woodstock, Vermont: Skylight Paths Publishing, 21–24.

Watene, K. & Palmer, E. (2020) *Reconciliation, Transitional and Indigenous Justice*. New York: Routledge.

Wüstenberg, R. (2024) *Conflict Resolution through Reconciliation. Revisiting the South African TRC and Germany's dealing with the past after the Fall of the Berlin Wall* (ReCo Vol. 6), Freiburg: Herder 2024.

Die Chancen von Verträgen und Versöhnungsarbeit. Zur Frage, ob die Ereignisse seit dem 7. Oktober 2023 keine Versöhnung zwischen Israel und den Palästinensern möglich ist

Martin Leiner

1. Ein theoretischer Rahmen und die Politik des Staates Israel vor dem 7. Oktober[1]

Es gibt prinzipiell fünf unterschiedliche Wege, wie Staaten Frieden und Sicherheit schaffen können:

1. Durch physische Eliminierung des Feindes: Dies kann sei es durch Tötung und Vertreibung geschehen.
2. Durch Abschreckung: In diesem Fall sind die Kosten eines Angriffs für einen potentiellen Feind so sehr zu erhöhen, dass er keinen Angriff wagen wird.
3. Durch weitgehende Entwaffnung und im Idealfall totale Kontrolle des Feindes.
4. Durch Verträge: In diesem Fall unterwerfen sich beide Gegner einem gemeinsamen Recht, dessen Befolgung sichergestellt werden muss.

---

1 Der vorliegende Aufsatz wurde am 14. August 2024 abgeschlossen. Spätere Entwicklungen konnten demnach nicht berücksichtigt werden.

5. Durch einen Versöhnungsprozess, in dem die Beziehungen zwischen Feinden sich in einem meist langen Prozess dahingehend wandeln, dass Vertrauen, Kooperation und gegenseitige Sympathie eine kriegerische Auseinandersetzung unnötig und sinnlos erscheinen lassen.

Die Realität zwischen zwei Staaten ist meist so komplex, dass nicht ein einziger Weg zum Frieden, sondern eine Kombination aus unterschiedlichen Wegen vorliegt. Im Verhältnis zwischen der israelischen Regierung und den Palästinensern[2] kann man diesen Mix für die Zeit vor dem 7. Oktober in etwa so beschreiben. Dominant war der 3. Ansatz, der durch allein in der Westbank 759 Kilometer lange, bis zu 6 Meter hohe und in vielen Gebieten von militärischen Sperrgebieten umgebene Mauern, Checkpoints, Gefängnisse mit Folterpraxis, Kriegsrecht, Siedlungen, lange Militärdienstzeiten für Israelis und zahlreiche Formen der Überwachung gekennzeichnet war. Der 2. Ansatz spielte insofern eine fast gleichgewichtige Rolle als dass bei jedem Angriff auf Israel jeweils vielfach Vergeltung geübt wurde. Da der Konflikt in Israel immer mit biblischen Anspielungen geführt wurde, kann man von einem Ansatz sprechen, der an das Lamechlied in Gen 4,23 f. und nicht etwa an das vielzitierte „Auge um Auge, Zahn um Zahn“ (Ex 21,24; Lev 21,24; Dtn 6,29 vgl. Luk 6,29) erinnert. Durch diesen Bezug kann deutlich gemacht werden, dass über lange Zeit disproportionale Abschreckung und nicht proportionale Abschreckung oder Eliminierung des Feindes

2 In diesem Aufsatz spreche ich von Palästinensern und nicht von Palästinensischem Staat, weil dies der deutschen Sprachkonvention entspricht. Ich bin mir allerdings bewusst, dass nach der Anerkennung des Palästinenserstaates durch 145 UN-Mitgliedsstaaten gegenüber 48, die den Palästinenserstaat nicht anerkannt haben, die deutsche Position zunehmend problematisch wird, zumal die deutsche Regierung sich für eine Zwei-Staaten-Lösung ausspricht. Aufgrund besagter Sprachkonvention wird im vorliegenden Aufsatz nicht auf die gendergerechte Form Palästinenser*innen zurückgegriffen.

israelische Praxis war. Lamech sagte in diesem Lied: „Einen Mann erschlug ich für meine Wunde und einen Jüngling für meine Beule. Kain soll siebenmal gerächt werden, aber Lamech siebenundsiebzigmal.“ (Gen 4,23b–24) Die dahinterstehende Strategie wurde schon in den Anfängen des Staates Israel als „Aggressive Defense“ bezeichnet. Die Erreichung von militärischen Zielen wie die Einnahme eines Dorfes oder die Zerstörung einer Infrastruktur wurden als Antwort auf einen Angriff der Palästinenser legitimiert, dabei gab es immer wieder Übergänge zwischen der Verbreitung von purem Schrecken und strategischen Zielen. Schon bei der früheren Gazakriegen 2008/9, 2012, 2014 und 2021 lag diese Kombination vor, wobei schon damals der Hauptakzent auf der Verbreitung von Angst und Schrecken lag. Deshalb waren die Opferzahlen auf Seiten der Palästinenser immer mehr als siebenmal, manchmal sogar mehr als 77-mal höher als die Zahl der Israelis, die durch Angriffe von palästinensischer Seite gestorben sind. Dabei wurde der Begriff der Rache von offizieller Seite nicht verwendet. Nicht atavistische Blutrache oder der Versuch emotionaler Reparierung des eigenen Leidens durch Zufügung von Leid an die Tätergruppe war beabsichtigt. Ziel – zumindest von Politikern und Militärs – war es, Abschreckung durch disproportionale Gewaltanwendung glaubhaft zu machen. Diese Form von Abschreckung war in vielen Fällen kurzfristig zielführend, da sie zu einer Einstellung der Angriffe, etwa des Raketenbeschusses aus Gaza geführt hat. Eine Schaffung eines dauerhaften Friedens ist durch diese Strategie nicht gelungen. Unterstützt wurde die staatliche Politik in Israel durch einige Fälle der Anwendung der 1. Strategie, indem die „gezielte Tötung“ von politischen und militärischen Führern palästinensischer Gruppen durchgeführt wurde. Es bedeutet eine neue Qualität dieses Ansatzes, wenn in Reaktion auf den Angriff am 7. Oktober 2023 der israelische Ministerpräsident Netanjahu als Kriegsziel die Vernichtung des militärischen Arms des Hamas oder gar den ganzen Hamas ausgibt. Eine Beschreibung der israelischen Strategie wäre unvollständig ohne die zur 4. Friedensstrategie gehörenden Verträge und Abmachungen, die Israel mit der palästinensischen Autonomiebehörde, auch mit der Hamas und anderen staatlichen Akteuren der Palästinenser, insbesondere im Osloprozess seit 1993 geschlossen hat. Mit den Nachbarländern Ägypten 1979 und Jordanien 1994 gab es Friedensabkommen. International gibt es eine Reihe weiterer Vereinbarungen, die die Sicherheit und den Frieden Israels fördern. Auch die so genannten abrahamitischen Abkommen (*Abraham Accords*) mit den Vereinigten Arabischen Emiraten und Bahrain 2020, und den ähnlichen Schritten des Sudan und Marokkos zeigen die Stärke von Verträgen auf dem Weg zum Frieden. Besonders bemerkenswert ist, dass alle Friedensverträge, die Israel mit anderen Staaten geschlossen hat, bisher ausnahmslos eingehalten und respektiert wurden. Sie sind insofern deutlich erfolgreichere Strategien als Frieden durch Abschreckung und Kontrolle.

Versöhnungsansätze, der 5. Weg zum Frieden, wurden vom israelischen Staat nicht verfolgt. Seit Bestehen des Staates Israel wurde keine einzige der gängigen Versöhnungspraktiken vom israelischen Staat in Bezug auf die Palästinenser in Westbank und im Gazastreifen umgesetzt. Dass es so ist, kann ein Durchgang durch eine Liste von Versöhnungspraktiken[3] zeigen:

1. *Reframing* des Feindes als Verhandlungspartner vor einem Waffenstillstand.
2. Einen Friedensvertrag schließen, der Versöhnung mit beinhaltet.
3. Sicherheit schaffen durch Entwaffnung, Demobilisierung und Wiedereingliederung der Kombattanten (wie etwa im Falle der DDR).
4. Therapien von Traumata und physischen Verletzungen

3 Eine weitestgehend vollständige Aufstellung und Publikation von Versöhnungspraktiken befindet sich zum Zeitpunkt der Endredaktion in Vorbereitung: vgl. Martin Leiner, Laura Villanueva, „Écosystèmes de la guerre et écosystèmes de la paix et de la reconciliation: une approche sociologique des retours des guerres dans la monde contemporain et uns voie vers la paix".

5. Implementierung von *Transitional-Justice*-Maßnahmen, wie Strafgerichtsbarkeit, Wahrheits- und Versöhnungskommissionen, Lustrationen und Ersatz von Beamten und Bediensteten in einem diktatorischen Regime.
6. Opfer-Tätergruppen, öffentliche Entschuldigungen und Verzeihung.
7. Prozesse zur Schaffung von Restitutionen, Reparationen und Kompensationen für die Opfer.
8. Spezielle Aktivitäten für besonders vulnerable Opfergruppen wie Opfer von Vergewaltigungen, Behinderte, Kriegsversehrte, Arme, Analphabeten, sozial marginalisierte Minderheiten.
9. Gemeinsames Betrauern dessen, was nicht wiederhergestellt werden kann.
10. Konfrontation mit der Geschichte aus der Perspektive des anderen.
11. Museen und andere Gedenkorte mit Versöhnung als Thema.
12. Schulbuchreformen.
13. Begegnungs- und Kooperationserfahrungen (Jugendaustausch, Studentenaustausch, Städtepartnerschaften, sportliche, kulturelle und wirtschaftliche Kooperation, Hilfe bei Naturkatastrophen, gemeinsame religiöse Aktivitäten).
14. Gemeinsame Aktivitäten für die Versöhnung mit der Natur.
15. Gemeinsame Institutionen und Ökosysteme für Versöhnung.
16. Schaffung einer Kultur der Versöhnung unter Einbeziehung der Kunst, der Musik, der Malerei, von Filmen und anderen Kunstaktivitäten.
17. Versöhnung feiern!

Diese Entscheidung des israelischen Staates, auf keine Versöhnungspraxis zurückzugreifen, verwundert aus zwei Gründen. Zum einen gibt es das Beispiel der Palästinenser mit israelischer Staatsbürgerschaft, die so genannten „Israeli Arabs“, mit denen bereits wenige Formen von Anerkennung und Versöhnung zu einer weitgehend sicheren Situation für jüdische Israelis geführt hat. Zum andern, waren es israelische Forscher, insbesondere Daniel Bar-Tal, die zu Beginn des neuen Jahrtausends herausgearbeitet haben, dass im israelisch-palästinensischen Konflikt ein „intractable conflict" vorliegt, das heißt es handelt sich um einen Konflikt, der eine sozio-emotionales Infrastruktur besitzt, die es unmöglich macht, den Konflikt durch Verträge allein zu lösen (vgl. den wichtigen Sammelband Bar-Siman-Tov 2004). Die Bevölkerung Israels und die Palästinenser müssen durch einen Versöhnungsprozess bereit gemacht werden für eine mehrheitliche Unterstützung des Friedensprozesses und der Friedensverträge. Die meist von Benjamin Netanjahu geführten Regierungen Israels der letzten Jahrzehnte entschieden sich *gegen* einen solchen Weg zum Frieden durch von Versöhnungspraktiken unterstütze Verhandlungen; sie zeigten sich auch öffentlich als Gegner jeder Zwei-Staaten-Lösung. Einzige Ausnahmen in der weitgehenden Ablehnung von Versöhnung durch den israelischen Staat, bilden langfristige, zeitlich bis in die Anfänge des Staates Israels zurückreichende Aktivitäten von Städten wie Haifa oder in Gemeinschaften friedlichen Zusammenlebens wie in Neve Schalom, in einzelnen Projekten an Universitäten und in Schulen wie den *Yad be Yad Schulen*. Bei diesen Ausnahmen befinden wir uns bereits in einem untergeordneten, lokalen Bereich staatlichen Handelns, das in Kooperation mit zivilgesellschaftlichen und Initiativen internationalen Akteuren stattfindet. Hier finden wir den eigentlichen Ort von Versöhnungsarbeit.

Allgemein betrachtet kann man sagen, dass die Strategien 1 bis 5 nicht gleichwertig sind. Verträge und Versöhnung bieten die Chance eines stabilen Friedens mit hoher Sicherheit und Kooperation bei geringen Sicherheitskosten und praktisch keinen Verlusten an Menschenleben. Als Beispiele eine solchen versöhnten Friedens kann die Beziehung zwischen Deutschland und Frankreich seit den 1950er Jahren oder auch zwischen Deutschland und Polen seit 1989 dienen. Israelis sehen die Folgen eines Friedensvertrags insbesondere im Verhältnis zu Ägypten und Jordanien. Ein solcher versöhnter Friede ist in vieler Hinsicht ein Friede höherer Qualität als ein Friede, der durch Kontrolle und Abschreckung aufrechterhalten wird. Neben der größeren Sicherheit, den Gewinnen durch Kooperation und der Vermeidung ethischer Dilemmata, kann ein einfacher Blick auf die finanzielle Seite dieser Politik davon überzeugen, dass der von Israel gewählte Mix von Maßnahmen zur Sicherung von Sicherheit und Frieden die Gesellschaft an den Rand einer Wirtschaftskrise bringen, die aus eigenen Kräften zumal nach dem jetzigen Krieg nur schwer überwunden werden kann. Die Militärausgaben Israels beliefen sich vor dem aktuellen Krieg 2022 auf 23,41 Mrd. Dollar und im Jahr, in dem der Krieg im Oktober begann, 2023 auf 27,5 Mrd. Dollar. 2024 wird mit deutlich mehr zu rechnen sein. Mit etwa 23 % des israelischen Staatshaushalts, der sich auf ca. 120 Mrd. Dollar im Jahr 2023 belief, gab Israel zugleich 5,3 % des Bruttoinlandsprodukts für das Militär aus (vgl. SPIRI 2023). Ohne die Militärhilfen aus dem Ausland – die USA zahlt stabil bis 2028 aufgrund einer festen Zusage 3,8 Mrd. Dollar Militärhilfe plus mögliche Sonderunterstützungen an Israel pro Jahr – hätte Israel bereits 2023 in den Bereichen Bonität, staatliche Leistungen und Währungsstabilität erhebliche Einbußen erlitten. Im April 2024 hat das Repräsentantenhaus 13 Milliarden Dollar Militärhilfe für Israel freigegeben (vgl. Tagesschau 2024). Ohne diese Transferzahlungen wäre Israel in einer ähnlich schwierigen ökonomischen Lage wie alle anderen Länder auch, die auf diese Weise Frieden sichern. Dank der Entscheidungen der US-Regierungen Bush jr., Obama und Biden sind die Militärhilfen mit größeren Summen und stabiler an Israel geflossen als in früheren Jahren. So mag es zu erklären sein, dass sich ein Hyperinflationsszenario wie in den 1980er Jahren mit 373,82 % Inflation allein in 1984 in Israel nicht wiederholt hat.[4]

4 Die Hyperinflation in den 1980er Jahren hatte komplexe Ursachen. Ein geringeres Militärbudget und eine höhere Produktivität der israelischen Wirtschaft hätte es aber ermöglicht, dass Israel schneller aus der Inflation hätte herauskom-

Gleichzeitig führt die Wahl der Wege 1 bis 3 fast notwendig zu Konflikten mit internationalem Recht, da aus ethischen Dilemmata sind immer wieder Aktionen gefolgt sind, die gegen die Menschenrechte verstoßen haben.

Unter den fünf Wegen zum Frieden ist zudem folgendes zu beachten: Die Wege 2 und 3, also durch Abschreckung und durch Kontrolle tragen die Tendenz zu ihrer Auflösung in sich. Sie mögen Jahrzehnte, vielleicht sogar ein Jahrhundert durchgehalten werden, aber sie beruhen auf nicht balancierten Beziehungen. Dieser Sachverhalt soll anhand einer klassischen, bereits etwas in die Jahre gekommenen, aber dennoch aktuellen[5] Theorie aus der Sozialpsychologie veranschaulicht werden, und zwar der Balancetheorie von Fritz Heider:

Der durch die Gestaltpsychologie beeinflusste österreichisch-amerikanische Psychologe Fritz Heider entwickelte 1946 die Grundzüge der Balancetheorie (vgl. Heider 1946; Heider 1958). Sie beruht auf dem Konsistenzstreben von Personen. Personen (P) befinden sich in Beziehungen zu anderen Personen (O) und man bezieht sich gleichzeitig auf etwas Drittes, das eine Person, eine Sache oder auch ein geistiger Inhalt sein kann (X). Beziehungen können nach Heider positiv oder negativ sein. Keinen Unterschied macht es, ob die Beziehung eher eine „Einheitsbeziehung" (besitzen, verursachen, sich einander ähnlich sehen usw.) oder eine Sympathiebeziehung (schätzt, liebt, begehrt usw.) ist.

Dreiecksbeziehungen befinden sich nach Heider immer dann im Gleichgewicht, wenn alle positive Beziehungen zueinander haben oder

men können, statt in den ganzen 1980er Jahren unter zwei- und dreistellige Inflationsraten leiden.

5 Zur Einschätzung der Balancetheorie vgl. Stahberg / Frey 1987. Trotz Einschränkungen des Geltungsbereichs und anderer Kritik, betonen Stahlberg und Frey, „die großen Verdienste dieser Ansätze", insofern diese beinahe alternativlose theoretische und empirische Arbeiten initiiert haben, die zudem die von den Konsistenztheorien vorhergesagten Ergebnisse ebenfalls zu erklären vermögen.

wenn zwei negative Beziehungen vorliegen (zwei gegen eins/einen). Menschen haben die Tendenz, nicht in Balance befindliche Beziehungstriaden in balancierte zu überführen. Darstellen lassen sich die P-O-X Triaden als Dreiecke.

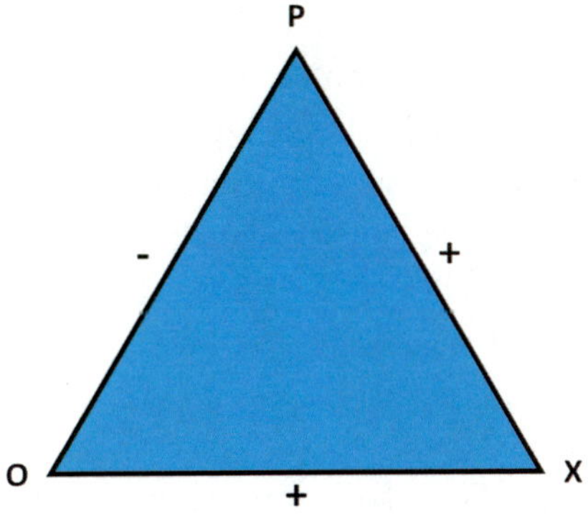

Abb. 1 Darstellung der Balancetheorie nach Fritz Heider

Diese Darstellung repräsentiert eine Person oder Personengruppe P von der die ganze Betrachtung ausgeht und die zur Personengruppe O eine negative Beziehung hat. Beide beziehen sich aber positiv auf den Gegenstand X. Wenn man P als die Israelis, O als die Palästinenser und X als das Land definiert, dann hat man eine sehr einfache Darstellung des israelisch-palästinensischen Konflikts. Beide Gruppen begehren (Sympathierelation) das Land und wollen es besitzen (Einheitsrelation). Um ein Gleichgewicht herzustellen, gibt es drei Möglichkeiten. 1. Die Beziehung der Palästinenser zum Land könnte negativ werden dadurch dass sie vertrieben werden oder das Land verlassen und nach längerer Zeit, ähnlich wie die vertriebenen Deutschen nach dem Zweiten Weltkrieg, kein intensives Interesse mehr an einer Rückkehr haben. 2. Dasselbe könnte auch mit den Israelis passieren. Die 3. Lösung wäre, dass beide gemeinsam das Land besiedeln und ein positives Verhältnis zueinander bekommen.

Unter den fünf Wegen zu Frieden und Sicherheit kommen deshalb den Randpositionen besonderes Gewicht zu, weil sowohl Strategie 1, die Eliminierung des Feindes durch Vertreibung, als auch die Schaffung eines durch Verträge gestützten versöhnten Friedens, also die Kombination von 4 und 5, die ja nach der Entdeckung des „intractable conflicts" eine notwendige Einheit darstellen, stabile Lösungen darstellen. Dies gilt nicht nur in den Einstellungen von Personen, sondern auch in der sozialen Realität. Die vorangehenden Überlegungen zur prekären finanziellen Stabilität des israelischen Ansatzes unterstützen zudem die Auffassung, dass Sicherheitsansatz 2 und 3 nicht nachhaltig sind. Die reale Politik der israelischen Regierung in den letzten Jahren und insbesondere seit dem 7. Oktober unterstützt dies auch.

2. Zur Politik des Staates Israel seit dem 7. Oktober 2023

Der Überfall der Hamas am 7. Oktober 2023 zeigte Israel, dass die Kontrolle des Feindes, konkret der Hamas und anderer Widerstandsgruppen in Gaza, nicht funktioniert hat. Dem Tod von etwa 1200 Israelis gehen extreme Fehler von israelischem Geheimdienst und Militär voraus. Der 3. Ansatz zur Friedenssicherung ist damit in eine gewisse Krise geraten, auch wenn nicht ausgeschlossen ist, dass durch verbesserte Kontrolle und Veränderungen in den israelischen Sicherheitsdiensten, in absehbarer Zukunft die Kontrolle über die Palästinenser wieder eine weitgehende Sicherheit für Israel schaffen kann, war eine Orientierung in Richtung der stabileren Wege zur Sicherheit nahezu unausweichlich. Der 1. Weg, der Weg der Eliminierung, wurde als Eliminierung der Hamas als Kriegsziel öffentlich verkündet. Hinter der Eliminierung der Hamas erschien in den Kriegsmonaten mit zunehmender Deutlichkeit die Möglichkeit einer Schaffung von Frieden und Sicherheit für Israel durch die Vertreibung aller oder eines Großteils der Palästinenser in Gaza und vielleicht auch in der Westbank. Diese Lösung deutete sich bereits in der Siedlungspolitik der letzten Jahrzehnte und in der zunehmenden Verunmöglichung einer Zwei-Staaten-Lösung an. Die Abstimmung der Knesset am 18. Juli 2024 hielt mit großer Mehrheit fest, dass „die Gründung eines palästinensischen Staates im Herzen des Landes Israel eine existentielle Bedrohung für den Staat Israel und seine Bürger darstellt, den israelisch-palästinensischen Konflikt fortsetzen und die Region destabilisieren würde“ (zit. nach Der Spiegel 2024). Ohne Perspektive auf einen Palästinenserstaat dürften keineswegs alle aber doch einige Prozent der palästinensischen Bevölkerung dazu tendieren, das Land zu verlassen. Insbesondere die Kriegsführung seit dem 7. Oktober 2023 in Gaza macht zudem nicht den Eindruck einer gezielten militärischen Aktion gegen die Hamas, sondern eher einer Aktion gegen die gesamte Bevölkerung in Gaza. Die Opferzahlen von Männern, Frauen Kindern entsprechen in etwa den prozentualen Anteilen von Männern, Frauen und Kindern an der Bevölkerung Gazas. Eine gezielte Bekämpfung von Kombattanten hätte zu einem viel größeren Anteil von Männern unter den Opfern geführt. Die mehrfachen Vertreibungen und die Zerstörung von Infrastruktur, das Blockieren von Lebensmittellieferungen in den Gazastreifen und der Versuch einer Kriminalisierung der UNWRA, die Zerstörung von Straßen, Wasserversorgung, Schulen, Universitäten und Krankenhäusern scheint eine Vertreibung vorzubereiten, die offen von einigen israelischen Politikern gefordert und angekündigt wurde (vgl. Jüdische Allgemeine 2024). Benjamin Netanjahu hat sich von dieser Position ausdrücklich distanziert. In israelischen Diskursen kam es dabei zur Aufnahme einer anderen biblischen Erzählung, derjenigen von den Amalekitern, deren Eliminierung das Amalekitergesetz im 5. Buch Mose fordert:

> „Denk daran, was Amalek dir unterwegs angetan hat, als ihr aus Ägypten zogt: wie er unterwegs auf dich stieß und, als du müde und matt warst, ohne jede Gottesfurcht alle erschöpften Nachzügler von hinten

> niedermachte. Wenn der HERR, dein Gott, dir vor allen deinen Feinden ringsum Ruhe verschafft hat in dem Land, das der HERR, dein Gott, dir als Erbbesitz gibt, damit du es in Besitz nimmst, dann lösche die Erinnerung an Amalek unter dem Himmel aus! Du sollst nicht vergessen." (Dtn 25,17–19).

Die Bezugnahme auf Amalek wurde in der Klageschrift Südafrikas beim Internationalen Gerichtshof als Beleg für genozidale Absichten in der israelischen Regierung angeführt. Ob dieser Tatbestand erfüllt ist, wird das Gericht zu entscheiden haben. Die dominante Richtung in der israelischen Politik, die sich in Richtung von Strategie 1 bewegt, zielt nicht so sehr auf eine Vernichtung ab wie sie in Dtn 25 gefordert wird, sondern eher auf eine Vertreibung. Um Palästinenser zum Verlassen des Landes zu bringen, muss allerdings das Leben im Land so schwer erträglich gemacht werden und es muss traumatisches Leid tausendfach zugefügt werden. Schwerste Kriegsverbrechen, wenn nicht ein Völkermord sind die Vorbedingungen zur Durchführung der Vertreibung als Strategie. Es erscheint freilich auch aus heutiger Sicht mehr als fraglich, ob Strategie 1 durchführbar ist. Im Kontext der weltweiten Stimmungsmache gegen Flüchtlinge dürfte es schon schwer sein, Aufnahmeländer für die Palästinenser zu finden. Internationaler Widerstand, der Widerstand der Palästinenser und besonders auch Widerstand von Israelis, sich in eine solche Politik hineinziehen zu lassen, dürfte dieses Projekt an Grenzen stoßen lassen, wenn jemand versuchen sollte, es umzusetzen. Dass Strategie 1 zutiefst unethisch ist und gegen internationales Recht verstößt, steht außer Frage.

Heute kann kein Mensch sagen, in welche Richtung sich die israelische Regierungspolitik entwickeln wird. Wird Strategie 1 der Eliminierung der Palästinenser als kurzfristige oder als Langzeitprojekt verfolgt werden? Findet eine Rückkehr zum oben beschriebenen Mix der Sicherheitspolitik statt? Oder öffnet sich eine Tür für die Einsicht, dass dauerhafter Friede und wirkliche Sicherheit für die Israelis nur durch eine

Kombination aus Verträgen und Versöhnung möglich ist? Die bisherige Strategie wie auch eine mögliche weitere Verstärkung der Eliminierungsstrategie haben in 70 Jahren keinen Frieden gebracht.

Für die als Ausweg mögliche Umorientierung weg vom Abstieg zu Strategie 1 hin zu einem Wiederaufstieg zu den Strategien 4 und 5 ist es wichtig, dass möglichst vielen Menschen in Israel so klar wie möglich wird, dass die bisherige Politik gescheitert ist und Israel höchstwahrscheinlich in immer größere Schwierigkeiten bringen wird. Insbesondere die annektionistischen Absichten einiger zionistischer Parteien bergen ein besonderes Gefahrenpotential, da sie von einer Eroberung Jordaniens und sogar auf eine Wiederherstellung des biblischen, historisch nicht belegten Großreiches Davids mit weiteren Gebietsaneignungen von Syrien, Libanon und Saudi-Arabien zugehen wollen. Der Satz, den jeder Reisende am Ben Gurion Flughafen in Tel Aviv liest, der Zionismus sei ein unendliches Projekt, gewinnt in dieser Lesart eine bedrohliche Dimension. Auch die Bereitschaft, gegen Hizbollah, Huthimilizen und vielleicht sogar gegen den Iran mit einem Krieg vorzugehen, birgt sehr große Gefahren. Es kommt zu einem Patmosmoment, in welchem in der Gefahr auch das Rettende wächst, wobei immer noch zu fragen ist, ob die Gefahr oder der Friede sich durchsetzen werden.

Nach diesen vorbereitenden Bemerkungen, kann die in der titelgebenden Frage sich ausdrückende implizite These des Aufsatzes diskutiert werden: Zeigen die Ereignisse seit dem 7. Oktober, dass keine Versöhnung zwischen Israelis und Palästinensern möglich ist? Es gibt drei Möglichkeiten, wie diese These bestätigt werden könnte. Die erste Möglichkeit wäre gegeben, wenn beschrieben werden könnte, dass der Krieg auf eine vorangehende, allen Regeln der Kunst folgende Versöhnungspolitik gefolgt wäre und wenn diese mit dem 7. Oktober als gescheitert angesehen werden müsste. Die zweite Möglichkeit wäre, dass während des Krieges Dinge geschehen sind und Motivationen sich gezeigt haben könnten, die Versöhnung unmöglich machen. So könnte etwa die israelische Armee schlechthin Unverzeihliches getan haben oder es könnte deutlich geworden sein, dass für Palästinenser die Alternative nur noch Sieg oder Tod lauten würde. Eine dritte Möglichkeit könnte vorliegen, wenn der Krieg ein Ergebnis hätte, das Versöhnung unmöglich machen würde. Da zum dritten Punkt und insbesondere der Anwendung von Strategie 1 bereits einiges gesagt wurde, braucht in diesem Zusammenhang nur gesagt zu werden, dass lediglich ein Ausgang des Krieges, der mit einer völligen Eliminierung des Feindes durch Völkermord oder durch eine vollständige Vertreibung in ein fernes Land einhergehen würde, Versöhnung als Möglichkeit zunächst aus dem Spiel bringen würde. Sie müsste künftigen Zeiten überlassen werden. Diskutiert werden deshalb die 1. und die 2. Möglichkeit in den nächsten Abschnitten.

3. Gab es eine Versöhnungspolitik vor dem 7. Oktober, die man als gescheitert bezeichnen könnte?

Eines der am besten empirisch belegten Theoreme der Versöhnungsforschung ist, dass Versöhnungsprozesse dann am besten funktionieren, wenn drei Teilprozesse zusammenkommen (vgl. Gardner-Feldmann 2012):

(1) staatliche Versöhnungspolitik, die sogenannte Top-Down-Versöhnung,
(2) internationale Unterstützung für den Versöhnungsprozess und
(3) zivilgesellschaftliches Engagement für Versöhnung, so genannte Bottom-up-Versöhnung.

Zu (1.) haben wir bereits festgestellt, dass der Staat Israel keine Versöhnungspraxis gegenüber den Palästinensern zur Anwendung gebracht hat. Auch die Palästinensische Autonomiebehörde hat keine Versöhnungspraxis mit Israel organisiert oder unterstützt. Beide, der Staat Israel und die PA, haben aber immerhin zivilgesellschaftliche Versöhnungsaktivitäten gewähren lassen, wenn sie auch nicht besonders gefördert wurden.

Einigen israelische und jüdische Organisationen, denen es um Dokumentation von Unrecht geht, das von der IDF und Siedlern begangen wird, hat der Staat Israel durch Repressionen zugesetzt. Die Organisation *Shovrim Schtika / Breaking the Silence*, die Zeugnisse von israelischen Soldaten sammelt und veröffentlicht, wurde 2023 durch ein Gesetzvorhaben der Regierung Netanjahu damit konfrontiert, möglicherweise wegen der Geldgeber aus dem Ausland für jede nicht aus Israel stammende Unterstützung einen Steuersatz von 65 % zahlen zu müssen. Schon allein wegen der Inaktivität des staatlichen Sektors kann man nicht davon ausgehen, dass eine Versöhnungspolitik als Weg zum Frieden ernsthaft versucht wurde. Anders als in Südafrika vor dem Ende der Apartheit, ist Versöhnung noch nicht einmal ein missbrauchtes politisches Schlagwort, das man im Sinne echter Versöhnung umdeuten könnte (vgl. dazu Doxtader 2008). Interdependenzverbindungen in der Wirtschaft und anderswo, die nach Fanie du Toit entscheidend für den Versöhnungsprozess in Südafrika waren (vgl. Toit 2018), wurden durch die Regierungen mit der zweiten Intifada und den Mauerbauten gekappt. Theologische Ressourcen für Versöhnung aus dem Judentum und dem Islam wurden anders als in Südafrika nur von einigen wenigen mobilisiert, wichtiger aber noch ist, dass diese Akteure anders als Desmond Tutu in Südafrika nicht einmal eine geringe staatliche Unterstützung erhalten haben. Für Israel fehlt eine theologische Analyse von Konflikt und Friedensbemühungen, während für Südafrika Ralf Wüstenberg in zwei wichtigen Büchern eine solche Analyse vorlegen konnte (vgl. Wüstenberg 2004; Wüstenberg 2024). Zu den Palästinensern äußerten sich ferner christliche palästinensische Befreiungstheologen wie Naim Stifan Ateek (2008).

Zu (2.) lässt sich sagen, dass es an internationaler Unterstützung für Versöhnung zwischen Israel und den Palästinensern vor dem 7. Oktober nicht gemangelt zu haben scheint. Diese kam sowohl von Staaten als auch aus der Zivilgesellschaft. Beispielhaft sei das Verhalten der Bundesrepublik Deutschland erläutert. Die Unterstützungen des Deutschen Staates für Palästinenser beliefen sich etwa im Jahresdurchschnitt

2021/22 auf 170 Mio. Euro plus mehr als 200 Mio. Euro für die UNWRA, die allerdings auch in Ländern wie Jordanien, Libanon und Syrien aktiv ist. Von den 170 Mio. Euro waren ca. 78 Mio. Euro für Entwicklungshilfemaßnahmen, ca. 65 Mio. für humanitäre Hilfe und nur ca. 20 Mio. pro Jahr für NGOs, Kirchen und Städtepartnerschaften. (vgl. Der Spiegel 2022). Einen kleinen Teil dieser Summe wird man als Beitrag zu Versöhnung ansehen können. Der überwältigend größere Teil der humanitären und Entwicklungshilfe kann im Hinblick auf Versöhnung zwiespältig gesehen werden. Zum einen hilft er Palästinensern zu Überleben und zu besserem Leben. Er stärkt den schwächeren Partner, was für Versöhnungsprozesse hilfreich sein kann. Gerechte Versöhnung findet in vielen Fällen mit größerer Wahrscheinlichkeit unter gleichstarken Partnern statt. Zudem verbessert er das Verhältnis zwischen Deutschen und Palästinensern. Andererseits wurden bereits vor 2023 Kürzungen von Zahlungen als Druckmittel gegenüber der PA ins Spiel gebracht, etwa als Palästinenserpräsident Abbas 2022 sagte, Israel habe mehrere Holocausts gegen Palästinenser verübt. Andererseits übernimmt Deutschland wie auch andere Länder Kosten, die eigentlich die Besatzungsmacht Israel als staatliche Gewalt tragen müsste. Würde der Staat Israel nämlich Unterstützung und Fürsorge für die Palästinenser übernehmen, dann könnten ein Beitrag zur Versöhnung zwischen Israel und den Palästinensern geleistet werden, wenn dies fair und verantwortungsvoll erfolgen würde. Außerdem würden die Kosten für die Besatzung den israelischen Staatshaushalt weiter belasten und die Problematik des Sicherheitspolitischen Ansatzes deutlicher machen.

An Israel gingen keine deutschen Gelder zur Unterstützung von Versöhnungsprojekten. Unterstützt hat Deutschland Israels Abschreckungsstrategie durch den Verkauf einer Reihe von sieben bis neun nuklearwaffenfähigen U-Booten an Israel, bei denen der deutsche Staat je Boot 600 Mio. Euro des Kaufpreises von insgesamt 3 Mrd. Euro trägt. Zusammenfassend kann man sagen, dass der deutsche Staat und ähnlich auch andere Staaten wie die USA, Großbritannien, die Niederlande den israelischen Sicherheitsansatz unterstützt, indem er Israel bei den Kosten der Besatzung und Kontrolle der Palästinenser unterstützt (Ansatz 3) und den Abschreckungsansatz (Ansatz 2) fördert, indem er U-Boote und andere Waffen liefert und subventioniert. Der internationale Hintergrund bietet wenig Unterstützung für Versöhnung. Legt man zudem zugrunde, dass *Transitional-Justice*-Maßnahmen zu jedem Versöhnungsprozess gehören, dann zeigt bereits vor dem 7. Oktober das Verhalten der Bundesregierung, dass diese viel mehr daran interessiert ist, israelische Politiker und die Siedlungs- und Besatzungspolitik insgesamt vor Strafverfolgung durch den ICC zu schützen als einen Prozess der Durchsetzung von internationalem und humanitärem Recht in den Palästinensergebieten zu starten.

Unterstützung von Versöhnung zwischen Israelis und Palästinensern gab es abseits der großen Transferzahlungen von BMZ und Auswärtigem Amt in den diplomatischen und symbolischen staatlichen Unterstützungen politischer Partei-Stiftungen, die sich für Versöhnung engagiert haben, sowie in der Projektlinie der Deutschen Forschungsgemeinschaft trilateraler Projekte, die deutsche, israelische und palästinensische Universitäten verbunden haben. Unter diesen Projekten waren Kooperationen in medizinischen und naturwissenschaftlichen Fragen und auch ein direktes Projekt zur Versöhnungsforschung „Hearts of Flesh – not Stone“, in dessen Mittelpunkt die Begegnung mit dem Leiden der anderen stand (vgl. Ferrari et al. 2023).[6] Während das Programm trilateraler DFG-Projekte, das das Ziel hatte, den Oslo-Prozess zu unterstützen, um 2021 auslief, entstand die „European Wasatia Graduate School for Peace and Conflict Resolution“ an der Europa-Universität Flensburg

6 Das Projekt fand in Kooperation der Universitäten Ben Gurion in Beer Sheba, Tel Aviv und Jena mit der palästinensischen NGO Wasatia statt. Projektleiter waren: Prof. Martin Leiner (Gesamtleiter), Prof. Mohammed Dajani (Leiter des palästinensischen Teams), Prof. Dr. Arie Nadler und Prof. Dr. Shifra Sagy (beide für die israelischen Teams in Tel Aviv und Beer Sheba).

als erstes und bisher einziges israelisch-palästinensisch-deutsches Promotionsprogramm. Leiter des Programms ist der Jubilar, dem die vorliegende Festschrift gewidmet ist, Prof. Ralf K. Wüstenberg, Geschäftsführerin ist Dr. Zeina Barakat. Der Haushaltsausschuss des Deutschen Bundestages beschloss am 11.11.2022 die Finanzierung dieses auf Wasatia und Versöhnung ausgerichteten Programms mit 2,1 Mio. Euro bis ins Jahr 2029 zu fördern (vgl. EUF o. D.). Man sagt nicht zu viel, wenn man unterstreicht, dass dieses Promotionsprogramm die einzige mittelfristig finanzierte akademische Zusammenarbeit zwischen Deutschen, Israelis und Palästinensern ist, die vom deutschen Staat finanziert wird. Die *Wasatia Graduate School* ist in die nächsten Jahre hineinreichendes Zeichen der Hoffnung auf vom deutschen Staat geförderte Versöhnung in einem Kontext einer zunehmend Common Sense werdenden Entkleidung der Rede von der deutschen Staatsräson von allen in Angela Merkels Rede vor der Knesset vorkommenden Bezügen auf die Menschenwürde aller Menschen, auch der Palästinenser.

Die deutsche wie auch die europäische Außenpolitik orientiert sich im Nahostkonflikt an Washington. Die Unterstützung für die Politik der Regierung Netanjahu ist unter den politischen Eliten der Vereinigten Staaten groß. Am 24. Juli 2024 konnte Netanjahu sogar im Kongress eine viel bejubelte Rede halten, bei der er für einen weitergehenden Krieg im Nahen Osten Werbung machte. Das beispiellose militärische Engagement der USA für Israel und die Unterstützung Israels durch Ausübung des Vetorechts im UN-Sicherheitsrat sind der Krückstock, der die an sich nicht finanzierbaren und internationales Recht nicht respektierenden Sicherheitsansätze durch Kontrolle, Abschreckung und Eliminierung überhaupt erst möglich machen, weil Israel die internationale Isolierung und der ökonomische Niedergang erspart bleibt, der natürlicherweise aus der Sicherheitspolitik folgen würde. Andererseits versuchen die USA seit vielen Jahrzehnten durch Verhandlungen die 4. Friedensstrategie zu stärken. Von Camp David und dem Frieden zwischen Israel und Ägypten bis hin zu den Abraham Accords waren es immer wieder die amerikanischen Präsidenten, die Verhandlungen organisiert und zu Abschlüssen gebracht haben. Auch in einem anderen Bereich spielen die USA eine größere Rolle zur Förderung des Versöhnungsansatzes als Deutschland. Die USA hat eine größere jüdischen Bevölkerung als Israel. In dieser Bevölkerung und bei meist evangelikalen Christen gibt es fanatische Unterstützer des auf Annexion der Palästinensergebiete ausgerichteten Zionismus, es gibt aber auch eine große Unterstützung für Versöhnung, Gerechtigkeit und Menschenrechte für die Palästinenser. Zivilgesellschaftliche Friedensarbeit mit einer gewissen Unterstützung von staatlichen Stellen in USA soll exemplarisch an der NGO *Seeds of Peace* vorgestellt werden. *Seeds of Peace* wurde von dem Journalisten John Paul Wallach 1993 gegründet. Er war Sohn von deutschen Juden, die 1941 aus Deutschland geflohen waren. Die erste Gruppe von Seeds of Peace traf sich in Otisfield, Maine. Sie wurde zur Unterzeichnungszeremonie des ersten Abkommens zwischen Israel und der PLO ins Weiße Haus eingeladen. In einem Interview sagte Wallach 1995:

> „‚It's been the most gratifying thing I've ever done […]. When you see the tears flow, the embraces – and when you know the follow-up will be just as dramatic – you really get the sense that you can change things. That sense is very vital to my own psyche.'" (zit. nach Besser 2002)

Seeds of Peace bringt seither israelischen und palästinensische Jugendliche, später auch Jugendliche aus Afghanistan, Indien und Pakistan in Camps zusammen und verfolgt das Ziel sie zu Akteuren für eine friedliche gemeinsame Zukunft heranzubilden. Die Organisation wurde von Wallach solide aufgebaut, so dass sie auch nach seinem frühen Tod im Jahr 2002 weiterarbeitete. Tausende von Jugendlichen haben die Camps besucht. Viele bleiben mit der Organisation und anderen Teilnehmern in Kontakt und sprechen sich öffentlich für Frieden und Versöhnung aus. Nicht ohne Zufall gab es in den Jahren 2021–2024 einen Reorganisationsprozess von *Seeds of Peace* und *Hands of Peace*. Durch die Coronaepidemie waren diese Jahre für eine Organisation, die mit persönlichen Begegnungen arbeitet, nicht einfach. Daniel Noah Moses beschrieb in der 4. AARMENA-Konferenz im August 2024 seine Erfahrungen in und mit *Seeds of Peace* mit folgenden Bemerkungen. Ich zitiere sinngemäß aus meinen Mitschriften und in deutscher Übersetzung:

> „Trotz aller großartiger Erfahrungen fehlte zunehmend die Hoffnung, dass Dialog zu einem Frieden zwischen Israelis und Palästinensern führen könne. Einige wollten vom Dialogansatz weitergehen zum Widerstand gegen jegliche Unterdrückung. Damit kamen Themen wie LGBT-Rechte auf, die ihrerseits wiederum zu Widerstand von lokalen Partnern aus traditionalen Gesellschaften führten. Insgesamt haben wir einen Habermasschen Dialogansatz verfolgt und dabei die Bedeutung von Emotionen unterschätzt."

Im Kontrast zum emotionalen Erleben der ersten Gruppe berichtet Moses etwas sehr Typisches für die Entwicklung der Versöhnungsprozesse zwischen Israelis und Palästinensern. Positive emotionale Momente, die es in den 1990er Jahren gab, wurden mit der Zeit allenthalben immer weniger, während insbesondere für die Palästinenser Tag für Tag Szenen von Demütigung, Gewalt und Tod zu Schmerz, Angst, Hass und Hoffnungslosigkeit führten, die das emotionale Klima mehr und mehr beherrschten.

Gehen wir zurück nach Deutschland. 1999 war die damalige europäische Kulturhauptstadt Weimar der Ort der Gründung des *West-Eastern Divan Orchestra*. Die Gründer waren der argentinisch-israelische Dirigent und Pianist Daniel Barenboim, der in USA lebende palästinensische Geisteswissenschaftler Edward Said und Bernhard Kauffmann der Generalbeauftragte der europäischen Kulturhauptstadt. Im Orchester spielen junge Musiker aus einer Reihe arabischer Staaten, dem Iran, Andalusien, den Palästinensergebieten und Israelis zusammen. Mit ihren Konzerten werben sie dafür, dass keine militärische Lösung des Nahostkonflikts möglich ist. Musik gibt die Möglichkeit des Ausdrucks, des Zuhörens und der Schaffung einer Gemeinsamkeit zwischen Orchester und Zuhörern. Im Zuhören und Erleben der Musik geschieht Frieden. Dieses Orchester ist bisher in nahezu allen Ländern, in denen Konzerte für klassische Musik gegeben werden aufgetreten. 2005 gab es auch ein Konzert in Ramallah, in Israel freilich konnte – trotz Bemühungen etwa an der Grenze zum Gazastreifen ein Konzert aufzuführen – kein Konzert durchgeführt werden. Das Orchester zeigt, dass es weltweit durchaus ein Publikum gibt, das eine gewaltfreie Lösung des Nahostkonflikts befürwortet. Israel verhält sich aber ablehnend und diese Ablehnung wird seltsamer Weise nicht kritisiert. Eine Übersetzung in konsequentes Handeln westlicher Regierungen für Versöhnung ist aber bisher nicht gelungen.

Das trilaterale DFG-Projekt „Hearts of Flesh – not Stone" zeigte zwar nicht im statistischen Sinne repräsentativ, aber doch exemplarisch mit Hilfe von qualitativen und quantitativen Methoden und einer Vielzahl von Einzeluntersuchungen, wie weit man sich in der Zeit vor dem 7. Oktober 2023 Versöhnung annähern konnte, und was schon damals nicht (mehr?) möglich war (vgl. Leiner / Ferrari 2023). Das Projekt brachte Palästinenserinnen und Palästinenser auf Studienreisen nach Auschwitz, Krakau, Berlin und Buchenwald. Ziel war es, die Gruppe eine Begegnung mit dem Leiden der Juden in der Zeit des Holokaust unter Begleitung von deutschen und palästinensischen Professoren erleben zu lassen. Erreicht werden konnte, dass alle Teilnehmerinnen und Teilnehmer der Reisen nach den Reisen, den Holokaust und die Ermordung von etwa 6 Millionen Juden als Realität anerkannt haben. Erreicht wurde durch die Studienreisen auch, dass eine Gruppe von Palästinenserinnen und Palästinensern deutlich Empathie im Sinne von Perspektivenübernahme und Mitleid wie man durch Aussagen und Tränen sehen konnte, mit den ermordeten Juden empfunden hat. Die Gruppe, die teilweise aus einem Bildungs- und Familienhintergrund kam, der den Holocaust in seinen Dimensionen in Zweifel zog, wurde, so kann man sagen, befähigt zu empathischer und menschlich sensibler Kommunikation über die Opfer. Einige beschlossen sogar öffentlich in sozialen Medien und in einem Buch von dem, was sie gesehen haben, Zeugnis abzulegen. Fast nicht erreicht werden konnte aber, dass eine größere Bereitschaft zur Versöhnung mit den heutigen Israelis sich entwickelt hätte. Die Reaktion war vielmehr: In Israel und insbesondere in der israelischen Regierung ist niemand, der sich versöhnen will mit uns. Sehr häufig kam die Frage auf: „Wenn den Juden das widerfahren ist, was wir gesehen haben, warum behandelt Israel uns jetzt so, wie es geschieht?" Parallel zu den Studienreisen fanden Universitätskurse an der Ben Gurion University of the Negev in Be'er Sheva statt. Mit dem Konzept der *Social Action Research* wurden Israelis mit der auch für sie oft neuen Leidensgeschichte der Palästinenser konfrontiert. Es fanden unterschiedliche Begegnungen mit Menschen aus einem Flüchtlingslager, mit einzelnen Palästinensern, mit Orten, die früher von Palästinensern bewohnt wurden usw. statt. Viele Israelis entwickelten in diesen Kurs ein Gefühl für die Tragik und die Wahrheit des Geschehenen jenseits zionistischer Propaganda. Auch bei dieser Gruppe kam es nicht zu einer signifikanten Bereitschaft zu Versöhnung. Beide Gruppen, Israelis und Palästinenser erfuhren zudem, dass mit der Bereitschaft, das Leiden der anderen wahrzunehmen, auch das Bedürfnis, die Loyalität zur eigenen Gruppe zu bekunden, gestiegen ist. Kontextfaktoren, wie die Gazakriege oder das weltweite Presseecho der ersten Reise nach Auschwitz und Fakenews, dass die Reise von zionistischen Organisationen und nicht von der DFG finanziert worden wäre, führten zu einer Abnahme von Empathie und Bereitschaft zur Versöhnung. Insgesamt wird man sagen können, dass schon vor dem 7. Oktober 2023 nur sehr wenige Hoffnung auf Versöhnung oder auch nur auf einen negativen Frieden im Heiligen Land hatten. Die Ursache dafür lag in der täglich wiederkehrenden Gewalt und im Fehlen einer von der politischen Klasse Israels und Palästinas getragenen Friedensoption. Die Menschen freilich, hatten auf beiden Seiten eine Offenheit für Empathie, Wahrhaftigkeit und Anerkennung des Leidens der anderen, was eine ausreichende Basis für den Beginn eines Weges hin zu einem Versöhnungsprozess hätte sein können.

Zusammenfassend muss man feststellend, dass man, wie von Seiten der israelischen und palästinensischen Regierung auch von internationaler Seite nicht von einer auch nur annährend ausreichenden Unterstützung von Versöhnung sprechen kann. Während Militärhilfen das große Geschäft sind – auch die Hamas erhielt nach Schätzungen vom Iran Waffenlieferungen in zigfacher Millionenhöhe – gilt für Versöhnung: sie war und ist in einer extremen Weise unterfinanziert, aus dem Focus von Regierungen herausgefallen und selbst da, wo sie finanziert wurde, ist die Finanzierungsstruktur wenig angemessen, da Versöhnung ein Langzeitprozess ist und da sie kaum durch kurzfristige Projektfinanzierungen, bei denen zudem noch die Forschung und nicht die Schaffung von Versöhnung im Zentrum standen, ein paar Konzerte oder einen Abend im Weißen Haus nachhaltig vorangebracht werden kann. Immerhin ist das, was Menschen in den genannten Organisationen *Seeds of Peace*, *West-East Divan Orchestra* und Projekten wie dem trilateralen Projekt für Versöhnung getan haben, bereits Teil des 3. Punktes des zivilgesellschaftlichen Engagements, über das wesentlich hoffnungsvolleres zu sagen ist als über die staatlichen Aktivitäten.

Hinsichtlich (3.) können wir festhalten, dass das zivilgesellschaftliche Engagement für Versöhnung war im Wesentlichen das Einzige, was als Versöhnungsaktivität in Israel und Palästina stattfand.

Exemplarisch sollen vier Versöhnungsaktivitäten vorgestellt werden. Die erste kann den Aufbruch nach den Osloverträgen und das weitgehende Ende von Aktivitäten bei Beginn der 2. Intifada verdeutlichen.

Prof. Dan Bar-On (1938–2008), Sozialpsychologe an der Ben Gurion Universität in Beer Sheba begann seine Arbeit für Versöhnung mit „TRT: To Reflect and Trust“ Gesprächsgruppen zwischen Kindern von hochrangigen Nazitätern und Überlebenden des Holocaust, startete er Gesprächsgruppen zwischen Israelis and Palästinenern und gründete 1998 zusammen mit Prof. Dr. Sami Adwan in Bet Jala *PRIME* (*Peace Research*

Institute in the Middle East). Beide erarbeiteten mit einer Gruppe von Geschichtslehrern ein Schulbuch das parallel auf jeder Seite die palästinensische und die israelische Sicht der Geschichte des Nahostkonflikts darstellt. In einer Mittelspalte ist Platz für eigene Notizen frei gelassen. Dan Bar-On und Sami Adwan implementierten mit den Dialogen und den Schulbuchprojekt zwei typische Versöhnungspraktiken. Diejenigen, die an den Dialogen teilnahmen, bildeten in einigen Fällen bleibende Freundschaften über die Grenzen der politischen Konflikte hinweg. Nach Ausbruch der zweiten Intifada Ende September 2000 und der zunehmenden Abriegelung des Westjordanlandes erwies es sich zunehmend als schwierig, dass sich die Gruppe von Israelis und Palästinensern treffen konnte. Palästinenser standen zudem unter dem Druck, nicht als Verräter und Normalisierer angesehen zu werden. Ein gemeinsames Wort von PRIME wurde zu der neuen Lage unter der 2. Intifada veröffentlicht. Es endet mit folgendem für die Gegenwart pessimistischem aber dennoch zukunftsweisenden Ausblick:

> „Within such a context, the report and discussion that follows about environmental NGOs may get additional importance. On the one hand, when people are getting killed every day can one care about sewage or water? On the other hand, the struggle around resources like water and fresh air are deeply linked to the struggle around mutual images, collective identities and the narrated history. We assume that at some point in time, reason will return and become the main guiding force. At that point, such an inquiry, like the one we have conducted here, will be valuable. Therefore, we see our work in the service of that future time, hoping that this will happen sooner rather than later." (Bar-On o. D.)

Zukunftsweisend am Werk von Dan Bar-On und Sami Adwan war auch die Wendung hin zu Umweltfragen, die ich einigen der NGOs bedeutsam ist, die nach Ende der 2. Intifada im Februar 2005 ihre Arbeit entfaltet haben.

Tatsächlich existierte bereits vor den Osloverträgen eine große israelische Friedensbewegung mit dem Schlagwort „Frieden jetzt / Schalom achschaw", die freilich in den letzten Jahrzehnten kleiner geworden ist. Es gab und gibt aber auch eine große Fülle israelischer, palästinenischer und israelisch-palästinensischer NGOs, die sich für Frieden, Menschenrechte und / oder ökologische Fragen im Konflikt einsetzen. Mehr als 100 solcher Organisationen sind Mitglieder der *Alliance for Middle East Peace*[7], wobei noch nicht einmal alle relevanten Organisationen diesem Zusammenschluss beigetreten sind.

2006 als gemeinsame Initiative von ehemaligen Soldaten und Kämpfern von beiden Seiten des Konflikts gegründet, setzt sich die Organisation *Combatants for Peace* für ein gewaltfreies Ende der Besatzung und des Nahostkonflikts ein. Lokale Partnerschaften über die Konfliktgrenzen hinweg, gemeinsame Aktivitäten in der Gruppe, die Produktion des Dokumentarfilms „Disturbing the Peace" 2016 über die Gruppe, öffentlichkeitswirksame Aktionen und internationale Ehrungen haben diese Gruppe zu einer der bekanntesten NGOs heute werden lassen.

Inspiriert vom Akivismus von Frauen für den Frieden in Nordirland, Liberia und im *Four Mother's Movement*, das 1997 die israelische Regierung erfolgreich dazu gebracht hat, seine Armee aus dem Libanon zurückzuziehen, wurde 2014 die israelische Organisation *Women Wage Peace* gegründet. Die Organisation wurde 2016 bekannt durch den Marsch von mehr als 3000 israelischen und palästinensischen Frauen von Nordisrael nach Jerusalem. 2024 hat *Women Wage Peace* ca. 47 000 Mitglieder (für aktuelle Zahlen vgl. Fritsche 2023; Bartolini De Angeli 2023). *Women Wage Peace* arbeitet zusammen mit der Palästinen-

7 Vgl. die Liste ausgewählter Mitgliederorganisationen der 2003 begründeten Alliance for Middle East Peace (ALLMEP) die Website: https://en.wikipedia.org/wiki/Arab–Israeli_peace_projects.

sischen Frauenorganisation *Women of the Sun*, die 2021 gegründet wurde und zurzeit ca. 3000 Mitglieder hat.

Man könnte die Reihe der für Frieden und Versöhnung arbeitenden NGO noch lange fortsetzen. Einige von ihnen funktionieren um einen Kern von über lange Zeit zusammenarbeitenden Aktivisten und haben eine ökosystemische Struktur. Die Gruppen sind aktiv, entschlossen und, wie wir im nächsten Abschnitt sehen werden, auch durch die Ereignisse des 7. Oktober unbeirrt für Frieden aktiv. Im Sinne der Hölderlinperspektive betreiben diese NGOs in beiden Gesellschaften Versöhnung inmitten des Gewaltkonflikts.

Zusammenfassend kann man für die Zeit vor dem 7. Oktober festhalten, dass es keine hinreichende Versöhnungspolitik gab. Man kann deshalb auch nicht vom Scheitern des Versöhnungsansatzes sprechen. Gleichzeitig kann man festhalten, dass in der Zivilgesellschaft, insbesondere in der israelischen Zivilgesellschaft alle Bedingungen für eine Versöhnungspolitik gegeben waren. Leider konnten diese Gruppen nicht mit einer entsprechenden Einstellung der Regierenden und nur mit einer sehr ambivalenten Einstellung im internationalen Umfeld interagieren. Zu wenig und teilweise auf kurzfristige Projekte ausgerichtetes Funding waren zusätzlich ein Problem. In deutlichem Kontrast dazu steht die große Unterstützung für den Bau von jüdischen Siedlungen. So sehr israelische Gruppen Partner bei den Palästinensern fanden, so sehr sie auch internationale Ehrungen erhalten haben, die Mehrheit der Wähler in Israel stimmten nicht für Politiker und Parteien, die eine Politik in Richtung Frieden durch Verträge und Versöhnung anstreben. Für die israelische Bevölkerung ist zu bedenken, dass 2000–2005 die 2. Intifada mit zahlreichen palästinensischen Terroranschlägen und Angriffen stattfand. Danach kam es für die Mehrheit nach dem Mauerbau kaum noch zu Kontakten mit der Bevölkerung in der Westbank oder in Gaza, bei denen die Israelis nicht als Soldatinnen und Soldaten agierten. Viele Israelis haben den Habitus des Besatzungssoldaten aufgebaut, wenn es um Palästinenser geht. Die Erinnerung an den Holokaust und den

Antisemitismus weltweit verstärkt die traumatischen Folgen der Intifada. Vor diesem Hintergrund kann man sich fragen, ob es nicht wichtig wäre, dass mehr NGOs sich noch mehr auf die Arbeit mit Israelis konzentrieren. Einige Tendenzen der letzten Jahre, etwa von *Combatants for Peace* gehen in diese Richtung. Auf der anderen Seite ist das Stereotyp vom versöhnungswilligen Israeli und vom rachsüchtigen Palästinenser in sehr vielen Fällen unzutreffend. Viele Palästinenser verspürten vor dem 7. Oktober eine gewisse Konfliktmüdigkeit und eröffneten Anknüpfungspunkte für eine Versöhnungspolitik.

4. Sind seit dem 7. Oktober Dinge geschehen, die eine Versöhnung unmöglich machen?

Bei den Ereignissen seit dem 7. Oktober ist zu unterscheiden zwischen dem Angriff der Hamas auf Israel, der den Krieg ausgelöst hat und den Aktionen der israelischen Armee. Wichtig für eine Einschätzung aus Sicht der Versöhnungsforschung ist, dass Versöhnung als Verbesserung der Beziehungen und als Transformation von Konflikten hin zu gewaltfreien Weisen der Austragung des Konfliktes prinzipiell immer möglich ist. Die Versöhnungsprozesse nach Völkermorden in Ruanda und zwischen Israel und Deutschland zeigen, dass es kein Verbrechen gibt, das so schlimm ist, als dass es nicht einen Versöhnungsprozess geben könnte. Dagegen scheint zu sprechen, dass für weitergehende Versöhnung Vergebung notwendig ist. Sowohl die Brutalitäten während des Hamasangriffs als auch die Aktivitäten der israelischen Armee, die zur Anklage wegen Kriegsverbrechen und Völkermord geführt haben, sind in der Tat als solche beide nicht zu rechtfertigen und können auch nicht entschuldigt werden. Diese Taten können nicht vergeben werden. Wohl aber kann man Menschen vergeben, indem man ihnen die Chance gibt, mehr zu sein als diese Taten, indem man ihnen vertraut, dass sie sich ändern können. Von einem solchen Vertrauen sind die meisten Akteure weit entfernt. Aber wiederum ergibt sich kein anderes Bild als vor dem 7. Oktober.

International bereitet der ICC eine Anklage gegen Mitglieder der Hamas und der israelischen Regierung vor. Dieser Umstand könnte friedensfördernde Auswirkungen haben, wie man unter anderem an Heiders Balancetheorie zeigen kann:

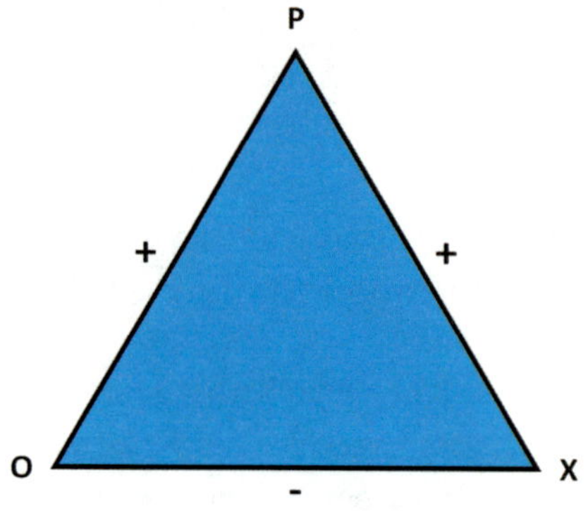

Abb. 2 Darstellung nach Fritz Heider

Wenn der Staat P (z. B. Deutschland oder die Niederlande) zum Staat O (Israel) in positives Verhältnis hat, Israel aber ein negatives Verhältnis zum ICC (=X) hat, während Staat P ein positives Verhältnis zu ihm hat, entsteht ein unbalanciertes Dreiecksverhältnis. Dieselbe Situation ergibt sich für P als ein Staat wie Katar, O als Hamas und X als internationales Recht. Solche unbalancierten Verhältnisse haben die Tendenz ausgeglichen zu werden. Ideal wäre, wenn Israel und Hamas zum ICC ein positives Verhältnis finden würden.

Konkreter im Kriegsgeschehen stehen wir vor folgender Situation: Während die israelische Regierung die völlige Zerstörung der Hamas als Militärorganisation als Kriegsziel formuliert hat, das auch von internationalen Akteuren unterstützt wird, bleibt doch die Frage, wie es mit den ca. 2 Millionen Menschen in Gaza weitergehen soll, die kein Teil der Militärorganisation der Hamas sind. Muss man davon ausgehen, dass extrem hohe Zahl an zivilen Opfern in Gaza dazu führt, dass von Seiten der Palästinenser keine Offenheit für Versöhnung mehr vorhanden ist? Die meisten der Angehörigen von Opfern aus Gaza reagieren offensichtlich nicht vorrangig mit dem Gedanken an Gerechtigkeit und Bestrafung der Täter, sondern vertrauen sich Gott an. Am 21. Juli 2024 postete die Palästinensische Schriftstellerin Wa'ad M. Abozaher auf Facebook Antworten auf die Frage: „Wie war die Nacht in der Sie ihre Familienmitglieder verloren haben?" In praktisch allen Antworten spielt der Hinweis auf Gott eine Rolle. Ich zitiere einige Zeugnisse: „Oh God, how difficult this feeling is. God is sufficient for us, and He is the best disposer of affairs" (Zeinab); „God have merci" (Mream); „But thank God in every situation. We belong to God, and to Him we shall return. God suffices me, and He is the best disposer of affairs." (Ahmed); „May God have Merci on them all, They have earned Paradise" (Hema).[8] Gleichlautende Gebete und Aussagen finden sich in vielen Zeugnissen aus Gaza. Es ist erstaunlich, warum ihnen nicht mehr Aufmerksamkeit entgegengebracht wird. Verwunderlich ist auch, wie das Leiden der Bevölkerung in Gaza in israelischen und westlichen Medien marginalisiert und wie den Überlebenden versagt wird, dass ihre Stimme gehört wird.

Trotz allem Leid und aller Brutalität der Kriegführenden scheint es auf palästinensischer Seite weiter eine Perspektive für Frieden zu geben. Dies gilt sogar für ihre politische Führung und für die Hamas. Diese hatte nach vierjährigem Beratungsprozess in ihrem Grundsatzpapier von 2017 eine Grenzziehung zwischen Israel und einem Palästinenserstaat entlang der Grenzen von 1967 als akzeptabel bezeichnet, wenn dies „Nationaler Konsens" sei (vgl. Hamas 2023). Ein nationaler Konsens scheint durch die Versöhnung zwischen vierzehn palästinensischen Gruppen

8 Da die Facebookseite seit 25. Juli 2024 nicht mehr zugänglich ist, zitiere ich aus den Kopien bei *middeleasteye* auf Instagram.

einschließlich von Hamas und PLO in China am 23. Juli 2024 möglich zu sein.

Wie auch immer die palästinensische Seite einzuschätzen ist, die größere Macht zur Konfliktlösung liegt bei Israel. Das israelische Parlament hatte sich bereits am 18. Juli 2024 gegen eine 2-Staaten-Lösung ausgesprochen. Die ausbleibende Reaktion westlicher Regierungen auf diese Entscheidung, zeigt, dass ihr Einsatz für eine Zweistaatenlösung nicht sehr groß ist. Dennoch kann sich die Lage in Israel ändern. Die Anklage Israels wegen Völkermord beim ICC, die zunehmenden Skandale, die in der Kriegführung in Gaza aufgedeckt werden, Korruption und andere Probleme der Regierung Netanyahu können zu einem Umschwung führen. Bemerkenswert ist, dass die israelischen, die israelisch-palästinensischen und die palästinensischen NGOs aus den Ereignissen nach dem 7. Oktober nicht die Konsequenz gezogen haben, ihre Arbeit einzustellen. *Women Wage Peace* and *Women of the Sun* entschieden sich trotz des Umstands, dass eine der Gründerinnen von *Women Wage Peace*, Vivian Silver, unter den Opfern des 7. Oktobers ist und trotz der vielen – nach einem Facebookpost sind es im Juli 2024 vierzig Frauen, die Mitglieder von *Women of the Sun* sind, und in Gaza Opfer der israelischen Kriegsführung sind – weiterzumachen.

„Das Wichtigste war, dass wir ganz klar von beiden Seiten gesagt haben: Es gibt keinen anderen Weg, als weiterzumachen. Es gibt keine andere Lösung. Für unsere Kinder müssen wir weitermachen," so Angela Scharf im Interview mit Julia Fritsche (2023) Dazu kommt das *Statement von Women Wage Peace* vom 22. Oktober 10.2023:

> „Every mother, Jewish and Arab, gives birth to her children to see them grow and flourish and not to bury them. That's why, even today, amid the pain and the feeling that the belief in peace has collapsed, we extend a hand in peace to the mothers of Gaza and the West Bank." (zit. nach Byrne 2023)

Praktisch alle NGOs, die sich für Frieden einsetzen, beschlossen weiterzumachen. Nicht selten beschlossen sie sogar, ihren Einsatz zu vergrößern. Auf diesen zivilgesellschaftlichen Gruppen ruht die Hoffnung für eine friedenspolitische Wende im Nahostkonflikt.

5. Zusammenfassung

Die exemplarische Übersicht über die Chancen Verträge und Versöhnung als Ansatz für Frieden und Sicherheit im Nahostkonflikt zu stärken, hat gezeigt, dass nichts falscher wäre als von einem Scheitern des Versöhnungsansatzes zu sprechen. Dieser Ansatz wurde von staatlicher Seite und von internationaler Seite nicht hinreichend unterstützt.

Im Grunde ist es im israelisch-palästinensischen Konflikt nicht anders als in anderen Konflikten. Wer Versöhnung untersuchen will, ist in der Situation eines Mediziners, der die Wirkung eines Medikaments erforscht, das von den Patienten nicht ordnungsgemäß eingenommen wurde. In Israel und unter den Palästinensern kann man sagen: Versöhnung ist viel zu wenig und nicht von allen, die sie hätten anwenden sollen, appliziert worden. Es zeigt sich, dass Versöhnungsforschung Erforschung unvollständiger Versöhnung ist. Mit demselben Sachverhalt war der Jubilar Ralf K. Wüstenberg in Südafrika konfrontiert, auch wenn es dort zu einem wesentlich höheren Grad von Versöhnungspolitik kam als im Heiligen Land.

Begreift man Versöhnungsforschung als Erforschung unvollständiger Versöhnung, dann kann man den drei gängigen Kritiken an Versöhnungsforschung entgegentreten:

1. Einige – es sind vor allem Historiker*innen – wenden gegen Versöhnungsforschung ein, dass es keine Fälle von wirklich gelungener Versöhnung gibt. Ihnen kann geantwortet werden, dass Versöhnungsforschung nicht abhängig ist von gelungenen Fällen, sie

ist vielmehr eine kritische Wissenschaft: kritische Versöhnungsforschung. Vollständige und gelungene Versöhnung zu fordern, wäre nur sinnvoll, wenn Versöhnungsforschung keine kritische Forschung wäre.

2. Andere – es sind vor allem Politikwissenschaftler*innen – sind wenig erfreut darüber, dass Versöhnungsforschung normativ und deskriptiv zugleich sein will. Tatsächlich lässt sich keine kritische Wissenschaft begründen ohne normative und deskriptive Aussagen in ein Verhältnis zueinander zu setzen. Die großen Worte wie Staat, Souveränität, Demokratie, Legitimität, Recht, Konflikt, Macht usw. ohne die keine gehaltvolle Politikwissenschaft gemacht werden kann, haben selbst immer eine normative Komponente und setzen sich mit unzureichenden Gebrauchsweisen dieser Begriffe kritisch auseinander.
3. Wieder andere – es mögen Philosoph*innen oder Theolog*innen sein – kritisieren Versöhnung dadurch, dass sie davon ausgehen, dass sie unter den Bedingungen dieser Welt prinzipiell nicht vollständig erreichbar ist. Wenn zwei sich versöhnen, kann die Beziehung zu einem Dritten verschlechtert werden. Dies ist zutreffend und sollte vor zu hohen Erwartungen an Versöhnung bewahren.

Eine Doktorandin des JCRS aus dem Libanon, Hiba Sarouj, sagte: „So wie es in der Chemie Reaktionen gibt, die erst bei einer bestimmten Temperatur geschehen, so ist es mit Versöhnung.“ In Südafrika war eine bestimmte Temperatur gegeben, im Nahen Osten war dies bisher in den meisten Fällen noch nicht gegeben. Warten wir es ab, ob die Temperatur für Versöhnung nicht steigt nach dem Krieg. Ein israelischer Politikwissenschaftler, der anonym bleiben möchte, schrieb mir hierzu am 1. Mai 2024:

> „The importance of reconciliation is so big, and it was really missed during the 1990s and the Oslo process. Now the Israeli public is more

hawkish and it is harder to talk even about peace in these awful days. I hope the situation gets better but right now it seems difficult."

Dieser Hoffnung schließt sich der Artikel an.

6. Literatur

Ateek, N. S. (2008) *A Palestinian Cry for Reconciliation*. Maryknoll, NY: Orbis Books.

Bar-Siman-Tov, Y. (Hg.) (2004) *From Conflict Resolution to Reconciliation*. London: Oxford University Press.

Doxtader, E. (2008) *With Faith in the Works of Words. The Beginning of Reconciliation in South Africa 1985–1995*. Claremont, SA: David Philipp Publishers.

Ferrari, F., M. Leiner, Z. M. Barakat, M. Sternberg und B. Hameiri (Hg.) (2023) *Encountering the Suffering of the Other. Reconciliation Studies amidst the Israeli-Palestinian Conflict*. RIPAR 7, Göttingen: Vandenhoeck & Ruprecht.

Gardner Feldman, L. (2012): *Germany's Foreign Policy of Reconciliation. From Enmity to Amity*. London, Lanham: Rowman & Littlefield.

Heider, F. (1946) „Attitudes and cognitive organization", *Journal of Psychology*, 21, 107–112.

(1958) *The Psychology of Interpersonal Relations*. New York: John Wiley & Sons.

Leiner, M. und F. Ferrari (2023) ‚Encountering the Suffering of the Other. Introduction to the present volume', in F. Ferrari et al. *Encountering the Suffering of the Other. Reconciliation Studies amidst the Israeli-Palestinian Conflict*. RIPAR 7, Göttingen: Vandenhoeck & Ruprecht, 9–26.

Stahlberg, D. und D. Frey (1987) ‚Konsistenztheorien', in D. Frey und S. Greif (Hg.) *Sozialpsychologie. Ein Handbuch in Schlüsselbegriffen*. 2. Erweiterte Auflage. München-Weinheim: Psychologie Verlags Union, 214–221.

Toit, F. du (2018) *When political Transition Works. Reconciliation as Interdependence*. London: Oxford University Press.

Wüstenberg, R. K. (2004): *Die politische Dimension der Versöhnung. Eine theologische Studie zum Umgang mit Schuld nach den Systemumbrüchen in Südafrika und Deutschland*. Gütersloh: Christian Kaiser / Gütersloher Verlagshaus.

– (2024) *Conflict Resolution through Reconciliation. Revisiting the South African TRC and Germany's Dealing with the Past after the Fall of the Berlin Wall*. Reconcilation and Conflict Resolution (ReCo), Vol. 5.Freiburg: Herder Verlag.

7. Internetquellen

Bar-On, D. (o. D.) The current situation between Israelis and Paestinians and how it has affected our research. Online: https://vispo.com/PRIME/ispalsitu.htm (Zugriff: 27. 07. 2024).

Bartolini De Angeli, E. L. (2023) „The Contribution of Women to Peace in the Middle East: The Experience of the Movement Women Wage Peace (WWP)", *Religions*, 14(7), 820. Online: https://www.mdpi.com/2077-1444/14/7/820 (Zugriff: 22. 07. 2024).

Besser, J. D. (2002) „John Wallach, ‚A Dreamer of Dreams'", *New York Jewish Week*, 19. Juli. Online: https://www.jta.org/2002/07/19/ny/john-wallach-a-dreamer-of-dreams (Zugriff: 22. 07. 2024).

Byrne, S. (2023) „How women in Israel and Palestine are pushing for peace – together", *The Conversation*, 17. Oktober. Online: https://theconversation.com/how-women-in-israel-and-palestine-are-pushing-for-peace-together-215783 (Zugriff: 22. 07. 2024).

EUF (o. D.) Bund fördert Deutsch-Israelisch-Palästinensisches Promotionskolleg in Flensburg. Online: https://www.uni-flensburg.de/forschung/forschungsprojekte/insightresearch/wasatia-graduate-school (Zugriff: 22. 07. 2024).

Fritsche, J. (2023) „Israelische Friedensaktivistin Angela Scharf: ‚Es gibt keine andere Lösung. Für unsere Kinder müssen wir weitermachen", *Bayerischer Rundfunk*, 15. November. Online: https://www.br.de/radio/bayern2/sendungen/zuendfunk/friedensaktivistin-angela-scharf-women-wage-peace-zum-tod-von-vivan-silver-102.html (Zugriff: 22. 07. 2024).

Hamas (2023) „Die Charta der Hamas von 1988 und 2017 im Wortlaut – ins Deutsche übersetzt. Mit einem Vorwort von H. Gess", *Kritiknetz*. Online: https://www.kritiknetz.de/antizionismusundantisemitismus/1030-die-chata-der-hamas-im-wortaut-ins-englische-uebersetzt (Zugriff: 22. 07. 2024).

Jüdische Allgemeine (2024) Minister fordern israelische Wiederbesiedlung des Gazastreifens, 28. Januar. Online: https://www.juedische-allgemeine.de/politik/minister-fordern-israelische-wiederbesiedlung-des-gazastreifens/(Zugriff: 22. 07. 2024).

Der Spiegel (2022) Bundesregierung unterstützt Palästinenser mit 340 Millionen Euro, 19. August. Online: https://www.spiegel.de/politik/deutschland/bundesregierung-sagt-palaestinensern-340-millionen-euro-zu-a-8bcb5703-ddcc-400a-a8e2-9b5ff3051f66 (Zugriff: 22. 07. 2024).

Der Spiegel (2024) Israels Parlament verabschiedet Resolution gegen einen palästinensischen Staat, 18. Juli. Online: https://www.spiegel.de/ausland/israel-gaza-krieg-israels-parlament-verabschiedet-resolution-gegen-palaestinenserstaat-a-7d32e3b2-8939-4d16-80ff-c96b381f58ab (Zugriff: 22. 07. 2024).

SPIRI Military Expenditure Database (2023) Israel – Militärausgaben von 2008 bis 2023. Online: https://de.statista.com/statistik/daten/studie/315945/umfrage/entwicklung-der-militaerausgaben-von-israel/(Zugriff: 22. 07. 2024).

Tagesschau (2024) Nahost-Liveblog: ++ US-Militärhilfe für Israel bewilligt ++, Stand 20. April, 23:37 Uhr. Online: https://www.tagesschau.de/newsticker/liveblog-nahost-samstag-126.html (Zugriff: 22. 07. 2024).

Die schwierige politische Versöhnung vor dem Hintergrund von Opferanarrativen

Gerd Hankel

Es ist schon gut zwanzig Jahre her, dass ich Ralf Wüstenberg zum ersten Mal getroffen habe. Die Volkswagenstiftung hatte zu einem Seminar nach Uganda eingeladen, auf dem Ideen für mögliche Projekte auf dem afrikanischen Kontinent vorgestellt werden sollten. Zusammen mit vielen afrikanischen Wissenschaftlerinnen und Wissenschaftlern diskutierten wir und noch weitere Gäste aus der nördlichen Hemisphäre, was aus den Bereichen Politik sowie Gesellschafts- und Naturwissenschaften sinnvoll auf den afrikanischen Kontinent übertragen werden könne und was dort, entweder unter Rückgriff auf außerafrikanische Konzepte oder solche genuin afrikanischer Provenienz, bereits an Vorschlägen und Lösungen entwickelt worden war.

Ein Thema, das sich wie ein roter Faden durch viele Vorträge zog, war die Frage nach der Überwindung von extrem gewaltgeprägten Vergangenheiten. Was konnte, sollte, musste geschehen, damit eine Gesellschaft aus den Fehlern der Vergangenheit lernt und sich eine friedliche Zukunft ermöglicht? Ralf Wüstenberg hatte gerade seine Habilitationsschrift veröffentlicht, die aus theologischer Sicht Antworten anbot (vgl. Wüstenberg 2004), ich beschäftigte mich seit einigen Jahren mit den Versuchen der Aufarbeitung des Völkermords in Ruanda, hatte also schon einen tiefen Eindruck davon gewonnen, was es bedeuten konnte, die damals bereits von der ruandischen Regierung geforderte Versöhnung in den Kontext völkermörderischer Gewalt zu stellen. Diskussionsstoff zuhauf also, genährt von der Hoffnung, dass Versöhnung nicht nur möglich, sondern aus vernunftgeleiteter Einsicht in ehemals gewaltgeprägten Gesellschaften zwingend notwendig ist.

Die Vergebung von Schuld als Akt der Versöhnung im christlichen Sinne, Vergebung nicht als Prozess, vielmehr als radikaler Neuanfang, dieses nicht minder radikale und wagemutige Verständnis von Versöhnung hat Ralf Wüstenbergs weiteres berufliches und akademisches Wirken bestimmt. Sehr erfolgreich, wie mit Blick auf die *European Wasatia Graduate School for Peace and Conflict Resolution* zu konstatieren ist, einem Promotionskolleg an der Universität Flensburg, dessen Gründung und Wirken der konstruktiven Überwindung von anscheinend festgefahrenen Gewaltsituationen verpflichtet sind.

In meinen folgenden Überlegungen möchte ich einen Aspekt untersuchen, der in den letzten zwei Jahrzehnten zunehmend an Bedeutung gewonnen hat. „Opfernarrative" haben ein Gewicht erlangt, das in der Politik des betreffenden Staates oder, wenn das Narrativ über Staatsgrenzen hinausreicht, in der Politik der betroffenen Staaten von großer, in Konfliktsituationen gar von entscheidender Bedeutung ist. Dabei ist selbstverständlich zu berücksichtigen, dass der Begriff des Opfernarrativs einen variierenden Inhalt hat, der vom zugrundeliegenden Konflikt beeinflusst wird. Ob wir vor unserem geistigen Auge uns Opfer des Nationalsozialismus oder des Stalinismus oder Opfer von Vertreibungen, von Kriegs- und Menschlichkeitsverbrechen oder von Völkermord vergegenwärtigen, nicht nur die Ausgangssituation ist jeweils eine völlig andere, auch das erlittene Leid und dessen Wahrnehmung durch Dritte ist verschieden. Gemeinsam ist allen Opfern, dass Ihnen Unrecht widerfahren ist, ein Unrecht, das Menschenleben radikal veränderte und mit oder ohne zeitliche Verzögerung danach drängt, als solches anerkannt zu werden. Dazu muss von der Vergangenheit erzählt und ihr eine Deutung oder zumindest Erklärung zugewiesen werden, die unter den Opfern eines bestimmten Unrechts mehrheitsfähig ist (allgemein dazu vgl. Franzen / Schulze Wessel 2012). Opfernarrative entstehen, sie verbreiten sich und wirken.

Es liegt auf der Hand, dass Opfernarrative und Prozesse der Versöhnung sowie der Herstellung von Frieden in engem Zusammenhang stehen. Ohne die Anerkennung von Leid, das Menschen massiv und systematisch zugefügt worden ist, wird eine Gesellschaft nicht zu einem inneren Frieden finden, mit überaus zweifelhaften Folgen für die politische Verfasstheit dieser Gesellschaft. Umgekehrt gilt auch: Wo dieses Leid glaubhaft anerkannt worden ist oder auch nur ernsthafte Versuche dazu unternommen werden, besteht die Perspektive einer menschenwürdigen, friedlichen Zukunft.

Wie sich dieser Prozess in die eine wie in die andere Richtung konkret vollziehen kann, welche Rolle dabei Opfernarrative spielten, wie sie also die Hinwendung zur einen oder anderen Richtung beeinflussten, möchte ich konkret am Beispiel des Völkermords in Ruanda untersuchen. Klarstellend möchte ich darauf hinweisen, dass ich auf die psychologische Dimension bei der Herausbildung von Opfernarrativen nicht eingehen werde. Mich interessiert vor allem deren funktionale Dimension, unter der ich die Dimension verstehe, die uns, die wir nicht Opfer des fraglichen Unrechts (geworden) sind, entgegentritt. Sie sendet eine Botschaft, die mit hohem moralischem Gehalt versehen und entsprechend nutzbar ist, sozial wie politisch.

Ich werde damit beginnen, kurz den Hintergrund und den Verlauf des Völkermords in Ruanda darzustellen. Hierbei wird bereits deutlich werden, dass es sehr schwierig war, Opfereigenschaften zu definieren, in denen sich alle von mörderischer Gewalt betroffenen Ruanderinnen und Ruander wiederfinden konnten (I). Der ruandische Staat förderte nach dem Völkermord das friedliche Zusammenleben im Land und unterstützte die Aktivitäten von Opferorganisationen. Ein Opfernarrativ entstand, das seine Legitimation sowohl aus der völkermörderischen Vergangenheit als auch aus dem Anspruch bezog, unter Berücksichtigung der Lehren der Vergangenheit eine friedliche Zukunft zu gestalten (II). Woher das moralische Gewicht von Opfernarrativen stammt, erschließt sich, so die hier vertretene These, aus dem veränderten Blick (zumindest in westlichen Kulturen) auf das Opfer von Gewaltverbrechen. Dieser veränderte Blick ist ganz entscheidend mit dem Aufkommen von Opfermemoiren verbunden (III). Übertragen auf den konkreten Fall der in Ruanda angestrebten Versöhnung bedeutet das, dass das Opfernarrativ wegen seines moralischen Gehalts zwar politisch anerkannt ist, daneben aber kein Raum für andere Opfernarrative bleibt. Für eine tatsächliche Versöhnung jenseits wohlklingender politischer Zustandsbeschreibungen ist das ein großes, perspektivisch wahrscheinlich unüberwindliches Problem (IV). Zu befürchten ist, dass die Ausschließlichkeit nur eines anerkannten Opfernarrativs, das zudem Radikalisierungen nicht verschlossen ist, neue Gräben aufreißt, also mit Macht das Gegenteil von Versöhnung bewirkt (V).

1. Der Völkermord in Ruanda und die nachfolgende Befriedung des Landes

Vom 7. April bis 4. Juli 1994 wurden in Ruanda mindestens 500 000 Tutsi umgebracht (Hankel 2016, 157 f.). Die Opfer gehörten einer Minderheit an, die etwa 10 % der Bevölkerung ausmachte. Die Täter waren Hutu, eine Bevölkerungsgruppe, zu der beinahe 90 % der Menschen in Ruanda gehörten. Seit der Unabhängigkeit des Landes (Ruanda war bis zum 30. Juni 1962 eine belgische Kolonie) waren die Hutu die alles entscheidende Kraft im Land. Nahezu alle wichtigen Positionen in Staat, Verwaltung, Armee und Polizei wurden von ihnen besetzt. Tutsi, während der Kolonialzeit noch die Stützen der Kolonialherren nach dem Muster der indirekten Herrschaft, waren marginalisiert. Ihre Versuche, in alte Machtpositionen zurückzugelangen, wurden von der Hutu-Mehrheit mit Gewalt und Ausgrenzung beantwortet. Hunderttausende verließen Anfang der 1960er Jahre das Land, eine Rückkehr schien unmöglich. Nicht nur waren die Vorbehalte, ja bisweilen der Hass gegen Tutsi wegen ihrer kolonialen Mit-Herrschaft zu groß, auch das landwirtschaftlich nutzbare Land in dem ca. 26 000 qkm „kleinen" Ruanda (im Vergleich dazu: die Fläche Hessens beträgt 21 115 qkm) reichte nicht, so die Hutu-

Präsidenten Grégoire Kayibanda (1962–1973) und Juvénal Habyarimana (1973–1994) und ihre jeweiligen Regierungen, um den möglicherweise zurückkehrenden Tutsi eine Lebensgrundlage zu bieten. Lösungen wären zwangsläufig zu Lasten der Hutu-Landbevölkerung gegangen und schieden darum als Optionen von vorneherein aus.

Diese festgefahrene Situation war es, die Ende 1987 in Uganda zur Gründung der Ruandischen Patriotischen Front (RPF) führte. Ihre Gründer waren Tutsi und die Ruandische Patriotische Armee, der bewaffnete Arm der RPF, bestand ebenfalls zum größten Teil aus Tutsi. Sie alle wollten die Rückkehr nach Ruanda militärisch erzwingen. Der erste Angriff fand am 1. Oktober 1990 statt. Von Uganda aus fielen die Kämpfer der RPF in Ruanda ein. Sie wurden zwar nach wenigen Tagen wieder von der ruandischen Armee und ihren französischen und kongolesischen Helfern zurückgeworfen, doch in den folgenden Jahren wurde der Krieg mehr und mehr nach Ruanda hineingetragen. Schließlich besetzte die RPF einen Teil Nordruandas, die lokale Bevölkerung floh vor der Kriegsgewalt und große Flüchtlingslager entstanden, in denen der Hass auf die RPF groß war. Radikale Kräfte in Regierung, Armee und Medien bedienten sich dieses Hasses, um das Feindbild vom „Tutsi, der auf Unterdrückung und Vernichtung der Hutu-Bevölkerung Ruandas sinnt", zu festigen. In den Fokus der so propagierten Selbstverteidigung gerieten nicht nur die Tutsi, die in der RPF Krieg gegen Ruanda führten, sondern alle Tutsi des Landes, denen pauschal eine tatkräftige Sympathie für die RPF unterstellt wurde. Als dann am Abend des 6. April 1994 das Flugzeug mit dem Staatspräsidenten an Bord beim Landeanflug auf den Flughafen der Hauptstadt Kigali abgeschossen wurde, bestand für die allermeisten Hutu des Landes kein Zweifel daran, wer für den Abschuss verantwortlich war: Es waren die Tutsi, die nun, indem sie den „Vater der Republik" beseitigten, ganz ungeniert und mit augenscheinlich höchster Gewaltbereitschaft nach der Macht griffen. Dagegen mussten sich die Hutu des Landes, so die Überzeugung, zur Wehr setzen, mit allen Mitteln (vgl. Guichaoua 2010, 241; 409–453).

Der Völkermord, der daraufhin das ganze Land erfasste, wurde nach drei Monaten von der RPF beendet. Das Land war erobert, aber einen Staat gab es nicht mehr. Über drei Millionen Menschen, Hutu zumeist, waren vor der vorrückenden RPF ins Ausland geflüchtet, die Regierung und der gesamte Staatsapparat mit ihnen. Viele Völkermörder waren unter ihnen, aber auch viele, die, obwohl am Völkermord völlig unbeteiligt, um ihr Leben fürchteten. Von Beginn des Kriegs an hatten sich für viele Gerüchte zur Wahrheit verdichtet, dass die RPF im Norden des Landes ein Klima der Angst, ja der Panik schuf (vgl. Prunier 1995, 174 f.). Überfälle auf Dörfer und Städte, die Ermordung auch von Frauen und Kindern mit Macheten und Feldhacken, die Eliminierung von Personen, die als „intellektuell" galten (Bürgermeister, Lehrer, Beamte), das waren die Bilder, die vielen Hutu durch den Kopf gingen, wenn sie an die RPF dachten. Während des Völkermords hatten zudem Zeugenaussagen von Massakern berichtet, die von der Rebellenarmee während der Eroberung des Landes begangen worden sein sollen. Das Ausmaß der Tötungen sei, so spätere Einschätzungen, weit höher gewesen, als es durch den Hinweis, einzelne Kämpfer dieser Armee hätten sich durch Rachegefühle zu Gewalttaten hinreißen lassen, zu erklären sei. Über 100 000 Tote in den drei Monaten des Völkermords und bis Ende 1994 ließen auf eine Kommandostruktur schließen, in der es bis in die Spitze der Armee hinein Befehlsgeber für diese Taten gegeben haben müsse (vgl. Prunier 1995, 359–362). Eine Rebellenarmee war zur Befreiungsarmee geworden, aber längst nicht für alle Ruanderinnen und Ruander.

2. Anfänge der Vergangenheitsaufarbeitung, die zur Versöhnung führen sollte

Einer der ersten Schritte, den die neuen Machthaber nach dem Völkermord unternahmen, war die Streichung der ethnischen Zugehörigkeit in den Ausweispapieren. Von den belgischen Kolonialherren in den 1930er

Jahren eingeführt, war die Angabe der Ethnie für viele Ruander im Völkermord von tödlicher Konsequenz. „Es gibt keine Hutu und keine Tutsi mehr, wir sind alle Ruander," lautete nun die offizielle Devise, mit der der Anfang einer neuen Einheit beschworen werden sollte.

Die Voraussetzungen dafür waren günstig. Das Ausmaß des vergangenen Leids stand allen vor Augen. Dass es sich nicht wiederholen dürfe, war Konsens in allen Bevölkerungsgruppen. Klar war auch, dass die Verbrechen des Völkermords eine strafrechtliche Ahndung erfahren mussten. Bei bis zu 10 000 Toten pro Tag in den ersten Wochen des Völkermords war an eine Versöhnungskommission nach südafrikanischem Vorbild nicht zu denken. Überlebende Tutsi gründeten Opferorganisationen, so im Oktober 1995 *Avega*, eine Vereinigung von Witwen, die sich für eine materiell abgesicherte Perspektive der Frauen und Mädchen, die den Völkermord überlebt hatten, einsetzte. Im Dezember 1995 folgte *Ibuka*, eine Organisation, deren Name („Erinnere dich") bereits das Programm vorwegnahm. Gedenkstätten wurden geplant und an besonderen Orten, die mit Massakern größeren Ausmaßes verbunden waren, bereits provisorisch eingerichtet. Unterstützungsleistungen wurden auf den Weg gebracht, Notunterkünfte gebaut, Schulen wiederhergestellt. Kurzum, von den hohen Summen, die aus dem Ausland nach Ruanda flossen (als Ausgleich für seine Indifferenz während des Völkermords zeigte sich das Ausland danach sehr spendabel), sollte ein gehöriger Teil auch den Überlebenden des Völkermords zugutekommen.

Mindestens ebenso wichtig war allerdings das Engagement der Opferorganisationen im ideellen Bereich. Die Einrichtung von Gedenkstätten war das eine, Vorkehrungen zu treffen, damit sich das Geschehene nicht wiederholen würde, das andere. Mit Unterstützung der Opferorganisationen, die auch im Übergangsparlament vertreten waren, wurden Gesetze verabschiedet, die einen Rückfall in den zerstörerischen Divisionismus verhindern sollten. Von der Entschlossenheit, „die Völkermordleugnung oder Völkermordverharmlosung zu bekämpfen" und „Diskriminierung aus ethnischen (…) Gründen zu beseitigen", sprach die

Präambel der neuen Verfassung von 2003. Schon vorher hatte es Strafverfahren gegen Völkermörder gegeben. Von 1996 an waren vor Sonderkammern mehrere Tausend Personen verurteilt worden. Dann hatte man, weil man der großen Zahl der Beschuldigten nicht Herr wurde, die traditionelle Gacaca-Justiz reaktiviert. In fast 10 000 Ortschaften entstanden Gerichte, in denen Laienrichterinnen und Laienrichter, Hutu wie Tutsi, Recht sprachen. Einen Staatsanwalt und eine Verteidigung gab es nicht, es war die Dorfbevölkerung, die am Ort der Verbrechen aussagte und das Gericht in einem Prozess von Rede und Gegenrede zu einem Urteil verhalf. Opferorganisationen betreuten die Opferzeuginnen und -zeugen, leisteten finanzielle Unterstützung und informierten die Öffentlichkeit, vor allem die ausländische, über Ablauf und Ziel der Verhandlungen. Kein Zweifel bestand daran, dass die Gacaca-Justiz, als sie 2002 ihre Arbeit aufnahm, sich mit Entschlossenheit der Ahndung der Völkermordverbrechen widmen würde. „Die Wahrheit heilt. Wenn wir berichten, was wir gesehen haben, wenn wir gestehen, was wir getan haben, wird das unsere Wunden schließen", lautete die Ermahnung, mit der die Gacaca-Justiz landesweit auf großen Werbetafeln um Zustimmung warb.

3. Die Rolle von Opfermemoiren bei der Herausbildung nur einer Wahrheit

Ende der 1990er Jahre erschienen die ersten Berichte von Überlebenden des Völkermords in Ruanda. 1997 erschien „La mort ne veut pas de moi" („Der Tod will mich nicht") von Yolande Mukagasana, ein Bericht über ihr Überleben in Ruanda in den ersten Wochen des Völkermords, ihre Trennung von Ehemann und ihren drei Kindern (die umgebracht wurden) in den Wirren der Gewalt und ihre Flucht aus Ruanda. 1999 erschien von ihr „N'aie pas peur de savoir" („Habe keine Angst zu wissen"), in dem sie noch einmal die Anfänge des Völkermords in Ruanda beschreibt, wie Hass, Folter und Mord über ihre Familie gekommen sind und wie sie schließlich – allein – mit Hilfe der RPF, die bereits einzelne Viertel in Kigali unter ihre Kontrolle gebracht hatte, fliehen konnte. Sie schreibt aber auch darüber, in welcher Weise sie sich nach dem Völkermord, als sie wieder nach Ruanda zurückgekehrt war, veränderte. Aus einer Frau, die keine Hoffnung mehr hatte und psychisch zerstört war, wurde eine Frau, die kämpfen wollte, die nicht bereit war, ein Vergessen hinzunehmen (vgl. Mukagasana 1999, 128). Zwischen Trauer über ihre ermordete Familie, Scham, überlebt zu haben und tiefe, verstörende Erschütterung über die Gleichgültigkeit ihrer früheren Freunde und Bekannte (alle Hutu), die die Vergangenheit ungeschehen machten möchten, indem sie sie verschweigen, wächst ihre Wut und mit ihr die Einsicht, dass es einen radikalen Neuanfang braucht. „Heute habe ich eine Sache verstanden", sagt sie einmal und fährt fort: „Niemals werden ein Völkermörder und ein Überlebender sich anschauen können, solange es keine Gerechtigkeit gibt. Und danach wird man sehen. Bis es diese Gerechtigkeit gibt, wird viel Zeit vergehen, sehr viel Zeit"[1] (Mukagasana 1999, 243 f.).

Scholastique Mukasonga greift noch weiter in ihrer Erinnerung zurück. Zurück in die Zeit Ende der 1950er Jahre und zu den Ereignissen, die folgen sollten. Zusammenfassend schreibt sie gleich auf den ersten Seiten:

> „Die ersten Pogrome gegen Tutsi brachen an Allerheiligen 1959 aus. Das Räderwerk des Völkermords hatte sich in Bewegung gesetzt. Es sollte nicht mehr zum Stillstand kommen. Bis zur Endlösung sollte es nicht mehr zum Stillstand kommen" (Mukasonga 2006, 14).

---

1 Die Bücher von Yolande Mukagasana und der anderen Autorinnen, auf die hier Bezug genommen und aus denen zitiert wird, sind nicht auf Deutsch erschienen. Die Übersetzungen sind von mir, Gerd Hankel.

Die Verbindung mit dem Holocaust hatten vorher schon Esther Mujawayo und Souâd Belhaddad hergestellt. In ihrem Buch „SurVivantes" geben sie am Schluss ein Gespräch zwischen Esther Mujawayo, die den Völkermord in Ruanda überlebt hat, und der Holocaust-Überlebenden Simone Veil wieder. Immer wieder kommt das Erschrecken über das Geschehen zur Sprache, über die Grausamkeit, mit der die Täter vorgegangen sind und dass sich jeder Vergleich verbietet. „(...) einen Völkermord mit einem anderen Konflikt zu verwechseln, so barbarisch er auch gewesen sein mag, und so den Begriff zu verdrehen, ist auch eine Art der Relativierung" (Mujawayo / Belhaddad 2004, 297).

In einem Aufsatz aus dem Jahr 1997 befasst sich Jan Philipp Reemtsma mit den Memoiren Überlebender der NS-Gewaltherrschaft, in denen er eine neue Literaturgattung des 20. Jahrhunderts sieht.

> „Ich möchte sie, mangels eines besseren Ausdrucks, ‚Überlebensmemoiren' nennen: es sind autobiographische Aufzeichnungen, und in ihrem Zentrum steht die Tatsache, daß ihre Verfasserinnen oder Verfasser Opfer von extremer Gewalt geworden sind. Sie sind auch dort, wo dies nicht thematisiert wird, dennoch insgesamt Ausdruck einer Leidens-, Schmerz- und Überwältigungserfahrung, und – das ist nun das Besondere – sie werden darum gelesen, mehr noch: es wird ihnen *aus diesem Grunde* eine Deutungsautorität zugesprochen" (Reemtsma 1998, 229; Hervorhebung im Original).

Am größten Schrecken dabei gewesen sein zu müssen und darüber wahrheitsgetreu zu berichten, schafft Autorität, die nicht abgestritten werden kann. Noch einmal Reemtsma:

> „Die Frage nach dem Woher der moralischen Autorität dieser Memoiren läßt sich beantworten: Nur in diesen Texten wird das Ausmaß der Zivilisationskatastrophe, weil im Detail zur Kenntnis genommen, nicht verleugnet. Nur in diesen Texten wird wirklich deutlich, daß die Rede

vom ‚Zivilisationsbruch' keine wohlfeile Rede ist" (Reemtsma 1998, 250).

Setzen wir diese Erklärung in Beziehung zu den Erinnerungen der hier zitierten Überlebenden des Völkermords in Ruanda, bedeutet das, dass deren Erinnerungen für die Wahrheit völkermörderischer Gewalt stehen. So ist es gewesen, über viele Jahre gewesen bis hinunter in die tiefsten Stufen menschlicher Grausamkeit. Und bis in die Folgezeit hinein, als Überlebende auf Abwehr stießen, weil sie durch ihre Existenz und ihre Erlebnisse an ein unentschuldbares Versagen erinnerten. Den Völkermord hatte es gegeben, dafür waren sie der fassbare Beweis.

4. Was die Etablierung nur einer Wahrheit für den gesellschaftlichen Zusammenhalt in Ruanda bedeutet

Wer in der zweiten Jahreshälfte 2012 am Flughafen von Kigali ankam, konnte beim Durchgang in den Außenbereich große Banner sehen, auf dem ein von zwei stilisierten Menschen getragener traditioneller ruandischer Korb abgebildet war. Darunter war zu lesen: „Reconciled, Let's build Rwanda." Im Juli des Jahres waren nach zehnjähriger Dauer die Gacaca-Prozesse zu Ende gegangen. Eine Million Verfahren hatten stattgefunden, etwa 14 %der Angeklagten waren freigesprochen, von den übrigen 67 % wegen geringfügiger Delikte (Diebstähle, Sachbeschädigung), 29 % wegen Mord, Totschlag oder gefährlicher Körperverletzung und 4 % wegen Zufügung sexualisierter Gewalt, Planung oder Organisation des Völkermords verurteilt worden (vgl. Hankel 2016, 380). Je ernsthafter Angeklagte mit dem Gacaca-Gericht kooperierten, je frühzeitiger und vollständiger Geständnisse erfolgten, desto milder fiel das Urteil aus. Freiheitsstrafen wurden halbiert, zu großen Teilen zur Bewährung ausgesetzt oder in gemeinnützige Arbeit umgewandelt.

Restaurative Justiz sollte zur Anwendung gebracht werden. Nationaler Zusammenhalt und Einheit, nicht Strafe waren das Ziel (vgl. Hankel 2016, 197–199).

War Ruanda nun versöhnt, wie es in großen Lettern verkündet wurde? Glaubte man offiziellen Stellen, so war dem so. Zwar übten Opferorganisationen gelegentlich noch Kritik an der immer noch prekären Lebenssituation vieler Überlebender und an der unsicheren Bildungssituation von Kindern und Jugendlichen, deren Eltern im Völkermord umgebracht worden waren, wussten aber zugleich, dass diese Kritik bei den zuständigen Regierungsstellen auf offene Ohren stoßen würde. Man verfolgte dasselbe Ziel, es fehlte nicht an Einsicht und gutem Willen, es fehlte an den finanziellen Mitteln, um das Ziel vollständig zu erreichen. Insofern halfen kritische Stimmen aus Opferorganisationen, Druck auf Geberorganisationen im Ausland aufzubauen. Sie galten als konstruktiv, man zog an einem Strang.

Anders, ganz anders stellte sich die Situation indes dar, wenn man den Blick über den weitgehenden Schulterschluss zwischen Staat und Opferorganisationen hinaus richtete. Was dann zu sehen war, war ein übergroßer Teil der ruandischen Bevölkerung, der sich in dem Opfer-Täter-Diskurs und der propagierten Versöhnung nicht wiederfand. Nicht, dass die Täterschaft der Hutu insgesamt in Frage gestellt worden wäre. Daran bestand, von einigen wenigen Extremisten abgesehen, kein Zweifel. Was jedoch für Unmut und kaum verhohlene Ablehnung sorgte, war die Ausschließlichkeit des Opferbegriffs. Denn er verengte, so die Meinung vieler Hutu – und sie stellten immer noch mit etwa 85 % die Bevölkerungsmehrheit –, die Komplexität des Geschehens zwischen 1990 und 1994. Deutlich über 100 000 Tote in diesem Zeitraum, unter ihnen längst nicht alle Völkermordtäter, sondern „nur" Hutu, würden nicht zur Kenntnis genommen. Habe es früher für Massaker und Massenmord noch in der Landessprache die Bezeichnung *itsembasemba* und *itsembawoko* gegeben, sei nun an deren Stelle der dem Englischen entlehnte Begriff *jenoside* getreten, der Eindeutigkeit verlange und nur eine

Opfergruppe kenne. Hutu als Opfer im Bürgerkrieg und als Opfer im Völkermord seien abwesend.

Blickt man auf die Rechtsprechung, sei es die internationale im tansanischen Arusha (im November 1994 wurde vom UN-Sicherheitsrat dort ein Strafgerichtshof eingerichtet) oder die nationale in Ruanda, so ist festzuhalten, dass dort Völkermordverbrechen im Zentrum der Verhandlungen standen. Bei den Verfahren vor ruandischen Gerichten, einschließlich den Gacaca-Gerichten, war dies ausschließlich der Fall. Gab es dort Meldungen aus der Zuhörerschaft, dass namentlich zu benennende Hutu auch getötet worden seien, wurde auf später vertröstet. Aus diesem „später" ist dann ein „nie" geworden. Vor dem internationalen Strafgerichtshof in Arusha, der die Rädelsführer des Völkermords aburteilen sollte, sind an Hutu begangene Verbrechen nur am Rande verhandelt worden. Hutu waren gewissermaßen Kollateralopfer. Als solches allerdings nicht, da nicht aus Gründen der Zugehörigkeit zu einer ethnischen Gruppe getötet, Opfer des Völkermords, sondern eines Verbrechens gegen die Menschlichkeit. Ein schweres Verbrechen, zweifellos, aber nach weitverbreiteter Auffassung nicht so schwer wie ein Völkermordverbrechen, das als *crime of crimes* gilt (vgl. Ambos 2018, 241 f.). Mit allen Folgen, die diese Hierarchisierung im sozialen Zusammenleben Ruandas bedeutete: keine bevorzugte Krankheitsbehandlung, keine Befreiung von Schulgebühren, keine Zuweisung von günstigem oder kostenlosem Wohnraum, kurzum, keine nationale oder internationale Aufmerksamkeit. Die erhielten allein die Opfer bzw. Überlebenden, die solche des Völkermords waren. Diesen Missstand zu thematisieren, gar öffentlich zu kritisieren, war gefährlich. Nicht nur galt die Kritik als nicht konstruktiv, sie geriet auch schnell in den Ruch des strafrechtlich Relevanten. Divisionismus war ein Vorwurf, der, weil er direkt mit dem Völkermord in Verbindung zu bringen war, eine langjährige Gefängnisstrafe zur Folge haben konnte.

Dass es im Ruanda nach dem Völkermord nur eine offizielle Wahrheit gab, liegt natürlich zuallererst an der offiziellen Politik. Allerdings sind die Narrative der Völkermordopfer nicht davon zu trennen. Die offizielle Politik stützte sich auf sie oder rechtfertigte sich durch sie, Politiker wurden *Ibuka*-Vorsitzende oder umgekehrt, bei *Avega* verhielt es sich ebenso. Autorinnen von Opfermemoiren äußerten sich der neuen Staatsraison entsprechend und bewiesen somit immer wieder, dass aus ihrem unbestrittenen Status als Opfer auch die Autorität der Geschichtsdarstellung folgte. Das eigene Schicksal wurde Beweismittel und schützte zugleich vor kritischen Nachfragen, denn diese konnten leicht als Angriff auf den Wahrheitsgehalt des eigenen Erlebens verstanden werden (vgl. Hankel 2024, 137). Die dem Holocaust zugeschriebene Singularität mitsamt der sehr großen Deutungsautorität Überlebender übertrug sich, wenn Holocaust und Völkermord in Ruanda gleichgesetzt wurden (vgl. Mujawayo / Belhaddad 2004, 281–297), auf die Zeugenschaft ruandischer Überlebender. Sie wurde, trotz völlig unterschiedlicher Vorgeschichten, unhinterfragbar. Zur Unmöglichkeit der Kritik im Inland kam noch, wurde sie im Ausland geäußert, ihre moralische Zweifelhaftigkeit hinzu.

5. Ein kurzer Blick über die Grenzen Ruandas und wieder zurück

Seit November 2021 ist in der kongolesischen Provinz Nordkivu die Miliz M23 (*Mouvement* / Bewegung 23) aktiv. Massenmorde, Vergewaltigungen und Vertreibungen Abertausender kommen seitdem zu den Hiobsbotschaften aus der Region hinzu. Schon einmal, 2012 und 2013, war die M23 aktiv gewesen. Ihren Namen hatte sie sich als erinnernde Mahnung an den 23. März 2009 gegeben, als die kongolesische Regierung der Rebellenbewegung CNDP im Sinne der Friedenswahrung weitreichende Zugeständnisse zum Schutz der ruandophonen Minderheit gemacht hatte, die, so der CNDP, allesamt nicht eingehalten worden waren. Jetzt sollten sie mit Waffengewalt erzwungen werden. Schnell kontrollierte die M23 größere Teile Nordkivus. Im November 2012 eroberte sie die Provinzhauptstadt Goma und kündigte an, bald auch Bukavu im Südkivu, Kisangani weiter westlich und schließlich die Hauptstadt Kinshasa „befreien" zu wollen.

Dieser Plan sollte fehlschlagen. Dennoch war erstaunlich, dass die Bewegung M23 innerhalb von nur wenigen Monaten zu einer ernsthaften Bedrohung für die territoriale Integrität und staatliche Souveränität des Kongo werden konnte und dies nach der Eroberung Gomas auch noch bis weit ins Jahr 2013 hinein bleiben sollte. Der desolate Zustand des kongolesischen Staates erklärt hier sicherlich einiges, doch auch dann brauchte die M23 zumindest in der Anfangszeit, bevor der Krieg wieder den Krieg ernähren konnte, Waffen, Geld für den Waffenkauf, für die Rekrutierung und Bezahlung der Kämpfer sowie logistische Unterstützung und sichere Rückzugsgebiete. Woher diese Unterstützung kam? Die vom UN-Sicherheitsrat eingesetzte Expertengruppe für die Demokratische Republik Kongo gelangte in ihrem Bericht vom November 2012 zu einem Urteil, das an Deutlichkeit nichts zu wünschen übrig ließ: Es war Ruanda, das die M23 in jeder erdenklichen Hinsicht unterstützte. Mehr noch, im Stil einer rundum abgesicherten Wahrheit war in dem Bericht zu lesen: „Die faktische Befehlskette der M23 (…) endet beim Verteidigungsminister Ruandas, General James Kabarebe." (Hankel 2024, 105).

Ruanda wies die Beschuldigungen zurück und beharrte auch auf seiner Position, als neue Beweise auftauchten und einige Geberländer daraufhin ihre Unterstützungszahlungen einstellten. Das neue Ruanda, aus einem Völkermord hervorgegangen, könne unmöglich an der Begehung von Gräueltaten beteiligt sein, indirekt nicht und schon gar nicht direkt. Überlebende, die uns schon von den Opfermemoiren her bekannt sind, meldeten sich zu Wort und bekräftigten die offizielle ruandische Version (vgl. Mukagasana 2014, 166–170). Der Krieg im Ostkongo war erst beendet, nachdem eine UN-Interventionsbrigade die M23 im Herbst 2013 vernichtend besiegt hatte. Ruanda hatte keinerlei Pressionen mehr zu fürchten. Schnell normalisierten sich wieder die Beziehungen zu seinen wichtigsten Unterstützern, den USA, Großbritannien und zur EU.

Jetzt, gut zehn Jahre später, ist die M23 also in die Kivuregion zurückgekehrt. Und was geschieht, ist wie eine Neuauflage dessen, was beim ersten Mal geschehen ist. Anklagen des Wortbruchs an die kongolesische Regierung, Eroberungen großer Gebiete im Nordkivu durch die M23, Leid und Elend für die Zivilbevölkerung. Und auch wieder ein unterstützendes Land, dessen Benennung erneut nichts an Deutlichkeit zu wünschen übrig lässt: Ruanda liefert Waffen, schickt Soldaten, berät und organisiert. Wieder streitet es jede Beteiligung ab. Währenddessen wird der antiruandische Protest, besonders in den Grenzgebieten zu Ruanda, immer lauter und militanter. Mehrmals kam es schon zu kleineren Grenzzwischenfällen mit Verletzten und Toten, auf Demonstrationen wurde zur Vertreibung und Tötung eines jeden Ruanders aufgerufen, dessen man habhaft werden könne. Unüberhörbar hat die Gewaltbereitschaft einen beinahe genozidalen Ton angenommen und erinnert an die Situation vor dem Völkermord, als der von der RPF begonnene Bürgerkrieg das Denken in ethnischen Kategorien extrem beförderte. So fragwürdig es damals war, diesen Aspekt auszublenden und eine kategorische Täter-Opfer-Gegensätzlichkeit zu etablieren, so fragwürdig ist es heute, wenn Ruandas Verantwortlichkeit für die Misere im Ostkongo ausgeblendet wird. Sein Agieren dort, das unter der Hand mit der Notwendigkeit des Schutzes der ruandophonen Minderheit gerechtfertigt wird, schafft auch neues Leid und stärkt den Gedanken der Unversöhnlichkeit.

> „Die Anerkennung des Völkermords ist für die Opfer sehr wichtig, denn sie ermöglicht ihnen den Neuanfang. Die Anerkennung ist das Hauptbedürfnis der Opfer, damit sie vorankommen, aus dem Modus des Überlebens heraustreten und das Leben annehmen. […] Das Opfer, das sich unverstanden fühlt, entwickelt eine Enttäuschung, aus der das Bedürfnis nach Rache entstehen kann.“ (Mukagasana 2014, 178 f.).

Nach dem Willen der Autorin betreffen diese Sätze allein Überlebende des Völkermords. Dass sie auch auf Überlebende von Verbrechen gegen die Menschlichkeit Anwendung finden können, scheidet für die Autorin als Option aus. Opfer gibt es nur, sofern es Opfer des *crime of crimes* sind. Die soziale Realität in Ruanda und im Ostkongo zeigt jedoch, dass sich das Opferverständnis nicht so einseitig verabsolutieren lässt. Nicht nur bleibt dann die Versöhnung lediglich eine Worthülse, auch das verhängnisvolle Bedürfnis nach Rache wächst, entgegen dem vorherrschenden Narrativ in Ruanda gerade dort, wo ein solches Bedürfnis mangels Opfer gar nicht entstehen kann. Schon die südafrikanische Erfahrung mit dem Versöhnungsprozess, die Ralf Wüstenberg so kenntnisreich durchdrungen hat, zeigte mit aller Deutlichkeit: Wo die faktische Wahrheit unvollständig ist, wird es eine heilende Wahrheit nicht geben können (Wüstenberg 2004, 199–232).

6. Literatur

Ambos, K. (2018) *Internationales Strafrecht. Strafanwendungsrecht, Völkerstrafrecht, Europäisches Strafrecht, Rechtshilfe*. 5. Auflage. München: C. H. Beck.

Franzen, E. K. & Schulze Wessel, M. (Hg.) (2012) *Opfernarrative. Konkurrenzen und Deutungskämpfe in Deutschland und im östlichen Europa nach dem Zweiten Weltkrieg*. Braunschweig: Collegium Carolinum.

Guichaoua, A. (2010) *Rwanda. De la guerre au génocide. Les politiques criminelles au Rwanda (1990–1994)*. Paris: La Découverte.

Hankel, G. (2016) *Ruanda. Leben und Neuaufbau nach dem Völkermord. Wie Geschichte gemacht und zur offiziellen Wahrheit wird*. Springe: zu Klampen.

– (2024) Ruanda 1994 bis heute. Vom Vorhof der Hölle zum Modell für Afrika – Wahrheit und Schein in Ruanda. Springe: zu Klampen.

Mujawayo, E. & Belhaddad, S. (2004) *SurVivantes. Rwanda, dix ans après le génocide*. La Tour d'Aigues: Éditions de l'Aube.

Mukagasana, Y. (1999) *N'aie pas peur de savoir*. Paris: Éditions Robert Laffont.

– (2014) *L'Onu ou le chagrin d'une négresse. Rwanda / RD-Congo, 20 ans après*. Saint Denis la Plaine: AVISO.

Mukasonga, S. (2006) *Inyenzi ou les Cafards*. Paris: Gallimard.

Prunier, G. (1995) *The Rwanda Crisis. History of a Genocide*. London: Hurst Publishers.

Reemtsma, J. P. (1998) ‚Die Memoiren Überlebender. Eine Literaturgattung des 20. Jahrhunderts', in ders. *Mord am Strand. Allianzen von Zivilisation und Barbarei. Aufsätze und Reden*. Hamburg: Hamburger Edition, 227–253.

Wüstenberg, R. K. (2004) *Die politische Dimension der Versöhnung. Eine theologische Studie zum Umgang mit Schuld nach den Systemumbrüchen in Südafrika und Deutschland*. Gütersloh / München: Chr. Kaiser / Gütersloher Verlagshaus.

Reconciliation and Non-Violent Transformation in South Africa. At the Interface of Theology and Secular Politics

John W. de Gruchy

Does the Christian understanding of reconciliation contribute in any meaningful way to the political challenges facing global society today? If so, in what ways has this been demonstrated through the South African experience of democratic transition and transformation and, more specifically through the work of the TRC? These are the questions underlying my paper. I am not unmindful of the important role played by other communities of faith in this process, but my mandate is to speak specifically of the Christian contribution.[1]

There is no universally accepted Christian „doctrine of reconciliation" expressed in the ecumenical Creeds, but it generally refers to the belief that through Christ human beings are reconciled to God and with others from whom they have been alienated. In Catholic tradition reconciliation also refers to the sacrament of penance through which believers renew their relationship with God and are encouraged to be reconciled to those from whom they are estranged (cf. Neuner & Dupuis 1983, 445–479; Gorringe 2004, 371–375). As such, reconciliation is both a gift of grace and a process in which relationships are restored through confession of guilt, the offer and reception of forgiveness, restitution and reparation. Most Christians across the world undestand reconciliation

1 See for thorough theological analysis of the political concepts of reconciliation (Wüstenberg 2009, 197–334).

in this way, but not all have accepted its social and political significance (cf. Volf 2000, 160), or applied it to non-violent conflict resolution and peacemaking (cf. Schreiter 2008).

Even though many South African parliamentarians were Christian and presumably understood the doctrine of reconciliation in the way I have described, this is not precisely what Parliament had in mind when it approved the Bill to establish the TRC in 1994. The TRC was not intended to be a Christian evangelical enterprise but a necessary instrument in taking further the non-violent revolution that had been negotiated. It was a secular endeavour within the political process of democratic transition, transformation and nation building. But key Christian terms like confession of guilt, forgiveness, and restitution soon became part of public discourse and contestation. Even a secular humanist like Kadar Asmal, the Cabinet Minister responsible for the TRC expressed the hope that it would provide the possibility for the victims „to fulfil a civic sacrament of forgiving“ (Asmal, Asmal & Roberts 1996, 49). In his mind at least, there was an intrinsic connection between the theological understanding of reconciliation and what the TRC was meant to promote. Truth-telling or confession, and forgiveness were at the core of the process. But how to understand and pursue these was by no means obvious. In fact, the intermingling of political concerns and theological insights set the scene for the confusion of genre and a much misunderstanding. Was reconciliation the intended outcome of the process or an essential element in the process of achieving that goal? Were contrition on the part of perpetrators and forgiveness on the part of victims necessary pre-requisites to preventing vengeance and restoring justice? (Cf. Shriver 1995, 8 f.)

While those who participated in the TRC hearings were aware of the pratical implications of such questions, they were not necessarily cognisant of their subtleties and the extent to which they were historically constructed. What was also not always appreciated, especially by the outsider to the struggle against apartheid, was that the rhetoric of reconciliation already had a conflictual history in South Africa. The notion of reconciliation itself was already a site of struggle long before the birth of the TRC, and has remained so to the present day. All of which made it problematic to promote reconciliation in a way that all could accept as the guiding vision for the future? (Cf. Conradie 2013)

1. Reconciliation as a site of struggle: 1968–1990

The word translated „reconciliation" (καταλλάσειν) in English seldom occurs in the New Testament, but it does so notably in Paul's second letter to the Corinthians in a text that has become an ecumenical *locus classicus*: „In Christ Christ God was reconciling the world to himself," followed by the imperative, „God has entrusted the message of reconciliation to us" (2. Cor 5,19). Such biblical texts, together with the ferment in Catholic social teaching and, among Protestants, the influence of Karl Barth's „Doctrine of Reconciliation" (cf. Barth 1961, 73–75; de Gruchy 1988a; Volf 2000, 161, n. 12), had considerable impact within European ecumenical circles in the nineteen-sixties on the subject. This found expression in the work of the Catholic agency SODEPAX and the World Council of Churches (WCC). At the World Conference on Church and Society in Geneva in 1966 the working group on race relations stated that while the „reconciliation of individuals" is „of fundamental importance … nothing less than structural change can create a pattern of justice in which the dignity and freedom of all will be assured" (World Conference on Church and Society 1967, 204). Nowhere was this more evident on the ground than in the Civil Rights Movement in the United States, and in the struggles for liberation in Latin America and South Africa.

Following that Conference, the South African Council of Churches (SACC) together with the Christian Institute, published the *Message to the People of South Africa* which rejected apartheid as a „false gospel" that contradicted the reality of reconciliation in Christ (cf. De Gruchy

& de Villiers 1969). In the heated debate that followed, opponents of the *Message* argued that it was utopian, confusing theology and politics (cf. ibid., 16). The church, they argued, should confine itself to spiritual affairs, for the gospel was about reconciliation with God and neighbour, not political policies and social structures.

In the contest over the meaning of reconciliation during the ensuing years several European theologians, in particular Dietrich Bonhoeffer and Jürgen Moltmann, had considerable influence in shaping the views of those who supported the *Message*. Not only was Bonhoeffer's role in the struggle against Nazism paradigmatic, but his rejection of „thinking in two spheres," and the way in which he related the penultimate and the ultimate, became fundamental to anti-apartheid theological discourse (cf. Bonhoeffer 2005, 146–170). Reconciliation with God could not be equated with social and political reconciliation, but neither could these be separated. This was echoed in Moltmann's *Theology of Hope* in which he related eschatology and political struggle, and his *The Crucified God* in which the life and work of Christ was correlated with political liberation (cf. Moltmann 1967; Moltmann 1974). But it was chiefly Latin American theologians of liberation that enabled South African theological praxis to take the next critical step. Chief among these were the Catholic Gustavo Gutiérrez and the Protestant José Míguez Bonino from whom we learnt to do theology as critical reflection on social reality and ecclesial praxis in conversation with Scripture as we engaged in the struggle for liberation and social justice (cf. Bonino 1975, 132–153; Moltmann 1976; de Gruchy 1978).

But something more radical was gestating within South Africa itself. The black theological voice, which was virtually silent in the heated debates that followed the publication of the *Message*, was finding its own expression. Influenced by the African-American theologian James Cone (cf. Cone 1986; Cone 1973), and the Black Consciousness Movement led by Steve Biko in South Africa, black theology challenged all inherited liberal assumptions about reconcliation between blacks and whites. There could be no reconciliation prior to liberation from apartheid, that is without structural and specifically economic transformation, and blacks had to take control of that struggle (cf. De Gruchy & de Gruchy 2004, 133–184).

The Black Consciousness Movement fomented the Soweto Uprising in 1976, and reset the agenda for those Churches ostensibly committed to reconciliation. But the focus of the debate, at times very heated, was now not only on whether reconciliation should or could be sought as part of the process leading to liberation, but whether Christians should become part of the armed liberation struggle under the leadership of Oliver Tambo and Nelson Mandela (cf. De Gruchy n. d.). If so, working for reconciliation with those who supported apartheid was not a possibility, and even those engaged in non-violent strategies of liberation had to regard reconciliation as a goal rather than a means to that end. The problem for Christians was that while secular understandings of reconciliation regarded it principally as a goal, Christians understood reconciliation as both part of the process and the goal. If the aim of liberation is reconciliation, then the means to that end had to anticipate reconciliation (cf. Volf 2000, 163).

This was clearly evident in *The Belhar Confession of Faith* (1982), adopted by the black Dutch Reformed Mission Church, in which Allan Boesak was a prominent leader and theologian (cf. Boesak 1976). *Belhar* made reconciliation its point of departure, insisting not only that there could be no racial divisions in the church, but that this also had political implications. These articles of faith challenged the goverment's „reformist policies" and the superficial understanding of reconciliation propogated by the white DRC which reinforced the regime's control. It was President Botha's reforms which were plunging South Africa into turmoil and leading to an intensification of violence both by the state and the liberation movements (cf. Cloete / Smit 1984).

Another Christian response to the crisis was the National Initiative of Reconciliation (NIR) launched in September 1985. This initiative involved a wide range of Christian leaders, including some more progressive white DRC leaders, as well as Archbishop Desmond Tutu and SACC representatives. Its „Statement of Affirmation“ acknowledged the connection between reconciliation and the struggle for justice, but spoke of reconciliation as something already possible, and of reconciled communities following the „third-way“ of the gospel as being the key to overcoming the political crisis (cf. Balcomb 1993; Nürnberger & Tooke 1988). But the NIR was soon eclipsed by a far more radical theological response expressed in the Kairos Document published a few weeks after the NIR.[2]

Recognising that the basic difference between Christians was political and economic, the Kairos Document perceived that the church itself had become a site of the struggle (cf. De Gruchy 1988b). So it not only attacked the „state theology“ of those who gave their support to apartheid, but also criticised the „church theology“ of the mainline multi-racial churches, accusing them of promoting „cheap reconciliation“ through consensus without participating in the struggle to get rid of the regime (cf. Williams 2000, 266). For the Kairos theologians, reconciliation was primarily regarded as the goal of the struggle not a means to that end.

> „In our situation in South Africa today it would be totally unChristian to plead for reconciliation and peace before the present injustices have been removed. […] That is not Christian reconciliation, it is sin …. No reconciliation is possible in South Africa without justice.“ (The Kairos Document 1986, 9, art. 3.1.)

This being so, the only option for Christian was to actively participate in the liberation struggle even if only through non-violent means. If reconciliation was to mean anything significant for the poor and oppressed, it

2 *The Kairos Document* would soon become one of the key texts in the Ecumenical Movement (cf. Kinnamon / Cope 1997, 244 f.).

had to reverse their alienation from the land, the means of production, and thus from power. Only then would it become possible to speak of the reconciliation of black and white and enter into negotiation around the „national question," that is, what it meant to be a South African (cf. Mosala 1989).

Unbeknown to those engaged in this heated debate about liberation and reconciliation, non-violent resistance and the armed struggle, secret discussions began in the late nineteen-eighties between the apartheid regime and Nelson Mandela. Then, following the unbanning of the liberation movements in 1990 and the release of Mandela, negotiations began about the ending of apartheid and the transition to a new democracy. Many church leaders and theologians, including some associated with the *Kairos Document*, now became part of the transition process. Reconciliation became the „buzz-word," embodied in the example of Mandela. But despite the euphoria, those aware of reality on the ground knew that reconciliation required far more than rhetoric given the legacy of apartheid and the violence that was enveloping the country in an effort to halt the process before it could even start.[3] The burning question on many minds was whether working for a peaceful transition through pursuing reconciliation was realistic. It was a question also asked by church leaders and theologians who had been part of the struggle. So, it is not surprising that it was central to the lecture on reconciliation given by the General Secretary of the WCC, Emilio Castro, himself a disciple of liberation theology, when he visited South Africa in 1992:

> „What is the role of the church in all of this? Its first task is to shout very loudly, 'Reconciliation is possible! Do not give up! Do not surrender to

3 This was clearly expressed at the Conference of the Member Churches of the SACC and WCC held in Cape Town in October 1991 (cf. Cape Town Statement 1991).

> violence! Reject the idea that violence can be a methodology to remove or to maintain the status quo!' Such a No to violence is needed because the promise of reconciliation is there, and we believe that God's promises are stronger than our human obstacles to their fulfillment." (Quoted in Kinnamon & Cope 1997, 69)

Over the next two years this was the position adopted by the churches as the only workable alternative to violent revolution. The quest for reconciliation, as Mandela would later state, not only led to the establishment of the TRC, but „gave life" to the whole negotiation process and the agreements that emerged from it (quoted in Mgxashe 2000, 218). But this did not mean that there was consensus either on its meaning or on how it could be achieved (cf. Cochrane / de Gruchy / Martin 1999, 58–60).

2. The reconciliation debate and the TRC: 1996–2006

In appointing Archbishop Desmond Tutu as chair of the TRC and Dr. Alex Boraine its vice-chair, Mandela made a decision that had far-reaching implications. The work and reception of the TRC would undoubtedly have been different if it had been chaired by a judge rather a father confessor, and if its vice-chair was not a theologian by training. But what also must be kept in mind is that Tutu and, perhaps to a lesser extent Boraine, were deeply influenced by an understanding of reconciliation in which the theological and the political were integrated not separated.

Tutu was deeply influenced by ecumenical thought and theologically motivated by his Christian interpretation of „ubuntu" – an African understanding of what it means to embrace and be reconciled to „the other" (cf. Battle 1997). For him, reconciliation was God's gift awaiting appropriation. The TRC was in essence a means to do this and, as such, an essential step towards social transformation. Tutu expressed what this meant for him, when, later, reflecting back on the TRC, he wrote about the movement in history „not easily discernible, at the heart of things to reverse the awful centrifugal force of alienation“ in the world; „God,“ he wrote, „has set in motion a centripetal process, a moving towards the Centre, towards unity, harmony, goodness, peace and justice“ in which no one is excluded from God's cosmic embrace (Tutu 1999, 213). In other words, for Tutu reconciliation was possible in South Africa not simply because of the political settlement that had been achieved in 1994, but because God had already reconciled all humanity in Christ. All that was necessary was the acknowledgment of crimes by the perpetrators and their forgiveness by their victims. For Tutu this was the *sine qua non* of reconciliation, premised not only on his understanding of God's reconciliation of the world and the centrality of grace and forgiveness in appropriating it, but also on the assumption that most of the victims as well as the perpetrators involved in the TRC Hearings were Christians.

Boraine, who had participated in the ecumenical church opposition to apartheid, and was a former Methodist Church president and opposition member of Parliament, broadly shared this view even though by this time he was a self-confessed agnostic humanist, albeit committed to Christian values. If Tutu was the symbolic head of the TRC, Boraine, who had played a major role in drafting the proposals for its establishment, was its director and policy-maker. Tutu was aware that his appointment was problematic but he could not be other than he was.[4] Boraine understood where Tutu was coming from and gave him his support. After all, he too, was committed to the ecumenical vision of reconciliation (cf. Boraine 2008, 303 f.); in fact, it was he who insisted that the word „reconciliation“ be included in the TRC name and mandate (cf. Boraine 2000, 1–75).

4 For Archbishop Tutu's own comments on his appointment and its implication, cf. Tutu 1999, 71.

But understandably secular critics of the TRC complained that its language and conceptualisation was too religious and theological, and that its mode of operation sometimes resembled a community confessional. For them politics was primarily about justice, power relations, and economic forces, so to speak of the need for victims to „forgive" those who had committed crimes against them, was highly problematic and unhelpful, if not unacceptable. Reflecting on the TRC, Jakes Gerwel, Mandela's chief advisor, a secular humanist with a Christian background, observed that there is a „seemingly unworried crossing of genre boundaries" in the debate about reconciliation (Gerwel 2000, 280). This led him to question whether the „concept of national reconciliation does not in fact contribute to a discourse of division"; he suggested that a „critically refined elaboration of the notion of national unity may prove more purposeful in defining and practically advancing the major post-apartheid national project" (ibid., 284). Hence his appeal that „we do not pathologise a nation in relatively good health by demanding a perpetual quest for the Holy Grail of reconciliation" (ibid., 286). Put more succinctly, is national reconciliation in South Africa a „holy grail or a secular pact"?

Gerwel's point is well taken. If working for 'national reconciliation' becomes theologised as a search for the elusive „holy grail" it is always in danger of conflating the penultimate with the ultimate, confusing political objectives with Christian eschatological hope. Hence there is the need to clarify genres and keep in mind the differences between secular understandings of reconciliation and the specifically theological (cf. De Gruchy 2002).

Another critic of the TRC, Tinyiko Maluleke, one of the most perceptive theologians in South Africa, highlighted the fact that there were different understandings of reconciliation at work in South African society at the time. He referred to five, from the liberal through to the Marxist. Of particular concern to Maluleke was, in the first place, the danger of making the TRC synonymous with the „truth and reconciliation" project instead of seeing it as making a helpful but only a limited contribution (cf. Maluleke 1999, 106). In the second place, Maluleke was concerned about the fact that the discourse about reconciliation had the effect of silencing black voices, those of both victims and critical scholars (cf. ibid., 107). And, in the third place, he was concerned about turning a necessary political compromise into a moral one (cf. ibid., 109). Some of Maluleke's criticisms were later revised and his assessment of the TRC became more positive. Using President Mbeki's words, the TRC offered, Maluleke said, „signposts in the long march" to the ideals it pursued (cf. Maluleke 2005, 112). But it could do no more. Tutu also acknowledged that. it was „a fallible tool," in „an imperfect world" (Tutu 1999, 229). Nonetheless, for him there was no future without forgiveness and reconciliation. This was the driving conviction behind his leadership of the TRC and, as such, it defined in public view, what the TRC was largely about.

3. Retrieving reconciliation through transformative praxis – a Kairos Moment: 2016

When Gerwel wrote his cautionary words in the mid-nineteen-nineties, South Africa was, as he said, „in relatively good health," two decades later, this is no longer the case. South Africa faces enormous challenges encapsulated in the key words racism, poverty, corruption unemployment, land redistribution, equal education, and health care. Many young people, especially blacks, are frustrated and angry, feeding the ranks of of Julius Malema's Economic Freedom Fighters movement. While the focus of their criticism is upon those in government, there is also the belief that Mandela's and Tutu's reconciliation project has failed. These global icons, it is said, no longer inspire the revolutionary struggle that needs to be waged. Talk about reconciliation, they say, is an obstacle on the path of transformation. This, in turn, is linked to disillusionment with Christianity and the Churches whose message of reconciliation, which is so central to its mission, is perceived by many as counter-revolutionary.

There is considerable validity to these protests and good reason for the frustration and disillusionment. At the same time, all is by no means doom and gloom. Much has been achieved during the past twenty years, and there is no reason why that narrative should not be acknowledged and celebrated. After all, the legacy of apartheid and colonialism cannot be wiped out at the stroke of a pen, or by creating excellent and necessary institutions, including the TRC, to cement the democratic victories that have been won. If reconciliation is contingent on restoring justice, then we are engaged in a long and difficult struggle. This is not confined to South Africa; it has to be engaged globally as well. And the ecumenical church is called to play a role in the process given that its mission is to witness God's gift of reconciliation and God's demand for justice.

Towards the end of its work, the TRC held „Faith Community Hearings" and invited every faith community and Christian denomination in South Africa to present an account of what they had or had not done in the struggle against apartheid. Some were concerned about the inability of the TRC to ensure justice for the victims of apartheid, and at least one submission said that the TRC was fundamentally flawed as a result of an „expedient political settlement, and morally problematic as it placed victims and perpetrators on the same footing" (Cochrane, de Gruchy & Martin 1999, 65). But generally, the Churches committed themselves to working harder to bring about reconciliation and justice (cf. De Gruchy & de Gruchy 2004, 227). The problem was that the struggle against apartheid had so strongly focused on liberation that the churches were not ready or able to respond to the pluriformity of the issues that faced the country after liberation (cf. ibid., 255).

In fact, it has been a common complaint that for the decade after 1994, the ecumenical church in South Africa withdrew from critical public engagement and returned to „church business" as usual. Even *Kairos* theologians, who had aligned themselves with the „liberation movement" as

God's instrument for ending apartheid, entered public life and became silent. Within a few years a new „state theology" seemed to reign within congregations and denominations, but now in both the „white" and the „black church". This has led in more recent time to a growing concern among some church leaders, theologians and activists that something has to be done to enable the churches to once more play a more critical role in challenging the failures of the government, and in redeeming the message of reconciliation as the only viable alternative to violent revolution or reactionary policies and practices.

For some, schooled in the tradition of the *Kairos Document*, what is now needed is a new *Kairos* initiative to provide guidance for such transformative praxis. This has been prompted by the publishing of the *Kairos Palestine* document in 2009 inspired by the original *Document* (cf. Kairos Palestine 2011). The *Kairos Palestine* document is not only more nuanced in relating reconciliation as process and goal, but is unambiguous in insisting on non-violent action as the means to achieve that end. This prompts the observation that while the armed struggle against apartheid might have been justified in the struggle for liberation South Africa, violent means cannot be justified today in a constitutional democracy. In fact, the achievement of a constitutional state such as we now have it is, as Gerwel put it, „the single most telling statement of national reconciliation" (Grewel 2000, 281) Liberation is not the same as achieving justice, as has been clearly demonstrated in South Africa since 1994. It is too early to tell what kind of impact this new *Kairos* initiative will make on the South African political or ecclesial landscape. But it has the potential to redeem reconciliation as long as it does not remain the code-word for keeping the current status quo intact.

I recall here the words of Emilio Castro in his speech in South Africa in 1992 which I quoted earlier to the effect that the church cannot give up on reconciliation because that is its core mission. „Reconciliation is possible! Do not give up!," Castro said. „Do not surrender to violence! Reject the idea that violence can be a methodology to remove or to maintain the status quo!" The only alternative to reconciliation as transformative praxis is violent revolutionary praxis. That is why it has been described as both our greatest challenge, but also our only hope (cf. DeYoung 1997; Baum & Wells 1997, here esp. De Gruchy 1997). That is why theology cannot contribute to the debate if it surrenders what is central to its faith-convictions. As Joseph Liechty and Cecelia Clegg put it in their study on Northern Ireland *Moving Beyond Sectarianism*, reconciliation is both „the theological remainder of politics, the leap that comes when realism confronts total conflict... and the political remainder of theology, a form of action that endows hope with content" (quoted in Doxtader 2001, 48 f.).

Reconciliation, then, is part of the process of democratic transformation and restoring justice, and as such it takes us deeper than structural levels, to interpersonal and social healing and the restoration of humanity. And it is precisely there that we begin to see the way in which the theological, the interpersonal, the social and the political dimensions of reconciliation connect with and inform each other in overcoming of a relationship of enmity and alienation. For each of these dimensions or ways of speaking about reconciliation and the realities to which they refer overlap, thus making the process far more complex than would appear to be the case if we thought in separate spheres. Genuine reconciliation is complex and sequential, else it becomes banal and simplistic. It is a way of relating to the „other" in the present, and a goal that is always ahead of us in the future however much we may experience it here and now.

Much of the confusion in speaking about reconciliation in discussions about the TRC, derived from a failure to recognise these sequential distinctions. To assume that the TRC could produce reconciliation in South Africa in the sense of a society in which all past alienation was overcome was grossly mistaken. But the TRC did contribute to that goal in becoming a catalyst for the healing of the past and enabling at least some people to experience forgiveness and reconciliation in the present. Without reconciliation, national reconstruction would be shallow and ultimately unsustainable. Reconciliation has to do with a fundamental reorientation of life, a change of heart and mind which demands acknowledgement of the truth, and repentance followed by acts of reparation. At the same time this evokes and gives reality to forgiveness without which reconciliation remains elusive.[5] Reconciliation, in other words, „is a shared and painful ethical voyage from wrong to right, and also a symbolic settling of moral and political indebtedness“ (Asmal, Asmal & Roberts 1996, 46 f). However, reconciliation as a final achievement is always beyond our grasp. It is always a work in progress, a dynamic set of processes into which we are drawn and in which we participate.

Churches, together with other religious communities, have an indispensable pastoral role to fulfil which could go a long way to ensuring that the legacy of the TRC can achieve this goal in present day South Africa. They still have a ministry of reconciliation to both the perpetrators of crimes and those who stood by saying and doing nothing: enabling them to come clean and helping them to become morally responsible citizens. And they have a special responsibility to help the victims tell their stories and, in doing so, deal with deep hurts and anger. That is an ongoing process tied to the challenges demanded for national reconstruction, a process that must by its very nature be unending for the tasks do not diminish with the passing of history. Yet, along the way, reconciliation can be and is experienced; there are signposts that encourage that conviction and sustain that hope. And there are stories to tell to help us understand what reconciliation can and does mean, and how its rhetoric can become reality.

5 On the political significance of forgiveness, cf. Shriver 1995; Müller-Fahrenholz 1997, Wüstenberg 2009

4. References

Asmal, K., L. Asmal, & R.S. Roberts (1996) *Reconciliation Through Truth*. Cape Town: David Philip.

Balcomb, T. (1993) *Third Way Theology*. Pietermaritzburg: Cluster Publications.

Barth, K. (1961) *Church Dogmatics: The Doctrine of Reconciliation*. Church Dogmatics, Vol. IV / 1. Edinburgh: T.&T. Clark.

Battle, M. (1997) *Reconciliation: The Ubuntu Theology of Desmond Tutu*. Cleveland, Ohio: Pilgrim Press.

Baum, G. & H. Wells (eds.) (1997) *The Reconciliation of Peoples: Challenge to the Churches*. Maryknoll, NY: Orbis.

Boesak, A.A. (1976) *Farewell to Innocence: A Socio-Ethical Study on Black Theology and Power*. Maryknoll, NY: Orbis Books.

Bonhoeffer, D. (2005) *Ethics*. Dietrich Bonhoeffer Works English, Vol 6 (= DBWE 6). Ed. by P.D. Matheny et. al. Minneapolis: Fortress Press.

Bonino, J.M. (1975) *Revolutionary Theology in the Making*. London: SPCK.

Boraine, A. (2000) *A Country Unmasked: Inside South Africa's Truth and Reconciliation Commission*. New York: Oxford University Press.

– (2008) *A Life in Transition*. Cape Town: Zebra Press.

Cape Town Statement (1991) in *Journal of Theology for Southern Africa, December 1991*, No. 77, 83–87.

Cloete, G.D. & D.J. Smit (eds.) (1984) *A Moment of Truth: The Confession of the Dutch Reformed Mission Church, 1982*. Grand Rapids, MI: Eerdmans.

Cochrane, J., J.W. de Gruchy, & S. Martin (1999) *Facing the Truth: South Africa faith communities and the Truth & Reconciliation Commission*. Cape Town: David Philip.

Cone, J.H. (1973) *The Challenge of Black Theology in South Africa*. Ed. by Basil Moore. Atlanta: John Knox.

– (1986) *Speaking the Truth: Ecumenism, Liberation and Black Theology*. Grand Rapids, MI: Eerdmans.

Conradie, E.M. (2013) 'Reconciliation as One Guiding Vision for South Africa? Conceptual Analysis and Theological Reflection', in E. M Conradie (ed.) *Reconciliation: A Guiding Vision for South Africa? Conceptual Analysis and Theological Reflection*. Stellenbosch: SUN Press, 13–84.

De Gruchy, J.W. (1978) 'Miguez Bonino on Latin American Liberation Theology', in *Journal of Theology for Southern Africa*, No. 22, 62–66.

– (1988a) 'Racism, Reconciliation, and Resistance', in C. Villa-Vincencio (ed.) *On Reading Karl Barth in South Africa*. Grand Rapids, MI: Eerdmans.

– (1988b) 'The Struggle for Justice and the Ministry of Reconciliation', in Nürnberger, K. & J. Tooke (eds.) (1988) *The Cost of Reconciliation in South Africa*. Cape Town: Methodist Publishing House, 166–180.

– (1997) 'The Dialectic of Reconciliation_ Curch and Transition to Democracy in South Africa', in G. Baum & H. Wells (eds.) (1997) *The Reconciliation of Peoples: Challenge to the Churches*. Maryknoll, NY: Orbis, 16–29.

– (2002) 'God's Desire for a Community of Human Beings: Religious Pluralism from the Perspective of Bonhoeffer's Legacy', in C. Gremmels & W. Huber (eds.) *Religion im Erbe: Dietrich Bonhoeffer und die Zukunftsfähigkeit des Christentums*. Gütersloh: Chr. Kaiser Verlag, 24–30.

– (n. d.) 'Dietrich Bonhoeffer, Nelson Mandela and the dilemma of violent resistance in retrospect', in *Stellenbosch Journal of Theology*. In press.

De Gruchy, J. W. & W. B. de Villiers (eds.) (1969) *The Message in Perspective*. Johannesburg: SACC.

De Gruchy, J. W. & Steve de Gruchy (2004) *The Church Struggle in South Africa: 25th Anniversary Edition*. Londom: SCM.

DeYoung, C. P. (1997) *Reconciliation: Our greatest Challenge – Our Only Hope*. Valley Forge: Judson Press.

Doxtader, E. (2001) 'Reconciliation in a State of Emergency: The Middle Voice of 2 Corinthians', in *Journal for the Study of Religion* 14, No. 1, 47–65.

Gerwel, J. (2000) 'National Reconciliation: Holy Grail or Secular Pact?', in C. Villa-Vincencio & W. Verwoed (eds.) *Looking Back Reaching Forward*. Cape Town: University of Cape Town Press, 277–287.

Gorringe, T. (2004) *Furthering Humanity: A Theology of Culture*. London: SCM.

The Kairos Document (1986) Johannesburg: Institute for Contextual Theology.

Kairos Palestine (2011) *Kairos for Global Justice: Hope and Resistance in the Face of Empire*. Online: https://www.kairospalestine.ps/index.php/resources/publication/kairos-for-global-justice

Kinnamon, M. & B. E. Cope (eds.) (1997) *The Ecumenical Movement: An Anthology of Key Texts and Voices*. Geneva: WCC.

Maluleke, T. (1999) 'The Truth and Reconciliation Discourse: A Black Theological Evaluation', in J. Cochrane, J. W. de Gruchy, & S. Martin (1999) *Facing the Truth: South Africa faith communities and the Truth & Reconciliation Commission*. Cape Town: David Philip, 101–113.

– (2005) 'Reconciliation in South Africa: Ten Years Later', in *Journal of Theology for Southern Africa*, No. 123, 105–120.

Mgxashe, M. (2000) 'Reconciliation: A Call to Action', in C. Villa-Vincencio & W. Verwoerd (eds.) *Looking Back Reaching Forward*. Cape Town: University of Cape Town Press.

Moltmann, J. (1967) *Theology of Hope*. London: SCM.

– (1974) *The Crucified God*. London: SCM.

– (1976) 'Open Letter to Jose Miguez Bonino', in *Christianity and Crisis*, March 29.

Mosala, I. (1989) *Biblical Hermeneutics and Black Theology in South Africa*. Grand Rapids; MI: Eerdmans.

Müller-Fahrenholz, G. (1997) *The Art of Foregiveness: Theological Reflections on Healing and Reconciliation*. Geneva: World Council of Churches.

Neuner, J. & J. Dupuis (ed.) (1983) *The Christian Faith in the Doctrinal Documents of the Catholic Church*. London: Collins.

Nürnberger, K. & J. Tooke (eds.) (1988) *The Cost of Reconciliation in South Africa*. Cape Town: Methodist Publishing House.

Schreiter, R. J. (2008) 'Peacemaking and Reconciliation', in W. A. Dyrness & V.-M. Kärkkäinen (eds.) *Global Dictionary of Theology*. Downers Grove, IL: Inter-Varsity Fellowship, 638–639.

Shriver, D. W. (1995) *An Ethic for Enemies: Forgiveness in Politics*. New York, NY: Oxford University Press.

Tutu, D. (1999) *No Future Without Forgiveness*. London: Rider.

Volf, M. (2000) 'The Social Meaning of Reconciliation', in *Interpretation: A Journal of Bible and Theology*, 54, No. 2, 158–172.

Williams, R. (2000) *On Christian Theology*. Oxford: Blackwell Publishers.

World Conference on Chruch and Society (1967) *Official Report*. Geneva: WCC.

Wüstenberg, R. (2009) *The Political Dimension of Reconciliation. A theological Analysis of Ways of Dealing with Guilt During the Transition to Democarcy in South Africa and (East)Germany*, Grand Rapids / Cambridge: Wm. B. Eerdmans 2009.

Perspectives on African Indigenous Peace-building and Conflict Transformation Strategies on the Promotion of Peace and Security on the Continent

Joram Tarusarira & Langton Muchenjekwa

1. Introduction

Every society worldwide has had its ways of peacebuilding and conflict transformation. Ralf Wüstenberg's work significantly supports and connects traditional and local approaches to peacebuilding and conflict transformation, particularly through his theological insights and focus on reconciliation. His scholarship emphasizes the importance of community, relationality, and the transformative potential of faith in addressing societal conflicts, aligning well with established peacebuilding practices. Peacebuilding is about dealing with the reasons why people fight in the first place and supporting societies to manage their differences and conflicts without resorting to violence. It involves a broad range of measures, which can take place before, during, and after conflict. They aim to prevent the outbreak, escalation, continuation, and recurrence of conflict (cf. International Alert 2024). Conflict transformation is a concept designed to reframe how peacebuilding initiatives are discussed and pursued. Traditionally, the emphasis has been on conflict resolution and conflict management methods, which focus on reducing or defusing outbreaks of hostility. Conflict transformation, in contrast, places a greater weight on addressing the underlying conditions which give rise to that conflict, preferably well in advance of any hostility, but also to ensure a sustainable peace. In other terms, it attempts to make explicit and then reshape the social structures and dynamics behind the conflict, often employing analytical tools borrowed from systems thinking: „The very structure of parties and relationships may be embedded in a pattern of conflictual relationships that extend beyond the particular site of conflict. Conflict transformation is, therefore, a process of engaging with and transforming the relationships, interests, discourses and, if necessary, the very constitution of society that supports the continuation of violent conflict“ (Miall 2001, 4).

> „Informal traditional justice forums critics are bound up in the traditional-modern dichotomy in which 'traditional' is equated with 'backward' and 'modern' with 'advanced'. Development [and progress] can thus only occur within a 'modern' framework. The main problem with this equation is that it is based on a very static view of tradition. It ignores the fact that traditions are often 'invented' and hence, very 'modern' in content“ (Penal Reform International 2000, 1).

At the centre of peacebuilding and conflict transformation in Africa is the restoration of relationships which build and strengthen society.

> „At the heart of [traditional] African adjudication lies the notion of reconciliation or the restoration of harmony. The job of a court or an arbitrator is less to find the facts, state the rules of law, and apply them to the facts than to set right a wrong in such a way as to restore harmony within the disturbed community. Harmony will not be restored unless the parties are satisfied that justice has been done. The complainant will accordingly want to see that the legal rules, including those which specify the appropriate recompense for a given wrong, are applied by the court. But the party at fault must be brought to see how his behaviour has fallen short of the standard set for his role as involved in the dispute, and he must come to accept that the decision of the court is a fair one. On his side, he wants an assurance that once he has admit-

ted his error and made recompense for it, he will be reintegrated into the community" (Allott 1968, 145 quoted by Penal Reform International 2000, 24).

During, but mostly, after conflicts, we are confronted with how best to deal with the painful legacy of past violence while at the same time maintaining the fragile social harmony that often characterises post-conflict societies. Should priority be given to bringing the perpetrators of past human rights violations to justice, thereby combating the culture of impunity that has come to characterise many civil conflicts? Or is it more important to start by focusing on measures designed to ensure that peace and stability, and with them the prospects for a country's longer-term recovery, are bolstered? In Africa, with the advent of the so-called modernity, traditional social mechanisms have been undermined. The narrative of overlooking African resources that has happened in other areas, such as agriculture, food security, cultural astronomy, architecture, mathematics, medicine, education, and climate change, is also true in the case of peacebuilding and conflict transformation.

From the end of the 1940s to the mid-1980s, the dominant strategy for dealing with those who committed grave human rights abuses was to (try to) 'close the books' and look away from such painful legacies. In the immediate post-World War II context, accountability was emphasised. A legal foundation was laid for the fight against impunity in the form of the 1948 Convention on the Prevention and Punishment of the Crime of Genocide and the four Geneva conventions of 1949. The tribunals at Nuremberg and Tokyo tried the leaders of the wartime German and Japanese governments. But this trend towards greater accountability for grave human rights crimes was not continued in the decades that followed. A major policy shift, both morally and politically grounded, occurred from the mid-1980s onwards. The culture of human rights led to the accentuation of retributive justice. The global growth of a human rights culture blossomed into a new, now much wider, fight against impunity.

Against all these developments questions were asked on how the many political, social, economic, and cultural contingencies and the uniqueness of each society that emerges from a violent conflict were factored in addressing conflict and its legacies. As part of this important development, some post-conflict societies have now turned their attention to their legacy of indigenous practices of dispute settlement and reconciliation (cf. Huyse 2008). The argument is that traditional and informal justice systems should be adopted or adapted to develop an appropriate response to conflict and violence. Kofi Annan, the then UN secretary-general, officially acknowledged this evolution in his August 2004 report on th*e Rule of Law and Transitional Justice in Conflict and Post-Conflict Societies*: He said

> „due regard must be given to indigenous and informal traditions for administering justice or settling disputes, to help them to continue their often-vital role and to do so in conformity with both international standards and local tradition" (United Nations 2004, 12).

While there are instances when formal and rational-legalistic, of which the criminal court is the prototype, are imperative, the effectiveness of policies that are community-initiated and community-organised, perceived as predominantly informal and ritualistic-communal should not be underestimated. Genuine acceptance of a ruling is recognised as essential for ending hostilities between disputants and restoring harmony within the community. To confirm acceptance by both parties, they may be expected to eat from the same bowl or drink from the same cup (cf. Penal Reform International 2000, 34). This forms part of the reconciliatory approach intrinsic to African traditional arbitration. It „confirms the agreement and makes it notorious" (Allott 1968, 150 quoted by Penal Reform International 2000, 34). The public also partakes in the eating and drinking as an expression of „the communal element inherently present in any individual conflict" (Holleman 1948, 61 cited in Penal

Reform International 2000, 34), and of their acceptance of the offender back into the community (cf. Penal Reform International 2000, 34).

Compared to the rationalistic-legalistic approaches, the African way of prolonging discussions, and ritual events creates in principle more opportunities for exploring issues of accountability, innocence and guilt that are integral to the legacy of violent conflict. The example of the gacaca courts is illuminating. While the gacaca courts had their limitations it is the repeated act of coming together in the Gacaca sessions, irrespective of what is done there in the sense of content, that seems to have a transformative influence on social relations with those encountered in those meetings. But the substance of the encounters is handled according to the purely prosecutorial logic which limits the discursive aspects normally connected with ritual doings or the dialogical and healing dimension of truth-telling processes (cf. Ingelaere 2008). Even more important, perhaps, is the communal dimension. Regarding communal dimension, Tshuma (2019) argues that the possibility of successful reconciliation, healing, and integration hinges on identifying those cultural elements that make Africans human. For example, the Southern African humanist philosophy of *Ubuntu's* ethical tradition. It is a philosophy which emphasizes the importance of a group or community, and it finds its clear expression in the Nguni / Ndebele phrase: *umuntu ngumuntu ngabantu* which when translated to Shona, the majority spoken language in Zimbabwe after English, means *munhu munhu muvanhu* (a person is a person through other persons) (see Mangena in *Internet Encyclopaedia of Philosophy* 2023). It is a term used to describe the quality or essence of being a person among many sub-Saharan tribes of the Bantu language family (Eze 2008, 107). As a result, it is the basis of African communal cultural life and is essentially about togetherness, and how all our actions have an impact on others and on society. *Ubuntu* is anchored in the African humanist philosophy often summarised as „I am because we are, since we are, therefore, I am" (Mbiti, 1969:215) which when translated to Shona means „*Ndiri nokuti tiri, sezvo tiri, saka ndiri*". Hence, guilt and punishment, victimhood and reparation are viewed as collective in most African societies. A community will be incited to accept responsibility for the deeds of a perpetrator or to engage in the healing of a victim. Modern justice systems are designed to identify individual responsibility. Moreover, trials only recognise criminal guilt, not political or moral responsibility.

Traditional mechanisms create cultural social spaces that accommodate both victims and perpetrators, in facilitating the acknowledgement of wrongs and the validation of the experienced pain and loss, with a view to achieving the mutual coexistence of all affected parties (cf. Machakanja 2010). Traditional and informal justice systems aim at restoring social cohesion within the community by promoting reconciliation between disputing parties (see chapter 3). The formal state system by contrast is characterised by its adversarial style and emphasis on retribution. It does not, therefore, always provide appropriate solutions for people living in close-knit communities who rely on continued social and economic co-operation with their neighbours (cf. Penal Reform International 2000, 1). The ideal-typical attributes of informal ritualistic communal justice systems in Sub-Saharan Africa are that (cf. Penal Reform International 2002, 112):

1. The focus is on reconciliation and restoring social harmony.
2. There is an emphasis on restorative penalties.
3. The problem is viewed as that of the whole community or group.
4. The enforcement of decisions is secured through social pressure.
5. There is no professional legal representation.
6. Decisions are confirmed through rituals aimed at reintegration.
7. The rules of evidence and procedure are flexible.
8. The process is voluntary, and decisions are based on agreement.
9. Traditional arbitrators are appointed from within the community based on status or lineage.
10. There is a high degree of public participation.

2. Case examples

The most obvious and often mentioned are the gacaca courts in Rwanda: The word '*Gacaca*' means 'justice on the grass'. It is derived from the word '*umugaca*', the Kinyarwandan word referring to a plant that is so soft to sit on that people preferred to gather on it. These gatherings were meant to restore order and harmony (cf. Ingelaere 2008). The primary aim of the settlement was the restoration of social harmony, and to a lesser extent the establishment of the truth about what had happened, the punishment of the perpetrator, or even compensation through a gift. Although the latter elements could be part of the resolution, they were subsidiary to the return to harmony between the lineages and a purification of the social order. This is the reason why gacaca courts were set up after the genocide in Rwanda. There were imitations of course but in their primary constellation before being diluted by colonialism they were effective (cf. ibid.).

In Mozambique in the aftermath of the 1976–92 civil war, the peace agreement brought immense relief to the victims, but from a transitional justice perspective the Mozambican authorities did not develop any specific policy to deal with the abuses and crimes that had been perpetrated during the civil war (cf. Igreja & Lambranca 2008). After having been used and greatly abused, the victims were urged to forgive and forget the grisly past as a supposed part of peace building and national reconciliation. The war victims and survivors in Gorongosa district in central Mozambique made use of available and accessible endogenous resources, to repair their individual and collective lives. The socio-cultural practices that take the form of restorative justice and reconciliation in the aftermath of the civil war is the case of the *gamba* (*magamba* in the plural) spirit (cf. ibid.). *Magamba* are generally the spirits of dead soldiers who return to the realm of the living to fight for justice. In their varied meanings and manifestations, *magamba* both heal war-related wounds and play a pivotal role in the attainment of restorative justice among the survivors of war. The various spirits initially cause suffering, but then the suffering is transformed into a healing power. Particularly with *magamba* spirits, the procedures followed to transform affliction into healing disclose the existence of social spaces and momentum for the enactment of restorative justice (ibid.). Magamba spirits bear witness to the violent events that occurred during the civil war. If these spirits are to be dealt with successfully, the violence of the past cannot be ignored. There is a need to engage with the past, to find out what injustices were done, to acknowledge the wrongdoing and to repair the damage. Traditional healing practices are holistic, and magamba embody this tradition (cf. ibid.). They are as much about healing as about restorative justice and reconciliation.

Since independence in 1962, Uganda has been plagued by ethnically driven, politically manipulated violence referred to by some as a history of 'cycles of revenge and mistrust' (cf. Latigo 2008). Deep-rooted divisions and polarisation remain between different ethnic groups. The Acholi society firmly believed that man is a sacred being whose blood should not be spilt without cause. Their religion strictly forbids the killing of human beings (cf. ibid.). To perform the reconciliation ceremony, the killer provides a ram and a bull (*dyang me dog bur*), while the next of kin of the person killed provides a goat. Unused new vessels are required, and a large quantity of beer is brewed for the occasion. On the appointed day, the traditional masters of ceremony, conciliators and elders from both clans assemble at the chosen site and stand facing westwards in solemn silence. An invocation is then performed which sums up the entire spirit and intent of reconciliation (cf. ibid.).

In a new vessel, the master of ceremony mixes the pounded extract from the roots of the *oput* tree with an alcoholic drink, and then the killer and the next of kin of the person who has been killed kneel and begin to drink from the same vessel simultaneously while women from both clans make shrill cries and shout the war cries of the two clans. Members of the two families join in to drink from the same vessel for the first time. Meanwhile, the master of ceremonies cuts off the head of the ram brought by the killer and the head of the goat from the next of kin of the dead man. The ram's head is ceremoniously handed over to the next of kin of the dead man, and the goat's head is given to the killer. The bull is ritually speared to death and skinned, and the meat is cooked and eaten together. Other cooked food items from both sides are served to the elders, who are allowed to mingle freely. From now on, the members of the two clans resume their normal social intercourse. In this way, the Acholi people make good the damage caused by the spilling of the sacred blood of human beings (cf. Latigo 2008).

Similarly, after independence in 1980, Zimbabwe was plagued by a period of terrible state repression known as *Gukurahundi*. *Gukurahundi* is a term that is derived from the Shona words '*Gukura*' which means 'to sweep' or 'wash away' and '*Hundi*' which literally means the chaff or dirt that remains after the harvest has been threshed (cf. WOZA 2020, Report IV). Hence, according to Eppel (2004), *Gukurahundi* is a Shona term referring to the first rain of summer which washes away chaff or dirt left from the previous season before the spring rains. It was a name given to the Fifth Brigade (a special unit of the national army in Zimbabwe which was trained by the North Koreans), the chief perpetrators of the massacre and other human rights abuses and grave acts which were unleashed in Matabeleland and parts of Midlands province (cf. CCJPZ & LRF 1997). Therefore, *Gukurahundi* is a term used to describe events of a genocidal nature that happened between 1983 and 1987, leading to the massacre of an estimated 20 000 mostly Ndebele speakers in Matabeleland and parts of Midlands province (cf. Ngwenya &Harris 2015). Many people, out of the approximately 20 000 who died were buried in mass graves, shallow graves, some were thrown into mine shafts and others disappeared and were never seen to date. They did not have decent burials; hence, their children and relatives were negatively impacted. This is because in African culture, if one dies, then he or she should have a decent burial. Decent burial is closely connected to the ritual of bringing back home the spirit of the deceased (*Umbuyiso* in Ndebele or *Kurova guva* in Shona). This ritual is performed because Africans have a belief that if one dies and had children as well as having lived a morally upright life, then his or her spirit should be brought back home as an ancestor to look after the family, and this is possible if the deceased has been decently buried. For Mbiti (1990, 25), the dead are not dead because they are physically dead but alive in the memory of those who knew them in their lives as well as being alive in the world of the spirits. He calls them „the living dead" and are still part of the extended family and as such have a close relationship with the living (cf. ibid.). Conversely, since many people died, and some disappeared during the *Gukurahundi* atrocities and did not have decent burials as well as the ritual of bringing back home the spirit of the deceased which accords the physically dead but spiritually alive the status of ancestor-ship, then this status was violated. This had a negative impact on the people of Matabeleland and parts of Midlands province, mostly Ndebele speakers because they are continuously haunted by the spirits of those who perished during the massacre.

However, according to Huyse (2008, 6), the paradigm shift in transitional justice has opened „discursive spaces" which in African religion and cultural discourses are referred to as „indigenous, home grown, locally owned, or culturally embedded." This is because, although Western justice systems claim to be based on truth, reparations and accountability, the need for restitution or restorative justice is observed to a lesser degree. On the contrary, in some African philosophy and belief systems, a person who died violently such as how the Ndebele speakers met the fate of their deaths during the *Gukurahundi* period will always come back to demand justice from the family or person who killed him or her (cf. Rwafa, Mushore & Vhutuza 2014). In this regard, this calls for the implementation of both retributive and restorative justice. For example, in Zimbabwe, the spirit of the murdered person manifests itself in the form of *ingozi* in Ndebele or *ngozi* in Shona (vengeful spirit) demanding both retributive and restorative justice from the family of a member who would have committed the crime of killing (ibid.). In this case, the ritual that is then carried out, *kuripa ngozi* (payment for the vengeful spirit), is part of the process of cleansing the spirit of the murdered person and restoring the dignity of the murderer and his or her family. In this way, through *kuripa ngozi*, peace, healing and ultimately reconciliation are promoted through the families of both the victim and the offender (ibid.). For these scholars, in African Traditional Religion (ATR), rituals have the potential to reach out to wider audiences at grassroots levels since the political drama in rituals speaks to the „upper class“ and intellectual circles, thereby foreclosing critical debate and „voices“ that should emerge from „below“, namely those of the communities that would have been directly affected by the conflict (cf. Rwafa, Mushore & Vhutuza 2014). Hence, the ritual theatricality memorialises as well as condemns the culture of violence that would have prevailed (ibid.). For instance, what was experienced in Matabeleland and parts of Midlands province between 1983 and 1987 when Ndebele speakers were ruthlessly and mercilessly massacred.

On the other hand, for Rwafa, Mushore & Vhutuza (2014), through „ritualised“ performances, the community embarks on a metaphysical journey focused on exorcising the ghosts of political violence that continues to haunt individuals, communities, politicians, and the nation. In this regard, these day-to-day modes of healing and ultimately of reconciliation, which are dramatised through rituals, suggest that communities can cultivate tolerance and allow dialogue to prevail if the offended are brought face-to-face with their offenders thereby creating platforms for reconciling political differences. In other words, according to the Institute for Justice and Reconciliation (2011), theatrical rituals are a rendition of the very complex process of allowing communities to heal the rifts in their midst while the macro-conditions which caused the rifts in the first place disappear. In this sense, involvement of communities can allow positive and genuine peace, healing, and ultimately reconciliation to prevail in Zimbabwe. For instance, through the analysis of rituals, in the 2008 post-conflict era, the process of negotiating peace and ultimately reconciliation was not a preserve of the elite, but it was supposed to start with the communities that had borne the „scars" and „wounds" (cf. Rwafa, Mushore & Vhutuza 2014). This allows communities to expose the perpetrator hiding in the „shadows", to teach him or her that „never again" shall Zimbabwe subscribe to the „gospel" of political violence (ibid.). Therefore, theatre is an effective cultural tool that tells Zimbabwe's political leadership that ordinary people can mobilise themselves to articulate ways of approaching the critical issues of peace, healing and ultimately reconciliation (ibid.).

In Sierra Leone, the goal of the traditional justice system among the Kpaa Mende (and indeed among most African communities) is reconciliation. It is, for example, vividly portrayed in their Wonde ceremonies. During a ceremonial dance, done in a circle, a battle scene is enacted. The initial single group of dancers breaks into two concentric circles, representing the parties to the conflict. Later the peacemakers arrive. These are men dressed as women making characteristically feminine movements and gestures (symbolising the important role of women in peace-making). They come between the combatants and eventually all the dancers form a single circle again. The values reinforced in this ceremony reflect indigenous beliefs about complementarity and the importance of all segments of society in efforts to re-establish harmony and restore continuity (cf. Alie &Gaima 2000).

In Burundi, the institution of *bashingantahe* (singular *umushingantahe*) which refers to men of integrity who are responsible for settling conflicts at all levels is something to reflect upon (Kaburahe in L. Huyse & M. Salter 2008, 154). To be selected, as research carried out countrywide has confirmed, a candidate must exemplify certain essential qualities such as experience and wisdom; a high regard and love for truth; a sense of honour and dignity; a love of work and the ability to provide for the needs of others; a highly developed sense of justice and fairness; a sense of the common good and social responsibility; and sobriety and balance in speech and action (ibid.). Other moral and intellectual qualities are also needed, such as discretion, a keen intelligence, self-respect and respect for others, a spirit of temperance, courage, and dedication. These qualities guarantee the moral integrity and authority of the *bashingantahe* and are the basic guiding principles for their behaviour and the performance of their duties. The institution is assigned three essential missions – mediation, reconciliation and arbitration (ibid.).

3. Conclusion

As we discuss the different approaches, we must keep in mind that the objectives of peacebuilding and conflict transformation lie at the level of individuals and local communities. Healing the wounds of victims and survivors is the first. The second is aimed at social repair-restoring broken relationships between members of a group and between communities. The second general objective operates at the level of a society or of a nation. The main aim here is to prevent the recurrence of deadly conflict, not least by strengthening and / or creating institutions and processes tailored to the purpose. In this case, African religion itself being the way of life can be largely relied upon by Africans as they seek to promote justice, peace, and ultimately reconciliation in the troubled continent. This is according to Kasomo (2010) an indication that the presence of religion in a society is a tool of conflict management and ultimately reconciliation. However, the secular and reductionist international development agenda has, for the most part, ignored the fact that the majority of the world's peoples do not view themselves simply as material beings responding to material exigencies and circumstances, but rather as cultural and moral beings concerned with spiritual aspirations and purposes.

4. References

Alie, J. A. D. & Gaima, E. A. (2000) *Conflict in Sierra Leone: Rising from the Ashes*. New York: United Nations Development Programme (UNDP).

CCJPZ & LRF (1997) *Breaking the Silence, Building True Peace: A Report on the Disturbances in Matabeleland and the Midlands, 1980 to 1988*. Harare: Catholic Commission for Justice and Peace in Zimbabwe.

Eppel, S. (2004) '*Gukurahundi: The Need for Truth and Reparation*', in Raftopolous, B. & Savage, T. (eds) *Zimbabwe: Injustice and Political Reconciliation*. Cape Town: Institute for Justice and Reconciliation, 43–62.

Eze, M. O. (2008) „What is African Communitarianism? Against consensus as a regulative ideal." South African Journal of Philosophy, 27 (4), 106–119.

Huyse, L. (2008) 'Introduction: tradition-based approaches in peace-making, transitional justice and reconciliation policies', in Huyse, L & Salter, M. (eds.), M. *Traditional Justice and Reconciliation after Violent Conflict-Learning from African Experiences*. Stockholm: International Institute for Democracy and Electoral Assistance, 1–22.

Igreja, V. & Lambranca, B. D. (2008) 'Restorative justice and the role of Magamba spirits in post-civil war Gorongosa, Central Mozambique', in Huyse, L & Salter, M. (eds.), M. *Traditional Justice and Reconciliation after Violent Conflict-Learning from African Experiences*. Stockholm: International Institute for Democracy and Electoral Assistance, 61–83.

Ingelaere, B. (2008) 'The Gacaca courts in Rwanda', in Huyse, L. & Salter, M. (eds.) *Transitional Justice and Reconciliation after Violent Conflict-Learning from African Experiences*. Stockholm: International Institute for Democracy and Electoral Assistance. 25–59.

Institute for Justice and Reconciliation (2011) *Comments on Rituals*. Harare: IJR.

Kaburahe, A. N. (2008) 'Traditional justice mechanism: The institution of bashingantahe', in Huyse, L & Salter, M. (eds.). *Traditional Justice and Reconciliation after Violent Conflict-Learning from African Experiences*. Stockholm: International Institute for Democracy and Electoral Assistance, 149–179.

Kasomo, D. (2010) „The position of African traditional religion in conflict prevention, Kenya", *International Journal of Sociology and Anthropology*, 2 (2), 23–28.

Latigo, J. O. (2008) 'Northern Uganda: tradition-based practices in the Acholi region', in Huyse, L & Salter, M. (eds.), M. *Traditional Justice and Reconciliation after Violent Conflict-Learning from African Experiences*. Stockholm: International Institute for Democracy and Electoral Assistance, 85–120.

Machakanja, P. (2010) National Healing and Reconciliation in Zimbabwe: Challenges and Opportunities. Wynberg, South Africa: Institute for Justice and Reconciliation.

Mangena, F. *Hunhu / Ubuntu* in the Traditional Thought of Southern Africa in *Internet Encyclopaedia of Philosophy*. (2023) *A Peer-Reviewed Academic Resource*.

Mbiti, J. S. (1990) African Religions and Philosophy. Nairobi: Heinemann Educational Books Ltd.

Mbiti, J. S. (1969) African Religions and Philosophy. London: Heinemann.

Miall, H. (2001) Conflict Transformation: A Multi-Dimensional Task. Berlin: Berghof Research Centre for Constructive Conflict Management.

Ngwenya, D. & Harris, G. (2015) „The consequences of not healing: Evidence from the *Gukurahundi* violence in Zimbabwe, Project: Nonviolence in Sub Saharan Africa", *African Journal on Conflict Resolution,* Vol. 15 (2), 35–55.

Penal Reform International (2002) *Access to Justice in Sub-Saharan Africa: The Role of Traditional and Informal Justice Systems.* London: PRI.

Penal Reform International (2000). *Access to Justice in Sub-Saharan Africa: The Role of Traditional and Informal Justice Systems.* London: PRI, Available *at*: http://gsdrc.org/docs/open/ssaj4.pdf.

Rwafa, U., Mushore, W. & Vhutuza, E. (2014) „Towards peace, healing and reconciliation in Zimbabwe: Theatricalising political violence through rituals", *Imbizo,* 5 (2), 23–39.

Tshuma, D. (2019) *Reconciliation, Integration and Healing efforts in Zimbabwe.* Durban: Durban University of Technology.

United Nations Security Council (2004) The rule of law and transitional justice in conflict and post-conflict societies, *Report of the Secretary-General* (616).

Women of Zimbabwe Arise (WOZA) (2020) *Footprints in the Matabeleland Sand- Gukurahundi- the roots of State Sponsored Violence against Women of Matabeleland.* Bulawayo: Women of Zimbabwe Arise.

Websites:

International Alert (2024) What is peacebuilding? Available at: https://www.international-alert.org/what-we-do/what-is-peacebuilding (Accessed: 02 September 2024).

The Good Friday Agreement and Post-Conflict Reconstruction

Colin H. Williams

1. Introduction[1]

It is a great pleasure to contribute to this volume honouring a much-respected colleague in the field of Post-Conflict Reconstruction and Reconciliation. We have been involved in organising conferences / workshops on the above theme, as part of our membership of the Von Hügel Institute, St Edmund's College, the University of Cambridge. In this essay I want to interpret two aspects of the Northern Ireland situation. The first is the manner in which the Good Friday Agreement endorsed the language equality principle, the second is to focus on the subsequent operation of Foras na Gaeilge, one of the cross-border agencies established as a result of the Agreement, which came into force on 2 December 1999.

2. Language Equality and the Good Friday Agreement

The position and role of the Irish language has long been contentious in the troubled history of north of the island. Its continued decline in the north was quickened by splintering and fragmentation, for many nationalists assumed that the creation of Northern Ireland by partition in 1921

---

1 This work was undertaken with the support of a Leverhulme Grant on 'Official Language Regimes' which is gratefully acknowledged. I am grateful to Seán Ó Coinn and John Walsh and colleagues in Foras na Gaeilge for granting me interviews and for supplying additional information.

was a temporary expedient extorted by the threat of immediate war, sealed by the agreement of the Free State Government to accept the boundary in exchange for financial concessions from Britain (cf. Barritt & Carter 1972, 17). For many in the Nationalist / Catholic community, Irish is an expression of their birthright, denied or stolen. For many in the Unionist / Protestant community, Irish can represent a challenge to their British legitimacy and hegemony, for it is a ready reminder of the indigenous Irish heritage which they have sought to suppress. I interpret the vicissitudes surrounding the role of Irish as a means of gaining insight into the wider conflict and its aftermath known as the peace process.[2] Undoubtedly the Irish language is a legitimate social and policy issue in its own right, but its politicisation and lack of formal recognition has fuelled socio-political unrest and several stalled attempts to establish a functioning assembly, thereby rendering it a source of continued tension.

Prior to the Agreement, the 1991 Census indicated that 142 000 people in Northern Ireland had some knowledge of the Irish language, the vast majority of whom came from the nationalist community where the language is taught in many Catholic schools. The 2001 Census records that 12.4 % (228 600 people) of the population aged 3 and over had some ability in the Irish. The Irish language movement is essentially revivalist, comprised in large part of learners and new speakers. However, it should be recognized that a significant contribution to its standardisation, and cultural enrichment has been made by Protestants, especially Presbyterian intellectuals (cf. Mac Poílin 1997).

Partly as a reaction to the Irish language movement a campaign emerged for recognition of the Ulster Scots linguistic tradition. The recognition of Scots as a language for purposes of Part II of the Council of Europe Charter on Regional or Minority Languages together with the decision to include an Ulster Scots Agency within the Language Imple-

2 A chronology of the peace process may be found in Spencer (2015), xiv–xxii.

mentation Body led Government to announce its decision to recognise Ulster Scots under Part II. Consequently, the North-South Co-operation (Implementation Bodies) Northern Ireland Order 1999 provides that Ulster Scots be understood as the variety of the Scots language traditionally found in Northern Ireland and Donegal. There were no agreed figures for the numbers of Ulster Scots speakers although the Ulster Scots Language Society estimated the number of speakers in Northern Ireland at 100 000 and it has attracted a sympathetic response from many Unionists as a symbol of identity. However, the 2021 Census records that 10.4 % (190 600 people) of the population aged 3 and over had some ability in the Ulster-Scots language.

In 1999 there were no definitive figures for those speaking ethnic minority languages. The 2021 Census recorded that 4.6 % (85 100) of people aged 3 and over living in Northern Ireland did not have English as their main language. The most prevalent main languages other than English were Polish (20 100), Lithuanian (9 000), Irish (6 000), Romanian (5 600) and Portuguese (5 000). (Cf. NISRA 2022).

3. Professional Involvement

At the invitation of the NI Department of Arts, Culture and Leisure (DCAL), I wrote the position papers on group equality, language rights and cultural diversity, aspects of which became enshrined in the Agreement as respecting the position and status of Irish and Ulster-Scots within the overall future planned for Northern Ireland. Both before and after the Agreement's enactment I helped raise awareness among civil servants by conducting training sessions on the theme of international best practice for the promotion and regulation of minority languages. I was also invited to address the newly elected Assembly Members under the ambit of the 'Cultural Diversity and the Equality Agenda in Northern Ireland.' Equality Seminars were held in Belfast on 28–29 October 1998.

Following the signing of the Agreement, a series of meetings were arranged for participants to discuss its implementation, and these allowed me to have detailed conversations with the leading politicians, mainly from Sinn Féin and the Social Democratic and Labour Party, and to conduct further briefing sessions for public servants and civil society agencies. Later together with Professors Dunbar, McLeod and de Varennes, I was involved in the preparation of the 2006 draft Irish Language Act for Northern Ireland and its revised version of 2012, together with presentations at events organised by Pobal in 2006, 2011 and 2015.

The DCAL had lead responsibility for developing agreed language policies and for providing advice, support and guidance on linguistic diversity to other Departments within the Executive.[3]

The Belfast Agreement commits the Government to:

> „[...] recognise the importance of respect, understanding and tolerance in relation to linguistic diversity, including in Northern Ireland, the Irish language, Ulster-Scots and the languages of the various ethnic minority communities, all of which are part of the cultural wealth of the island of Ireland.... In the context of active consideration currently being given to the UK signing the Council of Europe Charter for Regional or Minority Languages, the British Government will in particular in relation to the Irish language, where appropriate and where people so desire it:
> - take resolute action to promote the language;
> - facilitate and encourage the use of the language in speech and writing in public and private life where there is appropriate demand;
> - seek to remove, where possible, restrictions which would discourage or work against the maintenance or development of the language.

3 DCAL monitored closely the work of the Interdepartmental Group Promoting Social Inclusion (PSI) which focused on ethnic minorities and worked with the Equality Unit of OFMDFM on a range of related issues.

- make provision for liaising with the Irish language community, representing their views to public authorities and investigating complaints;
- place a statutory duty on the Department of Education to encourage and facilitate Irish medium education in line with current provision for integrated education;
- explore urgently with the relevant British authorities, and in co-operation with the Irish broadcasting authorities, the scope for achieving more widespread availability of Teilifis na Gaeilge in Northern Ireland;
- seek more effective ways to encourage and provide financial support for Irish language film and television production in Northern Ireland; and
- encourage the parties to secure agreement that this commitment will be sustained by a new Assembly in a way which takes account of the desires and sensitivities of the community" (Government of the United Kingdom / Government of Ireland 1998, 19 f.)

The implementation of the Belfast Agreement has serious implications not only for the communities and their political representatives, but also for the Northern Irish Executive who were unaccustomed to dealing with such far-reaching attempts to 'normalise' the various target languages. In the initial months of implementation progress on elements which derive from the Agreement may be noted: – a Linguistic Diversity Branch began work in February 1999 and had responsibility for providing policy advice, support and guidance to the Minister and colleagues on linguistic diversity which included Irish, Ulster Scots, the languages of the ethnic minority communities and British and Irish sign languages.[4] The Branch had a

4 For historical reasons to do with education British sign language was more commonly used by the Protestant community and Irish sign language by the Catho-

total of eight staff. It did not have a grant making capacity; North-South Co-operation (Implementation Bodies) Northern Ireland Order 1999 in force; the North-South Body established and functioning well; Film and TV production pilot; Council of Europe Charter signed and ratified; Charter Implementation Group in place; Translation Service underway; East / West links strengthened re Gaelic and Scots; Language planning exercise begun; NSMC language format had met twice; Links established on ethnic minorities; 'substantial' funding made available for promoting Irish and Ulster Scots; progress on strengthening links with the Department of Education on the role of education in languages; research into attitudes to and demand for services in Irish and Ulster-Scots.[5]

Significantly the Agreement also established Comhairle na Gaelscolaíochta (Council for Irish-medium education) and Iontaobhas na Gaelscolaíochta (Trust for Irish-medium education), (cf. Walsh 2022, 153). This is impressive capacity building considering the lack of experience in these matters by the domestic civil service, let alone the prominent politicians involved as detailed in Spencer (2015) (cf. also de Bréadún 2001; Bréadún 2008).

Although modest by today's standards this initial progress should not be underestimated, especially as one recalls the degree of tension and suspicion surrounding the Agreement. All this was achieved during a period of unremitting conflict and violence although it was more sporadic and less sustained than the period up to 1998 (cf. Cox et al. 2000) together with attempts at bringing perpetrators to justice (cf. Morrissey & Smyth 2002).

lic community. An issue for both linguistic communities was the training and provision of interpreters.

5 Updating and clarification of this declaration is available at https://publications.parliament.uk/pa/cm200910/cmselect/cmniaf/237/237we32.htm

4. North-South Language Implementation Body

The North-South Co-operation (Implementation Bodies) Northern Ireland Order 1999 came into operation at devolution. It is known in Irish as An Foras Teanga and in Ulster Scots as Tha Boord o Leid. Foras has the following functions: promoting the Irish language; facilitating and encouraging its use in speech and writing in public and private life in the South and, in the context of Part III of the European Charter for Regional or Minority Languages, in Northern Ireland where there is appropriate demand; advising both administrations, public bodies and other groups in the private and voluntary sectors; undertaking supportive projects, and grant-aiding bodies and groups; undertaking research, promotional campaigns, and public and media relations; developing terminology and dictionaries; supporting Irish-medium education and the teaching of Irish.[6] Foras na Gaeilge has its headquarters in Dublin with regional offices elsewhere on the island.

The Body has the following functions in relation to Ulster-Scots language and culture: Promotion of greater awareness and use of Ullans and of Ulster-Scots cultural issues, both within Northern Ireland and throughout the island. Tha Boord o Ulster Scotch has its headquarters in Belfast.

On establishment the Language Body had 24 Board members with an agreed staff complement of 65. The Chairperson of the Irish Language Agency was Maighréad Bn Uí Mháirtín, and its Interim Chief Executive Micheál Ó Gruagáin. The Chairperson of the Ulster Scots Agency was Lord Laird of Artigarvan, while its interim Chief Executive was Mr John Hegarty.

6 https://www.forasnagaeilge.ie/about/about-foras-na-gaeilge/the-partnershop-forum/?lang=en

5. Foras na Gaeilge

Foras na Gaeilge is the all-Ireland public body charged with the promotion of Irish.[7] Established in 1999 it is the central agency whose planning remit and interventions cover corpus, status and acquisition language planning. Its position among European language planning agencies is unique as it is responsible to the North-South Ministerial Council (NSMC) which was established to develop consultation, co-operation and action on an all-Ireland basis. The Language Body was one of six North-South Implementation Bodies, financed and governed jointly by two jurisdictions, answerable through the Council both to the Oireachtas and the Northern Ireland Assembly. This dual responsibility has engendered a great deal of frustration during those long periods when the Assembly did not function largely as a result of Unionist opposition and intransigence to both the mechanisms and issues it was designed to address, the most significant being the management of the Brexit process.

The Assembly was suspended between February and May 2000 and again from October 2002 to May 2007. During these periods there was a return to Direct Rule. Other suspensions followed, the most prolonged being between 2017 and 2020 when Northern Ireland went for three years without ministers, meaning the Assembly was unable to sit and therefore to pass legislation. However, Direct Rule was not imposed then. Restoration of the Assembly in 2024 was warmly welcomed both by the UK and Irish governments.

Foras has a broad remit including the following:

1. Promotion of the Irish language.

7 Hereafter shortened to Foras.

2. Facilitating and encouraging its use in speech and writing in public and private life in the Republic of Ireland and, in the context of Part III of the European Charter for Regional or Minority Languages, in Northern Ireland where there is appropriate demand.
3. Advising both administrations, public bodies and other groups in the private and voluntary sectors.
4. Undertaking supportive projects, and grant-aiding bodies and groups as considered necessary.
5. Undertaking research, promotional campaigns, and public and media relations.
6. Developing terminology and dictionaries.
7. Supporting Irish-medium education and the teaching of Irish.

Reflecting on the first 17 years of operation its Chief Executive, Seán Ó Coinn advised that Foras was seeking to develop a more business-like approach to language issues with a focus on intervention and best practice, evaluation and measurement of performance. Much of this shift in approach is driven by an awareness of the need to develop staff skills, the formation of cross-development teams and a determination to get the best out of its partner organisations. This change in emphasis from outputs to outcomes is reflective of changes in public sector ideology and practice throughout Ireland (Mac Cormaic, 2016). Capacity building is accompanied by an ongoing effort at reorientation of the organization's principal goal which is to emphasize the centrality of strategic thinking and the development of corpus and status planning.

As a maturing agency by the period 2016–2020 Foras declared that it had considerable impact across a range of activities as follows:

1. During the last 15 years Foras has been developing a suite of utilities to facilitate translation. These include:
   a. the Córas Creidiúnaithe d'Aistritheoirí (the translators' accreditation system) initiated in 2005, with over 220 accredited

translators ensuring that the highest standards will prevail in the translation sector and will safeguard the reputation of good translators.

b. www.aistear.ie the main aim of which is to provide training and resources to translators, editors and all writers of Irish.

c. Freagra – A Helpline for the Public Sector which offers advice to users of Irish addressing common difficulties with terminology and phrases.

4. The Irish-language Community Scheme (Scéim Pobail Ghaeilge) was initiated in 2005 and has been one of the more successful of Foras initiatives. In 2020 22 communities were recipients of funding to employ a development officer to implement a local language plan to develop language-use networks. Five of these communities had progressed to a more advanced stage of being considered as embryonic Irish-language networks, which adopt government-sanctioned 7-year language plans to become a focus of development as Irish-language communities.
5. Microsoft with the support of Foras, developed an Irish-language version of Windows XP and Office 2003 which has since been updated regularly.
6. Séideán Sí: This flagship Primary Schools' Project, a joint project between Foras and the Department of Education, entailed the publishing of a high standard literacy program for Gaeltacht schools and Irish-medium education schools. The project was extended to include a digital project to provide online electronic literacy resources.
7. The Irish-English Dictionary began its design and planning phase in July 2003. At the end of 2020, some 140 000sense units, incorporated in 48 000 entries were available on www.focloir.ie, free to the public, with grammar files and a grammar wizard, pronunciation guidance sound-files, an app for mobile devices and a translation app for websites. In 2023 there were 1.9 m unique users for Foclóir.

ie and 2.4 m users for Teanglann.ie, library of historical dictionaries.

8. Foras also developed a National Terminology Database www.tearma.ie). The online database is searchable in Irish and in English and in 2020 had over 185 000 Irish-language terms. The terminology database had 560 000 unique users in 2020. By 2021 around 185 000 bilingual entries were available in the database. A new website and editorial system were launched on 14 March 2019 based on Terminologue, an open-source platform developed by Gaois., a research group in Fiontar / Scoil na Gaeilge, Dublin City University.
9. The Irish-language Core-funded sector (19 organisations) has been reduced to six lead organisations that have responsibility for developing the Irish language across a range of strategic areas involving a Community Language Forum since 2014 to advise the lead organisations on priorities.
10. Research by way of a major language survey conducted during 2013 was the most inclusive report carried out into public attitudes, ability and use of Irish throughout the island.
11. The funding of an online news service www.tuairisc.ie which went live in October 2014. In the first seven years 5.38 m people had visited the site and viewed 12.69 m pages of news content. By 2023 it recorded 621 408 visitors, 205 709 unique users, 1 298 946 hits on the website and 37 324 followers on social media.
12. Foras serves the island through fiveoffices – its main headquarters in Dublin, together with offices in Belfast, Gaoth Dobhair, the Ráth Chairn Gaeltacht in Co. Meath and a book-distribution warehouse in Co. Meath.[8]

8 Published 2015 and available here: https://www.esri.ie/publications/attitudes-towards-the-irish-language-on-the-island-of-ireland.

13. In 2016 Foras created a portal website for the Irish language www.gaeilge.ie, which is an online one-stop-shop for information on the Irish language.
14. A suite of funding schemes includes funding for summer camps, youth activities, festivals, drama productions, Irish-language publishers, literary activities, and links with Gaelic speakers in Scotland.
15. Language planning had also begun in 13 urban centres (Gaeltacht Service Towns) that serve Gaeltacht Communities.
16. A scheme was established to support the development of two community radio stations in Belfast and Dublin (Source: Seán Ó Coinn, interviews on 7 November 2016; 1 April 2021; 20 February 2024).

Foras provides the funding for six Lead Organisations to take responsibility for carrying out development and progress in six major areas including the encouragement of Irish in Gaelic Athletic Association Clubs (GAA), music and dance activities and a wide and varied range of events and activities aimed at promoting the development of social language networks and language-use opportunities.

In response to some criticism, Foras has recognised that support to community groups needs to be more developmental and advisory so as to ensure a consistent level of performance among community-based groups and thereby offer more opportunities and spaces for speakers to interact. However, it is also recognised that the capacity for the lead-organisations to act has been curtailed over the recent period. Salary costs can in some cases be as high as 80 %, leaving little room for innovative or speculative project development.

As a consequence, the new operative paradigm is networking, where both energy and costs are shared among a number of actors. Others would argue that the community language forum, which forms part of the Partnership forum, does not have the capacity to advise on priorities as it is a generic group of people with interest and expertise in Irish, but who do not necessarily have an expertise in the required respective fields. For several of the six lead organisations the structure remained unsatisfactory despite an evaluation of the new lead organisation partnership forum.

One of the outcomes of the 20-Year Strategy for the Irish Language 2010–30 was the Gaeltacht Act of 2012 which places the burden of community planning activities on local voluntary groups and confers language planning powers on Údarás na Gaeltachta in addition to its economic development role (cf. O'Rourke and Walsh 2020, 53). Significantly it also allows the minister to nominate a Gaeltacht area as a 'Language Planning District' and 26 were so nominated from 2014 to 2017. The Act also recognises the significance of other networks of new speakers outside the Gaeltacht and thus both Gaeltacht Service Towns and Irish-Language Networks are now part of the language policy repertoire. In 2015 five areas were identified where local language planning would emerge, three in the Republic at Loughrea, Co. Galway; Ennis, Co. Clare and Clondalkin in Dublin. West Belfast and Carn Tóchair in Co. Derry were identified in Northern Ireland.

Ó Coinn stresses that the aim is to increase the capacity of these designated towns to provide Irish-medium services and Irish language networks where new speakers could avail themselves of the additional opportunities and spaces to make the maintenance of their language skills a worthwhile effort. Despite initial financial difficulties, the period since 2017 has seen increased Government investment in implementing language plans in the Gaeltacht language planning regions, in the Gaeltacht Service Towns and in the language networks.

Public servants would advise that the period 2017 to today would seem to be a more optimistic political climate also for the promotion of Irish, especially in Northern Ireland, although academic criticism of the failings of the 20-Year Strategy for the Irish Language 2010–30 remain, especially in relation to its inconsistent and partial implementation.

However, in the period 2016–18 Foras was conscious that challenges remained, chief of which are to encourage the Irish-language community in taking ownership of the 20-Year Strategy for the Irish Language by:

1. Taking forward the language-planning agenda at community level, to ensure that progress becomes self-sustaining with a long-term impact, with a focus on permanent institutions (Irish-medium crèches, child-care centres, Irish-medium schools, language safe-spaces, small businesses providing Irish-language workplaces) and networks (activity groups – walking groups, cycling, groups etc.).
2. Ensure the implementation of the Government policy for Education in the Gaeltacht (2017) and the development of a similar policy for Irish-medium education.
3. Addressing the challenge of developing the teaching of Irish in English-medium schools, including developing CLIL, partial immersion and the initial training of primary school teachers with sufficiently well-developed language skills to meet the Irish-language requirements of the primary school curriculum.
4. Developing language centres (language safe spaces) will require significant capital investment. Dublin, Cork and Galway are the main targets.
5. Implementing a government digital strategy that will incorporate all aspects of 21st century innovations, with particular focus on speech-recognition technology, and automated translation.[9]
6. Ensure preparation for the 2022 status as a fully recognised language of the EU.[10]
7. The development of Irish-Irish and Irish-English online dictionaries will require development of an Irish language corpus, involving significant investment.
8. Develop partnerships approaches in what is a fragmented Irish-language support environment.

---

9 See link here: https://www.gov.ie/en/publication/a880c-plean-digiteach/

10 On 1 January 2022, the Irish language gained full status as a co-equal official language of the European Union.

9. Creating a national awareness of the Irish language and its role in identity of the island.
10. (Cf. Seán Ó Coinn, interviews 7 November 2016 and 10 April 2018)

Of these, it is the Gaeltacht education reform which has attracted most interest. This is an important initiative, almost 100 years after the foundation of the State, and is the principal thrust of the Department of Education's intervention since 2018, in cooperation with COGG.

Raising awareness among the wider community would seem to be an obvious tactic for Foras, but it is recognised that other challenges remain closer to home within the public service as few other government departments have routinely turned to Foras for advice and co-operation other than the Department with responsibility for the Gaeltacht. Also, the lack of functional capacity of the civil service to operate in a bilingual fashion is a major impediment. Accordingly, Foras embarked on a medium-term awareness strategy to streamline, simplify and forge messages which had more of an impact both within the various administrations and larger society.

While commending the Irish English dictionary as a superb achievement several of the claims made by Foras have been disputed by activists and commentators. Thus by 2021, eight years after the Gaeltacht Act came into effect, only one such Gaeltacht Services Town, Letterkenny, Co. Donegal, had formally begun the language planning process. Foras was also criticized for not doing enough to support Irish language media and for losing a great deal of good will and support during the community partnership restructuring process. Many in the community sector argued that the restructuring episode produced the opposite of the intended consequence, as this process was poorly handled and resulted in the loss of much institutional memory with the dissolution of organisations, such as Comhdháil Náisiúnta na Gaeilge (cf. Ó Murchú 2014).

6. Foras na Gaeilge in Contemporary Times

Social networks are the key to a vibrant future according to the Foras CEO, especially in the light of an atrophying Gaeltacht and the decline in traditional community structures across the land (cf. Ó Murchú 2006; Ó Murchú 2008). Interest groups will sustain the language in a way in which artificial, sporadic encouragements by official agencies will not. A second potential resource is the business community and the conviction that maintaining language skills could be an important economic asset. Foras recognise that culture and education rather than commercial skills development has dominated their thinking since 1999 and now they are seeking to respond to interest from the business community which is using Irish in their messaging and activities. International corporations, such as the car maker Kia in Dublin, and other business organisations are using Irish when advertising goods and services on bilingual billboards and social network platforms are seen to be productive as is offering a quality kite mark standards certification for best practice bilingual practices.

In relation to their activities in Northern Ireland, Foras sees a number of challenges. The first os to navigate the restored political landscape. The second is to further develop the Western Belfast and Carn Tóchair designated language networks. The third is to forge a relationship with the three proposed Commissioners, one for the Irish language, one for the pro-Union culture and a third whose function will be to promote interaction between the two communities in the broad area of cutlure and language.[11] The fourth is the ongoing awareness and support roles which initially involves local authorities but will branch out to include most public organisations. The fifth is to flesh out the new legislative context

11 Note the pro-Union Commissioner is not so narrowly defined as relatinv only to the Ulster Scots identity.

and ensure that Irish-medium services are comprehensive and readily available without let or hinderance. This capacity building, especially in relation to the state and its myriad bodies, will demand a sea change in terms of the legitimacy of the provision of Irish-medium services and represents a substantial challenge over the medium term.

Underlying all these possible developments there are increasing conversations about a shared and united Ireland. Foras is very keen that the status of Irish not be the subject of any compromised position, especially in terms of primary and secondary education. Given the degree of entrenched opposition to the extension of Irish by a significant proportion of the population, it is recognised that the next ten to fifteen years will require not only a great deal of strategic and behavioural planning, but also far greater co-ordinated work with the other North-South bodies, especially in relation to border issues as the Brexit implications unfold.[12]

7. Conclusion

Foras is unique among the North-South bodies as it is the only one which deals directly with the establishment and implementation of language services. Despite occasional criticism, it has operated as a fundamental agency heavily involved in the reconstruction process. Accordingly, I interpret its role and function as an essential agency in the restoration of a degree of trust and co-operation in the working of both north-south and east-west political authorities.

12 Material derived from interview with Seán Ó Coinn and John Walsh, Foras Office, Dublin, 20 February 2024.

8. References

Barritt, D. P. and Carter, C. F. (1972) *The Northern Ireland Problem*. Oxford: Oxford University Press.

Cox, M. Guelke, A. Stephen, F. (2000) *A Farewell to Arms*. Manchester: Manchester University Press.

de Bréadún, D. (2001, 2008) *The Far Side of Revenge*. Cork: The Collins Press.

Government of the United Kingdom / Government of Ireland, (1998) *The Belfast Agreement. An Agreement Reached at the Multi-Party Talks on Northern Ireland. Presented to Parliament by the Secretary of State of Northern Ireland by Command of Her Majisty, April 1998*. Online: https://assets.publishing.service.gov.uk/government/uploads/system/uploads/attachment_data/file/1034123/The_Belfast_Agreement_An_Agreement_Reached_at_the_Multi-Party_Talks_on_Northern_Ireland.pdf

Mac Cormaic, A. (2016) *Modes of Politicization in the Irish Civil Service*. Basingstoke: Palgrave Macmillan.

Mac Giolla Chriost, D. (2005) *The Irish Language in Ireland: From Goídel to Globalisation*. London: Routledge.

Mac Poílin, A. (1997) (ed.), *The Irish Language in Northern Ireland*. Belfast: Ultacht Trust.

Morrisey, M. and Smyth, M. (2002) *Northern Ireland After the Good Friday Agreement*. London: Pluto Press.

Ó Murchú, H. (2006) *Reflections: Irish Language Communities in Action*. Dublin: Glór na nGael.

– (2008) (ed.) *More Facts About Irish*. Dublin: European Bureau for Lesser Used Languages.

– (2014) (ed.) *Reflections: Irish Language Communities in Action*. Dublin: Glór na nGael.

O'Rourke, B. and John Walsh (2020), *New Speakers of Irish in the Global Context: New Revival?* New York: Routledge.

Spencer, G. (2015) (ed.), *The British and Peace in Northern Ireland*. Cambridge: Cambridge University Press.

Walsh, J. (2011) *Contests and Contexts*. Bern: Peter Lang.

– (2022) *One Hundred Years of Irish Language Policy, 1922–2022*. Bern: Peter Lang.

Williams, C. H. (2006), 'Indigenous Language Rights and Legislation', in Muller, J. (ed.), *The Irish Language Act of Northern Ireland*. Belfast: Pobal, 10–29.

– (2012), 'Part I. Indigenous Language Rights and Legislation', in Muller, J. (ed.), *An Irish Language Act for Northern Ireland*. Belfast: Pobal, 14–41.

– (2023). *Language Policy and the New Speaker Challenge*. Cambridge: Cambridge University Press.

Ralf Wüstenberg's Legacy. Exploring Potentials for a Reconciliatory Dialogue Between Religion and Poitics in the Western Balkans

Reina Zenelaj

1. Introduction

The academic landscape of religion and political reconciliation has been profoundly shaped by the research works of Ralf Wüstenberg. Over the course of his practitioner and academic career, Wüstenberg has made groundbreaking contributions to our understanding of one of the most sensitive and peculiar topics since the beginning of human history, that of the relationship between politics and religion. His research approach has opened new avenues of transformations of this delicate relationship that continues to inspire many of us today.

This chapter, titled „A Dialogue Between Religion and Politics in the Western Balkans" is dedicated to exploring one of Wüstenberg's most influential books – „The Political Dimension of Reconciliation: A Theological Analysis of Ways of Dealing with Guilt during the transition to democracy in South Africa and East Germany" (see Wüstenberg 2009). Wüstenberg's work on political reconciliation not only provided a deeper comprehension of religion and politics but paved a safe path to the difficult road of political and religious reconciliation.

The first section of this chapter delves into the sensitive but also paradoxical views and interpretations of the relationship between politics and religion overall and in the Western Balkan context. It highlights the relevance of Wüstenberg's work and its influence on the realistic connection between religious and political descriptions of proper human relations. While Wüstenberg's book brings together pictures of a more religious South Africa and a more secular Germany, the Western Balkans provide a unique blend of both religious and secular or often non-religious elements.

The subsequent sections offer a comprehensive review of cases provided in line with Wüstenberg's political reconciliation scheme. By bringing examples from different states in the Balkans, the chapter demonstrates the practical implications of the scheme and the transformative impact on reading politics and religion in the Balkans from an unconventional perspective.

Finally, the chapter concludes with a forward-looking perspective, inspired by Wüstenberg's commitment to making scientific knowledge responsible and responsive to societal needs. It proposes several potential research directions that can encourage other research to build upon his legacy.

2. Endless Efforts: Balancing Regulation and Separation of Religion and Politics

Any thoughtful attempts to bring religion and politics together in the context of the Western Balkans sends us between Nietzsche's statements that „God is dead" and Dostoyevsky's formulations of „If there is no God, then everything is permissible." (Bogomilova 2005).

I come from a country where discussing religion is generally discouraged and studying it scientifically is even considered a taboo. One of my students would recently state „I think religion is important in constructing societal values but once a society is established you need to get rid of religion." Certainly, the statement was quite thought-provoking, especially in the context of a graduate course on Language, Nationalism and Ethnic Conflicts in the Balkans – a region where the memories of war often involve the use of religion to create enemy images (cf. Hadžić 2021). Historically, many religions have been a proven factor of destruction and war from which nothing positive emerged even after the war. And not only in intense times, religion in the Western Balkans is also the beginning of the Balkan's history itself. Religious identity produced the political and social stratification system since the second rule of the Ottoman period until recent political representations (cf. Malcolm 2019; Ramet 2018; Crampton 2007). Therefore, the exponent of religion in political power configurations is not an outcome of a peculiar system but inherited since the formation of national identities and through various mechanisms of institutionalization afterwards.

In Bosnia and Herzegovina for instance, ethnicity is confessional, which means that members of an ethnic group must be the same with members of a particular religion (cf. Abazović 2020). Religious identities in the Balkans are not a discussion of religious rights and freedoms as much as they are a criterion for securing collective rights. Apparently, the political nature of religion is stronger than its theological one. As such, several studies confirm the ethnoreligious nature of political mobilization in the region and certainly beyond, and its power to create divisions (cf. Vogt 2019). However, there is a notable lack of acknowledgment regarding the religious dimension of political reconciliation in the Balkans, with only a few voices recognizing its importance.

Therefore, when first met with the scholarly work of Ralf Wüstenberg, I was also, like many, highly impressed by the original nature of his research, the in-depth experience as a researcher in South Africa, and all the lessons learned that countries with emotionally tough histories of transformation can bring to the rest of the world.

Citizens and scholars alike often struggle with the intricate question – „Does religion create and foster differences within and across societies?" Religious violence is often rationalized by religious differences (cf. Kollar & Fleischmann 2022).

Religious violence represents the most public manifestation of the interplay between religion and politics. Achieving a peaceful relationship between religion and politics necessitates dismantling structural violence and constructing a new framework based on a rationality of structural peace. Despite religion's ancient roots in human societies, as a matter of fact, religions are never static and isolated, and they are subject to contextual and historical factors. Religious violence becomes even more significant in political perspectives because of its far- reaching repercussions on an international scale.

What makes religion a critical element in conflict contexts is its dual nature. Substantially, religion sets values and aligns human actions to an envisaged cosmic order that transcends temporal and terrestrial life. Functionally, it shapes perceptions of a legitimate political authority and can inspire individual actions to the level of sacrifices (cf. Silvestri & Mayall 2015). As Wüstenberg (2009) puts forward in this scholar work on political reconciliation, transformational process which certainly requires legal, political, social and economic dimensions, always have religious-ideological implications that impact the arrangement of the individual dimension.

This paper will attempt to explore the potential for developing religious dimensions of political reconciliation in the Balkans with all the complexities and sensitivities that the topic brings in the studied context. It is important to remember Galtung's famous conceptualization of violence as not only a direct outcome but also as hidden in societal structures, culture and behaviors. Perceptions of prejudice, victimhood and discrimination are central in the dynamics of structural, cultural and physical violence (cf. Galtung 1990). Thus, not using the potential of religions and religious institutions for peacebuilding is in itself an obstacle for peace that results in a form of indirect violence. As a matter of fact, conflict transformation that requires a shift from negative to positive peace, includes religions and non-religious concepts, arguments and actors. Yet, it has never been easy to draw a theoretical framework and develop a research methodology that brings politics, religion and peace together.

Wüstenberg's scholarly works offers a unique contribution in this perspective. It proposes an interesting scheme as a first orientation that facilitates this complex research. Connecting religion with politics can produce legitimate and illegitimate outcomes. The outcome is illegitimate when there is a direct transfer from the political to the theological and the political determines the theological. It is legitimate only when the transfer is broken, the political is baptized, and the theological adds a new meaning to it. When the transfer happens from theological to political, Wüstenberg considers the outcome illegitimate if the transfer is direct and the theological determines the political. Similarly, like the first model, the outcome is legitimate if the transfer is reconstructed in a way that the political recognizes the theological. His work has been built in South Africa and Germany, case studies that have produced both extremes of violence and role models of reconciliation.

My attempts to adapt it to the Western Balkans context certainly has its limitations. If referring to South Africa specifically, violence was fueled by racial division, with religion playing a crucial role in aiding reconciliation. In the Western Balkans, divisions and enemy images are often delineated along religious lines (cf. Branković, Turjačanin & Maloku 2017). In addition, Christianity dominates the religious life in South Africa while Western Balkans' societies are religiously heterogenous in nature. Yet, the model remains highly relevant and extremely useful in illustrating how the direct transfer of politics to religion and of religion to politics constitutes the basis of religious violence in the region. Therefore, a broken transfer as designed by Wüstenberg can open up the way to transformation and cooperation.

The direct transfer of religion and politics in both directions is as old as history itself, but the section below will concentrate on a number of typical examples that support this assertion.

3. Religion in Politics and Politics in Religion in the Western Balkans

The first connection and direct transfers of religion and politics in the Western Balkans is related to processes of national-state formation. Politicized religions that carry a form of political power are not related to the substantive faith notion of religion but to its functional role. When religion is used as an instrument of socialization and legitimization to promote faith to a new national-political state subject, it at the same time becomes controversial and marks others as dangerous to their national wellbeing. The policy that allegedly aims to protect „its own" people and „its own" faith, implies essentially adversary relations. Enemy images and memories of the „evil" develop into a behavioral practice that justify stories of ultimate sacrifices and wars. This direct transfer does not imply that nationalist leaders are true believers or religious. As a matter of fact, the case of the Western Balkans clearly shows that nationalist leaders had quickly changed paths from members of the communist party to religions. An increase of religious reference was mostly correlated with the transition from a socialist or communist ideology to a nationalist one (cf. Perica 2002).

Religious disputes along nationality lines are popular in mainstream media. The case of the Easter celebrations in 2015 in Albania provides only one example. By the time, Orthodox Christians celebrated the resurrection of Christ in the Cathedral of Tirana. As the celebrations were officiated in Greek, a prominent Albanian politician expressed regrets because of Greek language used by the Greek archbishop of the Albanian Orthodox Church, Anastasios Yanoulatos. A very religious event was used to dispute the claimed attempts of the Greek Orthodox Church to dismiss the Albanian language and identity (cf. Doja 2018). The interpretation escalates negative emotions in the context of exchanges of Albanian immigrants in Greece, converting to Greek Orthodoxy and start speaking the Greek language.

A similar discussion follows Montenegrin Government's Row with the pro-Serbian Democratic Front party and the Serbian Church. The Serbian Orthodox Church and pro-Serbian Democratic Front party accused the Montenegrin Prime Minister Zdravko Krivokapic of not signing an agreement with the church which according to the latest census, is the largest religious community in the country. The political representatives interpret the government's decision as discriminatory against the Serbian Orthodox Church in relation to all other religious communities in Montenegro (cf. Kajosevic 2021).

Religious differences in Kosovo and North Macedonia have seldom been allowed into the political space, despite sporadic attempts to exploit and instrumentalize them for political and nationalistic agendas. Despite the strong correlation among Albanians in North Macedonia and their Muslim identity as well as the Macedonian community and their Orthodox identity, religions have been relatively absent from the political sphere. However, the process of shaping an emerging Macedonian national identity has, in fact, involved a reaffirmation of Orthodox religion as an essential pillar (cf. Mazower & Lampe 2004). This has contributed to negative perceptions of Albanians and Muslims alike, related to what being a minority can bring into the political scene.

Beyond national building processes, among other things, religion is also relatively influential in most of the societies of the Western Balkans. Several societal actors recognize the key role religious leaders and communities can play in peacebuilding and regional cooperation. Moreover, they raise expectations to religious communities to address sensitive issues starting from misuse of religion for political agendas, negative and interventionist foreign influences, and the rise of violent extremism and radicalism. The forthcoming section will elaborate more on it.

4. The Religious Dimension of Political Reconciliation

In an intense and connected relationship between religion and politics, religion cannot be avoided or neglected but it needs to be reconstructed. Adapting Wüstenberg's work, the broken transfer can be constructed through a dialogue based on basic personal and social orientations endemic to political activity such as concepts of the worth of a person, of the order of society and of the goal of social institutions. Therefore, this section will attempt to promote a dialogue between religion and politics in the Western Balkans through a broken transfer.

a) Personal Worth and Societal Order Through the Concept of „Religious Tolerance"

In Albania, citizens live between two paradoxical realities – in the past, it has been the only country in Europe that has declared itself as atheistic and in the present – it projects a positive image internationally with a society that respects the most religious tolerance. Religious tolerance and religious coexistence have become the dominant identity discourses of Albania in the post-Communist period and increasingly so after Albania's signing of the Stabilization and Association Agreement in 2006. Religious tolerance and coexistence are also fundamental values cited in the country's constitution. The state itself is secular and neutral and it does not officially identify with any religion.

Religious tolerance has been extensively offered by the Albanian politicians and academics as the biggest contribution to the European Union. As stated by the speaker of the Albanian Parliament in 2009, Jozefina Topalli, „'Religious tolerance' is an added value which we, as a nation, can contribute to the European Union, as well as an example that other countries can follow (*TVSH* 2009)." (cf. Barbullushi 2011).

Therefore, religious tolerance comes into the public debate as not only worth to personal religious freedom but as concept that when met with politics, produces narratives of securitization. This narrative is not limited to a social order in Albania but exports itself as a contribution to European security.

b) Religious Heterogeneity & Diversity

According to the 2002 census, Serbia is an ethnically, linguistically, culturally and religiously very heterogeneous society. The census numbers 63 different religious groups and denominations present in Serbia (cf. Ilić 2005).

Religion is not only an instrument of politics but an important element of identification for the Serbian society. As such, discussions about laws and regulations relating status and activities of religious communities in Serbia have an impact on most of the population and as such it should center the discussions that serve to the construction of a political and social dialogue.

The complexity of religious heterogeneity demonstrates itself stronger in the case of Bosnia and Herzegovina in the signed status of „negative peace". John Paul Lederach argues that reconciliation is based on the recognition of truth, justice and peaceful coexistence (cf. Lederach 1995). Bosnia still suffers from religious segregation which is highly present in primary and secondary education. In addition, religious education classes focus only on the religion of the majority group in their community and discriminate minority religions (cf. Husremović 2018). Again here, Wüstenberg's scheme of broken transfer shows its assertiveness. In Bosnia we cannot expect reconciliation in the political context without before having reconciliation in the theological context (cf. Wettach 2008).

The transfer can happen only if the religious leaders can distance themselves from the role of „proxy politicians" and attempts to represent political authorities in the international community or the role of guarding national values. Conflict resolution efforts can be pursued only in venues where the religious leaders are present. The Interreligious Council of Bosnia and Herzegovina established by the World Conference on Religion and Peace (WCRP) is an example of an existing dialogue organization that should address repeating issues in individual communities to promote local and regional reconciliation (cf. Brajovic 2006).

So far, the role that religious leaders and communities played in societal issues such as peaceful coexistence, social cohesion, interethnic relations, and democracy is seen as more negative than in ethnically homogeneous countries. This result is also correlated with the wars in Bosnia and Herzegovina from 1992 to 1995, and the armed conflict in North Macedonia in 2001. Unrepaired interethnic relations cannot bring social cohesion. Social cohesion in the case of Bosnia is tightly related to interreligious relations and ability of the religious leaders to promote universal and ethnic values promoting interfaith dialog, respect and interreligious cooperation. The findings support once again the work of Wüstenberg that you cannot bring political peace without religious reconciliation.

c) Fighting Radicalism and Extremism

Wüstenberg claims in his book that the recognition of personal worth stands at the very center of many transformational processes. The case of Kosovo has produced more cases of Islamic radicalism although not against an ethnically religious enemy in the Balkans. The Kosovo war in 1999 was not organized on religious lines. Neither Islamic leaders, nor the Islamic theology itself played a significant role toward both forms of violent and nonviolent resistances. Acts of vandalism were present but seemed motivated by the desire to eradicate the evidence of the other's presence in Kosovo rather than religious fanaticism (cf. Morel 2013).

In fact, religious dialogue in Kosovo started before political dialogue. Religious leaders of three main religious communities in Kosovo (Islamic, Orthodox, and Roman Catholic) held a joint meeting in Pristina and expressed opposition to the misuse of religion for political reasons. They also expressed commitment to maintain direct contacts with religious communities to build channels for communication. Therefore, religious extremism in Kosovo emerged post-war because of the absence of state recognition and representation.

Kosovo's legislative framework prevents religious communities from registering as legal entities, depriving them of financial support from the state (cf. Elbasani & Mehmeti 2015). Consequently, religious communities remain open to foreign influence through funding and vulnerable to religious ethnically motivated violence, hate speech and vandalism.

The report of the US government and UNSC in 2014, refers to the dramatic increase in the number of fighters from Balkans in Syria and Iraq. Young people were mainly the targets for recruitment and many studies relate it with the lack of social and economic opportunities. A number of other studies connect it with a crisis of identity as well.

Political interventions of fighting religious extremism often followed Wüstenberg's model of direct transfers. Official statements have ranged from „Albanian nationalism has always been secular nationalism" to „The religion of Albanian is Albanianism" (Shabani 2015, 21). The followed approach paves the way to further risks and stigmatization of conservative religious believers. Returnees from terrorist camps face depression and in the absence of state institutional support, many chose to hide or move out of the country. What proves the case of Kosovo appropriate to the scheme *Theological reconciliation – political reconciliation*, is the dichotomy that religious extremism has brought in research literature studies among those that see Kosovo as a future of Islamic extremism and others on the opposite side that see Kosovo as part of the EU.

Societal reconciliation toward cases of regrets can happen with Wüstenberg's scheme of *Theological Reconciliation – Political Reconciliation*, where the theological should not be neglected but recognized in the new political order. Adopting the scheme, the state should recognize the religious communities legally and not paving the way to the form of humanitarian organizations that convince societies of what is moral and immoral, fair and unfair, and who deserves to live and to die. A legal recognition of religious institutions based on respect of religious freedom while pursuing European Integration would be a reconstructed legitimate outcome of the theological when recognized in the political.

5. Religious Reconciliation in the Political Arena: Concluding Remarks

Many of the Western Balkan societies come from a post conflict context which allowed a direct transfer of political language in the religious and the political language became the determining element of religious language. Communist and socialists' pasts during the cold war times when religions were either prohibited or discouraged gave rise to a degree of religious apathy and widespread suspicion of religious institutions among some segments of the population. As religion constituted a key part of national or ethnic identities for most of WB societies, a transfer of the political language into the religious or the religious language into the political is legitimate in broken forms. Wüstenberg's scheme of political reconciliation as adapted in the case of the Western Balkan countries manifests itself in two key legitimate outcomes: First is the broken transfer from *the Theological to the Political* exemplified with the case of religious tolerance and how is it used by politics to project the values of the Albanian state and society abroad. Moreover, in light of the US policy to dialogue with Muslim countries, Albania is offered as a role model and praised for values of tolerance and commitment to practice of religious freedom.

Second is the broken transfer from the *Political to the Theological* in the expectation that citizens in the Western Balkans have on the role that religions should play in promoting EU integration of their own countries, democratization, tolerance and peace. Furthermore, they expect religious communities to track different social issues from poverty to other inequalities, to foster interreligious initiatives and lead the communities to a higher level of social cohesion.

The conclusion of this chapter invites new scholars inspired by the excellent contribution of Wüstenberg's works to explore scientifically the role that religious communities should play in politics of peace and reconciliation, promoting values of democratization and societal development; and to build upon his legacy.

6. References

Abazović, D. (2020) 'Religious Nationalism in the Western Balkans', in F. Höhne & T. Meireis (eds.) *Religion and Neo-Nationalism in Europe*. Baden-Baden: Nomos, 321–332.

Barbullushi, O. (2011) The Politics of 'Religious Tolerance in Post-Communist Albania: Ideology, Security and Euro-Atlantic Integration. In Europe, the USA *and Political Islam: Strategies for* Engagement (pp. 140–160). London: Palgrave Macmillan, UK.

Bogomilova, N. (2005) *Religion, Law and Politics in the Balkans in the End of the 20th and the Beginning of the 21st Century*. Sophia: Iztok-Zapad.

Brajovic, Z. (2006) 'The Potential of Inter-Religious Dialogue', in M. Fischer (ed.) *Peacebuilding and Civil Society in Bosnia-Herzegovina: Ten Years after Dayton*. Münster: Lit, 185–214.

Branković, M., Turjačanin, V., & Maloku, E. (2017) 'Setting the stage: Research on National, Ethnic, and Religious Identities After the Recent Violent Conflicts in the Western Balkans', in F. Pratto et al. (eds.) *Shaping Social Identities After Violent Conflict: Youth in the Western Balkans*, Cham: Palgrave Macmillan, 13–51.

Crampton, R. J. (2007) 'The Balkans', in R. Gerwarth (ed.) *Twisted Paths. Europe 1914–1945*. New York: Oxford University Press, 237–270.

Doja, A. (2018) 'The Everyday of Religion and Politics in the Balkans', in D. Montgomery (ed.) *Everyday Life in the Balkans*. Bloomington: Indiana University Press, 321–335.

Elbasani, A., Roy, O., & Mehmeti, J. (2015) 'Faith and Politics in Kosovo: The Status of Religious Communities in a Secular Country', in A. Elbasani & O. Roy (eds.) *The Revival of Islam in the Balkans: From Identity to Religiosity*, Hampshire: Palgrave Macmillan, 62–80.

Galtung, J. (1990) „Cultural Violence", *Journal of Peace Research*, *27*(3), 291–305.

Hadžić, F. (2021) „The Ethnic-Confessional Mobilization Politics as the Stability and Progression's Stalemate in the Western Balkans", *Euro Politika*, (9), 51–68.

Husremović, D. (2018) 'Religious Education and the Large Group Identity', in G. Ognjenović & J. Jozelić (eds.) *Education in Post-Conflict Transition: The Politicization of Religion in School Textbooks*, London: Palgrave Macmillan, 181–210.

Ilić, A. (2005) „Church and State Relations in Present-Day Serbia: Part III The Societal Reality of Religious Freedom and Tolerance", *Occasional Papers on Religion in Eastern Europe*, 25(2), 2.

Kajosevic, S. (2021) 'Montenegrin Govt's Row with Serbian Church Erupts Again', BalkanInsight, 21 May. Available at: https://balkaninsight.com/2021/05/31/montenegrin-govts-row-with-serbian-church-erupts-again/(Accessed: 5 March 2024).

Kollar, R. & Fleischmann, F. (2022) „Does Religion Foster Prejudice among Adherents of all World Religions? A Comparison Across Religions", *Review of Religious Research*, 64(4), 627–653.

Lederach, J. P. (1995) 'Conflict Transformation in Protracted Internal Conflicts: The Case for a Comprehensive Network', in: K. Rupesinghe (ed.) *Conflict Transformation*, London: Palgrave Macmillan, 201–222.

Malcolm, N. (2019) *Useful Enemies: Islam and the Ottoman Empire in Western Political Thought, 1450–1750*. New York: Oxford University Press.

Mazower, M., & Lampe, J. R. (eds.) (2004) I*deologies and National Identities: The Case of Twentieth-Century Southeastern Europe*. Budapest / New York: Central European University Press.

Morel, A. F. (2013) „Identity and Conflict: Cultural Heritage, Reconstruction and National Identity in Kosovo", *Architecture_MPS*, 3(1), 1–21.

Perica, V. (2002) *Balkan idols: Religion and Nationalism in Yugoslav States*. New York: Oxford University Press.

Ramet, S. P. (2018) *Balkan Babel: The Disintegration of Yugoslavia from the Death of Tito to the Fall of Milosevic*. New York: Routledge.

Shabani, A. (2015) *Kosovo after the Conflict. The Influence of Religion in Politics*. Bachelor Thesis, Faculty of Political Science, International Law and Diplomacy at University of Business and Technology in Kosovo. Online: https://knowledgecenter.ubt-uni.net/etd/322.

Silvestri, S. & Mayall, J. (2015) *The Role of Religion in Conflict and Peacebuilding*. London: British Academy.

Vogt, M. (2019) *Mobilization and Conflict in Multiethnic States*. New York: Oxford University Press.

Wettach, T. (2008) „Religion and Reconciliation in Bosnia and Herzegovina", *Occasional Papers on Religion in Eastern Europe*, 28(4), 1.

Wüstenberg, R. K. (2009) *The Political Dimension of Reconciliation. A theological Analysis of Ways of Dealing with Guilt during the Transitions to Democarcyin South-Africa and (East) Germany*. Grand Rapids / Cambridge: Wm. B. Eerdmans.

„Sei stark, damit dein Herz mutig sei.“ (Ps 27,14). Zu Kriegsbildern in einem Vertrauenspsalm

Detlef Dieckmann

Auch wenn Feinde sie bedrängen und selbst wenn Krieg sie bedroht, so bekennt die betende Person in Ps 27, dann vertraut sie dennoch auf JHWH, ihren Gott. Denn er könne sie in seinem Haus vor allen Angriffen schützen.

Doch plötzlich kommen ihr Zweifel: Ist Gott überhaupt noch da? Oder gibt er sie letztlich den Bedrängern und dem Tode preis? Trotz dieser tiefen Verunsicherung hält das betende Ich am Vertrauen auf Gott fest. Am Ende des Psalms steht eine Ermutigung und Bestärkung, die an die Zusagen Gottes an Josua vor seinen Kämpfen erinnert. Läuft damit dieser Psalm auf einen Aufruf zum Krieg hinaus?

Im 27. Psalm, der im Mittelpunkt dieses Beitrags steht, sind Bilder des Krieges und der Verfolgung in ein Bekenntnis des Vertrauens, in ein Lied der Bitte und in eine Klage bzw. Anklage eingewoben. Diese Bilder, die teils militärische Bedrohungen, teils juristische Verfolgungen widerspiegeln, sollen im Folgenden eingehender beleuchtet und auf drei verschiedene Kontexte bezogen werden:

Der erste und größte Teil dieses Beitrags, meine Exegese von Ps 27, untersucht die Beschreibungen von Angriffen im literarischen Kontext der Ich-Rede, wie sie sich in Ps 27 entfaltet. Diese Analyse soll herausarbeiten, welche Funktion den Kriegsbildern in diesem Psalm zugeschrieben werden kann. Sind sie sozusagen die dunkle Folie, vor denen sich die Bekenntnisse und das Vertrauen des hilflosen und unterlegenen Psalm-Ichs um so heller abheben? Haben sie die pragmatische Funktion, (stattdessen oder gleichzeitig?) den Aufruf zu militärischen Handlungen vorzubereiten? Handelt es sich bei Ps 27 also um einen Vertrauenspsalm oder (auch?) um einen Kriegspsalm? Entscheidet sich das möglicherweise erst mit der Deutung des letzten Verses? Solche Fragen werden sich auch 2025 beim Deutschen Evangelischen Kirchentag stellen, bei dem Ps 27 gelesen und gebetet werden soll.[1]

Der zweite Abschnitt geht der literarischen Fiktion nach, für die David der Sprecher dieses Psalms ist. Eine wichtige Rolle für die Deutung der Bilder des Krieges in Ps 27 spielen dabei die zahlreichen Erzählungen, nach denen David in kriegerische und andere Auseinandersetzungen verwickelt war.

Und drittens frage ich abschließend, inwiefern dieser Psalm angesichts der militärischen Konflikte der Gegenwart heute Relevanz gewinnen kann – mit Blick auf die umfassenden Forschungen des geschätzten ehemaligen Kollegen Ralf Karolus Wüstenberg zu Versöhnung und Frieden in der neueren Geschichte.

1. Exegese von Ps 27

a) „JHWH ist meine Rettung“ (VV. 1–3)

Die Arbeitsübersetzung, die ich für diesen Beitrag erstellt habe, verfolgt den Anspruch, den hebräischen Text möglichst transparent zu machen:

(1a) JHWH ist mein Licht und meine Rettung –
vor wem sollte ich Angst haben (ירא)?

(1b) JHWH ist die Burg für mein Leben –
vor wem sollte mir grauen (פחד)?

1 Eine neue Übersetzung von Ps 27 und meine exegetische Skizze dazu, auf der dieser Beitrag aufbaut, wird auf https://kirchentag.de erscheinen.

Mit diesem Bekenntnis beginnt Ps 27 als Vertrauenslied: JHWH ist für die betende Person „mein Licht", „meine Rettung" und „Burg für mein Leben". Mit Licht wird JHWH in der Hebräischen Bibel öfter in Verbindung gebracht (z. B. Ps 4,7; Jes 2,7; Num 6,35); JHWH wird aber sehr selten als Licht bezeichnet oder bekannt (vgl. Ps 112,4; Mi 7,8). Der Zusatz „… und meine Rettung" (וישעי) scheint die Aussage „JHWH ist mein Licht" (אורי יהוה) zu erläutern: Gott ist für die sprechende Person Licht, weil er sie gerettet hat und / oder retten wird.

In V. 1b bezeichnet das Psalm-Ich JHWH als „Burg des Lebens" (חיי מעוז), wie es wörtlich heißt, d. h. als „Schutzburg" (z. B. Hartenstein 2008, 66) oder „Fluchtburg" (Zenger 2003, 14), in die sich Menschen bei Angriffen retten können, um nicht getötet zu werden. Hier in V. 1 scheint die „Lebens-Burg" zunächst eine Metapher für Gott zu sein, ebenso wie „Licht" und „Rettung".

Mit der ersten rhetorischen Frage in V. 1a macht das sprechende Ich deutlich, dass es angesichts des rettenden Gottes vor niemandem Angst hat (ירא „sich fürchten / Angst haben"). In V. 1b wiederholt es die Frage, verwendet dabei aber ein Verb, das eine gesteigerte Angst bzw. einen Schrecken bezeichnet, nämlich ein durch Mark und Bein gehendes, schockartiges Erschrocken-Sein, wie es Menschen z. T. bei traumatischen Ereignissen wie Terrorangriffen erfahren (פחד).

Dank Gottes Schutz gibt es für die bekennende Person zurzeit keinen Grund zur Angst vor Terror oder Todesfurcht, so sagt sie es jedenfalls. Doch gleichzeitig ist das Verneinte sprachlich präsent: Es gibt zumindest potenziell Menschen, durch die das Ich in Angst und Schrecken versetzt werden könnte. Und diese Angstmacher erscheinen im folgenden Vers:

(2a) Näher[te]n[2] sich Übeltäter gegen mich,
um mein Fleisch zu fressen,

2 Ergänzungen zu den Übersetzungen des hebräischen Textes werden in eckige Klammern gesetzt. Wörtlich lautet V. 2: „Beim Nähern von Übeltätern gegen

(2b) meine Bedränger und meine[3] Feinde,
dann sind *sie* gestolpert und gefallen.

V. 2 benennt die Gegner mit den allgemeinen Begriffen Übeltäter (vom Verb רעע hif.), Bedränger (צר) und Feind (איב). Aus diesen Bezeichnungen lässt sich noch nicht ablesen, welcher Art diese Angriffe sind, ob es sich etwa um kriegerische Handlungen oder andere, möglicherweise persönliche Anfeindungen handelt.

Daher deuteten einige Exegeten die Formulierung, Übeltäter wollten die angegriffene Person zerfleischen (אכל את בשר), als uneigentliche Sprache. Gemeint sei z. B., die bedrängte Person werde verleumdet (z. B. Böhler 2021, 495).

Auch wenn diese Deutung durchaus möglich ist und, wie wir noch sehen werden, gut zum zweiten Teil des Psalms passt, möchte ich den drastischen Vergleich der Übeltäter mit wilden Tieren in V. 2a möglichst ernst nehmen: Die erzählende Person berichtet, dass ihr übelwollende Menschen in feindlicher Absicht zu nahe gekommen sind, ihre körperliche Unversehrtheit bedroht haben und ihren Tod wollten. Dies könnte auf einen brutalen physischen Angriff wie ein Massaker verweisen. Und selbst wenn V. 2 keine unmittelbare körperliche Attacke beschrei-

mich, um mein Fleisch zu fressen – *sie* sind gestolpert und gefallen." D. h., die Lesenden wissen in V. 2a noch nicht, ob die betende Person von einem zurückliegenden („Näherten sich Übeltäter …") oder einem vorgestellten Angriff („Nähern sich Übeltäter …") spricht. Erst V. 2b formuliert in der Vergangenheit. Die oben stehende Übersetzung geht (mit Hirsch 1995, 151; Böhler 2021, 491.495) davon aus, dass mit den Perfekt-Formen in V. 2b der gesamte Vers in die Vergangenheit gesetzt wird. Dies scheint mir plausibler als in V. 2b ein Futur II zu sehen, was grammatisch allerdings ebenfalls denkbar wäre. So übersetzt Zenger 2003, 14: „Wenn Übeltäter sich mir nahen, um mein Fleisch zu fressen – meine Bedränger und meine Feinde, sie sind (schon) gestrauchelt und gestürzt!"

3 Wörtlich: „meine Feinde, die ich habe", vgl. Hartenstein 2008, 66.

ben sollte, wurde sie von dem sprechenden Ich doch *wie* eine Bedrohung von Leib und Leben wahrgenommen.

V. 2b schildert, wie sich diese (lebens-)bedrohliche Situation unversehens aufgelöst hat: Die Angreifenden sind einfach gestolpert und dabei zumindest kampfunfähig hingefallen. Das hier verwendete hebräische Verb נפל kann auch „fallen" in dem Sinn bedeuten, in dem wir davon sprechen, dass Soldaten fallen, also sterben. Damit hätten Selbstsabotage bzw. ein funktionierender Tun-Ergehen-Zusammenhang dafür gesorgt, dass Übeltäter, Bedränger und Feinde verschwunden sind und nun niemanden mehr zu nahe kommen können.

Aus dieser Erfahrung zieht das betende Ich einen Schluss für die Zukunft:

(3a) Wenn sich ein Heerlager gegen mich lagert,
hat mein Herz keine Angst.
(3b) Wenn sich gegen mich ein Krieg erhebt –
(selbst) in ihm bleibe ich vertrauend (בטח).

Das Ich scheint immer mutiger zu werden, zumindest in seiner Selbstvorstellung. Da sich der vergangene Angriff so schnell wie von selbst erledigt habe, würde das Herz des bekennenden Ichs sich selbst dann nicht ängstigen (vgl. V. 1a), falls ein ganzes Heer es bedroht (V. 3a). Und sogar wenn dieses Heer dann einen Krieg gegen die sprechende Person begönne, würde sie auch „in diesem" Krieg (בזאת) weiterhin und dauernd vertrauen (Partizip Präsens von בטח). Dieses Psalm-Ich kann nichts mehr erschüttern, so scheint es.

b) „Wohnen im Hause JHWHs" (VV. 4–6)

Nach dem Vertrauensbekenntnis in der ersten Strophe VV. 1–3 beginnt die zweite Strophe mit einem Wunsch:

(4a) Eines bitte ich hiermit von JHWH,
das suche ich:

dass ich wohne im Hause JHWHs
alle Tage meines Lebens,
(4b) um die Freundlichkeit JHWHs zu schauen
und zu betrachten (בקר pi.) in seinem Tempel.
(5a) Denn er birgt mich in seiner Hütte
am Unglückstag,
er versteckt (סתר hif.) mich im Versteck (סתר) seines Zeltes.
(5b) Auf einen Felsen erhöht er mich.
(6a) Und jetzt erhöht er mein Haupt
gegenüber meinen Feinden ringsum,
und ich will opfern in seinem Zelt
Opfer des Jubels.
(6b) Ich will singen und musizieren für JHWH.

Mit V. 4a wechselt der Sprechakt: Nun erbittet, nun ersucht die betende Person etwas von Gott. Dabei wendet sie sich (noch) nicht an Gott selbst, sondern spricht entweder zu einem vorgestellten Auditorium oder still für sich. Sie dürfte davon ausgehen, dass Gott ihre Bitte dennoch erhört.

Hat die sprechende Person in V. 1b noch Gott metaphorisch als ihren Zufluchtsort und ihre Rettung bezeichnet, so bittet sie jetzt Gott, ihr Bekenntnis in erfahrbare Wirklichkeit zu verwandeln. Anstelle der „Burg" in V. 1b stehen in V. 4 das „Haus JHWHs" (V. 4a: בית יהוה) bzw. der „Tempel" (V. 4b: היכל), in dem das betende Ich am liebsten für den Rest des Lebens wohnen möchte. Ganz ähnlich erwartet es das Psalm-Ich in Ps 23,6.

Dabei steht in V. 4b zunächst gar nicht das Bedürfnis nach Schutz für Leib und Leben, sondern der Wunsch nach einem geistlichen Leben im Vordergrund: Die vertrauende Person möchte die „Schönheit JHWHs" schauen, möchte seiner „Freundlichkeit" ansichtig werden, so heißt es. Von Gottesdiensten ist, anders als in der bekannten Luther-Übersetzung, im hebräischen Text keine Rede: Das hebräische Wort נעם bezeichnet keine Feier und kein Ritual, sondern ist ein Begriff dafür, wie angenehm und freundlich oder liebevoll zugewandt Gott ist.

Die Freundlichkeit Gottes möchte das Psalm-Ich nicht nur freudig anschauen, sondern auch genau „betrachten" (בקר pi.), d.h., es möchte sich geradezu meditativ darin versenken, möchte innehalten und nachdenken.[4]

Die Bitte, lebenslang im Hause Gottes zu wohnen, begründet das Psalm-Ich ab V. 5a mit Bekenntnisaussagen oder Vorstellungen, die inhaltlich eng an die erste Strophe anknüpfen. Dabei sind die „Hütte" (סך), das „Zelt" (אהל) und der „Fels" (צור; als Ort, an dem der Tempel erbaut wurde) Synonyme für das „Haus JHWHs" und den „Tempel" in V. 4, von dem sich die betende Person dieselbe Schutzfunktion erwartet wie von der „Burg des Lebens" in V. 1b, die sie mit Gott gleichgesetzt hat.

Die auf Gott bezogenen Verben in VV. 5–6 können entweder präsentisch oder futurisch übersetzt werden, weil sie im hebräischen Text im Imperfekt stehen. D.h., die glaubende Person sieht das, worum sie bittet, schon wirkmächtig vor sich: Gott versteckt sie am Tag des Unglücks – z.B. vor einem brutalen Angriff oder einer unberechtigten Anklage oder Verfolgung – in seinem Haus so sicher (V. 5a), dass sie nicht gefunden und getötet werden kann; Gott exponiert sie auf einem Felsen, sodass sie „jetzt" siegreich und unverwundbar ihren Kopf erheben kann, während die Feinde sie einkreisen (V. 5b). Die Vorstellung in V. 5b schließt an V. 3 an. Bei einem Leben im Gotteshaus muss sich die bittende Person nie wieder vor Feinden fürchten.

Diese Imagination eines stets rettenden Gottes führt bei der sprechenden Person offenbar zu einem Gefühl von dankbarer Freude, das

4 Auch wenn mit dem Verb בקר pi. einmal das Betrachten des Opfers bezeichnet wurde, scheint es mir im Kontext von Ps 27,4b das Schauen (חזה) im Sinne eines genauen Betrachtens zu erläutern.

sie durch Jubelopfer, Singen und Musizieren mit Instrumenten ausdrücken möchte.

Mit V. 5 ist auch die zweite Strophe in diesem ersten Psalm-Teil abgeschlossen.

Damit werden die ersten beiden Strophen des Psalms eng miteinander verbunden: Das Bild des schützenden Ortes in V. 1a und V. 5a sowie die Feind- und Kriegsbilder in VV. 2–3 und in VV. 5b–6a bilden eine Klammer zwischen den beiden Strophen. Zudem endet die erste Hälfte dieses Vertrauens- und Bekenntnispsalms so, wie sie begonnen hat: Mit der Zuversicht des Psalm-Ichs in Gott und mit der Nennung seines Namens JHWH, bzw. nach dem Qere der Hebräischen Bibel: ADONAJ.

Bis hierhin hat sich also der Psalm ganz in der Vorstellungswelt des Ichs bewegt. Doch so plastisch dem Ich das Wohnen im Tempel und die Rettung vor Augen stehen mögen – bis jetzt ist innerhalb der Textwelt des Psalms noch nichts davon real geworden. Daher fragen sich die Lesenden: Wie wird Gott auf das Bekenntnis des Vertrauens und auf die Bitten reagieren?

c) „Verlass mich nicht!" (VV. 7–10)

„Ich will singen und musizieren für JHWH", schließt V. 6b. Nun könnte jener Dankesjubel folgen, den das Psalm-Ich für Gott singt. Doch von Dank oder Jubel ist in der ersten Strophe der zweiten Psalmhälfte nichts zu hören. Stattdessen erklingt ein ganz anderer Ton:

(7a) Höre, JHWH, laut rufe ich:
Sei mir gnädig und antworte mir!
(8a) Dir sprach mein Herz [nach, was du gesagt hast]:
‚Sucht mein Angesicht!'
(8b) Dein Angesicht, JHWH, suche ich!
(9a) Verstecke (סתר hif.) dein Angesicht nicht vor mir.
Weise nicht im Zorn deinen Knecht (עבד) ab.
Meine Hilfe bist du geworden.

(9b) Gib mich nicht auf und verlass (עזב) mich nicht,
Gott meiner Rettung (ישע).
(10a) Denn mein Vater und meine Mutter haben mich verlassen (עזב),
(10b) JHWH aber wird mich aufnehmen (אסף).

Zwischen V. 6 und V. 7 tut sich eine Leerstelle auf: Anscheinend hat Gott weder die Bitten des Ichs erfüllt noch überhaupt geantwortet, sondern scheint abwesend. Deswegen ruft die klagende Person nun mit ihrer Stimme (קול), also laut, Gott an und fordert: Höre, JHWH![5] Er solle sich ihr zuneigen, indem er ihr antwortet. Damit hat sich in V. 7a plötzlich die vertrauensvolle Stimmung in ihr Gegenteil verkehrt. Statt ein Lob- oder Dankeslied zu singen, ruft die bittende Person Gott an – oder schreit sie sogar verzweifelt? Streitet sie hier mit Gott?

In jedem Fall erinnert das Psalm-Ich in VV. 8–9 Gott dreimal daran, was er früher für die Menschen war und was Menschen in ihm gesehen haben: Ein zugewandtes Angesicht (V. 8a, vgl. V. 4b?), eine Hilfe (V. 9a) und Rettung (V. 9b, vgl. V. 1a).

V. 8a beginnt mit dem unvollständigen Satz: „Dir sprach mein Herz" (לבי אמר לך) und setzt mit einer Aussage fort, die im Psalm offenbar als Gotteszitat verstanden wird: „Sucht mein Angesicht" (בקשו פני). Insofern liegt es nahe, V. 8a folgendermaßen zu ergänzen: „Dir sprach mein Herz [nach, was du gesagt hast, nämlich:] ‚Sucht mein Angesicht'" (vgl. auch Philippson 2018, 67). Damit ist offenbar gemeint: „Mein Herz erinnerte dich an deine Aufforderung: ‚Sucht mein Angesicht.'" In der Hebräischen Bibel findet sich zwar kein solches Gotteswort, anspielen könnte dieses

5 Die Aufforderung „Höre, JHWH!" begegnet, soweit ich sehe, sonst in der Hebräischen Bibel nur in Dtn 33,7 und Ps 30,11. Sie scheint außergewöhnlich, zumal sie daran erinnert, dass in dem bekannten „Höre, Israel" in Dtn 6,4 eigentlich Gott Israel zum Hören auffordert.

konstruierte Zitat aber z. B. auf Dtn 4,29; 16,16; 31,11; 1 Chr 16,11 / Ps 105,4; 2 Chr 7,14, Hos 5,15 (vgl. Oeming 2000, 169).

Dasselbe Herz, das sich in V. 3a aus seiner Gottesgewissheit heraus sogar vor feindlichem Heer oder Krieg nicht geängstigt hat, erinnert sich jetzt sehnsüchtig an Gottes eigenen Wunsch nach Nähe zu den Menschen und seine Aufforderung, um eine „Audienz" zu ersuchen (Hartenstein 2008, 68). Mit diesem Gotteszitat argumentiert die sprechende Person, sie suche Gottes Angesicht genau so, wie er es gefordert habe. Deswegen solle Gott nun doch nicht sein Angesicht verbergen.

In V. 9a rechnet diese Person damit, dass Gott auf sie zornig sei und sich deshalb abwende. Sie beschwört ihn, er sei doch ihre Hilfe[6] geworden bzw. gewesen. Wenn die betende Person sich dabei als Gottes Knecht oder Diener (עבד) bezeichnet, sagt sie damit implizit: ‚Gott, ich gehöre doch zu dir![7] Deswegen: Kümmere dich um mich!'

Als wenn Gott gerade dabei ist, sich abzuwenden, bittet die sprechende Person in V. 9b Gott inständig, sie nicht aufzugeben und sie nicht zu verlassen. Sie nennt Gott dabei „Gott meiner Rettung" und weist ihn damit zum dritten Mal darauf hin, in welcher Weise er früher für sie da war und wie wichtig er nach wie vor für sie ist: Denn nur mit Gottes Gegenwart, „Hilfe" und „Rettung" kann sie weiter- und überleben.

Nun aber hat die bittende, klagende Person offenbar den Eindruck, dass Gott abwesend ist. Damit ist er für sie kein „Licht", keine schützende „Burg" und kein Tempel mehr, in dem er das bedrohte Psalm-Ich birgt (V. 5) und in dem er seine Freundlichkeit sehen lässt (V. 4). So klafft zwischen den vertrauensvollen Bekenntnissen und den hoffnungsvollen Vorstellungen in der ersten Psalmhälfte und der in der zweiten Psalm-Hälfte beschriebenen Realität eine Lücke, wie sie größer kaum

6 Als Hilfe (עזרת) wird Gott immer wieder in Psalmen bezeichnet bzw. erhofft, vgl. Ps 22,20; 35,2; 38,23; 40,14.18; 44,27; 46,2; 60,13; 63,8; 70,2; 71,12; 94,17; 108,13.

7 So wird es die Kirchentagsübersetzung von Ps 27 wiedergeben.

sein könnte. Es breitet sich tiefer Zweifel aus: Ist Gott gar nicht so, wie es das betende Ich bekannt und erhofft hat und wie es Generationen von Menschen vor und nach ihm glauben?

Dieser Wechsel vom Bekenntnis zur eindringlichen Bitte, vom freudigen Vertrauen zur Verzweiflung kommt in V. 7 derart unvermittelt, dass Exegeten (vgl. z. B. Hossfeld 1993, 171) vermutet haben, hier beginne ein Text, der früher von VV. 1–6 unabhängig war. Auch wenn diese Hypothese nachvollziehbar ist: da Ps 27 nur in der vorliegenden Fassung überliefert wurde, lässt sich diese Vermutung nicht beweisen. Daher ist der Psalm in der jetzigen, kanonischen Form zur Auslegung gegeben. Doch unabhängig von literarhistorischen Thesen lässt sich der Wechsel in der Stimmung auch inhaltlich gut deuten: Hier wird dargestellt, wie schnell ein festes Gottvertrauen und eine geradezu überschwängliche Hoffnung auf die Nähe Gottes brüchig werden können, sobald Gott als *deus absconditus* erfahren wird.

Damit enden die Bitten bzw. Forderungen des Psalm-Ichs an Gott zunächst. In dem folgenden V. 10 spricht das Ich entweder zu sich selbst oder zu einem vorgestellten Publikum und formuliert eine Hoffnung für die Zukunft: Auch wenn ihre Eltern sie verlassen haben (עזב) – weil sie gestorben sind oder ihr in dieser Not nicht mehr helfen können –, werde Gott die sprechende Person wieder „aufsammeln" (אסף), so heißt es wörtlich, wie ein Tier, das sich verlaufen hat (vgl. Dt 22,2). Mit diesem Wortspiel zwischen den ähnlich lautenden und doch Entgegengesetztes bedeutenden Verben עזב (*'asaw*) und אסף (*'assaf*) bringt die betende Person ihre Zuversicht zum Ausdruck, dass Gott ihre Bitten erhört. Trotz der empfundenen Abwesenheit Gottes ist das Vertrauen in ihn nicht zerstört; auch in der dritten Strophe bleibt dieses Lied ein Vertrauens- und Bekenntnispsalm mit Elementen der Klage.[8]

8 Seit Gunkel (1985, 172) wurden immer wieder VV. 1–6 als Vertrauenspsalm und VV. 7–14 als Klagelied des Einzelnen bestimmt. Demgegenüber wird der gesamte Ps 27 hier als Vertrauenspsalm mit Elementen einer Klage gelesen.

Damit kehrt der Psalm nach dem emotionalen Tiefpunkt in VV. 7–9 wieder zu einem zuversichtlichen Grundton zurück – allerdings mit einer Formulierung, die gegenüber dem fast triumphalen Vertrauensbekenntnis und der sehr anschaulich ausgemalten Hoffnung auf das Wohnen im Gotteshaus (VV. 1–6) nur sehr kurz ist und eher ‚leise' wirken kann.

Die Feind- und Kriegsbilder treten in dieser dritten Strophe in dem Maße zurück, in dem das Verhältnis zwischen dem Psalm-Ich und Gott in den Vordergrund rückt. Auf die erste Strophe rekurriert dieser Abschnitt am stärksten durch das wiederholte Bekenntnis zu Gott als „Rettung" (ישע, vgl. V. 1a). Eine Verknüpfung mit der zweiten Strophe ergibt sich durch das Tempel- und Audienzmotiv „Angesicht" (dreimal in VV. 8–9). Die sprechende Person fordert Gott auf, jenes Angesicht nicht zu verbergen, dessen Freundlichkeit zu sehen sie in der dritten Strophe erbeten hat (V. 4).

d) „Wenn ich nicht gewiss wäre …" (VV. 11–13)

Die folgenden Verse der vierten Strophe wenden sich wieder an Gott und scheinen eine Conclusio zu formulieren:

(11a) Lehre mich, JHWH, deinen Weg,
und leite mich auf richtigem / ebenem Pfad,
(11b) deretwegen, die mir auflauern.
(12a) Gib mich nicht preis dem Mutwillen (נפש) meiner Bedränger,
(12b) denn erhoben haben sich gegen mich Lügenzeugen
und eine verströmte Gewalt / Unrecht
(*oder*: und ein Gewaltzeuge / falscher Zeuge).
(13) Wenn ich nicht gewiss wäre (אמנ), zu sehen
die Güte JHWHs im Land der Lebendigen …

V. 11 setzt die Reihe der an Gott gerichteten Imperative fort und beginnt mit der Bitte, Gott möge das Psalm-Ich seinen Weg lehren (ירה, wovon sich das Substantiv תורה ableitet). Der Weg in V. 11 lässt sich zunächst als Metapher für das richtige Leben verstehen, das Gott die betende Person lehren und in dem er sie leiten möge, damit sie nicht vom rechten Pfad abkommt und sich bzw. Gottes Tora verfehlt.

Doch in V. 11b schlägt das Bild um: Jetzt tauchen im Text plötzlich Wegelagerer (Böhler 2021, 497–498) auf, so dass der Weg nicht mehr als Metapher, sondern konkret als Ort der Gefahr verstanden werden kann. Von V. 22b aus gelesen, bittet die sprechende Person Gott, sie auf einem ebenen Pfad zu führen. Denn wenn nicht wie in V. 2 die Gegner stolpern und fallen, sondern die betende Person selbst hinfällt, könnte sie von Menschen ausgeraubt werden, die ihr schon am Wegesrand auflauern (vgl. ebd.). Alternativ dazu könnte V. 11 auch als Bitte verstanden werden, dass Gott das Psalm-Ich auf jenen Weg führt, an dem keine Straßenräuber zu befürchten sind. Und selbstverständlich ist diese Bitte um Bewahrung vor Gefahren auch wieder metaphorisch deutbar.

V. 12 fasst die Bitten um Schutz durch Gott zusammen. Nach den Wegelagerern in V. 11 begegnen wieder die Bedränger aus V. 2 (צרים), deren Mutwillen oder „Gier“ (נפש; Böhler 2021, 491; Kraus 1978, 363) zu fürchten ist. Danach erscheint mit den „Lügenzeugen“ eine neue Gruppe von Feinden, die sich vor Gericht gegen das unschuldige Psalm-Ich erheben und seine Verurteilung wollen. In V. 12b ist unsicher, wie der Text zu verstehen ist. Entweder ist von jemandem die Rede, der (z. B. vor Gericht) Unrecht entfacht (vgl. Kraus 1978, 363), oder aber von jemandem, der „Gewalt ausatmet“ oder „verströmt“, also schon auf den ersten Blick gewaltbereit erscheint. Das liegt daran, dass das Wort ויפח vom Verb פחה – „ausatmen“ abgeleitet (vgl. z. B. Hartenstein 2008, 80), aber auch als Substantiv יפיח verstanden werden kann, das „Zeuge“ bedeuten könnte (Böhler 2021, 492). Zudem kann das Wort חמס (*chamass*) „Unrecht“ oder „Gewalt“ meinen.

In jedem Fall verschieben sich die Feindbilder am Ende in dieser vierten Strophe etwas gegenüber der ersten und zweiten Strophe. Hier am Ende des Psalms geht es nicht mehr um Kriegsgegner, sondern um Menschen, die das unschuldige Psalm-Ich zu Unrecht vor Gericht beschuldigen. Vor diesem Hintergrund kann das Gotteshaus in der ersten Hälfte des Psalms (VV. 4–5) retrospektiv auch als Asylort verstanden werden.

Insgesamt nennt die betende Person also vier Gruppen von Gegnern:

(1) Die Übeltäter, Bedränger und Feinde, die sie zerfleischen wollen (V. 2);
(2) Die Feinde im Krieg (VV. 3.6a);
(3) Die Straßenräuber (V. 11);
(4) Die Bedränger, Lügenzeugen und evtl. Gewaltbereiten (V. 12), wobei die Bedränger sich mit den in (1) Genannten überlappen könnten.

Dabei sind die Gruppen (2) bis (4) klar bestimmten Kontexten zuzuordnen, nämlich dem Krieg (2), der Kriminalität im Alltag (3) und dem Gerichtswesen (4), das hier zur Verurteilung Unschuldiger missbraucht wird.

Wie wir oben bereits gesehen haben, kann die erste Gruppe unterschiedlich eingeordnet werden: Der Versuch, die betende Person zu zerfleischen, kann metaphorisch verstanden werden. Dann könnten mit den Übeltätern, Bedrängern und Feinde all jene Menschen gemeint sein, die die sprechende Person z. B. vor Gericht (4) oder in einem anderen Kontext persönlich anfeinden. Es kann aber in V. 2 auch gemeint sein, dass andere das Psalm-Ich tatsächlich körperlich angegriffen haben, im Krieg (vgl. 2) oder bei einem Gewaltverbrechen außerhalb eines militärischen Kampfes. Vielleicht ist V. 2 ja auch bewusst so formuliert, dass beide Deutungen möglich sind.

Wie die dritte, so wird auch diese vierte Strophe mit einer Vertrauensaussage abgeschlossen. Darin lässt die betende Person ihren Glauben bzw. ihre Gewissheit (אמן) erkennen, weiterhin oder wieder die Güte JHWHs zu sehen, und zwar „im Land der Lebenden“, d. h.: Das Psalm-Ich ist zuversichtlich, alle Angriffe zu überstehen und vor Gott weiter leben zu können. Zusammen mit der Wendung: „ersuche ich zu wohnen im Hause JHWHs all meine Tage" in V. 4 verweist diese letzte Aussage der betenden Person in Ps 27,13 auf Ps 23,6: „Nur Güte und Zuwendung werden mich verfolgen alle Tage meines Lebens, und ich werde wohnen im Hause JHWHs die Länge der Tage", Allen drei Versen gemeinsam ist die Hoffnung, vor den Feinden für den Rest des Lebens in die Nähe Gottes fliehen zu können.

Wie V. 10, so spricht das Psalm-Ich auch V. 13 nicht zu Gott, sondern für sich bzw. zu einem imaginierten Auditorium. Begründet die betende Person in VV. 10.13, warum sie trotz allem an Gott festhält? Oder formuliert sie ihr Vertrauen so vorsichtig und buchstäblich leise, weil sie es nicht mehr laut auszusprechen vermag? Ist dies ein Zeichen dafür, wie fragil dieses Vertrauen im Verlauf des Psalms geworden ist? Denn wie in V. 1 ist auch in V. 13 die negative, vielleicht sogar näherliegende Gegenmöglichkeit präsent, dass die betende Person ihren Glauben an die Güte JHWHs und die Zuversicht, zu überleben, verliert. In diesem Sinne lädt auch V. 13 dazu ein, den angefangenen Satz: „Wenn ich nicht gewiss wäre, zu sehen die Güte JHWHs im Land der Lebendigen" zu vervollständigen: „dann wäre ich verloren."

So ist dieser Psalm von V. 1 bis V. 13 wohl ein Gebet des Vertrauens auf Gott und des Bekenntnisses zu ihm. Aber dieses Vertrauen ist in der ersten Hälfte des Psalms (VV. 1–6) ein anderes als in der zweiten. In den ersten beiden Strophen trotzt dieses Vertrauen allen zurückliegenden oder vorgestellten Angriffen durch Feinde. So drastisch und plastisch wie die Übergriffe beschrieben werden, so überzeugt ist das Bekenntnis zu Gott und so fest und unverlierbar das Vertrauen in ihn. Auch die Gottesferne in der dritten Strophe zerstört dieses Gottvertrauen nicht grundsätzlich.

Damit scheinen die Kriegsbilder bis V. 13 tatsächlich die Funktion einer dunklen Folie zu erfüllen, vor der sich die Bekenntnisse und die Bilder des Vertrauens in Rettung und Schutz entweder deutlich (vgl. VV. 1–6) oder schwächer (VV. 10.13) abheben. Dabei erscheint das betende Ich den Feinden gegenüber unterlegen, hilflos und wehrlos ausgeliefert zu sein und wird als Opfer gezeichnet.

Bis zum Schluss hofft das Psalm-Ich, noch errettet zu werden. Ob Gott das Psalm-Ich aber tatsächlich vor den Wegelagerern, den Bedrängern, Lügenzeugen und all den anderen Gegner retten wird, bleibt in Ps 27 offen.

e) „Hoffe auf JHWH, sei stark!“ (V. 14)

Was bleibt, ist die Hoffnung, zu der im letzten Vers des Psalms aufgefordert wird:

(14a) Hoffe auf JHWH,
sei stark, damit dein Herz mutig sei,
(14b) und hoffe auf JHWH.

Dabei fragt sich, wer diesen Vers liest, zunächst: Wer fordert hier wen auf? Und wie ist die Ermutigung in der Mitte des Verses einzuordnen? Mehrere Möglichkeiten sind denkbar, wie die verschiedenen Deutungen zeigen:

(1) Das betende Ich ermutigt nun – als Konsequenz aus dem eigenen Vertrauensbekenntnis und den Bitten – andere, einzeln angesprochene Menschen zur Hoffnung und zur Stärke (Hossfeld 1993, 175).

(2) Die betende Person fordert hier sich selbst zur Hoffnung auf und bestärkt ihr eigenes Herz (Böhler 2021, 498; Oeming 2000, 169; anders Kraus 1978, 370)

(3) Der ganze Vers wird als „Gottesantwort“ betrachtet (Kraus 1978, 365).

Die Deutung (1) halte ich zwar für möglich. Die Lesemöglichkeit (2) passt m. E. aber besser zu der oben entwickelten Interpretation. Danach würde die betende Person in diesem Vers sich selbst ermuntern, zu dem früheren Gottvertrauen (VV. 1–6) zurückzufinden. Sie würde versuchen, jenes Herz zu stärken, das sich in V. 3 nicht geängstigt hat und das in V. 8 sich selbst und Gott daran erinnert hat, dass Gott sich Menschen zuwenden will. Gegen (3) spricht, dass in V. 14 von Gott in der dritten Person die Rede ist.

Zu diesen bisher vertreten Lesemöglichkeiten möchte ich zwei weitere hinzufügen:

(1) Der Vers wird als Antwort einer anderen Person oder Personengruppe an das Psalm-Ich oder an andere verstanden.

(2) Die Mitte des Verses – „Sei stark, damit dein Herz mutig sei“ – könnte als Gotteszitat verstanden werden, das durch die Aufforderung „Hoffe auf JHWH“ umrahmt wird.

Mit der Möglichkeit (4) erhält der Psalm am Ende einen dialogischen Charakter: Auf das in VV. 7–13 schwindende und dann wieder langsam wachsende Gottvertrauen antwortet eine Person oder eine Personengruppe dem Psalm-Ich mit der Ermutigung: Gib nicht auf! Bleib beharrlich in deiner Hoffnung auf Gott, auch wenn er auf sich warten lässt. Dafür wird der betenden Person bzw. ihrem Herzen Mut und Stärke zugesprochen. In einem liturgischen Kontext wäre vorstellbar, dass sich am Schluss durch V. 14 die Anwesenden jeweils angesprochen fühlen. Im literarischen Kontext spricht dieser Vers gleichzeitig direkt zu den Lesenden (vgl. Oeming 2000, 169).

Die Option (5) geht von der Beobachtung aus, dass die Mitte des Verses – „sei stark, damit dein Herz mutig sei“ eine geprägte Wendung aus dem militärischen Kontext aufnimmt: Mit den Worten „Sei stark und mutig“ (חזק ואמץ) wird Josua immer wieder ermuntert, als Moses’ Nachfolger beherzt zu handeln (vgl. Dtn 31,23; Jos 1,6.7.9.18).[9] Insofern könn-

9 An 15 Stellen der Hebräischen Bibel erscheint diese Wendung bzw. eine Variation davon, wenn ich recht sehe. An mindestens zehn Stellen davon steht sie in einem eindeutig kriegerischen Kontext (Dtn 3,28; 31,6.23; Jos 6.7.9.18; 10,25; Nah 2,2; 2 Chr 32,7). In Ps 27,14 und in 31,25, das wie ein Echo von 27,14 erscheint und ebenfalls den Abschluss des Psalms bildet, ist eine Einordnung in einen mi-

ten jene, die z. B. die Josua-Geschichte kennen, in Ps 27,14 auch ein Gotteszitat (wie in V. 8)[10] sehen:

Hoffe auf JHWH [, der gesagt hat:]
„Sei stark, damit dein Herz mutig wird."
Hoffe auf JHWH!

Bei allen fünf Lesemöglichkeiten stellt sich die Frage: Wozu soll sich die jeweils angesprochene Person ermutigt fühlen, worin soll sie ihre Stärke zeigen? Soll sie allgemein auf ihrem Lebensweg (V. 11) und besonders in den verschiedenen Situationen ermutigt werden, ihr Bekenntnis und ihr Vertrauen zu Gott und ihre Hoffnung auf Rettung durch ihn nicht aufzugeben? Oder soll sie (zugleich?) aufgefordert werden, nicht Opfer zu bleiben, sondern wie Josua in den Kampf gegen die Feinde zu ziehen, im persönlichen Bereich, vor Gericht und auch im Krieg? Bleibt dieser Psalm also bis V. 14 ein Vertrauenslied, oder wird er mit dem letzten Vers zum Kriegspsalm?

Es kann nicht ausgeschlossen werden, dass die Tradenten des Psalms bewusst eine Wendung der Ermutigung zum militärischen Kampf verwendet haben, die von den Lesenden auch als solche erkannt wurde und wird. Wichtig für die Gesamtdeutung von V. 14 ist m. E. aber der Rahmen dieser Wendung. Denn dieser besagt, dass sich die Hoffnung auch all derer, sie sich dadurch ermutigt fühlen, ganz auf JHWH richtet, und nicht auf die eigene Kampffähigkeit. Auf JHWH sollen sie warten. Da-

litärischen Zusammenhang möglich, aber nicht zwingend. In 1 Chr 22,13; 28,20 spricht diese Formel David gegenüber Salomo im Rahmen der Amtsübergabe, die auch die Heerführung einschließen dürfte. Einzig in Jes 35,3 erscheint die Wendung (in abgewandelter Form) nicht in einem militärischen Kontext.

10 So wie in V. 8 ist auch die Mitte von V. 14 kein wörtliches Zitat einer in der Hebräischen Bibel überlieferten Gottesrede, sondern wäre ein sinngemäßes Zitat, das als wörtliches Zitat präsentiert wird.

rin liegt ein entscheidender Unterschied zum Kontext dieser Wendung in Dtn und Jos. Es ist keine Rede davon, dass die betende Person in den Kampf, in den Krieg gegen die Angreifenden zieht – vielleicht, weil sie sich (jetzt gerade) wehrlos, hilflos und unterlegen fühlt. Vielleicht aber auch, weil sie sich derart geschützt und von dem geborgen weiß, der mit dem ersten und mit dem letzten Wort dieses Psalms benannt ist, nämlich: JHWH.

Insofern könnte man sagen: Die Kriegsworte „sei mutig und stark“ aus Jos 1,6 (u. ö.) werden wie die Bilder des Krieges und der Auseinandersetzungen ganz in den Vertrauenspsalm eingebunden, sozusagen ‚pazifiziert‘. V. 14 ruft dazu auf, weiterhin auf jenen JHWH zu warten und zu hoffen, dem dieses Vertrauen gilt.

2. David als Identifikationsfigur

Möglicherweise ändert sich diese Deutung aber, wenn die literarische Fiktion berücksichtigt wird, nach der David der Sprecher dieses Psalms ist. Denn mit der Überschrift לדוד wird dieser Psalm David zugeeignet. Diese Überschrift lässt sich entweder mit „Für David“ oder mit „Von David“ übersetzen (vgl. Zenger 2003, 14). Wie ein Blick in das erste Samuelbuch zeigt, ist es jedoch naheliegend, David zum (fiktiven) Sprecher des Psalms zu machen:

Denn dort wird erzählt, dass David im Vertrauen auf jenen Gott, der ihn bereits gerettet hat (1 Sam 17,37) und wieder retten würde (1 Sam 17,47; vgl. Ps 27,1), ohne Angst dem Riesen Goliat entgegentritt, der Davids „Fleisch“ den wilden Tieren vorwerfen will (1 Sam 17,44; vgl. Ps 27,2; s. auch Böhler 2021, 499). Mit einem einfachen geschleuderten Stein, so heißt es weiter, habe David bewirkt, dass der Riese mit seiner schweren Rüstung gefallen ist (1 Sam 17,50), so dass David ihn leicht töten konnte. Als David Heerführer wurde (1 Sam 18,13), sah er sich wie das betende Ich in Ps 27 Angriffen ausgesetzt, und wie möglicherweise die betende Person (VV. 3.6), so wurde auch David als Unschuldiger verfolgt, und zwar von Saul (1 Sam 23,19–29).

Gleichzeitig wird David als jemand beschrieben, der immer wieder Gott befragte (1 Sam 14,37; 23,2.4. u.ö.; vgl. Ps 27,4), sich bei ihm stärkte (1 Sam 23,16; 30,6; vgl. Ps 27,14) und ihn als seine „Schutzburg" bekannte (2 Sam 22,33, vgl. Ps 27,1), ihm also vertraute und ihn in den Psalmen immer wieder lobte – auch dies macht die Überschrift „Von David" plausibel.

Die Septuaginta erweitert die Überschrift zu „Von David, vor dem Gesalbtwerden" und erweckt damit den Eindruck, David habe den Psalm vor seiner ersten, nichtöffentlichen (1 Sam 16) oder seiner zweiten, öffentlichen Salbung (2 Sam 2,4; 5,2) gebetet. M.E. liegt es näher, an die Situation vor der zweiten Salbung zu denken (vgl. auch Böhler 2021, 500), weil zu diesem Zeitpunkt David bereits jene Kämpfe mit Goliat und mit den Philistern im Vertrauen auf Gott überstanden hatte, auf die Ps 27 anspielen könnte.

Zwar wissen wir nicht, zu welcher Zeit, von wem und mit welchen Intentionen dieser Psalm geschrieben wurde und können nicht belegen, dass Ps 27 auf die Davidsgeschichte anspielt. Deutlich ist aber, dass Rezipient:innen leicht intertextuelle Verbindungen mit den Erzählungen von Davids Kämpfen herstellen können. Damit lässt sich Ps 27 als triumphales bis verzweifeltes Gebet Davids lesen, der Siege wie Niederlagen erfahren hat. Ps 27 verhält sich damit wie ein Midrasch zu der Davidsgeschichte.

Als Teil des Davidspsalms gelesen, gewinnt die Wendung „sei stark, damit dein Herz mutig sei", V. 14 möglicherweise einen etwas anderen Sinn. Denn wenn diese zu einem König gesprochen wird, dann klingt sie nicht nur wie eine persönliche Stärkung, sondern wie „Amtseinsetzungsformel" (Zenger 2003, 20), wobei zu diesem Amt auch das Führen zu Kriegen gehörte. Die sehr ähnliche Wendung „sei mutig und stark" erscheint in der Hebräischen Bibel fast ausschließlich dort, wo (militärische) Macht übergeben wurde, und zwar von Mose an Josua (Jos 1,6.7.9.18), von Josua an die Krieger (10,25) und von David an Salomo (1 Chr 22,23; 28,20). David hat diese Wendung nicht gehört – Ps 27,14 füllt jedoch diese Lücke.

Somit würde Ps 27,14 David ermutigt und darin gestärkt, sein Amt als König und damit notfalls auch als Heerführer auszuüben.

3. Resonanzen des Psalms in der Gegenwart

Damit haben wir in den vorhergehenden Abschnitten gesehen, dass der Psalm als Vertrauenspsalm mit Elementen einer Klage gelesen werden kann, bei dem die Beschreibungen der Anfeindungen, die Bilder der Kämpfe und des Krieges vollständig integriert werden – als ob das vertrauende Ich so sehr auf JHWHs Schutz wartet und hofft, dass es sich nicht zu verteidigen braucht. Gleichzeitig haben wir gesehen, dass in V. 14 eine Ermutigungsformel aus dem militärischen Kontext erkannt werden kann – insbesondere dann, wenn die literarische Fiktion einbezogen wird, nach der David diesen Psalm spricht. Von hier aus sind zwei Deutungen möglich: Entweder wird diese Kampfformel im Vertrauenspsalm ‚pazifiziert‘, oder sie wird als Ermutigung im Sinne von ‚Auf in den Kampf!‘ gelesen. Insofern kann der Psalm einschließlich V. 14 als Vertrauenspsalm gelesen werden, in dem in der Hoffnung auf JHWH auf Verteidigung, Gegenwehr und Gegenangriff verzichtet wird. Frieden und Versöhnung sind hier noch längst nicht in Sicht, aber als nächste Schritte vorstellbar. Die Lektüre kann in V. 14 aber auch umschlagen in die Hoffnung, dass JHWH einen Verteidigungskampf oder -krieg gegen die Angreifenden unterstützt.

Welche Resonanzen sich zu diesem Psalm heute angesichts der akuten und möglichen militärischen Konflikte ergeben, hängt sehr von den jeweiligen Lesenden ab – so wie generell jede Deutung eine zeit- und personengebundene Konstruktion ist.

So können sich mit dem Psalm-Ich all jene identifizieren, die in ihrem persönlichen, privaten oder beruflichen Bereich ihr Leben als einen

Kampf verstehen. Diese Rezipient:innen dürften die Bilder des Krieges als Metaphern verstehen. Das bedrohlichen Zu-Nahe-Kommen eines Anderen könnte aber auch konkret verstanden werden, wenn Menschen entsprechende Erfahrungen machen mussten.

Wer z. B. als Oppositionelle:r in einem autokratisch oder diktatorisch regierten Land zu Unrecht angeklagt oder verurteilt wird, kann die Klage über die Verfolgung in VV. 12 auf sich beziehen und die übrigen Bilder ebenfalls als Metaphern verstehen.

Menschen, die einen Terrorangriff erlitten haben, können die Bilder des Kampfes und des Angegriffenwerdens unmittelbar auf ihre Erlebnisse beziehen, ebenso wie jene, die in einem Verteidigungskrieg kämpfen müssen und dabei z. B. eingekesselt wurden.

Wer in einem dieser Verteidigungskriege eine leitende Verantwortung hat, kann sich in David als Heerführer wiederfinden.

In diesen Beispielen zeigt sich einmal mehr, dass sich dieser und andere Psalmen als Formulare verstehen lassen, in die Menschen ihre eigenen Erfahrungen eintragen und mit denen sie in äußerst schwierigen Situationen Worte finden können, die ihren Ängsten, Sehnsüchten und Hoffnungen Ausdruck verleihen.

4. Literatur

Böhler, D. (2021) *Psalmen 1–50*, Freiburg: Herder.

Gunkel, H. (1985) *Einleitung in die Psalmen. Die Gattungen der religiösen Lyrik Israels.* Göttingen: Vandenhoeck und Ruprecht.

Hartenstein, F. (2008) *Das Angesicht JHWHs. Studien zu seinem höfischen und kultischen Bedeutungshintergrund in den Psalmen und in Exodus 32–34*. FAT 55. Tübingen: Mohr.

Hirsch, S. (1995) ספר תהלים, *Psalmen, übersetzt und erläutert*. Basel / Zürich: Morascha.

Hossfeld, F. & Zenger, E. (1993) *Die Psalmen I. Psalm 1–50*. Würzburg: Echter Verlag.

Kraus, H.-J. (1978) *Psalmen. 1. Teilband Psalmen 1–59*. Neukirchen-Vluyn: Neukirchener Verlag.

Oeming, M. (2000) *Das Buch der Psalmen.* NSK.AT 13. Stuttgart: Katholisches Bibelwerk.

Philippson, L. (2018) *Die Schriften (hebräisch-deutsch).* Freiburg – Basel – Wien: Herder.

Zenger, E. (2003) *Psalmen. Auslegungen. Bd. 3: Dein Angesicht suche ich*. Freiburg – Basel – Wien: Herder.

The Persians. Aeschylus' Tragedy, Durs Grünbein's Reading, and the Reconciliation Potential of Literature

Matthias Bauer

The *European Wasatia Graduate School for Peace and Conflict Resolution* in Flensburg, founded by Ralf Wüstenberg, Zeina Barakat, and Udo Steinbach focusses on analyzing both successful and failed, as well as completed and ongoing, reconciliation processes. This interdisciplinary research and doctoral program, integrates perspectives from literary and cultural studies, alongside theology, philosophy, political science, and history. Such approach requires some explanation.

What is the point of studying dramas or novels, feature films or other artefacts with regard to peacemaking and conflict resolution? What can an examination of myths, fables and legends contribute to an understanding of reconciliation processes? One answer to these questions is that it is precisely narratives and narratives that unite people or divide them on the basis of the same story. There are sworn narrative communities that resolutely isolate themselves from one another; but there are also narratives – be they those that recount historical events or those that simulate an event – that serve reconciliation. Both variants need to be analyzed: Those narratives that aim for revenge and retribution and urge us to settle scores, and those that use the human imagination to show and play through possible alternatives to the hardening of the fronts, to violence and war. Perhaps even more interesting are the cases of doubt: Texts that derive their impact precisely from their ambiguity, sowing doubt and stimulating reflection – texts that suggest pragmatic conclusions while dispensing with propositional statements.

The initial texts of this tradition include the first tragedy to be handed down from antiquity. In 472 BC, eight years after the naval battle off the island of Salamis, in which the Greeks crushed the Persians, a tragedy by Aeschylus entitled *Persai* was premiered at the Dionysia. It does not give a lengthy account of the course of the Persian Wars, which date back to 547 BC and were fought over several generations; rather, it focuses on the situation of the final defeat as it might have been experienced by the Greeks' enemies. The poet therefore does not highlight the triumph of his own people; instead, he displays the misery and misery of the humiliated opponents.

The drama begins with the appearance of a chorus representing the Council of Elders of the Persian Empire. Foreboding horror, he reminds us, still uncertain of the outcome of the campaign, that the whole of Asia has gone to war and that Xerxes' army has crossed the Hellespont on rafts moored to a bridge. Already here, in the first scene, this change from one continent to the other is related to the concept of delusion, which is ultimately due to a trick of the gods. They make the mortals believe that they are doing the very thing with the best intentions that will bring about their downfall.

When Atossa, the widow of the former ruler Darius and mother of the warrior Xerxes, appears, the elders kneel down to kiss the ground. This proskynesis is, on the one hand, related to the queen's nightmare, in which her son falls to the ground in front of his father, and, on the other hand, in a no less revealing contrast to the autonomy of the Greeks, who do not have to bow their heads to violence because, as the chorus explains, they are subject to no one.

When a messenger appears, it quickly becomes clear how clairvoyant Atossa's nightmare was. The mighty army sent against the Greeks – ostensibly to make up for Darius' defeat at Marathon – has been crushed. Xerxes lives, but the downfall of his army is complete, which in view of the Persian superiority can only be explained by the influence of a daimon.

When the messenger authenticates his detailed description of the fighting by referring to his eyewitness testimony, he is speaking for the poet himself, who had fought in the Battle of Marathon and the Battle of Salamis – albeit on the side of the Greeks.

After the detailed messenger report, Atossa summarizes the meaning of the event: a daimon has clouded the Persians' minds with the idea of retribution for Marathon; her son has achieved nothing but new, immeasurable suffering. And the chorus also affirms: „Xerxes has led us into nothingness!"[1] („Xerxes hat uns ins Nichts geführt!" Aischylos 2001, 28) From now on, no one in Asia will follow his instructions; worse still, the people will rebel when they are no longer under a yoke. The comparison between the two forms of rule that the play makes at this point is thus clearly in favor of the Greeks and to the detriment of the Persians.

Against this backdrop, Atossa conjures up the shadow of her husband together with the chorus. Darius, it is said, would never have ruined his people out of blindness in senseless war. When the ghost appears and learns what has happened, he shares the view that a daimon seduced Xerxes into taking the leap across the Bosporus. Darius' judgement is unequivocal: out of arrogance, his son has transgressed against Poseidon and brought the punishment of the gods upon himself.

Atossa, however, tries to exonerate her son: Xerxes' advisors had always been in his ears with references to Darius, the heroic father, and had fueled his ambition until he – „soft-boiled" („weichgekocht"; Aischylos 2001, 36), translated by Durs Grünbein – decided to attack the Greeks. Of course, this does not change the lesson that Darius' spirit proclaims: „Never start wars against Greece" („Niemals brecht Kriege vom Zaun gegen Griechenland"; Aischylos 2001, 37). This is certainly what the audience in Athens wanted to hear, especially as the chorus' anxious ques-

1 The English translations here and below were made specifically for this paper. The original wording will be given after each quote.

tion as to whether the Persian army will not return from Europe can be understood as a further warning against another attack on their own territory.

The tragedy ends after the departure of Darius' shadow with the appearance of Xerxes, disheveled by fate, who laments his misery and identifies the enemy daimon with Ares, the god of war himself. „Against us he deadly turned the sea / And the adverse, rough coasts" („Gegen uns kehrte er tödlich das Meer / Und die widrigen, rauhen Küsten"; Aischylos 2001, 43). Earlier, his father had already said: „The earth itself stands by the Greeks in battle." („Die Erde selbst steht den Griechen im Kampf bei." Aischylos 2001, 37) Thus the loser is left with nothing but shame, while the victors are described by him, quite approvingly, as „foolhardy" („tollkühn"; Aischylos 2001, 47).

If we see this as praise of the Greeks, which Aeschylus put into the mouths of their opponents, and if we stick to the legend of punished arrogance, which Herodotus adopted in his description of the Persian Wars and which is generally equated with the morality of ancient tragedy in general, we can see in the only play in which the poet dealt with a historical event not only the first manifestation of the genre pattern, but also a self-congratulation of the Athenians. In the theatre, they had the enemy confirm both their superiority and the metaphysics that supposedly underpinned it. The victory was their achievement – and at the same time corresponded to the will of the gods; the leitmotif of hubris, projected onto the Persians, explained the extent to which the Greeks had acted in the interests of higher powers and why they had rightly won the war. Emil Staiger read the play in a similar way, based on the messenger's report:

> „Every word that shatters Atossa and the Persian old men, that triggers lamentation and lamentation on stage, renews in the Athenians the tremendous feeling of triumph. The aim of the fugue of Passions is the appearance of the defeated Xerxes in his own person. And this becomes

all the more miserable the more the young, daring king, who has fallen into misery, stands out from a prudent, happy father. These are the effects that Aeschylus primarily wants to achieve here. The reader who asks for a problem, indeed only for a plot in the ordinary sense of the word, is mistaken. The work is a rhythmically structured sequence of violent emotions which finally culminates in the Asiatic howl of the last scene, forgetting all measure, in which the tragic pity, the lament for the figure of the unfortunate hero, unites in a single and unrepeatable way with the jubilation of the audience."

„Jedes Wort, das Atossa und die persischen Greise niederschmettert, das auf der Bühne Jammer und Klagen auslöst, erneuert in den Athenern das ungeheure Gefühl des Triumphs. Das Ziel der Fuge von Passionen ist der Auftritt des geschlagenen Xerxes in höchsteigener Person. Und dieser wird umso jammervoller, je mehr der junge, verwegene, ins Elend geratene König von einem besonnen, glücklichen Vater absticht. Solche Wirkungen sind es, die Aischylos hier vor allem erzielen will. Der Leser geht fehl, der nach einem Problem, ja nur nach einer Handlung im gewöhnlichen Sinne des Wortes fragt. Das Werk stellt eine rhythmisch gegliederte Folge heftiger Affekte dar, die schließlich in das alles Maß vergessende asiatisch-wilde Geheul der letzten Szene mündet, in der sich das tragische Mitleid, der Jammer um die Gestalt des unseligen Helden, in einer einzigen und unwiederholbaren Weise mit dem Jubel des Zuhörerkreises vereinigt." (Staiger 1974, 97)

In fact, there can be no question of a happy Darius. There is no evidence in the text for the cries of jubilation that Staiger imagines. Even less is there any mention of the „Asiatic wild howl" that rings in the interpreter's ears. However, it is true that Xerxes asks the chorus to join in his lamentations and thus also elicits the pity of the Greeks, to whom the play is addressed. Staiger characteristically speaks of the reader, but *The Persians* was not intended for silent reading, but for public performance, which has its own effectiveness. As often as the daimon is invoked in the text, the iniquity of Xerxes emphasized and the self-description of the Greeks as cunning warriors and free citizens confirmed, the lamentation of the chorus and the dramatis personae, who tear their hair, tear their clothes in front of the audience and burst into tears, remains unmistakable. Even if one takes into account the rather declamatory style of contemporary staging practice, it is somewhat unlikely that the theatre-goers would have been merely complacent about the misery presented to them and would have looked down on the Persians with scorn. Neither the impressive messenger report, nor Atossa's nightmare, nor the contrition that Darius' spirit reveals, nor the lament of Xerxes leave readers unmoved to this day and are also likely to have been ignored in Athens or in Syracuse in Sicily, where the play was performed in the presence of the author two years after its premiere. They take up too much space in the text and on stage for that.

If Aeschylus had only been interested in basking himself and his audience in the glory of the twofold military triumph, he would not have needed the narrative structure and experiential perspective that characterize his play, nor the leitmotif of hubris, which was taken up in historiography and drama above all because it had to be understood as an admonition to the Greeks themselves. It is therefore necessary to clarify how the narrative structure of the messenger's report, the continuous transfer of the audience into the perspective of the experience of the unfortunate Persians and their resulting sympathy for their misery and misery as well as the constant visualization of the sacrilegious pride and arrogance are connected. The principle of action that synergistically combines all these elements is aimed at an empathically grounded act of reflection. The drama cannot serve the self-adulation of the Greeks because this would have amounted to a performative contradiction. The audience, for its part, would have been guilty of hubris, which the play problematizes in a lasting and generally valid way using the example of the Persians.

It would therefore also be too short-sighted to see the condemnation of the leap across the Hellespont merely as a warning to cross the Bosporus in the opposite direction from Europe to Asia. The bitter lesson that the chorus, Atossa, Darius and Xerxes lament was taught to the Persians by the same gods to whom the Greeks must also submit. The Greeks cannot calm themselves by realizing that the fortunes of war depend on a power like Ares, whose affection can turn to aversion as quickly as the wind on the high seas. Rather, they must recognize that they share the experience of the Persians in virtual terms and that the Greeks and Persians are fated comrades with regard to the metaphysical order and the dubious nature of victory and defeat. What happened to the others can happen to their own troops; the people of Athens, Syracuse or Sparta are by no means above the outrage for which their enemies were punished this time, and anyone who – like Aeschylus in the Battle of Marathon – has lost a brother or another relative can affectively and cognitively understand the pain that the Persians feel at the loss of their loved ones.

The intercultural nature of the tragedy, which enables the Greeks and Persians to meet again under fundamentally reversible circumstances within the framework of a production that requires the audience to imaginatively adopt the perspective of the other's experience, does not have a pacifist point, but it does have a civilizing point, which refers to the specific reconciliation potential of dramatic or literary reflection. It is the refraction of one's own viewpoint in conjunction with the transitory adoption of the viewpoint and perspective of others that makes a visit to the theatre, like reading drama, a memorable act of self-questioning or a process of questioning the supposedly self-evident and, above all, all complacent ways of looking at things. In fact, this is the rule: beyond propositional statements, dramas and novels, novellas, ballads and feature films operate in the mode of interrogation, which in Symbolic Interactionism, especially with Herbert Mead, is meant by the call to „take the role of the other" (cf. Mead 1934). Far from designing any castles in the air or cloud-cuckoo homes, fictionally written and artfully staged texts refer to the „reversibility of relations" („Reversibilität der Verhältnisse"; Luhmann 1987, 472), to use Niklas Luhmann's expression. This reversibility includes that of the perceptual perspectives of ego and alter ego as well as of cultures and enables what Jacques Derrida called deconstruction. In the reflexive attitude that linguistic artworks simultaneously shape and demand, the reversibility and contingency of the ideologically cemented, resentment-laden images of the enemy, self and world that suggest martial actions becomes apparent.

Only on this premise does it become understandable why Lion Feuchtwanger, „appalled by the patriotic war cries and victory mania of his fellow citizens" („vom patriotischen Kriegsgeschrei und Siegeswahn seiner Mitbürger entsetzt"; Völker 2001, 67), sought to update Aeschylus' didactic and cautionary play in 1914 – just as Mattias Braun did in 1960 after the reintroduction of compulsory military service and the armament of the Federal Republic of Germany by stationing nuclear bombs on its territory. Braun placed the admonitions of the Atossa figure at the centre of attention (cf. Völker 2001, 67). And it is no coincidence that the new translation presented by Durs Grünbein in 2001 has a time index, as the so-called Yugoslavian wars took place in Europe from 1991 to 1999. In the materials to his version, Grünbein emphasizes the initial scruples of Xerxes, referring to Herodotus (cf. Grünbein 2001, 56), and compares his troops' withdrawal from Russia, which was fraught with losses, with that of Napoleon's army (cf. Grünbein 2001, 57). Grünbein sees in *The Persians* the beginning of a „history lesson" („Geschichtsunterricht"; Grünbein 2001, 61) that takes place in the theatre and educates the audience dialectically:

> „No other culture has so embraced thinking about one's own interchangeable position in the play of forces. The Greek spectator was called upon to put himself in the position of the opponent, even if the Persians, in a reversed logic, speak of themselves as the barbarians."

> „Keine andere Kultur hat sich so sehr das Nachdenken über die eigene auswechselbare Position im Kräftespiel zu eigen gemacht. Der griechische Zuschauer war aufgefordert, sich in die Lage des Gegners hineinzuversetzen, auch wenn die Perser, in verkehrter Logik von sich als den Barbaren sprechen." (Grünbein 2001, 61–62)

Even more important is Grünbein's observation that the dead who have died in previous battles always march into the field with the living. Xerxes wants to make up for his father's defeat at Marathon – a cold warrior who is breathing down his neck, as it were, as he translates from Asia to Europe, softened up by his advisors. Consequently, the battlefield, whether on land or at sea,

> „something like a meeting place where the undead of both parties meet the temporarily living. Above the helmets and under the boots of the combatants, a ghost army fights invisibly: the fallen of previous wars. It is their battle cry that lures the soldiers into the realm of the dead as fresh supplies."

> „so etwas wie ein Versammlungsplatz, an dem die Untoten beider Parteien den vorläufig Lebenden begegnen. Über den Helmen und unter den Stiefeln der Kombattanten kämpft unsichtbar eine Geisterarmee mit: die Gefallenen früherer Kriege. Ihr Schlachtruf ist es, der die Soldaten als frischen Nachschub ins Totenreich lockt." (Grünbein 2001, 64)

This is to be understood less mythologically than psychologically: In addition to the metaphysics inherent in the concept of hubris, there is another, no less demonic, but possibly much more tangible metaphysics at work in Aeschylus' tragedy. The problem lies in the fact that Xerxes feels indebted to his ancestor, that he believes he is obeying Darius' will and fulfilling his dead father's intentions when he invades Greece. In this sense, the deceased but omnipresent ruler is precisely the spirit that controls the son and drives him across the Bosporus to his doom. Grünbein puts it in a nutshell:

> „The undead are never concerned with peace, but always with unfinished business. They are only undead as long as there are living people who voluntarily gather around their invisible graves."

> „Den Untoten geht es niemals um Frieden, sondern immer nur um die offene Rechnung. Sie sind nur solange untot, wie es Lebende gibt, die sich freiwillig um ihre unsichtbaren Grabstätten scharen." (Grünbein 2001, 65)

The conclusion that these observations and reflections force us to draw is that the vicious circle of unfinished business must be broken in order to bring about peace. Any reconciliation process with a chance of success must begin with a renunciation of revenge or retaliation. And it is precisely this lesson that can also be found in Ralf Wüstenberg's habilitation thesis. *The Truth and Reconciliation Commission* set up in South Africa after the end of apartheid asked itself two questions: „When does the pursuit of justice turn into revenge?" And: „When does reconciliation turn into an embrace of evil?" Wüstenberg comments:

> „While the second question warns against an overly broad concept of reconciliation, which must become an untenable moral compromise, behind the first question is the view that reconciliation cannot be understood too narrowly: *Reconciliation excludes revenge*."

> „Während die zweite Frage vor einem zu weiten Versöhnungsbegriff warnt, der zum unhaltbaren moralischen Kompromiß werden muß, steht hinter der ersten Frage die Auffassung, daß Versöhnung nicht zu eng gefaßt werden kann: *Versöhnung schließt die Rache aus*." (Wüstenberg 2004, 220)

References

Aischylos (2001) *Die Perser*. Wiedergegeben von Durs Grünbein. Frankfurt a. M.: Suhrkamp.

Grünbein, D. (2001) 'Materialien', in Aischylos (2001) *Die Perser*. Wiedergegeben von Durs Grünbein. Frankfurt a. M.: Suhrkamp, 53–65.

Kierdorf, W. (1966) *Erlebnis und Darstellung der Perserkriege. Studien zu Simonides, Pindar, Aischylos und den attischen Rednern*. Göttingen: Vandenhoeck & Ruprecht.

Mead, G. H. (1934) *Mind, Self, and Society*. Ed. by Charles W. Morris. Chicago: University of Chicago Press.

Luhmann, N. (1987) *Soziale Systeme. Grundriß einer allgemeinen Theorie*. Frankfurt a. M.: Suhrkamp.

Staiger, E. (1974) 'Nachwort', in Aischylos, *Die Perser – Sieben gegen Theben*. Übersetzung, Anmerkungen und Nachwort von Emil Staiger. Stuttgart: Philipp Reclam jun., 95–102.

Völker, K. (2001) '"Die Perser" im Jahre 2000', in Aischylos (2001) *Die Perser*. Wiedergegeben von Durs Grünbein. Frankfurt a. M.: Suhrkamp, 67.

Will, W. (2019): *Die Perserkriege*. München: C. H. Beck.

Wüstenberg, R. K. (2004) *Die politische Dimension der Versöhnung. Eine theologische Studie zum Umgang mit Schuld nach den Systemumbrüchen in Südafrika und Deutschland*. Gütersloh: Chr. Kaiser / Gütersloher Verlagshaus.

Peacemaking Amid Conflict

Mohammed S. Dajani Daoudi

1. Introduction

Peacemaking is actively dedicating oneself to reconcile people and nations in conflict – to combat discord caused by uncertainty, insecurity, greed, injustice, and falsehood. Peacemakers seek to transform the relationship between antagonistic parties from hostility to amicability. Peacemaking evokes emotional challenges of what strategies to achieve lasting peace and who dares to implement them. It is a long-term strategy that requires diplomacy, courage, persistence, knowledge, creativity, and optimism. The process involves getting people to recognize human nature in each other. Peacemaking amid conflict is a most challenging task.

2. The Road Taken

The American poet Robert Frost ends his poem, 'The Road Not Taken' with the following verses:

> „Two roads diverged in a wood, and I –
> I took the one less traveled by,
> And that has made all the difference."

The two roads the traveler faces in his journey symbolize the choices one must encounter. Experts explain that once you have made your choice, there is no return. The momentum of moving forward denies one a return to the other road.

As a young man, I did not choose the road less traveled, which had made all the difference. I took the road most traveled by the crowd. It was the road of radicalism, extremism, violence, hatred, and enmity. However, after a tough personal journey, I chose to take the road less traveled by, the road of tolerance, moderation, reconciliation, and peace, with its challenges and uncertainties. My decision was final and irreversible, though its consequences have sometimes been intolerable.

Life takes its course, giving us one opportunity to reverse our choices. Hence, we must decide wisely. I realized it is better to walk alone on the right path than with the crowd on the wrong path.

Life-turning events led to my awakening. One most significant event that opened my eyes and inspired me to shift my path from extremism to moderation is seeing Israeli doctors treating Palestinian patients including my father, mother, and many others. The good in them awakened the good in me. That is how and why I chose the path of peacemaking.

3. Characteristics of Peacemakers

One fundamental characteristic of my peacemaking philosophy is nonviolence. Mahatma Gandhi noted: „Non-violence is a weapon of the strong. We may never be strong enough to be entirely nonviolent in thought, word, and deed. But we must keep nonviolence as our goal and make substantial progress towards it.“ In his book, *Stride Toward Freedom: The Montgomery Story,* published in 1958, Martin Luther King Jr., asserts, „A second basic fact that characterizes nonviolence is that it does not seek to defeat or humiliate the opponent, but to win his friendship and understanding.“ In our struggle to end the Arab-Israeli conflict, we have adopted this approach. We do not seek to defeat or humiliate the opponent, but to win his friendship, respect, and understanding.

What qualities should peacemakers have to make reconciliation and peace amid conflict an enduring reality?

One foremost primary characteristic of peacemaking is courage. Opponents would try to crush peace initiatives, but peacemakers should remain standing despite the odds. They are made of resilient metal. When the opponents question their motivations, they hold on to their beliefs. Opponents would have no shame in branding them with negative labels to undermine their cause. The student unions at Al-Quds University issued statements calling me a traitor, a collaborator, and a normalizer for taking my students to the Auschwitz Nazi death camp to teach them empathy and compassion; the Palestinian Authority posted on the social networks that I am the 'Prodigal Son' of the Dajani family because I called for reforming the Palestinian curriculum, and BDS in South Africa issued a statement saying I am „not a genuine Palestinian" because I objected to their demands that the invitation to Israeli academicians to a conference on reconciliation be canceled. However, all this pressure did not deter me from continuing my journey.

Peacemakers are creative and improvise to break the deadlock of hostility and hatred. Their humanism and desire for peace are evident in their writings, work, and activities. I remember being asked in 1998 to facilitate between Palestinian and Israeli religious teachers in Antalya, Turkey. The first session was so heated that the organizers thought it was a deadlock. I remembered a quote by Palestinian poet Mahmoud Darwish in which he wonders, „What is more important, a big dream or a small hope?" I raised that question but had to improvise in giving the answer.

> „The big dream for both Israelis and Palestinians is the maximalist vision of one exclusive control of the land from river to sea denying the existence and rights of the other. The small hope is for both people to share the land in a two-state solution, living peacefully next to each other. What is your choice?"

All favored the small hope since the big dream meant the annihilation of the other which, as religious teachers, they opposed.

Peacemakers use their ingenuity to create a fresh narrative acceptable to both parties, taking over from 'my narrative' and 'your narrative' while remaining sensitive to historical context and the variation in culture and background of the conflicting parties. People in conflict are usually presented with a collective narrative – our narrative versus their narrative – our narrative is fair, their narrative is fake. There are varying strengths with which those narratives are held and told. Sefi Donner established an NGO called Hakayia-Sipur (story) to develop narrative-sensitive educational material for Arabic and Hebrew-speaking children and high school students.

Peacemakers are good communicators. They keep communication channels open with both camps to eventually transform public opinion to voting for parties and individuals with the peace agenda on their election platform. They open a communication channel between the two opposing sides to learn the different perspectives of those affected by the conflict. This allows both to understand conflict dynamics more profoundly and formulate targeted peace policies. They stress dialogue and not monologue and not boycotts. They sometimes play the devil's advocate role to transform a stale monologue into a meaningful dialogue. However, the dialogue must focus on something other than where we were or where we are. It should focus on where we want to be and where we are heading.

Peacemakers express genuine interest in other people's positions, thoughts, ideas, and views, even though they may disagree with them. They communicate their position clearly and encourage others to do the same. They employ impartial examination of the facts where much fake data prevails.

Peacemakers are skilled bridge builders. They construct bridges even where there are no rivers. They seek peace when peace seems to be elusive. They transcend conflict borders and focus on human morality to end pain and suffering.

Peacemakers keep their eyes on the ball. They avoid taking sides to give a genuine and enlightening perspective for conflict resolution. Instead of being pro-side X, they are pro-reconciliation and pro-peace. In this way, they are pro both sides.

Peacemakers are ordinary yet extraordinary people dedicated to building lasting peace. They wake up every morning and think of a good reason to remain optimistic. They aim to spread a non-violent and anti-violent culture within their communities.

Peacemakers practice empathy. They try to see the situation from the other person's point of view. They put themselves in their shoes.

Peacemakers understand normalization to mean states in the region having open diplomatic channels and regular exchanges with each other. Dialogue and cooperation with each other aim to advance the peace process and achieve conflict resolution. Consequently, normalization among governments and the people in conflict is exemplary and should be supported. When normalization aims at legitimizing and empowering the perpetrator, and in the case of the Arab-Israeli conflict, the Israeli occupation of the Palestinian Territories, and denying Palestinian rights, normalization is evil and should be detested. The same applies to boycotting practices.

4. Role of Religion in Peacemaking

Peacemakers seek to change the religious rhetoric marred by ignorance, enmity, hostility, lack of empathy, and misinterpretation of the religious scriptures. They shift religion from being part of the problem to being an integral part of the solution. They combat fundamentalist ideas that provide a religious basis for prejudice and bias toward the other.

The word peace in Hebrew is 'shalom', and in Arabic, 'salam'. It signifies calmness, harmony, serenity, contentment, tranquility, and blessedness. Jesus wished his followers to be known as peacemakers. In his words, „Blessed are the peacemakers, because they will be called sons of God" (Mat 5,9). The apostle Paul affirmed, „God has called you to peace"

(1. Cor 7,15). In his letter to the Romans, Paul exhorted, „If possible, on your part, live at peace with everyone." (Rom 12,18).

The Arabic word for peace – salam – is one of the ninety-nine names of God (Q 59:23). Peace is a central message of the Quran (Quran 3:83; 4:58; 5:8; 10:25; 16:90; 41:11; 42:15; 57:25). The Quran says:

> „To thee we sent the Scripture in truth, confirming the scripture that came before it, and guarding it in safety: so judge between them by what God hath revealed, and follow not their vain desires, diverging from the Truth that hath come to thee. To each among you we have prescribed a law and an open way. If God had so willed, He would have made you a single people, but (His plan is) to test you in what He has given you: so strive as in a race in all virtues. The goal of you all is to God; He will show you the truth of the matters in which ye dispute" (Q 5:48).

Also, „O mankind! We created you from a single (pair) of a male and female and made you into nations and tribes, that Ye may know each other. Verily the most honored among you in the sight of God / Allah is the most righteous." (Q 49:13).

Peacemakers, guided by the holy scriptures, place the sanctity of human lives high on their agenda. Judaism teaches that since God gives life, it is sacred and should be protected. Thus, the goal of Jewish laws is to preserve life.

The Bible teaches that God alone has the authority and power to end human life, which is inherently sacred because only humans were made in God's image (Gen 1,26).

The Quran states,

> „Therefore, we ordained for the Children of Israel that he who slays a soul unless it is (in punishment) for murder or for spreading mischief on earth shall be as if he had slain all humanity. He who saves a life shall be as if he had given life to all humanity." (Q 5:27–32).

It says, „Verily, we have honoured every human being" (Q 17:70).

The Hebrew Bible teaches that King David wanted to build the Temple (Beit Hamikdash or Bais Al'Maqdis), but God told him, 'You are a man of war and destruction. You are not qualified to build my Temple. It will be built by your son Solomon (Suleiman), a man of wisdom and peace, who will be king after you and build the Temple for all future believers to come and worship.'

Various faiths stress the value of forgiveness. The theme is profoundly explored in Simon Wiesenthal's book, The *Sunflower,* in which he narrates an illuminating experience while imprisoned in a Nazi concentration camp. He writes that he was taken one day from his work detail to the bedside of a dying Nazi Secret Service (SS) member who wanted to obtain absolution from a Jew. Faced with the choice between compassion and justice, silence and truth, Wiesenthal remained silent and said nothing. But after being freed from the concentration camp, he wondered: Had I done the right thing? What would someone else have done in his place? Would someone else imprisoned in the camp have offered forgiveness? Though he cannot speak for millions of victims, a peacemaker would have offered forgiveness to the German Nazi soldier who asked to be forgiven. Such action would reflect and endorse his beliefs about amends, pardon, atonement, forgiveness, mercy, compassion, reconciliation, and human responsibility. However, forgiving perpetrators does not mean exonerating them of the blame and responsibility for what they have done. Peacemaking requires the courage to forgive and move on. To end the protracted Palestinian-Israeli conflict, we should view adversaries as potential partners for bridge-building and peacemaking. This formula would apply in the Palestinian-Israeli scenario but not in the Nazi-Jewish context. Why? Because the Nazis were not seeking a political compromise with the Jews.

5. Concluding Remarks

Official Palestinian and Israeli leaders have been extremist men of war and are not qualified to be peacemakers and to build the temple of peace. Future leaders of wisdom and courage will build the temple of peace. We are waiting for a leader of wisdom and with courage to emerge to build the temple of peace.

I have a reasonable political solution to the Palestinian-Israeli conflict I put on the table for discussion. It is a human cry for peace that offers practical ways of bridging the gap between two historical enemies having more similarities than differences. If not now, when?

The best solutions for peace emerge from the grassroots; time and again, politicians on both sides of the enmity wall failed to forge peace. Lasting peace requires giving power to the masses and civil societies. Politicians do not dare to express apology or forgiveness or show sincere commitment to cooperate except on security issues. They lack the goodwill to transform the dream of peace into reality. But can flowers bloom in an arid land? Peacemakers believe peace can flourish in the most unlikely settings. Contrary to what politicians preach- making peace is possible. Peacemaking requires innovative grassroots initiatives led by ordinary people to introduce radical transformation from intense conflict to sustainable peace.

Peacemakers understand the traumatic effects of national experiences on the psyche of both contestants. Palestinians must realize the impact of the Holocaust on Jews. On the other side, Jews must recognize the traumatic impact of the 1948 Nakba and the repressive occupation of Palestinian territories on the minds of Palestinians. Trauma, distress, agony, and suffering are caused by ongoing conflict, violence, terrorism, torture, imprisonment, living as an exile without an identity, and assassination of community leaders. Both need to study the impact of these traumatic experiences to enrich our understanding of the conflict and design intervention programs to reduce psychological distress resulting from these events to seek a comprehensive, just, peaceful solution to end the conflict.

Palestinians must view evil from a moral perspective to express empathy for the suffering of Jews during the Holocaust. They should stop viewing their 1948 Nakba experience as a looming catastrophe that overshadows all other tragic, catastrophic experiences of other nations. They must stop having their Nakba experience cloud their judgment of the other and end connecting their national trauma with the goodness of the other. They should stop looking at the other and only see evil. The wall barrier not only separates people but also human messages and children's smiling images, limiting the possibility of knowing each other and cooperating with one another, empowering the stereotypical image of the other.

Peacemakers rightfully note the challenges posed by the past and present but maintain hope for the future. They leave the past behind, look to the future, and see moderation, reconciliation, conflict resolution, and coexistence to rule the day.

Seeds of peace will blossom when peacemakers on both sides join hands to make it happen.

Peacemakers teach peace is better than war, moderation is better than extremism, love is better than hate, and hope will defeat despair. In the words of Martin Luther King Jr., „Darkness cannot drive out darkness; only light can do that. Hate cannot drive out hate; only love can do that."

A Peacemaker plants seeds of peace, and each mind blooming can make a difference. In *The Wandering Peacemaker* (2000), Roger Plunk asserts that he was guided by his belief that one person can make a difference. He says he was one person on a small budget engaging in significant international issues but managed to get his message across.

Indian peacemaker Mahatma Gandhi once said, „The future depends on what we do in the present." Learning from these wise words we are planting seeds of love in the present to have a peaceful future. We shall continue to think positive and remain optimistic. Never underestimate the power of one. Be a peacemaker even amid conflict guided by this Jewish proverb, „Better a bad peace than a good war." We shall improvise a good peace to end a bad war.

6. References

Abu-Nimer, Mohammed (2003) Nonviolence and PeaceBuilding in Islamic Theory and Practice. University Press of Florida.

Assefa, Hizkias, and Paul Wahrhaftig (1988). *Extremist Groups and Conflict Resolution*, New York: Praeger.

Autesserre, Severine (2021) The Frontlines of Peace: An Insiders Guide to Changing the World. Oxford: Oxford University Press Inc.

Bar-On, Daniel (2000) ed. *Bridging the Gap: Storytelling as a Way to Work Through Political and Collective Hostilities*. Hamburg: Korber-Stiftung.

Bar-Tal, Daniel (1998) „The Rocky Road to Peace: Beliefs on Conflict in Israeli Textbooks." *Journal of Peace Research* 35 (1998): 723–735.

Bercovitch, Jacob (1996) ed. *Resolving International Conflicts: The Theory and Practice of Mediation*. Boulder, Colorado: Lynne Rienner.

Boulery, Catherine (1990) *Bibliography on the Peaceful Settlement of International Disputes*. Geneva: Institut Henri Dunant.

Cousens, E. and Kumar, C. with Wermester, K. (2001) eds. Peacebuilding as Politics: Cultivating Peace in Fragile Societies. Boulder, CO: Lynne Rienner.

Coward, Harold, and Gordon S. Smith (2003) eds. *Religion and Peacebuilding*. Albany, NY: SUNY Press.

Dayton, Bruce W. and Kreisberg, Louis (2009) eds. Conflict Transformation and Peacebuilding: Moving From Violence to Sustainable Peace. United Kingdom: Taylor & Francis Ltd.

Ellis, D. (1999) „Water, Culture and Peacemaking Between Israelis and Palestinians." In *The Culture of Peace*, edited by Alberto Godenze. Fribourg, Switzerland: University of Fribourg.

Henderson, Michael (1994) *All Her Paths are Peace: Women Pioneers in Peacemaking*. West Hartford: Kumarian Press.

Kemp, Graham (2003) *Keeping the Peace: Conflict Resolution and Peaceful Societies Around the World*. United Kingdom: Taylor & Francis Ltd.

Lederach, John Paul, and Janice Moomaw Jenner (2002) eds. *A Handbook of International Peacebuilding: Into the Eye of the Storm*. San Francisco: Jossey-Bass.

Mazurana, Dyan E., and Susan R. McKay (1999) eds. *Women and Peacebuilding*. Montreal: International Centre for Human Rights and Democratic Development.

Notter, James, and Louise Diamond (1996) eds. *Building Peace and Transforming Conflict: Multi-Track Diplomacy in Practice*. Occasional Paper. Washington D.C. Institute for Multi-Track Diplomacy.

O'Reilly, Siobhan (1998). *The Contribution of Community Development to Peacebuilding: World Vision's Area Development Programmes*. UK: World Vision UK.

Paris, R. (2002), „International Peacebuilding and the 'Mission Civilisatrice," *Review of International Studies*, 28 (October 2002).

Plunk, Roger (2000). *The Wandering Peacemaker*. Charlottesville, VA: Hampton Roads Publishing.

Simbulan, Karen P., and Laurens J. Visser (2016) The value of listening to community voices: A peacebuilding approach to armed social violence. In *„Undeclared Wars": Exploring a Peacebuilding Approach to Armed Social Violence*. Edited by Barbara Unger, Véronique Dudouet, Matteo Dressler, and Beatrix Austin, 61–68. Berghof Handbook Dialogue Series 12. Berlin: Berghof Research Center for Constructive Conflict Management.

Stein, Kenneth W., and Samuel W. Lewis (1991) *Making Peace Among Arabs and Israelis: Lessons from Fifty Years of Negotiating Experience*. Washington, DC: United States Institute of Peace Press.

Uvin, P. (2002), „The Development / Peacebuilding Nexus: A Typology and History of Changing Paradigms," Journal of Peacebuilding and Development, vol 1, no. 1.

Wiesenthal, S. (1997). *The Sunflower: On the Possibilities and Limits of Forgiveness*. New York: Schocken Books.

Zartman, I. William and J. Lewis Rasmussen (1996) eds. Peacemaking in International Conflict: Methods and Techniques. Washington, D.C.: United States Institute of Peace Press.

III. Interreligiöser Dialog und Theologie der Religionen / Interreligious Dialogue and Theology of Religion

Authenticity of Faith and Interreligious Dialogue

Heinrich Bedford-Strohm

1. Tolerance and Truth in Interreligious Dialogue

The relationship between tolerance and truth is a key issue for interreligious dialog. But it is also a key question for the world as a whole. Countless wars have been waged, terrible violence has been caused, because the demand for truth has taken the place of tolerance. Truth – according to the underlying attitude – must be enforced, whatever the cost. In the Thirty Years' War in the 17th century, it was the Christian denominations in whose name people killed each other. Today, it is often a perverted understanding of jihad, of holy war, that leads to terror and violence in the name of Islam.

Recently the notion of holy war was also promoted by a body, which sees itself as protector of Christianity. The World Russian People's Council, chaired by the Patriarch of the Russian Orthodox Church Kirill published a statement at its meeting in Moscow on March 27 and 28, 2024, which interprets the Russian invasion in Ukraine as a „Holy War:" „From a spiritual and moral point of view", it says,

> „a special military operation is a Holy War, in which Russia and its people, defending the single spiritual space of Holy Rus', fulfill the mission of 'Holding', protecting the world from the onslaught of globalism and the victory of the West, which has fallen into Satanism."

And it continues: „After the completion of the Northeast Military District, the entire territory of modern Ukraine should enter the zone of exclusive influence of Russia." Military aggression against a neighboring country is justified here by religious language. As in so many cases in history intolerance becomes violent in the name of truth.

A widespread counter-reaction to such truth claims justifying violence, which have caused so much suffering in world history, is skepticism towards the truth as such in the name of tolerance. Claims to truth come under suspicion because the connection between truth claims and intolerance are seen as intrinsic. Together with truth claims, religions that make such truth claims become suspicious or are even seen as the driving force of intolerance and violence as its consequence.

Is everything equally true? This question can certainly not be answered with a simple yes. After all, it is obvious that certain statements about God simply contradict each other. Christian talk of the Trinity of God, for example, differs clearly – at least at first glance – from the emphasis on the unity and unavailability of God in the two other monotheistic religions of Judaism and Islam, in which talk of the divinity of the man Jesus Christ will at first cause offense.

Ralf Wüstenberg, in his book on Islam, emphasizes many convergences between Christianity and Islam. While his account of their relationship is very inclusive, he clearly identifies differences such as the unconditional loving dedication of God by becoming human in Jesus Christ and giving himself to heal humanity (cf. Wüstenberg 2016, 207–209).

It is clear that there are different truths. The central question is how we deal with such different truths. Time and again, we have failed to deal appropriately with different truths, not the least in the area of religion. We so often try to strengthen our own profile by devaluing and then often distorting others. This approach is, however, always a sign of inner weakness. After all, such devaluation or even distortion of others reveals a lack of trust in the convincing force of one's own faith. Self-confidence does not need devaluation of others. That is why an authentic explanation of one's own faith always includes a fair and competent presentation of other worldviews. An accurate account of other worldviews is dependent on dialog. After all, no one can better support the accuracy of an interpretation of other worldviews than those who represent it themselves.

It is crucial that we take note of each other in our different interpretations of the world and – more than that – that we are also in conversation with each other. Because in an open, pluralistic society, the ability to explain one's own understanding of reality in conversation with others is of central importance. This also applies to the discussion between religious and non-religious interpretations of the world. After all, religious attitudes are only one part of the worldview cosmos of pluralistic societies. If faith does not want to cultivate hermeticism, special semantics and niche existence, it must face up to communication with other forms of understanding of the world. In a religiously and ideologically pluralistic society, this task is more important than ever. Today we have to make content plausible to those who think differently in terms of religion or ideology, content that appears to them to be either downright absurd or, in any case, largely incomprehensible.

Plausibilizations are not only based on rational argument. Rather, they can unfold their power precisely when they also appeal to the heart and soul. For our testimony as Christians, it is crucial that we ourselves radiate what we are talking about.

There is a clear necessity to give an account of which orientation theology can give for this challenge. To engage in this effort, I want to assess four different theological concepts of interreligious dialogue and further explore the last one.

2. Theological Concepts of Interreligious Dialogue

a) Christocentric Exclusivism

Christocentric exclusivism affirms the central importance of Jesus Christ for Christian faith. But beyond that, it considers the witness of

Jesus Christ and other forms of faith as mutually exclusive. A famous verse from the gospel of John is often quoted: 'I am the way, the truth and the life. No one comes to the father except through me' (Jn 14,6). This verse is seen as a clear indication that the explicit confession of Christ is the only way to God and that all those who do not confess Christ are lost.

It is obvious that such an interpretation of the verse in John and a theological position based on it leads to a very specific understanding of interreligious dialogue. The primary goal of such dialogue, whether hidden or open, is conversion to Christian faith. Those who take this position tend to defend a legal church state framework which – if at all possible – privileges Christian faith.

b) Pluralistic Theology of Religion

Pluralistic theology of religion is based on a critique of universal religious truth claims.[1] It reacts to the undisputable history of intolerance and even violence resulting from such truth claims with a radical contextualization of each religious faith. We are formed by our historically contingent upbringing. If we are born in India we might be Hindu. If we are born in Myanmar we might be Buddhist. If we are born in Indonesia we are probably Muslim, and if we are born in Germany, the United States or Brazil, we are probably Christian. Each one of us can only see a part of the truth. The whole can only be approached if we embrace the richness and diversity of different religious views.

Strong truth claims are seen as a nurturing ground for intolerance and therefore as something to be overcome. Constitutional law must allow each one's choice of religious practices.

1 For an assessment of this position, cf. Lienemann-Perrin 1999, 136–60.

This position has a certain tendency towards privatization of religion, for public truth claims are seen as a threat for a culture of pluralism.

c) Moral Credibility Approach (Ring Parable)

The third view can be called the 'moral credibility approach'. Lessing's ring parable is a witness of this approach. It basically expresses the conviction that the truth of a religion can be seen in its moral credibility. A religion which generates hate and intolerance cannot be a true religion. God is love, and therefore, God can only be at work in a religion which leads to an authentic witness of this love on earth.

Church-state relations would be designed in a way which encourages moral agency in the whole of society.

d) Trinitarian Inclusivism – Authenticity of the Church in Interreligious Dialogue

Trinitarian inclusivism emphasizes the strengths of some of the other approaches without including its weaknesses. This is the approach I want to argue for. Trinitarian inclusivism implies a passionate witness to the Trinitarian God which is clearly distinctive from other religious convictions. In this perspective a passionate authentic witness is needed. It rejects an understanding of pluralism which assumes that truth claims generate intolerance and that truth claims weaken pluralism. Rather, it affirms that pluralism lives from passionate and truth-oriented contributions to discourse. Intolerance, in this perspective, is not generated by strong truth claims but by an inability to respect and honor the strong truth claims of others.

My thesis is that Trinitarian theology is extremely fruitful for an interreligious dialogue which avoids both relativism and absolutism.

If we confess God – in the first person of trinity – as the creator, we affirm that there is only one God. If we pray to God the creator, we express that this one God has worked and works and will work in this world. If non-Christians pray to God, they cannot pray to some other God coexisting with the God Christians pray to. There are clearly contradictory claims between different religions. For example the claim of Judaism and Islam that God is so much beyond any human imagery that it can never be visible in a human being is hard to reconcile with the Christian claim that God has revealed Godself in a human being who died on the cross and was resurrected and rose into heaven and is alive beyond the limits of earthly time.

There is a tension between these different views which cannot be overcome by subjectifying faith. That is why the moral credibility approach is not satisfying. Thus, the real challenge is: not to ignore this tension but explore how we can constructively deal with this tension.

This is where Christology comes in. The problem of Christological exclusivism is not that it is too christological but that it is not christological enough. Confessing Christ means loving radically. Loving radically implies an attitude of respect and appreciation to every other human being which only finds its limit in the ignorance towards such respect and appreciation. In other words: there is no respect for disrespect, there is no tolerance for intolerance.

The horizon of the double commandment of love does not end at the limits of a particular religion. Radically loving the neighbor means valuing the religious views, which are so crucial for his or her very existence. Therefore, it is exactly radical faith in Christ which is the source of the curiosity for the religious beliefs of others that we need as a basis for interreligious dialogue.

This love-driven curiosity is a work of the Holy Spirit. The Holy Spirit is one with God the Creator and with Christ. The Holy Spirit inflames this love in us which Christ stands for. And the Holy Spirit is the one who can generate the miracle of understanding each other despite completely different languages. The most fascinating aspect of the Pentecost story Acts 2,1–11 is this movement of communication which reconciles the diversity of different cultures with the one language creating the community of the spirit which we call church (cf. Welker 1992, 218). This vision entails the promise of understanding each other even beyond the limits of our own religious traditions.

What does this approach of Trinitarian Inclusivism mean for religion in public life? What does it mean for the rules that are binding for every citizen in a state?

In the following I will not reflect upon all possible forms of government in relation to religion. I will limit myself to the public role of religion in the liberal state. In a theocratic state, the role of religion is clearly defined as the extended arm of a certain government which tries to secure the authority of one particular religion coercively by preventing anyone from living a life without religion or with a religion diverging from the ruling worldview. In an atheist state, the role of religion is equally clear, namely by being nonexistent in any institutional form. The government tries to suppress all expressions of religion by its own authority, because it sees religion either as a dying phenomenon or as a danger for peoples' development into citizens of a commonwealth that moves beyond religious illusions. Freedom of religion is seen as a threat to such development.

In both forms the government guarantees social cohesion and people's loyalty to the state, if necessary, by force. The liberal state is in a different situation. If it demanded a certain conception of the good, like a religious one, from its people by force, it would cease to be liberal. If there were no conceptions of the good alive among its people, the liberal state would lose its viability and its social cohesion in the long run.

In 1967, the German Supreme Court justice Ernst Wolfgang Böckenförde has described this dilemma in words that have made a quote carrier in the German speaking academic world as well as in the political world, which is rather unique. Meanwhile it is simply called the 'Böckenförde dilemma': „The liberal secular state lives from sources it cannot guarantee itself"[2] (Böckenförde 1967, 93; cf. Böckenförde 2013, 183.308 f.; Vögele 1994, 183.309).[3] The dilemma behind this phrase consists of the following two alternatives: either the liberal state ignores religion and thus runs the danger of losing its cohesive forces. Or it promotes religion with the risk of losing its neutrality in religious affairs.

How should we react to the challenge placed by this dilemma? To simply trust that there will be enough forces of cohesion in society in the future as there have been in the past is not enough. If traditions like Christianity as a source of cohesion in the former Christian state erode more and more and make place for a culture of individualism based on patchwork religion, the leftover cohesive forces of society might largely be based on spiritual resources of the past which are more and more being used up. What, then, will the future bring? Which kind of new sources will nurture the involvement of the citizens needed in every democratic society?

With these questions we are in the middle of the problems connected with the role of religion in a liberal pluralistic democracy.

3. Public Religion in a Pluralistic Democracy

There are various ways to define the relationship between religion and state. I will only describe four of them.[4]

2 For this article, German quotations have been translated into English.

3 Later Böckenförde explicitly related to his phrase from almost thirty years before and reaffirmed it: 'Meine nahezu vor 30 Jahren formulierte These: „Der freiheitliche säkulare Staat lebt von Voraussetzungen, die er selbst nicht garantieren kann, ohne seine Freiheitlichkeit in Frage zu stellen" halte ich nach wie vor für richtig (Böckenförde 1996, 89).'

4 I further develop here an account of these models given in Bedford-Strohm 2018, 23–44.

One could favor a model of *civil religion* in which a state is based on a weak form of religion which uses the 'God word' so widely that all citizens can find themselves under this roof. However, atheists will never want to walk under this roof. And the danger of misuse is high. It is not difficult to collect quotes, especially from American presidents, legitimizing a policy with God which would be in deep tension with specific theological claims. This is why Robert Bellah, the creator of the notion of civil religion, began to speak of 'public theology' in the Reagan years of the 1980s (cf. Bellah 1975).

One could also speak of the *'Christian Occident'* and therefore give special legal privileges to Christian religion. But this would ignore the deep difference between Christian faith and a cultural notion of Christianity. The cultural notion of Christian Occident stands not only for the story of Jesus Christ but also for its complete denial in confessional wars, crusades, the killing of millions of Native Americans and the effort to completely annihilate Judaism in Europe. The concept of Christian Occident presupposes a direct synthesis of 'Christ and culture' (Niebuhr 1951), which is deeply questioned by an honest look at history.

One could furthermore speak of *religion as a private matter* trying to keep it out of the public space. This view has often been based on a certain interpretation of what sociology has called 'secularization theory'.[5] The privatization of religion is, however, philosophically not plausible. If secularization means religious neutrality of the state, there is no convincing reason to privilege any religious or nonreligious worldview in the public realm. Why would philosophical standpoints deserve public expression and religious views not?

A fourth model which I simply call *'public religion'* seems much more promising when it comes to the rules which must be followed if different

5 For the basic ideas of this theory, cf. Casanova 1994, 11–39.

religions are supposed to live together peacefully. I therefore want to go into this model in more detail.

The American philosopher John Rawls has given a framework for such a model which can be seen as the legal expression of the mutual affirmation of tolerance and pluralism on one hand and strong truth claims on the other hand which I have described in the notion of Trinitarian inclusivism. In his 1987 essay 'The Idea of an Overlapping Consensus', in which he clarifies some points that had been too vague in his theory of justice from 1971, Rawls makes very clear that religion does have a public role (cf. Rawls 1987, 6; Rawls 1999, 427). What Rawls stands for, is liberalism as a thin conception of the good. Liberalism as a 'thin' conception of the good only tries to design the basic structure of society in a way that allows all the 'thick' conceptions of the good (like religions) to find an optimal framework for a lively and fruitful debate. The objection that such liberalism is skeptical of religious and philosophical truth, or indifferent to their values, says Rawls, is mistaken (cf. Rawls 1999, 447). For liberalism as a thin conception of the good, strong religious or philosophical convictions are not to be banned to the private realm. On the contrary: as long as they are compatible with the overlapping consensus that is expressed in the constitution, they can be something like life-givers to pluralism in a democratic society. For Rawls, such comprehensive doctrines, whether they are religious or non-religious, are the 'vital social basis' of reasonable political conceptions, 'giving them enduring strength and vigor' (cf. Rawls 1999, 592).

These different philosophical or religious contributions should normally be presented in a language that is understandable to other traditions as well. But Rawls goes even further and sees contributions to the public debate by religious traditions *in their own language* as sometimes crucial for the development of a pluralistic society, and he quotes the Christian involvement against slavery in the nineteenth century and Martin Luther King's involvement in the civil rights movement as examples (cf. Rawls 1999, 592). It is, however, decisive for such contributions that good political reasons confirm what is expressed on the basis of a comprehensive moral doctrine. In the case of the Abolitionists and of the Civil Rights movement this proviso was fulfilled, 'however much they emphasized the religious roots of their doctrines, because these doctrines supported basic constitutional values – as they themselves asserted – and so supported reasonable conceptions of political justice' (Rawls 1999, 593).[6]

Rawls also sees a place for biblical language in public. He explicitly stresses the value of the public use of the biblical parable of the Good Samaritan and adds: „citizens of faith who cite the Gospel parable of the Good Samaritan do not stop there, but go on to give a public justification for this parable's conclusions in terms of political values" (Rawls 1999, 594).

These examples make very clear that Rawls, at least in his later works, is far from limiting religion to a private realm. On the contrary, he sees reasonable comprehensive doctrines of religion as viable and precious agents in the public culture of a democratic society.[7] The same can be said of the late Habermas (cf. Bedford-Strohm 2018, 34–36) and of the thinking of German ethicist Wolfgang Huber[8].

I hope that it has become clear why this constitutional framework is especially compatible with the Trinitarian Inclusivism as I have tried to

6 Rawls adds in a footnote: 'I do not know whether the Abolitionists and King thought of themselves as fulfilling the purpose of the proviso. But whether they did or not, they could have. And had they known and accepted the idea of public reason, they would have' (Rawls 1999, 593, n. 54).

7 The first theologian who has really honored this endorsement of the public role of religion by Rawls is Ronald Thiemann in his brilliant book: Thiemann 1996, 80–90. Thiemann gives a thorough and sharp account of Rawls' development in this respect.

8 Cf. Wolfgang Hubers notion of 'Begründungsoffenheit' (openness to different justifications), in Huber 2006, 269–320. See also his concept of 'relative universality' which honors both the contextual and the universal character of human rights and human dignity, cf. Huber 1996, 146.

describe it. It honors the equal right of different expressions of faith. At the same time, it defines limits beyond which religious views cannot be lived out publically. Human rights are the expression of the overlapping consensus of modern democratic societies.

They are the legal expression of those consequences of Trinitarian inclusivism which we have described. Love and respect for the other and the curiosity for his or her religious or philosophical views form the communicative basis of interreligious dialogue. A constitutional framework, which gives religious views that are reconcilable with the overlapping consensus of human rights the opportunity of public expression, is the legal basis of it.

4. Conclusion: Public Theology as a Force of Peace by the Religions and between the Religions

If we take seriously what my considerations mean for public life, we come to a twofold conclusion. *On the side of religion*, efforts must be intensified to develop a public theology of the religions. In order to appropriately express themselves in public all religions are well advised to develop such a public theology.[9] A *public theology of Islam* would intensify critical reflection on its own traditions and their ambivalences as it is the task of Christian public theology as well. It could make a valuable contribution to reconciliation and the overcoming of violence in national societies and worldwide.[10] A *public theology of Judaism* could reflect upon the theology of land, its possible misunderstandings and its possible tensions with a human rights approach which is expressed in international law.

9 For an example of a comparative view see: Barua 2013. Such a public theology of religions would also include assessing their potential for motivating community involvement. See Fulton&Wood 2012.

10 See, for example: Tonneau 2016 and Abbas 2016.

It could thereby contribute to the opening of new doors in dealing with the conflict in the Holy Land which seems so locked.[11] *Christian public theology* can continue to develop a notion of humility which applies to countries and most to those who have the most power.[12]

On the side of society the conclusion of my argument is that trying to keep religion out of public life is counterproductive for a lively pluralism. Public presence of religion in the sense described can invigorate public discourse on political questions which involve moral issues. It will have an enlightening effect on such discussions. And it will prevent those in the religious communities who preach intolerance or even violence from gaining more influence.

My hope is that through intensified interreligious dialogue and through vivid engagement in public discourse religions can contribute to living a vision of peace and reconciliation which is at the core of all witness to God and which is also the driving force of Ralf Wüstenberg's theology.[13] Our world needs such passion for peace and reconciliation desperately.

5. Literatur

Abbas, T. (2016) „Determining a Newfound European Islam", *International Journal of Public Theology*, 10(3), 324–337.

Barua, A. (2013) „Ideas of Tolerance: Religious Exclusivism and Violence in Hindu-Christian Encounters", *International Journal of Public Theology*, 7(2), 65–90.

Bedford-Strohm, H. (2005) „Geschenkte Freiheit: Von welchen Voraussetzungen lebt der demokratische Staat?" *Zeitschrift für Evangelische Ethik*, 49(1), 248–265.

11 For already existing efforts of this kind see the special issue of IJPT on Jewish Public Theology (2013).

12 This was one of my goals in my inaugural lecture at the university of Bamberg in 2004 (cf. Bedford-Strohm 2005).

13 Cf., as an example for many other publications, Wüstenberg 2004.

– (2018) *Liberation Theology for a Democratic Society. Essays in Public Theology.* Wien / Zürich: Lit-Verlag.

Bellah, R. (1975) *The Broken Covenant: American Civil Religion in Time of Trial.* New York: The Seabury Press.

Böckenförde, E.-W. (1967) *Säkularisation und Utopie.* Stuttgart: Kohlhammer.

– (1996) 'Fundamente der Freiheit', in E. Teufel (ed.) W*as hält die moderne Gesellschaft zusammen?* Frankfurt a. M.: Suhrkamp, 89–99.

– (2013) *Recht, Staat, Freiheit. Studien zur Rechtsphilosophie, Staatstheorie und Verfassungsgeschichte.* 5th edition. Frankfurt a. M.: Suhrkamp.

Casanova, J. (1994) *Public Religions in the Modern World.* Chicago / London: The University of Chicago Press.

Fulton, B. & Wood, R. (2012) „Interfaith Community Organizing. Emerging Theological and Organizational Challenges", *International Journal of Public Theology*, 6(4), 398–420.

Huber, W. (1996) *Violence: The Unrelenting Assault on Human Dignity.* Minneapolis: Fortress Press.

– (2006) *Gerechtigkeit und Recht: Grundlinien christlicher Rechtsethik.* 3rd edition. Gütersloh: Gütersloher Verlag.

Lienemann-Perrin, Ch. (1999) *Mission und Interreligiöser Dialog.* Göttingen: Vandenhoeck und Ruprecht.

Niebuhr, H. R. (1951) *Christ and Culture.* New York: Harper & Row.

Rawls, J. (1987) „The Idea of an Overlapping Consensus", *Oxford Journal of Legal Studies*, 7(1), 1–25.

Rawls, J. (1999) *Collected Papers.* Ed. By S. Freeman. Cambridge: Harvard University Press.

IJPT (2013) Special issue of on Jewish Public Theology, *International Journal of Public Theology*, 7(2).

Thiemann, R. (1996) *Religion in Public Life: A Dilemma for Democracy.* Washington D. C.: Georgetown University Press.

Tonneau, O. (2016) „Muslim Citizens! After the January 2015 Paris Attacks: France's Republicanism", *International Journal of Public Theology*, 10(3), 280–301.

Vögele, W. (1994) *Zivilreligion in der Bundesrepublik Deutschland.* Gütersloh: Gütersloher Verlag.

Welker, M. (1992) *Gottes Geist. Theologie des Heiligen Geistes.* Neukirchen-Vluyn: Neukirchener Verlag.

Wüstenberg, R. (2004) *Die politische Dimension der Versöhnung. Eine systematisch-theologische Studie zum Umgang mit Schuld nach den Systemumbrüchen in Südafrika und Deutschland.* Gütersloh: Gütersloher Verlagshaus 2004; engl. Wm. B. Eerdmans: Grand Rapids / Cambridge 2009.

– (2016) *Islam ist Hingabe. Eine Entdeckungsreise ins Innere einer Religion.* Gütersloh: Gütersloher Verlagshaus.

Täuschung als Thema des interreligiösen Dialogs. Erkenntnistheoretische Etüde

Anne Käfer

> „MORPHEUS: The Matrix is everywhere, it's all around us, here even in this room. You can see it out your window, or on your television. You feel it when you go to work, or go to church or pay your taxes. It is the world that has been pulled over your eyes to blind you from the truth.
>
> NEO: What truth?
>
> MORPHEUS: That you are a slave, Neo. That you, like everyone else, was born into bondage …
>
> … kept inside a prison that you cannot smell, taste, or touch. A prison for your mind."
>
> (Wachowski L. & Wachowski A. 1996).

Dass die Menschen Gefangene seien, gefangen in einem Gefängnis, das ihre Sicht auf die Wirklichkeit begrenzt und verhindert, ist eine uralte Idee. In Platons *Politeia* sitzen die Gefangenen in einer Höhle und sehen nur die Schatten der wirklichen Welt. In *The Matrix*, dem ersten Film der Matrix-Reihe, ist es eben die Matrix oder vielmehr die Welt selbst, die, so sagt es Morpheus, den Geist des Menschen gefangen halte und den Blick auf die Wirklichkeit verdecke. Also könne die Wirklichkeit nicht so gesehen werden, wie sie wirklich ist.

Wie ist sie aber wirklich und in Wahrheit, die Wirklichkeit, in der wir leben? Diese Frage ist eine Kernfrage in der Beschäftigung mit dem religiösen Pluralismus. Die religiöse Pluralität, in der wir leben, konfrontiert den einzelnen Menschen mit einer Vielzahl an Wirklichkeitsverständnissen. Angehörige unterschiedlicher Religionen und Weltanschauungen[1] sehen die Wirklichkeit verschieden. Sie haben einen jeweils anderen Blick auf die Welt und sich selbst. Wie sie sich selbst wahrnehmen, das bedingt ihre Sicht auf die Welt[2]. Umgekehrt prägt ihr Verständnis vom Grund oder Sinn der Welt die Bedeutung, die sie ihrem eigenen Dasein zumessen.

Im interreligiösen Austausch können zum einen die differenten Selbst-, Welt- und Gottesverständnisse der jeweiligen Religionen herausgestrichen werden. Es kann aber auch der Blick auf das gelenkt werden, was die Religionen verbindet und inwiefern zwischen ihnen Ähnlichkeiten bestehen. Den zweiten Weg hat der Jubilar in seinem aufschlussreichen Band „Islam ist Hingabe" (Wüstenberg 2016) gewählt. Hier werden maßgebliche religiöse Einsichten im Islam und im Protestantismus auf ihre sachliche Verbundenheit hin untersucht.

Ein Punkt, der in interreligiösen Gesprächen zumeist nicht ausführlicher berücksichtigt wird, ist die Frage nach der *Täuschung* in der jeweils eigenen Religion. Nicht dass sich womöglich andere Religionen in ihrem Selbst- und Weltverständnis täuschten, sondern, dass die jeweils eigene Religion mit Täuschungserlebnissen rechnet und von diesen ausgehend die Unverfügbarkeit der eigenen wie fremder Einsichten neu beachtet, ist der Punkt, den ich im Folgenden thematisiere. Mir scheint die

1 Vgl. zum Verständnis von „Religion" und „Weltanschauung" Polke 2009, bes. 55–57.

2 „Welt" meint hier die Gesamtheit der Gegenstände (Dinge, Lebewesen etc.) in ihrer jeweiligen Einzelheit sowie in ihrer Verbundenheit, die dem einzelnen erkennenden Menschen äußerlich sind, zu denen dieser als selbst weltimmanent jedoch selbst gehört.

Reflexion von Täuschung ein Sachverhalt zu sein, der den interreligiösen Austausch wie das Zusammenleben in religiös pluralen Gesellschaften bereichern kann.

Um die Bedeutung von Täuschungserfahrungen für die eigene Religion und das Religionsgespräch aufzuzeigen, verweise ich zunächst auf epistemologische Überlegungen aus dem Bereich der Philosophie, die danach fragen, ob wir Menschen uns nicht womöglich grundsätzlich über die Wirklichkeit täuschen. Zu diesem Zweck ziehe ich Ausführungen René Descartes' und Hilary Putnams heran, nicht um deren Positionen vorzustellen, sondern insofern sie für das hier verfolgte Verständnis von Täuschung und Wirklichkeitserkenntnis hilfreich sind (1.). Im zweiten Abschnitt wende ich mich aus meiner evangelisch-christlichen Perspektive christlicher Überlieferung zu, um an ausgewählten Texten exemplarisch die Bedeutung von Täuschung für die christliche Religion aufzuzeigen. Ich werde hierbei die These entfalten, dass Täuschung integraler Bestandteil der christlichen Religion ist (2.). Mit einem Fazit schließe ich (3.)

1. Erkenntnistheoretische Anfragen aus der Philosophie

a) René Descartes und der täuschende „genius malignus"

In seinen *Meditationes de prima philosophia* sucht Descartes eine verlässliche Auskunft auf die Frage, ob es die Welt, die Wirklichkeit mit ihren Gegenständen, zu denen auch der menschliche Körper gehöre, überhaupt gebe. Zwar gingen die Menschen davon aus, dass es diese Dinge gebe und dass sie mit ihren Körpern deren materielle Beschaffenheit wahrnehmen könnten. Doch vielleicht täuschten sie sich und bildeten sich die Wirklichkeit, die sie für wirklich halten, nur ein.

Descartes will daher einen Beweis darüber führen, was es wirklich gibt. Die Frage danach, was es wirklich gibt, ist eine uralte Streitfrage.

Strittig ist diese Frage schon deshalb, weil sie als solche erst einmal offenlässt, nach dem Gegebensein welcher Dinge gefragt ist. Sind nur Gegenstände gemeint, die als materielle Objekte vom Menschen sinnlich wahrgenommen und vom menschlichen Verstand erfasst werden können? Oder sind auch Dinge gemeint, die zu den „unsichtbaren" zählen, solche wie Freiheit, Liebe oder Gott?[3]

Descartes, den solche Fragen umtreiben, unternimmt es in seinen Meditationen den Nachweis zu führen, „nempe revera esse aliquem mundum et homines habere corpora" (Descartes 2008, 28).[4] Zu diesem Zweck geht er zunächst vom Gegenteil aus. Er setzt überlegungshalber einen boshaften Geist (*genius malignus*) voraus, der es darauf abgesehen habe, ihn über das Vorhandensein der Welt und des eigenen Körpers zu täuschen. „Supponam […] genium aliquem malignum, eundemque summe potentem & callidum, omnem suam industriam in eo posuisse, ut me falleret" (Descartes 2008, 42).[5]

Wenn es einen *genius malignus* gibt und dieser tatsächlich über das Vorhandensein von Himmel, Luft, Farben, Tönen und über das Vorhandensein des eigenen menschlichen Körpers mit Fleisch und Blut, Händen und Augen täuschte, so wären Welt und Körper dem menschlichen Erkennen und Denken nur vermeintlich als gegenständlich gegenübergestellt. Descartes müsste folglich all dies dem Denken Äußerliche als Schemen einer Traumwelt beurteilen. Und während er sich in der durch den *genius malignus* gewirkten Traumwelt mutmaßlich frei bewegte, wäre er doch in Wahrheit eingesperrt in eine Illusion, so dass er über

3 Vgl. dazu die Unterscheidungen von Quine 1979, 9–25.

4 Deutsche Übersetzung, Descartes 2008, 29: Descartes unternimmt nachzuweisen, „daß es tatsächlich eine Welt gibt und die Menschen Körper besitzen".

5 Deutsche Übersetzung, Descartes 2008, 43: „Ich will daher voraussetzen […], irgendein boshafter Genius, ebenso allmächtig wie verschlagen, setze all seine Hartnäckigkeit darein, mich zu täuschen".

sich selbst aussagen müsste: „Nec aliter quam captivus [sum], qui forte imaginaria libertate fruebatur in somnis" (Descartes 2008, 42 / 44).[6]

Dem Gedankenexperiment mit dem „genius malignus" stellt Descartes seine Überzeugung entgegen, dass nicht ein böser Geist die Welt regiere, sondern ein treuer Gott, der niemals täusche (Descartes 2008, 160). Für Descartes ist es evident und klar (vgl. Röd 1962, 342–362), dass dieser Gott, der kein Schwindler sei, die Wirklichkeit insgesamt gegründet habe. Entsprechend existierten die wahrgenommenen körperlichen Dinge tatsächlich und seien derart beschaffen, dass sie grundsätzlich vom Menschen ihrer wahren Beschaffenheit nach erkannt werden könnten.[7]

b) Putnam und der täuschende „evil scientist"

Descartes' Gedankenexperiment findet seine Auflösung in der Überzeugung, dass ein wahrheitsverbürgender Gott Urheber allen Seins sei. Wenn ein solcher Gott jedoch nicht angenommen wird, wie kann dann Täuschung ausgeschlossen werden? Zur Antwort bietet Hilary Putnam ein Gedankenexperiment. Er unternimmt es, eine modernisierte Version der cartesianischen Vorstellung vom bösen Geist und dessen Täu-

6 Deutsche Übersetzung, Descartes 2008, 43 / 45: „Ich bin wie ein Gefangener, der im Traum eine Freiheit lebt, die freilich bloß vorgestellt ist". Vgl. auch Descartes 2008, 48: Dass immerhin dieses Ich, das da getäuscht werden kann, tatsächlich vorhanden ist, dies lässt sich nach Descartes nicht leugnen. Dieses Ich ist auch dann nicht abzustreiten, wenn es völliger Täuschung über das Vorhandensein seines Körpers wie der gesamten äußeren Welt unterliege. Denn solche Täuschung ist ja eben an das Ich adressiert.

7 Descartes räumt ein, dass Sinnestäuschungen die Erkenntnis von gegebenen Dingen verhinderten. Es komme auch vor, dass die erscheinenden Dinge ungenügend auf ihre wahre Beschaffenheit hin betrachtet würden, und so kämen Irrtümer zustande (Descartes 2008, bes. 180–182).

schungen als unzutreffend zu entlarven. Sie handelt von einem Gehirn in einem Tank.

> „Here is a science fiction possibility discussed by philosophers: imagine that a human being […] has been subjected to an operation by an evil scientist. The person's brain […] has been removed from the body and placed in a vat of nutrients which keeps the brain alive. The nerve endings have been connected to a super-scientific computer which causes the person whose brain it is to have the illusion that everything is perfectly normal. There seem to be people, objects, the sky, etc; but really all the person […] is experiencing is the result of electronic impulses travelling from the computer to the nerve endings." (Putnam 1981, 5 f.)

Das Gehirn, das hier beschrieben wird, ist nach einer Operation gefangen in einem Tank. In seinem vermeintlichen Erkennen wird es durch das Wirken eines bösen Wissenschaftlers getäuscht. Wirklichkeit ist diesem Gehirn, was ihm der Wissenschaftler an Vorstellungen über Menschen, Bäume oder den Himmel eingibt. Das Gehirn hat hierbei keinen Kontakt zur Außenwelt. Auf Dinge, die sich außerhalb des Tanks befinden, wie insbesondere den bösen Wissenschaftler selbst, kann das Gehirn im Tank keinen Bezug nehmen.

Putnam fragt an, ob die Annahme zutreffend sein könnte, dass wir gar alle in Folge einer Operation nun nurmehr in einem Tank eingesperrte Gehirne wären. Und müssten wir dann nicht über uns selbst auch aussagen können, dass wir Gehirne in einem Tank sind und über die Wirklichkeit getäuscht werden?

Dies verneint Putnam. Denn aus sprachphilosophischen Gründen könne solch eine Aussage niemals sinnvoll getätigt werden. Mit dem Satz: „Ich bin ein Gehirn in einem Tank", kann sich das einzelne operierte Gehirn gerade *nicht* auf den Tank beziehen, in dem es liegt; es könnte sich bloß auf einen vorgestellten Tank beziehen. Nur dann könnte das

Gehirn einen materiell-wirklichen Tank meinen, wenn es ihm möglich wäre, sich selbst auf den angeblich außer ihm befindlichen Gegenstand „Tank“ zu beziehen und die Täuschung zu entlarven. Es müsste von außen auf sich und die es umgebenden Dinge Bezug nehmen können; solange es im Tank gefangen gehalten wird, ist dies jedoch gerade nicht der Fall (vgl. Putnam 1981, 13).

Dass wir Gehirne in einem Tank seien, ist nach Putnam in physikalischer Hinsicht nicht ausgeschlossen – es mag machbar sein, Gehirne in einem Tank funktionsfähig aufzubewahren. So könnte es nach Putnam auch möglich sein, dass Menschen in einer „Matrix“ gefangen sind, wie sie in *The Matrix* vorgestellt wird, oder in einer Traumwelt leben, wie sie Descartes erwägt.

Allerdings sei die Bezugnahme auf die Traumwelt oder das Tankdasein aus philosophischer Sicht für Menschen, die in der Traumwelt wie im Tank gefangen sind,[8] nicht möglich. Aus philosophischer Sicht könne von einem Insassen des Tanks nicht ausgesagt werden, dass er sich als ein bloßes Gehirn in einem Tank befindet und der Täuschung durch einen bösen Wissenschaftler unterliegt. „What rules out this possibility is not physics but *philosophy*.“ (Putnam 1981, 15).

Putnam wie Descartes handeln von der Frage nach dem Wirklichsein körperlicher Gegenstände und der Bezugnahme des menschlichen Körpers und Bewusstseins auf sie. Wie steht es jedoch um die Bezugnahme auf die Wirklichkeit insgesamt und gar auf diejenige Macht, in der Wirklichkeit wie Wirklichkeitswahrnehmung gründen? Diese Frage beschäftigt insbesondere die Theologie. Sie befasst sich mit dem Warum und Wozu der Wirklichkeit insgesamt und der Bedeutung des menschlichen Daseins in ihr. Hierbei nimmt sie Bezug auf die Macht, der sich

8 Der Erlöser Neo ist nach Einnahme der roten Pille nicht mehr in der Matrix-Welt gefangen, weshalb er von außen (außerhalb der Matrix-dominierten Wirklichkeit) auf die Entmachtung der Matrix hinwirken kann.

das Gegebensein der Wirklichkeit wie des eigenen Daseins verdankt. Inwiefern diese Bezugnahme der Täuschung ausgeliefert ist oder vielmehr nur auf dem Boden von Täuschung möglich, davon handeln Texte der christlichen Tradition. Zwei wähle ich, die exemplarisch die Bedeutung von Täuschung für die evangelisch-christliche Religion beleuchten.

2. Christliche Texte über Täuschung

a) Die Enttäuschung der Emmausjünger

Die Frage der Täuschung beschäftigt den Autor der Emmausperikope Lk 24,13–35. Die beiden Jünger, die sich am zweiten Tag nach Jesu Kreuzigung auf dem Weg nach Emmaus befinden, geben an, durch Jesus von Nazareth Erlösung erwartet zu haben. Sie scheinen in ihm und seinem Wirken Antwort auf die Frage nach dem Sinn ihres Daseins gesucht zu haben, sonst wären sie ihm nicht nachgefolgt und hätten ihm ihr Leben nicht gewidmet. Seine Kreuzigung jedoch scheint diese Erwartung enttäuscht zu haben.

> „[13]Καὶ ἰδοὺ δύο ἐξ αὐτῶν ἐν αὐτῇ τῇ ἡμέρᾳ ἦσαν πορευόμενοι εἰς κώμην ἀπέχουσαν σταδίους ἑξήκοντα ἀπὸ Ἰερουσαλήμ, ᾗ ὄνομα Ἐμμαοῦς, [14]καὶ αὐτοὶ ὡμίλουν πρὸς ἀλλήλους περὶ πάντων τῶν συμβεβηκότων τούτων. [15]καὶ ἐγένετο ἐν τῷ ὁμιλεῖν αὐτοὺς καὶ συζητεῖν καὶ αὐτὸς Ἰησοῦς ἐγγίσας συνεπορεύετο αὐτοῖς, [16]οἱ δὲ ὀφθαλμοὶ αὐτῶν ἐκρατοῦντο τοῦ μὴ ἐπιγνῶναι αὐτόν.“ (Lk 24,13–16)

Die aufgrund der Kreuzigung Jesu enttäuschten Jünger werden über die Wirklichkeit getäuscht, indem verhindert wird, dass sie den Auferstandenen erkennen können. Um dies darzustellen, schreibt der Autor, ihre Augen seien mit Macht daran gehindert worden, den Auferstandenen zu sehen. Dies ist im übertragenen Sinne zu verstehen. Es wird nicht von einem optischen Unvermögen erzählt, sondern von der Unfähigkeit, die eigene Enttäuschung mittelst sinnlicher Wahrnehmung oder eigener Denkanstrengung zu ent-täuschen. Den Leserinnen und Lesern der Erzählung macht der Autor auf diese Weise deutlich, dass es unmöglich ist, sich selbst aus falscher Vorstellung zu befreien.

Die Befreiung aus Illusion und falscher Vorstellung kann nur passiv erlitten werden; sie ist völlig unverfügbar und widerfährt den beiden Jüngern in Vers 31.[9] Die Augen als die Erkenntnisorgane werden geöffnet, und die Jünger, die Jesus für unwiderruflich tot gehalten hatten, erkennen, dass er auferstanden ist.[10] Zur Identifikation des Auferstandenen mit dem Gekreuzigten verhilft das Brotbrechen, das den unerkannten Dritten als den irdischen Jesus identifiziert.[11] Vor allem erinnert es die Lebensgabe, die die beim Abendmahl angekündigte Hingabe Jesu bedeutet. Allerdings gibt das Brotbrechen den Jüngern nur darum den Gekreuzigten als den Auferstandenen zu erkennen, weil sie hierzu von Gott befähigt sind. Er hat sie den Weg durch die Dunkelheit des Todes hin zum Licht der Erkenntnis geführt, in welchem sie seine Macht und sein Heilswirken sehen können.

Der Erzähler streicht heraus, dass sowohl Erkenntnis als auch Täuschung von Gott gewirkt werden. Dass die Jünger über ihren Wegbegleiter zunächst im Dunkeln gelassen werden und sich über ihn täuschen, ihn dann jedoch erkennen, schreibt der Erzähler sämtlich der Macht des Schöpfers zu. Dessen schöpferische Macht wirkte die Auferweckung Jesu

9 Lk 24,31: „αὐτῶν δὲ διηνοίχθησαν οἱ ὀφθαλμοὶ καὶ ἐπέγνωσαν αὐτόν· καὶ αὐτὸς ἄφαντος ἐγένετο ἀπ' αὐτῶν."

10 Solches Geöffnetwerden widerfährt auch einige Verse später den Jüngern, denen der Auferstandene die Schriften auslegt; ihnen wird der Geist und Verstand (νοῦς) zur Erkenntnis befähigt (Lk 24,45). Vgl. auch Gen 3,5.7, wo in der Septuagintaübersetzung dieselbe Vokabel (διανοίγω) verwendet ist.

11 Dies Brotbrechen ist auch für die Christenmenschen, die die Erzählung des Lukas lesen, das Zeichen (Sakrament des Abendmahls), das sie – im Glauben(!) – die Gegenwart des auferstandenen Gekreuzigten erleben lässt.

und wirkt ebenso die Ent-täuschung. Doch gleich wie der Tod erst die Auferstehung möglich macht, so ist nur auf dem Boden von Täuschung Erkenntnis möglich; das stellt die Emmausperikope heraus.

Nach christlicher Vorstellung ist es der in Christus geoffenbarte Schöpfer und nicht die Matrix, kein „genius malignus" oder ein „evil scientist", der den Blick auf die Wirklichkeit verhindert und also Menschen in Täuschung leben lässt. Allerdings wirkt er anders als die genannten Mächte auch die Erkenntnis der Wirklichkeit (vgl. Apg 26,17–18). Er wirkt sowohl, dass Menschen über die Wirklichkeit getäuscht werden, als auch, dass sie ihrer in Wahrheit ansichtig werden (vgl. Marschler 2004, 20–36).[12] Das ist nach evangelischer Tradition eine zutreffende Beschreibung des Heilshandelns Gottes, das dem Allmächtigen allein vorbehalten ist; solange er Gotteserkenntnis nicht gewährt, verwehrt er Gotteserkenntnis.

Dadurch, dass der Schöpfer diejenigen aus der Täuschung befreit, die am Tod Jesu verzweifeln, veranlasst er sie zur Umkehr, zur Umkehr in ein neues Leben. Entsprechend lässt der Erzähler die Emmausjünger auf der Stelle nach Jerusalem umkehren, wo sie den Auferstandenen verkündigen, der das je eigene Leben und die Welt insgesamt in neuem Licht erscheinen lässt.

Die Täuschung, die die Emmausjünger erleiden, hält sie in der Ansicht gefangen, der Gekreuzigte habe leidensreich sterben müssen und damit sei sein Erlösungshandeln verhindert worden. Die umgekehrte Täuschung hält Sören Kierkegaard für nötig, damit sich ein getaufter Christenmensch zu einem wahrhaften Christenmenschen entwickeln könne. Diesem müsse gerade die Herrlichkeit des Auferstandenen vor Augen gestellt werden, auf dass er nach und nach das Leiden des Ge-

12 Auch Augustin nimmt an, dass sich die Täuschung der Emmausjünger Gottes Handeln verdankt; vgl. dazu Augustinus (1963, 371): Die Täuschung sei geschehen „certi mysterii causa".

kreuzigten anzunehmen lerne. Denn Leiden erwarteten auch denjenigen, der in der Welt und sogar in der eigenen christlichen Gemeinschaft die überkommenen Vorstellungen von angesehener Lebensgestaltung in Frage stelle. Solche Täuschung geschehe allerdings gleich wie die Täuschung der Emmausjünger keineswegs aufgrund der Bosheit eines „genius" oder „scientist", sondern mit der Absicht, dass Christus wahrhaft erkannt und ihm im Glauben ernsthaft nachgefolgt werde.

b) Kierkegaards Verständnis von Hineintäuschung

Ähnlich wie in der Emmausperikope kommt in Kierkegaards Werk der Täuschung eine heilswirksame Bedeutung zu. Denn Wahrheit werde nur durch Täuschung hindurch, und zwar als Ent-Täuschung deutlich.

Insofern sich der ent-täuschende Blick auf die Wirklichkeit dem Wirken Gottes verdankt, kann mit solcher Enttäuschung Einsicht in das augenöffnende göttliche Wirken einhergehen. Und indem der aus Täuschung befreiende Schöpfer sich selbst als den zu erkennen gibt, der Welt und Menschen nach seinem Willen und aus Liebe erschuf, gewährt er eine Bezugnahme auf die Wirklichkeit im Bewusstsein ihres Grundes und der Absicht, der sie sich verdankt. Dann vermag der jeweils erkennende Mensch sich selbst als von Gott nicht in die Matrix oder einen Tank, sondern in die geschaffene Welt gegeben zu sehen, in der gerade die Beziehung zu ihrem Schöpfer von lebensbestimmender Bedeutung ist.

Vom Erkenntnisprozess eines Christenmenschen handelt eindrücklich Sören Kierkegaard, den auch der vom Jubilar hochgeschätzte Dietrich Bonhoeffer eingehend studierte (vgl. Valčo 2017, 47–58). Daher wird hier auf die von Kierkegaard verfassten Schriften des fiktiven Autors Anti-Climacus „Sygdommen til Døden" und „Indøvelse i Christendom" verwiesen, auch wenn diese nicht mit der Intention verfasst wurden, dass sie dem interreligiösen Austausch dienten.

Der fiktive Autor Anti-Climacus unterscheidet drei Arten von Lebensvollzug. Es gebe Menschen, die die Bedeutung ihres Daseins in der

Befriedigung sinnlicher Bedürfnisse sähen und die nicht davon abgehalten werden wollten, sinnliche Lust zu erlangen (vgl. Kierkegaard 2021, 67). Ebenso gebe es aber auch Menschen, die die Bedeutung ihres Daseins in mehr als sinnlicher Lust zu finden suchten. Es gebe solche, die danach strebten, die verbreiteten Vorstellungen von angesehener Lebensgestaltung in ihrer Existenz umzusetzen, auf dass ihnen dadurch ihr Leben bedeutsam werde. Über solch einen Menschen, der sich den herkömmlichen gesellschaftlichen Vorstellungen zu entsprechen müht, führt Anti-Climacus aus:

> „Er ist nun […] seit mehreren Jahren schon glücklich verheiratet, ein tatkräftiger und unternehmender Mann, Vater und Bürger, vielleicht sogar ein großer Mann; […]; in der Stadt gehört er zu den Honoratioren; […] er wird nach Ansicht aller als Persönlichkeit beurteilt. […] Die Frage nach der Unsterblichkeit hat ihn öfter beschäftigt" (Kierkegaard 2021, 85).

Aber, und das hält Anti-Climacus diesem vor der Welt so edlen Menschen vor, eine Antwort auf die Frage nach der Unsterblichkeit habe dieser nie wirklich gesucht. Und daher lebe er, gleich den anderen genannten auch, in „Verzweiflung".

Unter „Verzweiflung" versteht Anti-Climacus die Unfähigkeit des Menschen, sich mit sich selbst, mit Grund, Sinn und Zweck der eigenen Existenz auseinanderzusetzen. Sonst nämlich würde sich der Mensch auf die herausfordernde Frage einlassen, ob seine Lebenssinnbestimmung allein auf sein Dasein in Raum und Zeit beschränkt sei oder gar über den Tod hinaus in die Ewigkeit hineinreiche. Der verzweifelte Mensch klammere sich an die raum-zeitliche Welt, wie sie ihm vor Augen stehe, und so sei er ein Gefangener seines Wirklichkeitsverständnisses. Er unterliege der Täuschung, sich selbst verwirklichen oder in einer vor den Menschen angesehenen Rolle aufgehen zu müssen und zu können (vgl. Kierkegaard 2021, 40). Aus dieser Täuschung könne der verzweifelte Mensch nur durch den menschgewordenen Gott erlöst werden (vgl. Kierkegaard 2014, 267). Denn in diesem habe sich die Ewigkeit, die die Wirklichkeit umfasse und begründe, in diese selbst hineinbegeben. In Christus werde Gott der ewige Grund allen Seins Mensch in Raum und Zeit, und zwar aus Liebe zum Menschen. Aus Liebe und um des Menschen willen „kommt Gott auf die Welt, läßt sich gebären, leidet, stirbt" (Kierkegaard 2021, 119); „aus Liebe wird er Mensch. Er ist die Liebe" (Kierkegaard 2014, 159).

Die Liebe Gottes ist es, die nach Anti-Climacus einen Menschen durch Täuschung zur Erkenntnis und damit in den Glauben und zu seinem Heil hinführt. Diese Liebe sei „die Macht, die das Leben der Menschen lenkt" (Kierkegaard 2014, 201). Gleichwohl unterliege der Lebensvollzug der Menschen zumeist der Täuschung über den eigentlichen Sinn ihres Lebens,[13] und daher sei dieses ein Dasein in Verzweiflung.[14] Aus dieser Verzweiflung befreie zu einer dem Menschen weder bekannten noch verfügbaren Zeit die Liebe, indem sie mittelst einer heilsamen Täuschung einen Menschen dahin bringe, dass er schließlich die Wahrheit erkennen könne.

Der augenöffnende Vorgang verläuft nach Kierkegaard auf dem Weg der Täuschung. Die Liebe gebe einem Menschen keineswegs zu Beginn des Weges schon zu erkennen, wohin sie führe. Vielmehr zeige sie zunächst die Herrlichkeit des Auferstandenen, die einen Menschen in Bewunderung versetze und ihn auf diese Weise zur Nachfolge Christi (vgl.

---

13 Kierkegaard handelt in seinen Schriften mehrfach vom Phänomen der Täuschung, und dies auch insbesondere im Blick auf das Offenbarungsgeschehen; vgl. dazu Kierkegaard 2014, u. a. 153–155. Das Phänomen der Täuschung wird von Kierkegaard auch im Kontext der „Liebe" untersucht; vgl. hierzu Kierkegaard 2003, 7; für den Hinweis auf diese Ausführungen zu „Betrug" und „Täuschung", Dänisch: „bedrag", danke ich herzlich Frau Mag. theol. Johanna Baumann.

14 Anti-Climacus nimmt an, „daß nicht ein einziger Mensch lebe, ohne wenigstens etwas verzweifelt zu sein" (Kierkegaard 2021, 42).

Kierkegaard 2014, 249) gewinnen lasse. Anders als die Emmausjünger, die den elenden Gekreuzigten vor Augen hatten, werde Jahrhunderte nach Tod und Auferstehung Jesu ein Mensch, der zunächst von der Herrlichkeit Christi geblendet wird, nur nach und nach die Leiden des Gekreuzigten erkennen und die Herausforderungen des Weges sehen können, auf den ihn die Liebe stellte. Lasse er sich gleichwohl nicht aufhalten von den Leiden, die er in der Nachfolge zu gewärtigen habe, da ihn die „Verzweifelten", die ein gesellschaftlich angesehenes Leben führen, ob des seinigen verachten werden (vgl. Kierkegaard 2014, 207–209), dann werde er in der Wahrheit leben (vgl. Kierkegaard 2014, 216–217). Zu diesem Ziel sei es nötig, dass er, geblendet von der Herrlichkeit des Auferstandenen, „in die Wahrheit hineingetäuscht" werde (Kierkegaard 2014, 201),[15] was ihn dann entdecken lasse, dass er vormals in Täuschung lebte.[16] Durch jene *Hineintäuschung* werde er aus der Täuschung befreit, in der die „Verzweifelten" gefangen seien. Diese Hineintäuschung verhelfe dazu, dass der zunächst von der Herrlichkeit Geblendete nach und nach mit der Wahrheit vertraut werde und sich ihr anvertraue, obwohl er deswegen Verachtung und Erniedrigung erleiden müsse.

Da die Macht, die das Leben der Menschen lenkt, oder vielmehr die „Vorsehung" (Kierkegaard 2014, 202) eben die Liebe Gottes sei, ist letztlich ihr die ent-täuschende Täuschung desjenigen verdankt, der den Auferstandenen als den Gekreuzigten erkennt und hierbei zum Glauben kommt. Mit diesem Glauben aber gehen Umkehr und Nachfolge einher

15 Vgl. auch Kierkegaard 2014, 197: „Dies weiß Christus sehr wohl, und er weiß ebenfalls, daß diese Erlaubnis, mit dem Leichtesten anfangen zu dürfen, mit dem, was so leicht aussieht, ein für die Erziehung notwendiger Betrug ist, und daß die Tatsache, daß es darauf immer schwerer wird, darum besteht, damit das ‚in Wahrheit leben' zur Prüfung, zum Examen werden kann." Vgl. zu dem in „Einübung im Christentum" dargelegten Verständnis verschiedener Mitteilungsweisen von Wahrheit: Gerdes 1982, 69–74.

16 Vgl. hierzu Bonhoeffer 1989, 89: „Der von Jesus Gerufene lernt also, daß er in seiner Beziehung zur Welt in einer Täuschung gelebt hat."

(vgl. Kierkegaard 2014, 267). Im Glauben nämlich sei sich der Glaubende bewusst, dass sich sein Dasein der schöpferischen Macht des Ewigen verdanke (vgl. Kierkegaard 2021, 177). So wird ihm, der er bisher ein Verzweifelter war, der eigentliche Sinn seines Daseins deutlich. Er kann erkennen, dass er dazu bestimmt ist, von der Liebe auf dem Weg der Erniedrigung zum ewigen, seligen Leben geführt zu werden; hierbei zeigt sich ihm die Liebe mehr und mehr als treu und verlässlich (vgl. Kierkegaard 2014, 136).

3. Fazit

Die christliche Überlieferung macht deutlich, dass der Täuschung für das Entdecken von Wahrheit und Wirklichkeit eine wichtige Funktion zukommt. Auf dem Boden der Täuschung oder vermittelt durch Täuschung gibt sich der Schöpfer zu erkennen und wird der Blick auf die Wirklichkeit geschärft. Dabei wird der ewige Schöpfer als der beschrieben, der die Täuschung durchführt, um schließlich zu ent-täuschen und seine Heilsabsicht in ihrem eigentlichen Sinn offenzulegen. Da er für seine Offenbarung den Weg der Ent-täuschung wählt, macht er eindrücklich klar, wie unverfügbar und wie herausfordernd die Erkenntnis von Grund und Sinn der Wirklichkeit ist. Demjenigen, dem dies entdeckt wird, ist Täuschung als integraler Bestandteil der Religion deutlich. Dadurch kann nicht nur eine gewisse Demut im Dialog mit anderen Religionen bewirkt sein, sondern „Täuschung“ auch als relevantes Gesprächsthema einleuchten.

Aus christlicher Sicht ist der Mensch nicht in einer Traumwelt, einer Matrix oder einem Tank gefangen, sondern angewiesen auf das Wirken des in Christus geoffenbarten Schöpfers, dem sich die eigene Existenz verdankt. Täuschung wird daher nicht als Missbrauch einer überlegenen Macht verstanden, die auch sich selbst nicht zu erkennen gibt, um nicht als täuschend entdeckt zu werden. Täuschung wird vielmehr als wegweisendes, wirklichkeitserschließendes Handeln der überlegenen, sich selbst offenbarenden Macht erkannt, durch das sie den Getäuschten enttäuscht und zu adäquatem Wirklichkeitsverständnis und entsprechendem Lebensvollzug befreit.

Hat Täuschung in anderen Religionen eine ebensolche Bedeutung? Wie wird das eigene Getäuschtwordensein im Anschluss an das Erleben von Ent-täuschung verstanden? Und kann die erlebte Enttäuschung gar durch erneute Täuschung angefochten werden? – Wie andere Religionen mit dem Phänomen der Täuschung umgehen, könnte das Religionsgespräch, das nach Gemeinsamem sucht und gemeinsam nach der Beschaffenheit von Wirklichkeit fragt, bereichern. Dabei könnte deutlich werden, wie stark und hemmend die Furcht davor ist, in einer Matrix gefangen zu sein, und wie befreiend die Gewissheit, dass weder ein „genius malignus" noch ein „evil scientist" Täuschung wirken. Die gegenseitige Verständigung über solche Freiheit kann das Religionsgespräch zu einem Gespräch über lebensbejahende Zuversicht werden lassen. Indem sie sich in dieser gegenseitig bestärken, könnten die Religionsgemeinschaften gemeinsam vorgehen gegen gegenwärtig verbreitete Täuschungsmanöver (*fake news*) und an Einfluss zunehmende Unterdrückungsambitionen extremistisch gesonnener Personen, die über den Lebenssinn anderer zu verfügen trachten. Hier tut aufklärende Arbeit not und solche, die die Täuschung um der Wahrheit willen ernstnimmt.

4. Literatur

Augustinus, A. (1963) *De consensu euangelistarum* (CSEL 43). New York/London: Johnson Reprint Corporation.

Bonhoeffer, D. (1989) *Nachfolge*. Dietrich Bonhoeffer Werke, Bd. 4 (= DBW 4). Hg. von M. Kuske & I. Tödt. Gütersloh: Gütersloher Verlagshaus.

Descartes, R. (2008) *Meditationes de prima philosophia*. Lateinisch-Deutsch. Übersetzt aus dem Lateinischen von C. Wohlers. Hamburg: Felix Meiner Verlag.

Gerdes, H. (1982) *Sören Kierkegaards ‚Einübung im Christentum'. Einführung und Erläuterung*. Darmstadt: Wissenschaftliche Buchgesellschaft.

Kierkegaard, S. (2003) *Der Liebe Tun. Etliche christliche Erwägungen in Form von Reden.* Übersetzt aus dem Dänischen von H. Gerdes. Simmerath: Grevenberg Verlag.
– (2014) *Einübung im Christentum.* Übersetzt aus dem Dänischen von H. Winkler. 4. Auflage. München: Deutscher Taschenbuch Verlag.
– (2021) *Die Krankheit zum Tode.* Übersetzt aus dem Dänischen von W. Rest. 10. Auflage. München: Deutscher Taschenbuch Verlag.
Marschler, T. (2004) „Täuschung durch Christus? Die biblische Emmausperikope als Herausforderung mittelalterlicher Offenbarungstheologie", *Das Mittelalter*, 9(2), 20–36.
Polke, C. (2009) *Öffentliche Religion in der Demokratie. Eine Untersuchung zur weltanschaulichen Neutralität des Staates.* Leipzig: Evangelische Verlagsanstalt.
Putnam, H. (1981) ‚Brains in a Vat', in ders. *Reason, Truth and History.* Cambridge: Cambridge University Press, 1–21.
Quine, W. V. O. (1979) *Von einem logischen Standpunkt. Neun logisch-philosophische Essays.* Übersetzt aus dem Amerikanischen von P. Bosch. Frankfurt a. M. / Berlin / Wien: Verlag Ullstein.
Röd, W. (1962) „Gewißheit und Wahrheit bei Descartes", *Zeitschrift für philosophische Forschung*, 16(3), 342–362.
Valčo, M. (2017) „The Value of Dietrich Bonhoeffer's Theological-Ethical Reading of Søren Kierkegaard", *European Journal of Science and Theology*, 13(1), 47–58.
Wachowski, L. & Wachowski, A. (1996) *The Matrix* [Film], The Internet Movie Script Database (IMSDb). USA / Australien: Silver Pictures. Verfügbar unter: https://imsdb.com/scripts/Matrix,-The.html (abgerufen am: 20. April 2024).
Wüstenberg, R. K. (2016) *Islam ist Hingabe. Entdeckungsreise in das Innere einer Religion.* Gütersloh: Gütersloher Verlagshaus.

Religious Traditions, Intellectual Postures, and Incompleteness. In Search of a Responsible Hermeneutic of Tradition for Interreligious Engagement

Robert Vosloo

1. Towards a Hermeneutic of Tradition

In his little book *The Vindication of Tradition*, published in the mid-1980s, the Orthodox historian Jaroslav Pelikan recalls an incident where a lecturer berated a group of students for having no sense of tradition and for supposing that the history of music begins with Bob Dylan. Then one of the students asked, „Bob who?" (Cf. Pelikan 1984, 5)

This anecdote reiterates an experience that many people today might want to apply to their own cultural or religious tradition, namely the experience of a growing sense of ignorance and apathy towards the past, a sort of historical amnesia that does not do justice to „tradition." Therefore, there seems to be some justification in the call that a greater sense of tradition is needed, also for our intellectual engagements with culture and religion. This said, the call for the need for tradition can also smack of a kind of cultural chauvinism whereby my plea for the importance of „tradition" is merely a way of stating that others should also know what I or like-minded people know, and that others should gain access to this knowledge in the same way we do.

With this in mind, there indeed seems to be a continual need for what one can call „a responsible hermeneutic of tradition" – also for the study of religion and practices of intercultural and interreligious engagement. In this article, I would like to contribute to such an endeavor by making a few comments on some of the possible contours of such a hermeneutic. I will proceed in three steps. Firstly, I will briefly affirm the skepticism against the skepticism of tradition and the concomitant need to distinguish between tradition and traditionalism. Secondly, I want to interrogate, drawing on the work of scholars like the Yale theologian Willie Jennings, how a certain view of tradition as a stable entity enforces particular (harmful) intellectual postures. This article also utilizes the notion of „incompleteness" – in conversation with the University of Cape Town cultural anthropologist Francis Nyamnjoh's work on populism – to point, thirdly, to a timeful hermeneutic of tradition marked by an emphasis on hospitality, lingering and becoming.

2. On tradition and traditionalism

In his book simply titled *Tradition* (1981), the Chicago sociologist Edward Shils observes that the criticism of the idea of tradition since the Enlightenment often connects traditionality with ignorance, while rationality is associated with scientific knowledge. As he writes:

> „Traditionality was the cause or the consequence of ignorance, superstition, clerical dominance, religious intolerance, social hierarchy, inequality in the distribution of wealth, preemption of the best positions in society on ground of birth, and other states of mind and social institutions which were the object of rationalistic and progressivistic censure." (Shils 1981, 6)

Shils, however, is skeptical of the skepticism toward tradition inherited from the Enlightenment, and his book can be seen as an attempt to revive the notion of tradition against this impulse.[1]

1 It should also be noted that Shils is skeptical of an understanding of tradition that is homogeneous in composition and unilinear in interpretation, therefore

The influential work of the moral philosopher Alasdair MacIntyre is motivated by a similar concern. I will not go into the detail of MacIntyre's critique of tradition-free reasoning and his description of tradition as a „living tradition," that is, „as an historically extended, socially embodied argument, and an argument precisely about the goods which constitute a tradition" (MacIntyre 1984, 222; cf. Vosloo 2017, 51–63). But for our purposes here, one can add that MacIntyre too is critical of the modernist legacy that presents itself as a tradition of non-tradition.

Any attempt to retrieve the notion of tradition is obviously confronted with the baggage associated with the idea of „tradition." In the name of tradition systems of oppression and injustice is often kept intact. Any fossilized understanding of tradition is therefore highly problematic. Therefore, the need to differentiate carefully between *tradition* and *traditionalism*. Pelikan's oft-quoted remark remains helpful: „Tradition is the living faith of the dead, traditionalism is the dead faith of the living." (Pelikan 1984, 65)[2]

More recently, the Christian theologian David Bentley-Hart – in his book *Tradition and Apocalypse: An Essay on the Future of Christian Belief* – has described traditionalism as

> „a fretful, even at time neurotic, fixation upon the past configurations of the faith that one remembers from childhood, or remembers one's parents remembering, or remember hearing about those who vaguely remember remembering" (Bentley-Hart 2022, 12).

---

his statement: „Every major tradition is a product of the confluence of contributory traditions, not only at its origin but in the course of its history" (Shils 1981, 97).

2 The Oxford historian Diarmand MacCulloch also puts it well: „Self-styled 'Traditionalists' often forget that the nature of tradition is not that of a humanly manufactured mechanical or architectural structure with a constant outline and form, but rather that of a plant, pulsing with life and continually changing shape while keeping the same ultimate identity." (MacCulloch 2009, 7 f.)

Over against such a reductive understanding of tradition, Bentley-Hart sees a tradition as „truly vital to the degree that it is always, in every epoch, in a state of patient but dynamic reconstruction ... Here recollection, imagination, and inspired invention must work in inseparable concert" (ibid., 111 f.).

Concerning the Christian tradition, Bentley-Hart argues that traditionalists resent the disruptive vitality of a living tradition and therefore one finds the struggle within Christian tradition between, on the one hand, those who guard the religious and social stability and, on the other hand, what Hart calls „the apocalyptic ferment of the Gospel" (ibid., 131.145). For Hart, true fidelity to what is most original in a tradition entails the play between stability and disruption; it requires an openness to the future in the light of the past's promise.

Although there is often contestation – including concerning their respective historical analyses and constructive proposals – between the voices (from various traditions) that critique a static traditionalism, they nevertheless share the view that faithful and liberating speech should not be equated with the mere repetition of ideas from the past or the statements of authoritative figures.[3] A responsible historical hermeneutic beyond mere repetition is about a „traditioned creativity" (cf. McCurry 2007)[4] – a hermeneutic that displays sensitivity for the ages and the moment; for historicity and contextuality; for tradition and creativity.

---

3 For an overlapping discussion of tradition as being about more than mere repetition, cf. Vosloo 2023.

4 McCurry begins this article with the remark that for the Anglican theologian Rowan Williams the „choice between faithfulness to received traditions of creedal, scriptural, and theological discourse, on the one hand, and genuine theological creativity, on the other is false. This is because Williams sees the texts of scripture, creed, and tradition not as historical artifacts whose meaning is equated with the original authorial intention behind the texts but rather as scripts for a certain kind of performance, similar to the script of a play" (ibid., 415). McCurry refers to this approach as „traditioned theological creativity" (ibid., 430) – a

Such a hermeneutic of tradition signals, on the one hand, that we are, traditioned beings. We cannot escape the fact that we are constituted by tradition(s). Yet, on the other hand, we are not mere prisoners of tradition. As the South African theologian Wentzel van Huyssteen writes in his book *Alone in the World? Human Uniqueness in Science and Theology*:

> „[T]he concept of tradition evokes a social context into which individuals are born and which then acts as the necessary background to their beliefs and actions even while, in the course of time, they might modify, develop, or even reject much of this inheritance. What this means in real life is that our embeddedness in cultural or other traditions is in a sense unavoidable. But a specific tradition is unavoidable only as a starting point, not as a final destination." (Van Huyssteen 2006, 25)

While acknowledging the fact that our beliefs and actions arise out of our embeddedness in social, cultural and religious traditions, Van Huyssteen favors an approach that affirms that

> „we are not the intellectual prisoners of our contexts or traditions, but that we are epistemically empowered to cross contextual, cultural, and disciplinary borders to explore critically the theories, meanings, and beliefs through which we and others construct our worlds" (ibid.)

An awareness of our locality and situatedness in tradition does not imply, moreover, the choice for some kind of tribal rationality or easy pluralism but „can facilitate, rather than obstruct, trans-contextual and interdisciplinary dialogue" (ibid., 26).

---

term that aptly captures something of the heart of our argument here. Cf. also Vosloo 2023, 3 f.; Myers 2012, 43–49.

What Van Huyssteen points towards, and what this article also underscores, is that traditions are dynamic and evolving phenomena that do not suppress but actually call for imaginative engagement and openness. In fact, faithfulness to the tradition does not exclude but may require taking the risk of fresh articulation, albeit by drawing on what one has internalized from the tradition. In this sense, a living tradition stands over the sort of „traditionalism“ that has rightly been the target of many critiques. This is the first aspect that I would like to highlight in the conversation about the search for a responsible hermeneutic of tradition.

In addition, I would like to emphasize a second aspect: the plea for a renewed retrieval of the notion of tradition can itself be a masked form of conservatism. The neo-traditionalist can turn out to be a crypto-fundamentalist. In this regard, some comments by the Yale theologian Willie Jennings are highly instructive.

3. Interrogating hegemonic tradition

In his book *The Christian Imagination* Jennings argues that Christianity in the Western world „lives and moves within a diseased social imagination“ and that „Christian theology now operates inside this diseased social imagination without the ability to discern how its intellectual and pedagogical performances reflect and fuel the problem“ (Jennings 2010, 6 f.). Jennings' work also displays how „tradition“ often operates in a way that reflects and sustains such a diseased imagination.

Against this backdrop, Jonathan Tran's article „The Wound of Tradition“ – in the book *The Hermeneutics of Tradition* – makes for interesting reading. Tran notes that often theological appropriations of „tradition“ are marked by an overconfidence and overdrawn rhetoric as a reaction to what is seen as modernity's arrogance. In the process, Tran argues, such rhetoric often turns a blind eye to a tradition's dark side and excesses (cf.

Tran 2014, 228).[5] With this in mind, he critiques, drawing on Jennings' work, the use of tradition as a category for moral deliberation that fails to take stock adequately of „how Christian tradition unfolded in catastrophes like colonialism" (Tran 2014, 237). Hence Tran's question: „What if the use of tradition of a moral strategy were conceived as displaying a wound, and the remembrance of wounding?" This suggests an understanding of tradition in which it is linked not to overconfidence but to lament and the acknowledgment of the pain it causes others (intentionally and unintentionally).

I would like to extend Tran's concerns, with reference to a book symposium on Willie Jennings' monograph *After Whiteness: A Pedagogy of Belonging* – published in 2021 in the theological journal *Modern Theology* – in which Jennings responded to his interlocutors in an article titled „Against the Finished Man" (cf. Vosloo 2023, 4f.) Herein Jennings observes that the title of his book *After Whiteness* gestures not towards some kind of post-racial future, but that it is a play on Alasdair MacIntyre's influential book *After Virtue*, a pivotal book in his own theological journey. Jennings writes as follows about the reception of MacIntyre's thought on virtue and tradition (in a way that resonates with Tran's reading), and it is worth quoting him at length:

> „It offered a path toward cultivating a comprehensive theological identity. Yet through its digestion and dissemination … I watched a colonial process of formation assert itself in and through the grasping of

5 Tran refers specifically to a chapter in Willie Jennings's *The Christian Imagination* titled „Acosta's Laugh." Jennings chooses here the example of José de Acosta Porres because he was an exemplary embodiment of the theological tradition in which he stood as he ventured out into the New World. Notwithstanding this fact, Jennings' reading indicates how Acosta manifests not merely colonial power, but „also reveals in a very stark way the future of theology in the New World, that is, a strongly traditioned Christian intellectual posture made to function wholly within the colonialist logic" (Jennings 2010, 83).

something called tradition. What I saw was less a matter of MacIntyre's philosophical project and much more a matter of theological longing. I watched people aim their life towards a vision of maturity that bridged an imagined past to current intellectual postures. But the past was not what was actually brought forward but instead a person held tightly in a dream of coherence and clarity that had merged with the colonial master's dream of the control of spaces." (Jennings 2021, 1057)

What I take from Jennings' comment is not so much a critique against the notion of tradition as such, as an exposure of how the rhetoric of „tradition" can be in service of a type of colonial desire associated with the trope of „white self-sufficient men" guided by control, possession, and mastery. According to such a mentality, we know and control the tradition and become the gatekeepers of a stable and coherent tradition we have mastered through our grasp.

These remarks by Jennings challenge a rhetoric of tradition that functions as a totalizing discourse in which notions such as comprehensiveness, coherence, and clarity are used as tools to exclude, in part because the understanding of tradition does not allow for ambiguity, messiness, contradiction, and plurality. As Jennings writes: „Coherence, clarity, consistency – these are not bad words, but when executed through colonialist desire they pull scholarly aspirations towards controlling gestures." (Ibid., 1058)

Jennings rightly points to harmful ways in which the notion of tradition can be utilised in our discourses. It can easily slip into a totalizing concept in which we imagine that we can fully oversee tradition as a whole and polished entity.[6] Much more can be said against any roman-

6 In her book *Nothing Gained is Eternal: A Theology of Tradition* the Roman Catholic theologian Anne Carpenter too subjects a theology of tradition to decolonial criticism (drawing not only on the work of Bernard Lonergan, Charles Péguy, Maurice Blondel and Hans Urs von Balthasar, but also on the writings of

ticizing (or indeed any one-sided demonization) of the past of our religious tradition. But for our purposes here, I want to underscore the idea that the lack of an understanding of a tradition as complex, ambivalent and messy quickly leads to reductive and often outright false constructions of a coherent and all-comprehensive 'tradition'.

The understanding of tradition that Jennings points towards rightly challenges the rhetoric in which 'tradition' is put into service of totalizing discourses and any over-triumphant claims – a rhetoric often found in populist discourse. The work of the Cameroonian social anthropologist from the University of Cape Town, Francis Nyamnjoh on populism is instructive in this regard. In his book *Incompleteness: Donald Trump, Populism and Citizenship* he argues for the value of the notion of „incompleteness," seeing it not as a negative attribute but rather as something to embrace and celebrate in our interactions with each other. The recognition of incompleteness is, therefore, „is not to plead guilty, inadequate, inferior or helpless vis-à-vis supposedly complete pacesetting others" (Nyamnjoh 2022, 27). Incompleteness is thus not something one should progress from to what might be called completeness, since the latter is a perilous illusion, especially if defined in zero-sum terms as independence and autonomy (cf. ibid., 29).[7] This easily develops into a kind of arrogance in which one does not recognize your debt and indebtedness to others. Over against such an attitude, Nyamnjoh's writes:

M. Shawn Copeland, Willie Jennings, and James Baldwin). Carpenter sees tradition as a resource but also argues that one must not look away from the shadow side of tradition (indeed from its sin and failure). This emphasis challenges any triumphalism in using tradition as a resource for contemporary theological conversations. Cf. Carpenter 2022, 169.

7 Nyamnjoh also points to how „completeness" is sustained through the eternal production and reproduction of oppression, repression and suppression" (ibid., 29).

> „When one provides for incompleteness as a permanent feature and disabuses oneself of ambitions of dominance, one develops a disposition that privileges interconnections, interdependence and the reality of debt and indebtedness as an essential aspect of being and belonging together.“ (Ibid., 30)

Hence, incompleteness affirms the need for a permanent suspicion towards absolutes and the acknowledgement that „we are who we are through a process of interdependence and indebtedness that living and letting live entails“ (ibid.). Therefore, Nyamnjoh also links completeness to conviviality and what he calls Ubuntu-relationships with incomplete others.[8] He sees, furthermore, „the logic and practice of incompleteness as a healthy antidote to the cheap and toxic recipe of name-calling and scapegoating of others as undesirable outsiders depending on the brand of populism at play“ (ibid., 39).

Drawing on the work of Willie Jennings and Nyamnjoh, it is our argument here that, next to the movement from a static to a dynamic understanding of tradition, a responsible hermeneutic of tradition also requires the movement from hegemonic coherence to the categories of „incompleteness.“ The works of these theorists already intimate a third movement that I want to affirm, namely the movement from the view that deals with difference within and between traditions in reactionary and combative terms towards a more timeful hermeneutic marked by hospitality, lingering and becoming.

8 Nyamnjoh writes in this regard: „Ubuntu as a social organising principle encourages a life of mutuality, obligation and reciprocity. Ubuntu emphasises a continuous act of sharing (giving) to maintain a balance of reciprocity between oneself and others.“ (Ibid., 37)

4. A hermeneutic that invites hospitality and lingering

The test for any hermeneutic of tradition is how it accounts for difference, or maybe more pointedly „the different" (cf. Huber 2011, 438).[9] Our encounter with difference in all its particularity does not occur in a historical and political vacuum. These encounters are set within complicated histories, often stamped by the memory of trauma and injustice. Therefore, the question is if we can imagine a form of social and political encounter that is more than competitive and combative. The German theologian Ulrich Schmiedel also grapples with this question in his book *Terror und Theologie* (cf. Schmiedel 2021). For our purposes here, I would like to call attention to a chapter on the concept of recognition (*Anerkennung*) in which he engages with the thought of the Anglican theologian Rowan Williams. Schmiedel points out how Williams is well aware that it is naïve to have a politics devoid of competitive interests (cf. Williams 2000),[10] and that Williams is also not favoring a cozy communitarianism that „absolves itself from the difficulties of managing *real*

9 Huber writes: „Human beings have to respect and to love, to protect and to promote each other in their otherness. Respect for the uniqueness of the other is at the core of the respect for their dignity." (Huber 2021, 438) To this Huber also, rightly I think, cautions that „not every difference is good and acceptable or should be 'dignified' [...] Cultures often reflect the brokenness of human existence, they even express the selfishness of human endeavors and become instruments of the arrogance of superiority. Therefore, not the dignity of difference but the dignity of the different should [...] be respected as a guiding moral principle in the twenty-first century" (ibid., 439).

10 Williams writes in this regard: „A politics entirely based on 'charity' in the sense of egalitarian transcendence, non-competitive communion, and so on, fails to be a politics at all, because it depends on not recognising the truth that the non-charitable world habitually deals with – conflicts of interest and desire, the unavoidability of loss, the obstinacy of others." (Cf. Williams 2000, 70)

difference and *real* inequality" (ibid., 86). Yet, Williams' plea for imagining an engagement with difference in a different way – as „more than liberal" – favors a more conversational and collaborative approach that moves beyond a stark friend-enemy dichotomy.

In his reflections on post-9/11 political theology, Schmiedel too wants to imagine a political system that is not wholly competitive and trapped within the friend-enemy schema. Therefore Schmiedel's plea for a comparative and coalition-seeking multireligious reflective praxis that imagines something beyond Carl Schmitt's influential friend-enemy distinction or Samuel Huntington's „clash of civilizations" (cf. Schmiedel 2021, 5 f.397 f.). In the process, Schmiedel illuminates well how the idea of „making room" is crucial for Williams' account of recognition.

In his reflections on 9/11 – in his book *Writing in the Dust* – Williams, writes as follows about the moment of „making room":

> „Someone who is about to die in terrible anguish makes room in their mind for something else; for the grief and terror of someone they love … That moment of 'making room' is what I as a religious person have to notice. It isn't 'pious', it isn't language about God; it's simply language that brings into the world something other than self-defensiveness. It is a breathing space in the asthmatic climate of self-concern and competition." (Williams 2002, 5; cf. Schmiedel 2021, 221 f.)

For Williams, and Schmiedel, such a „breathing space" can counter the language of violence, polarization and war. By „making room" the other is viewed as other and different without absolutizing the other's alterity in such a way that communication and conversation amidst plurality become impossible (cf. Schmiedel 2021, 227).

Williams ends his book *Writing in the Dust* with a reference the story in John 8 where Jesus writes in the dust when a woman is accused of adultery. Why does Jesus do this? For Williams, one possible reason for this is that Jesus thereby allows a longish moment in which people are given time to see themselves differently. So, „making room“ for the recognition of difference in our (inter)religious reflection and praxis, also through lingering, can be seen as a form of writing in the dust, because, in Williams' words, „it tries to hold the moment a little longer, long enough for some of our demons to walk away“ (Williams 2002, 81).

5. Conclusion

What I would like to take from Williams' work, and Schmiedel's reading thereof, is that it points to an account of tradition in which traditions utilizes the sources and resources within their traditions to underscore the potential of „making room“ and „taking time“ as antidote to reactionary models (often associated with the Western-European intellectual tradition) that are overdetermined by the friend-enemy distinction – freeing us also from the harmful intellectual postures that results from when we don't see traditions as fragile, plural, fragmentary and incomplete.

A responsible hermeneutic of tradition, therefore, resists hegemonic control and is marked by the sense of incompleteness that invites, in Nyamnjoh's words, „exploration, contemplation and openness to infinite interconnections, fluidities and conviviality“ (Nyamnjoh 2022, 401) Incompleteness, in this sense, does not indicate an absence or a lack; rather, it points towards potentiality and possibility. As the South African scholar Bernard Lategan puts it, with reference to Nyamnjoh: „The realisation of incompleteness promotes the exploration of ways to complement ourselves with the added possibilities brought to us by the incompleteness of others.“ (Lategan 2015, 83)

Such a hermeneutic privileges a future-orientated understanding of identity and tradition that gives priority to becoming over being. Tradition denotes not merely who we are and what we have received but also who we can become and what we can receive and give anew.

6. References

Bentley-Hart, D. (2022) *Tradition and Apocalypse.* Grand Rapids: BakerAcademic.

Carpenter, A. M. (2022) *Nothing Gained is Eternal: A Theology of Tradition.* Minneapolis, Fortress Press.

Huber, W. (2011) 'The dignity of the different – Towards a Christian ethics for pluralistic societies', in L. Hansen, N. Koopman, & R. Vosloo (eds.) *Living Theology: Essays presented to Dirk. J. Smit on his sixtieth birthday.* Wellington: BM, 427–440.

Jennings, W. J. (2010) *The Christian Imagination: Theology and the Origins of Race.* New Haven: Yale University Press.

– (2021) Against the Finished Man, in *Modern Theology* 37(4), 1054–1065.

Pelikan, J. (1984) *The Vindication of Tradition.* New Haven: Yale University Press.

Lategan, B. C. (2015) '"Incompleteness" and the Quest for Multiple Identities in South Africa', in *African Spectrum* 3, 81–107.

MacCulloch, D. (2009) *A History of Christianity: The First Three Thousand Years.* London: Penguin Books.

MacIntyre, A. (1984) *After Virtue: A Study in Moral Theory.* Second Edition. Notre Dame, IN: Notre Dame University Press.

McCurry, J. (2007) 'Towards a Poetics of Theological Creativity: Rowan Williams reads Augustine's *De Doctrina* after Derrida', in *Modern Theology* 23(3), 415–433.

Myers, B. (2012) *Christ the Stranger: The Theology of Rowan Williams.* London: T&T Clark.

Nyamnjoh, F. (2022) *Incompleteness: Donald Trump, Populism and Citizenship.* Mankon: Langaa RPCIG.

Schmiedel, U. (2021) *Terror und Theologie.* Tübingen: Mohr Siebeck.

Shils, E. (1981) *Tradition.* Chicago: University of Chicago Press.

Tran, J. (2014) 'The Wound of Tradition', in C. Hovey & C. P. Olsen (eds.) *The Hermeneutics of Tradition: Explorations and Examinations.* Eugene, OR: Cascade Books, 226–252.

Van Huyssteen, J. W. (2006) *Alone in the World? Human Uniqueness in Science and Theology.* Grand Rapids: Eerdmans.

Vosloo, R. (2017) *Reforming Memory: Essays on South African Church and Theological History.* Stellenbosch: Sun Media.

– (2023) 'Beyond mere repetition: On tradition, creativity and theological speech', in *HTS Teologiese Studies / Theological Studies* 79(2), 1–6.

Williams, R. (2000) *Lost Icons.* Edinburgh: T&T Clark.

– (2002) *Writing in the Dust: Reflections on 11th September and its Aftermath.* London: Hodder & Stoughton.

Staat und Gesellschaft im interkulturellen Raum. Erfahrungen und Ergebnisse eines deutsch-iranischen Dialogs

Udo Steinbach

1. Rahmenbedingungen

Im Rückblick erscheint das Jahrzehnt zwischen dem Fall der Berliner Mauer unter dem Druck der Bürger der DDR am 9. November 1989 und dem Zusammenbruch des World Trade Center in New York unter dem Schlag einer islamistischen Terrororganisation am 11. September 2001 als Ära hoffnungsvoller Weichenstellungen. Dies gilt in besonderer Weise auch für die Begegnung zwischen Europa und seiner islamisch geprägten Nachbarschaft in Nordafrika und im Vorderen Orient. Dass dabei gerade Deutschland eine besonders aktive Rolle zufiel, mag dem traditionellen Ansehen Deutschlands im Vorderen Orient sowie der Faszination geschuldet sein, die von dem Prozess der Wiedervereinigung in eine Nachbarschaft ausstrahlte, die selbst im Umbruch begriffen war oder von einem solchen träumte. In Iran hatte sich ein solcher mit der Revolution von 1978/79 vollzogen; im arabischen Raum waren Hoffnungen und Erwartungen verbreitet, der Funke der Umwälzungen in Ost- und Ost-Mitteleuropa werde auf ihre Staaten überspringen.

Die Sequenz kultureller Begegnungen war bereits im April 1983 mit einer fünftägigen Großveranstaltung in Hamburg eingeleitet worden und fand ihren Abschluss und Höhepunkt in der Einweihung des Denkmals des Dialogs der Kulturen im Juli 2000 in Weimar. Ausgerichtet vom Verfasser dieses Beitrags als Direktor des Deutschen Orient-Instituts im

Rahmen des Euro-Arabischen Dialogs wurde das Hamburger Symposium vom Außenminister der Bundesrepublik Deutschland, Hans-Dietrich Genscher, und dem Generalsekretär der Arabischen Liga (seinerzeit mit Sitz in Tunis), Shedli Klibi. Unter der Teilnahme von etwa 90 Gästen aus allen Mitgliedsländern der Europäischen Gemeinschaft und der Arabischen Liga diskutierten 20 europäische und arabische Intellektuelle, Historiker und Diplomaten Aspekte der wechselseitigen Wahrnehmung, des Stellenwerts der Religion, der Zukunft des Sozialstaates und der kulturellen Beziehungen. Dem Weimarer Ereignis gab die Anwesenheit des deutschen Staatspräsidenten Johannes Rau und seines iranischen Kollegen Mohammad Chatami ein besonderes Gewicht. Der Einweihung des Denkmals, das den virtuellen Dialog der Dichter Goethe und Hafez visualisiert, vorausgegangen war ein langes Gespräch zwischen den beiden Präsidenten sowie dem katholischen Theologen Professor Hans Küng und dem Islamwissenschaftler Professor Josef van Ess.

2. Die Menschenrechte in der westlichen und islamischen Ordnung

Innerhalb dieser Zeitspanne war das deutsch-iranische Dialoggeschehen, welches sich bald auf die Thematik der Menschenrechte fokussierte, ein nicht nur kulturell-akademisches Unterfangen; die politischen Verwerfungen zwischen der Islamischen Republik und breiten Kreisen der internationalen Gemeinschaft – namentlich mit Blick auf die USA, deren Botschaft in Teheran im November 1979 von revolutionären Gruppen besetzt worden war, und Israel – verliehen ihm erhebliches politisches Gewicht. In ersten Kontakten der Iraner in Bonn, wo Außenminister Hans-Dietrich Genscher seit 1986 seine Bemühungen intensiviert hatte, die Parteien im irakisch-iranischen Krieg zu einem Waffenstillstand zusammenzuführen, warben sie für ein Gespräch über Themen von gemeinsamem Interesse. Organisiert vom Deutschen Orient-Institut, kam ein solches im März 1988 in Hamburg zustande. Der iranischen Seite, die mit Geistlichen sowie Angehörigen von Wissenschaft und Philosophie sowie der Administration und des Außenministeriums vertreten war, saßen auf deutscher Seite ein breiter Kreis von Iranisten, Politik- und Wirtschaftswissenschaftlern, Philosophen und Praktikern (Auswärtiges Amt) gegenüber. Man hatte sich auf die Erörterung folgender Themenstellungen verständigt:

- die philosophischen und theologischen Grundlagen einer islamischen sowie einer modernen westlichen Staatsordnung, womit ein unterschiedliches Verständnis die Stellung des Individuums in Staat und Gesellschaft betreffend verbunden war;
- die Unterschiede zwischen einer sozialen Marktwirtschaft europäischer Prägung und einer islamischen Wirtschaftsordnung;
- die Stellung der Bundesrepublik Deutschland und der Islamischen Republik Iran im internationalen System (die Beziehungen zu den USA und Israel auf der einen und eine Politik „nicht West, nicht Ost" auf der anderen Seite).

Bei allen Differenzen in der lebhaft und respektvoll geführten Diskussion zeichneten sich am Schluss Perspektiven gemeinsam interessierender und zugleich im Rahmen der deutsch-iranischen Beziehungen politisch relevanter Themen ab. Im Juni 1990 reiste der Autor dieses Berichts nach Iran, um sich mit Angehörigen der Universität Teheran und einiger theologischer Seminare in Qom über die Thematik der Folgeveranstaltung zu dem Hamburger Gespräch zu beraten. Man verständigte sich auf das Thema „Die Menschenrechte in Islam und Christentum". Im Oktober 1990 war diese Thematik Gegenstand einer fünftägigen Konferenz in Teheran.

Die Entscheidung für diese Thematik war weniger sensationell als es auf den ersten Blick den Anschein hatte. Die „Islamische Republik", die im Verlauf des Jahres 1979 theoretisch und institutionell Gestalt angenommen hatte, verstand sich in ihrer Staatsform als radikales Gegen-stück zu den Staatsmodellen europäisch-westlicher Prägung. Die „Herrschaft des (anerkannten) Gottesgelehrten“ (velayat-e faqih) (§ 5 der Verfassung von 1979) steht im Mittelpunkt eines Systems, das sowohl in religiösen (schiitisch-islamischen) Traditionen wurzelt als auch demokratisch-republikanische Elemente in Gestalt von Wahlen zu unterschiedlichen politischen Organen vorsieht. Die Souveränität freilich liegt nicht beim Volk, sondern bei Gott bzw. bei dem – in schiitischer Sicht – 12. Imam, der am Ende der Zeit als Erlöser (mahdi) das Zeitalter der vollkommenen Gerechtigkeit einläuten würde. Bis dahin würde die Geistlichkeit – im Besitz des Wissens um Gott und den Mahdi – die Staatsgeschäfte in Händen halten.

Damit war die Universalität der Geltung der Menschenrechte, verankert in der Allgemeinen Menschrechtserklärung der Vereinten Nationen von 1948, bestritten. Und genau das war der Ausgangspunkt des Treffens in Teheran im Oktober 1990. Bereits die Zusammensetzung der Delegationen und Teilnehmer ließ die Differenzen erkennen: Während die deutsche Seite namentlich mit Orientalisten, Politologen und Juristen besetzt war, bestand die iranische Seite ausschließlich aus Theologen. Und während die deutschen Teilnehmer mehr über die politischen und institutionellen Aspekte von Menschrechten sprachen, verorteten die iranischen Sprecher, zum Teil herausragend renommierte Vertreter ihres Faches aus Qom, die Menschenrechte ausschließlich im Kontext der islamischen Religion. Nicht nur verneinten sie die Universalität der Menschenrechte, seien diese doch ein Ausdruck der politischen Machtverhältnisse nach dem Ende des Zweiten Weltkriegs, namentlich der globalen Hegemonie der USA. Vielmehr lehnten sie es ab, überhaupt „Menschenrechte“ anzuerkennen. Nicht Menschenrechte seine die Wirklichkeit, sondern allein – wenn man so wolle – „Gottesrechte“. Gott „schenke“ den Menschen Rechte im Rahmen ihrer politischen und gesellschaftlichen Ordnungen.

Trotz dieser abgründigen und radikalen Kluft zwischen den prinzipiellen Standpunkten wollte man das Gespräch nicht abbrechen. Wichtig sei die Bereitschaft auf beiden Seiten, das Problem „in einer positiven Grundhaltung und im Lichte neuer Sachverhalte und Gegebenheiten" abermals anzugehen, wie ein iranischer Diplomat außerhalb des Konferenzraums bemerkte. Damit meinte er nicht nur die Tatsache der Revolution in Iran und deren Auswirkungen für die politische und gesellschaftliche Ordnung Irans. Vielmehr saßen ja Deutsche und Iraner im Gespräch zusammen, als am 3. Oktober 1990 in Deutschland die Wiedervereinigung gefeiert und jenseits davon eine neue globale Ordnung eingeläutet wurde. Beide Seiten gingen in dem starken Wunsch auseinander, das Gespräch fortzusetzen.

Dass man im September 1992 in Hamburg und nicht im vom religiösen Diskurs bestimmten Teheran miteinander sprach, war bereits an der Zusammensetzung der iranischen Delegation abzulesen; sie bestand nunmehr mehrheitlich aus Vertretern der Rechtswissenschaft, der Philosophie, der Politik (Parlament) und der Diplomatie. Auch war die Thematik mit der Formulierung: „Die Menschenrechte zwischen Universalität und kultureller Bedingtheit", von dem konfessionell-theologischen Prokrustesbett befreit. Entsprechend kühner und realitätsbezogener traten einige der Sprecher auf; Risse begannen sich in der iranischen Delegation aufzutun. Gottesglaube und Säkularität seien nicht unbedingt ein Widerspruch; Gott bleibe der Souverän, er lasse aber dem Menschen die Führung der weltlichen Geschäfte. Es war der Philosoph Abdolkarim Sorush, der die Überwindung der Dichotomie von Menschenrechten philosophisch zu begründen suchte. Es fielen sogar harte Worte: Eine Hierarchie der Menschen nach religiösen sei so verwerflich wie nach rassischen Kriterien.

Dass sich diesem Argument gegenüber die deutsche Seite zu umfassender Selbstkritik bereitfand, indem sie auf die neuere deutsche Geschichte, auf den Konflikt in Bosnien und überhaupt auf doppelte Standards in der europäischen Politik einging, hatte eine geradezu befreiende Auswirkung auf den Verlauf der Diskussion. Ja, wenn sich Europa der Kritik offen zeige, dann müsse sich auch Iran ihr unterziehen. Denn die Kontrolle durch die UNO und andere einschlägige Organisationen sei Teil eines neuen globalen Systems der Staaten. An der Schwelle zum 21. Jahrhundert – so einige iranische Vertreter in Hamburg – sei die Welt dergestalt zusammengerückt, dass an der Koexistenz aller Menschen, Systeme und Weltanschauungen kein Weg vorbeiführe. Am Ende solle man Menschenrechte als einen praktischen Katalog von Werten und Zielen verstehen, welcher der Koexistenz und der Entwicklung der ganzen Menschheit am besten diene.

Und dann wurden Ross und Reiter benannt: Das Recht auf freie Meinungsäußerung; die Freilassung aller politischen Gefangenen; freier Zugang internationaler Organisationen zu Gefängnissen und Orten, an denen Gefangene untergebracht sind; Verankerung des Rechts auf faire Gerichtsverfahren entsprechend dem „Internationalen Pakt über bürgerliche und politische Rechte"; Aufklärung aller Fälle von Folter und Misshandlungen und Bestrafung der Täter; Abschaffung der Todesstrafe und der erniedrigenden und grausamen Strafen (Verstümmelungen, Auspeitschungen etc.); Anerkennung der Rechte der Minderheiten, ihre politischen Interessen zu vertreten, was die Nicht-Diskriminierung aufgrund der Religion einschließt.

Naturgemäß war ein Konsens nicht zu erwarten, hielt doch ein Teil der iranischen Delegation an Eigentümlichkeit und Eigenständigkeit des Menschenrechtsverständnisses in herkömmlichen islamischen Koordinaten fest. Einzelne „progressive" Vertreter aber plädierten für die Überwindung der Dichotomie von Menschen- und Gottesrechten. Vor Gott bestehe keine Notwendigkeit, Säkularität und Gottesherrschaft antagonistisch zu verstehen – beinhalte doch die Akzeptanz der irdischen Säkularität ipso facto die Anerkennung der göttlichen Transzendenz. Auch entgehe man so der Gefahr, dass Gott in Politik und Alltagsgeschäfte hineingezogen, mithin menschlichen Zwecken instrumentalisierbar würde. Angesichts der gleichwohl waltenden Gottesherrschaft bleibe sich der Mensch seiner Grenzen und Bedingtheiten bewusst und laufe nicht Gefahr, sich selbst zu verabsolutieren.

So sei es legitim, dass die Ordnung einer Gesellschaft in dem Sinne säkular sei, dass sie sich an den realen und rationalen Bedürfnissen des Menschen an seinem jeweiligen Ort und in seiner Zeit und nicht an im Staate zeitlos institutionalisierten religiösen Imperativen ausrichte. Der Staat habe die Aufgabe, das Zusammenleben human, nämlich nach menschenrechtlichen Grundsätzen, zu ordnen. Diskriminierungen oder Privilegien verurteilten sie als illegitim. Sie seien genauso verwerflich wie rassistische Diskriminierung von Menschen unterschiedlicher Hautfarbe. Einer der iranischen Teilnehmer hatte sogar Interventionen der Weltgemeinschaft zum Schutz von Menschenrechten nicht ausschließen wollen. Offen waren auch ernste Menschenrechtsprobleme in der Islamischen Republik eingeräumt worden.

Bereits an dieser Stelle sei vermerkt, dass die iranischen Teilnehmer (und viele ihrer geistigen Verwandtschaft), die bemüht waren, auf diese Weise philosophisch, theologisch und politisch den Weg zur Anerkennung der universalen Geltung der Menschenrechte zu ebnen, im Verlauf der innenpolitischen Entwicklungen in Iran in den folgenden Jahren zum Schweigen gebracht wurden oder gar das Land verlassen haben. Aber bereits die nachfolgende (und letzte) Sitzung des deutsch-iranischen Menschenrechtsdialogs im November 1994 in Teheran stand unter einem ungünstigen Stern. Nur nach heftigen und kontroversen Debatten und Einwänden hatte auch die iranische Delegation die Abschlusserklärung der internationalen Menschenrechtskonferenz von Wien ein Jahr zuvor (Juni 1993) mitgetragen, in der es in § 1 u. a. heißt: „Der universelle Charakter dieser Rechte und Freiheiten steht außer Frage.“ Und in § 5 war es zur Pflicht der Staaten erklärt worden, „ohne Rücksicht auf ihr jeweiliges politisches, wirtschaftliches und kulturelles System alle Menschenrechte und Grundfreiheiten zu fördern und zu schützen“. Ein Jahr später saßen der deutschen Delegation die sich aus Akademikern, Diplomaten, Verwaltungsrichtern und and anderen mit Menschenrechten befassten Persönlichkeiten zusammensetzte, auf iranischer Seite hauptsächlich Vertreter der Judikative gegenüber – unter ihnen der stellvertretende Justizminister, der Vorsitzende der Militärgerichtsbarkeit, der Chef der iranischen Verwaltungsgerichte – durchweg Geistliche –, der Chef der Arbeitsgruppe Menschenrechte im Parlament. In Sachen Pressefreiheit und Medien äußerte sich der Vizepräsident des iranischen Rundfunks und Fernsehens. Die Sache der Frauen in Iran vertraten zwei weibliche Abgeordnete aus dem Parlament. Viele der Reden erweckten ein Gefühl des dèja vu: In seinem Grußwort unterschied der Chef der Judikative zwischen dem „Wert des Menschen" und dem „erworbenen Wert des Menschen". Letzteren wollte er bei „gelehrten Menschen, die an eine Offenbarungsreligion glaubten", festmachen. Eine Rangordnung des Wertes des Menschen also, die dem in der Menschenrechtserklärung der Vereinten Nationen von 1948 zugrunde liegenden Menschenrechtsverständnis widerspricht. In der Folge dieser Ausführungen suchte ein Redner aus der zweifachen Wertigkeit des Menschen die höhere Wertigkeit der Islamischen gegenüber der Allgemeinen Menschenrechtserklärung zu bestimmen: Jene sei „logischer", dieser fehle die klare und eindeutige Wertsetzung, die nur aus dem religiösen Raum abgeleitet werden könne. Jene setze den islamischen Staat als Verkörperung religiös-moralischer Prinzipien instand, die Erziehung des Menschen in allen Bereichen zu übernehmen. In diese Kerbe schlugen die beiden weiblichen Abgeordneten zum Thema Frau und Familie: Sie machten wenig Hoffnung auf innere Liberalisierung etwa in Sachen „islamische Bekleidungsordnung"; sie sei Teil der religiösen, moralischen und philosophischen Grundlagen der Islamischen Republik, mithin sei ihre Beachtung „Gottesdienst".

Auch am folgenden Tag, an dem es um eher konkrete juristische Fragen ging, trat der Graben zutage, der sich in der rechtlichen und politischen Praxis in Sachen der Menschenrechte auftut. Vor dem Hintergrund der Vorwürfe unzulänglicher Gerichtsverfahren, willkürlicher Urteile etc., die im UNO-Menschenrechtsausschuss immer wieder erhoben werden, ging es um die Geltung des Grundsatzes „nulla poena sine lege". Ist in Iran das kodifizierte Gesetz die alleinige Grundlage von

Urteilen in gerichtlichen Verfahren; bzw. wie steht es mit Regelungen des islamischen Gesetzes, der *schari'a,* die zwar nach der Verfassung umfassende Geltung findet, aber nicht notwendig konkretes und geschriebenes Gesetz ist? Gerade aus der *schari'a* aber leiten sich doch die „fatwas" ab, die offensichtlich auch zu geltendem Recht gemacht werden. Berühmt-berüchtigtstes Beispiel das „fatwa" Ayatollah Khomeinis von 1989 gegen den britisch-indischen Schriftsteller Salman Rushdie. Auf diese Weise komme ein hohes Maß an Rechtsunsicherheit im Rechtsprechungsverfahren auf. Richterlicher und politischer Willkür seien Tor und Tür geöffnet. Nachdrücklich unterstrichen die iranischen Vertreter der Judikative, dass auch in Iran das Prinzip gelte, dass jedes Urteil auf gesetzlicher Grundlage beruhen müsse. Ein „fatwa" sei lediglich eine Anweisung zu rechtem Handeln. Auf den Fall Rushdie eingehend wurde ausweichend geantwortet. Verwiesen wurde darauf, dass sich die politische Führung des Landes, darunter auch Staatspräsident Rafsandschani zum Respekt und zur Anerkennung des internationalen Rechts bekannt habe. Ein ähnlich vages Zwielicht war auch beim Vorwurf der Folter zur Erzwingung von Geständnissen zu beobachten. Im Prinzip, so die Beteuerung, verbiete der Islam die Folter. Aber das hohe Gut der Sicherheit der Gemeinschaft müsse in bestimmten Fällen ihrer Bedrohung dem Prinzip des Rechts auf körperliche Unversehrtheit auch des Angeklagten übergeordnet werden.

Im Gespräch der „Praktiker" in Teheran verblasste der schöne Schein der intellektuellen Annäherung von Hamburg. Eine stellenweise bestürzende Vermischung von Religion, religiös begründeter Politik und politischer Machtausübung trat zutage. Dies war nicht anders bei der Erörterung des Rechts auf Meinungsfreiheit und der Situation der Presse in Iran. Denn zwar gibt es ein erstaunliches Maß an Kritik an der Regierung. Auf diesen Spielraum der Meinungsfreiheit verwies der stellvertretende Leiter des iranischen Rundfunks und Fernsehens mit Recht. Aber unwiderleglich und unwidersprochen bleiben die konkreten Beispiele von Repressalien gegen kritische Zeitungen, Zeitschriften und einzelne Persönlichkeiten.

Das ganze Dilemma der Diskussion tat sich noch einmal bei der Thematik der Toleranz auf. Gewiss habe der Islam eine Tradition der Toleranz, wie ein Referent ausführte. Aber ist diese Form der Toleranz gleichzusetzen mit dem Recht auf Freiheit der Religionsausübung und der Gleichheit der Menschen ohne Ansehen von Religion, Rasse etc.? Dass dem im konkreten Falle nicht so ist, machte ein Vertreter der Baha'i-Gemeinde in Deutschland, Mitglied der deutschen Delegation, deutlich. Solidarisch mit den Mitgliedern der Baha'i-Glaubensgemeinschaft auch in Iran trug er konkrete Fälle vor, in denen Baha'i-Gläubige in Iran schikaniert, ja exekutiert worden sind. Immerhin ließ man sich auf eine ausführliche Diskussion zu diesem Thema ein – das war in Hamburg noch verweigert worden. Unverblümt freilich stand am Ende die Aussage: Der Islam verweigere den Baha'is die Anerkennung als Religionsgemeinschaft. In Fällen, in denen sie „politisch" tätig würden, betrachte man sie – mit allen Konsequenzen – als „Spione". Der deutsche Baha'i war – buchstäblich *per ordre du mufti* – gleichsam exkommuniziert worden. Es genügte der Hinweis, dass im Mittelalter „das Christentum" „dem Islam" abgesprochen habe, eine Religion und Muhammad ein Prophet zu sein, um es empfehlenswert erscheinen zu lassen, das Gespräch erst einmal zu unterbrechen.

3. Dennoch – eine optimistische Bilanz

Tatsächlich wurde der Dialog, der namentlich in akademischen und intellektuellen Kreisen Irans ein doch recht breites Echo gefunden hatte, in dem über sechs Jahre geübten Format nicht fortgeführt – obwohl die iranische Seite die Themen künftiger Veranstaltungen bereits vorgeschlagen hatte; und zwar eben jene, die in der Vergangenheit kontrovers diskutiert worden waren: das Straf- und Strafprozessrecht, die Stellung der Frau und die Problematik der Religionsfreiheit festgemacht am Umgang mit religiösen Minderheiten. Die politischen Entwicklungen in Iran und in den bilateralen deutsch-iranischen Beziehungen hatten freilich ein dem Dialog ungünstiges Klima entstehen lassen.

Gleichwohl sollte sich erweisen, dass dieser dazu beigetragen hatte, hinter der Fassade der Tagespolitik eine Bereitschaft des Zuhörens heranwachsen zu lassen. Mit überwältigender Mehrheit namentlich unter der jugendlichen und weiblichen Wählerschaft wurde im Mai 1997 Mohammad Chatami (geb. 1943) gewählt. Der Theologe hatte von 1978–1980 das Islamische Zentrum in Hamburg geleitet und war von 1981 bis 1992 Minister für Islamische Kultur gewesen. Nachdem er dieses Amt aufgrund von Spannungen mit religiös-politischen Hardlinern aufgegeben hatte, wurde er zum Direktor der Iranischen Nationalbibliothek berufen. Seinen Wahlerfolg verdankte er seinem Programm, in dem er Fortschritte in den Bereichen Rechtsstaatlichkeit, Demokratie und Gleichberechtigung versprach. An dem deutsch-iranischen Dialog hatte er nicht persönlich teilgenommen, doch gab es vielfältige Hinweise, dass er über Verlauf und Inhalte informiert war. Auf deutscher Seite war 1994 Roman Herzog zum Bundespräsidenten gewählt worden, der den Dialog der Kulturen zu einem Thema seiner Amtszeit (bis 1999) gemacht hatte. (Seine Gedanken zu diesem Thema hat der Journalist Theo Sommer im Jahr 2000 unter dem Titel: Wider den Kampf der Kulturen: eine Friedensstrategie für das 21. Jahrhundert, veröffentlicht.) In einer Serie von umfangreichen Beiträgen in deutschen Tageszeitungen (FAZ, 1. August 1998; FAZ, 26. September 1998; Die Welt, 7. 8. 1999) hatte sich Mohammad Chatami zu Wort gemeldet. In den Beiträgen war es um die Herausforderungen der Modernisierung in der westlichen und islamischen Welt, namentlich vor dem Hintergrund von Religion und Tradition sowie um die Wechselbeziehung zwischen beiden Seiten gegangen. Welche Formen der Synthese sind möglich und wie lassen sich Brüche vermeiden? Wie sich dem Neuen öffnen, ohne die Tradition zu verwerfen? Wie den Widerspruch zwischen göttlicher Absolutheit und menschlicher Begrenztheit aushalten? – ein Thema, das auch in Hamburg angeklungen war. (Auch in der Feststellung, dass sich die irdischen Angelegenheiten nicht nach dem göttlichen Gesetz regeln ließen, schien eine Hamburger Stimme anzuklingen.) Wie einen Dialog zwischen den Religionen und Kulturen stiften – dies vor dem Hintergrund, dass alle göttlichen Religionen in ihrem Kern gleich seien? Was ist die Rolle der Vernunft in diesem Gespräch?

Auf diese Einlassungen, die den Geist zumindest eines Teils der iranischen Teilnehmer in Hamburg widerspiegelten, antwortete Roman Herzog in einem umfänglichen Beitrag in der FAZ vom 30. April 1999: „Warum der Westen lernen muss, skeptisch zu werden" – im Untertitel: „Nicht nur der Islam hat irrationale Züge, sondern auch wir: Eine Antwort auf den iranischen Staatspräsidenten Mohammad Chatami". Auch Herzog stellt den Dialog der Kulturen auf Augenhöhe und ohne die dem Westen noch immer eignende Arroganz als die Voraussetzung des Zusammenlebens in einer sich rasch verändernden Welt in den Mittelpunkt seiner Ausführungen. Er greift das scheinbare Spannungsverhältnis zwischen Säkularität und Religion auf, indem er auf den Dreißigjährigen Krieg verweist:

> „Erst dieses furchtbare Morden, das mit der Verwüstung großer Teile Europas endete, hat die Menschen davon überzeugt, dass es besser sei, die Wahrheit Gottes nicht durch Menschen definieren zu lassen und statt dessen auf die Lösung der im Einflussbereich des Menschen liegenden weltlichen Probleme zu konzentrieren."

Der Beitrag erschien wenige Tage, nachdem in Schloss Bellevue, dem Amtssitz des Bundepräsidenten, ein bemerkenswertes Ereignis stattgefunden hatte: International Conference „Dialogue of Cultures – The Future of Relations between Western and Islamic Societies". Bereits 1998 hatte Herzog gegenüber den Staatsoberhäuptern (bzw. Regierungschefs) Indonesiens, Malaysias, Jordaniens, Ägyptens, Marokkos, Italiens, Spaniens, Norwegens und Finnlands angeregt, in ihren Ländern Forschungsinstitute zu beauftragen, die Agenda eines auf konkrete Problemstellungen ausgerichteten Dialogs der Kulturen zu formulieren. Diesem Vorschlag entsprechend wurde auf der Veranstaltung in Schloss Bellevue eine „Berlin Declaration – Agenda for Future Action“ verabschiedet. In ihr wurden die Felder umrissen, auf denen künftig konkret und stets im Blick auf einander gearbeitet werden würde: Erziehung, Bildung und Wissenschaft; Medien, Information und Kommunikation; die Bedingungen und Voraussetzungen für Toleranz gegenüber Minderheiten; Marktwirtschaft und die Sorge für die Umwelt. 29 Teilnehmer aus allen beteiligten Ländern haben diese Erklärung unterschrieben.

4. Enttäuschte Hoffnungen

Die Islamische Republik Iran war an der Initiative Herzogs nicht beteiligt. Unter seinem Nachfolger, Johannes Rau, sollte Mohammad Chatami aber noch einmal an dem Faden weiterspinnen, den er mit Roman Herzog angeknüpft hatte. Zum Abschluss seines Staatsbesuchs in Berlin im Juli 2000 begab er sich nach Weimar; im dortigen Park haben der iranische und der deutsche Staatspräsident das Denkmal des Dialogs der Kulturen eingeweiht: zwei überdimensionale leere Granitstühle, auf denen der persische Dichter Hafiz und der deutsche Dichter Goethe imaginiert werden sollen – und zwischen ihnen Verse aus dem „Diwan“ des ersteren und dem „West-Östlichen Diwan“ des letzteren. Die Ansprache anlässlich der Eröffnung hielt Mohammad Chatami. Er sagte unter anderem:

> „Die Dichter haben ein gemeinsames Haus und eine gemeinsame Sprache, und daher können sie das Wesen der Wahrheit hinter den Worten erkennen. Die gemeinsame Sprache der Dichter und Denker ist ein Ausdruck der gemeinsamen Wahrheit des Seins.“

Am Vorabend der Einweihung fand das „Weimarer Gespräch“ statt. Mit Chatami und Rau diskutierten die Tübinger Professoren Hans Küng (Katholische Theologie) und Joseph van Ess (Orientalistik/Islamwissenschaft). Das Thema war: „Der Glaube in der heutigen Welt". Abermals standen die Wechselbeziehungen zwischen Ost und West sowie das Verständnis von Moderne im Vordergrund der Überlegungen. Goethes Vers aus dem „West-Östlichen Diwan", eingraviert im Denkmal des Dialogs schien im Raum zu stehen: „Wer sich selbst und andre kennt, / wird auch hier erkennen, / Orient und Okzident / sind nicht mehr zu trennen." So Chatami: Die Erkenntnis des „Anderen" gehe mit der Selbsterkenntnis einher.

> „Die Erkenntnis des Anderen macht uns bewusster über uns selbst, und die Selbsterkenntnis verstärkt wiederum unsere Erkenntnis über das Andere, denn in der Welt des Menschen gibt es im Gegensatz zur Welt der Dinge kein absolutes „Anderssein"„.

Auch Hans Küng wollte das im Prinzip einräumen, bohrte aber noch tiefer, indem er fragte, warum die Moderne ausgerechnet im Christentum groß geworden sei – und nicht im Raum des Islams, Buddhismus, in Japan, China oder eben in Iran. Die Antwort – so der katholische (!) Theologe – liege in der Reformation: „Die Freiheit eines Christenmenschen war die Voraussetzung für die Freiheit des Individuums, wie es die Moderne gebracht hat." Der Islam sei demgegenüber aufs Ganze gesehen „als Religion so geblieben, wie er war."

Das wollte Chatami nicht unkommentiert stehen lassen; ausführlich ging er auf die Bedeutung des *idschtihad* ein (selbständiges Bemühen um Rechtsfindung), ein Prinzip, dem insbesondere im schiitischen Islam ein hoher Stellenwert bei der Anpassung religiöser und religionsrechtlicher Gegebenheiten an sich wandelnde politische und gesellschaftliche Rahmenbedingungen zukommt. „Mit dem *idschtihad* wurde es möglich, nicht nur Grundsätze und Vorschriften zu wahren, sondern auch den Problemen von heute und morgen zeitgemäß zu begegnen." Auf die Staatsform der Islamischen Republik angewandt bedeutet das: „Die neue religiös-gesellschaftliche Ordnung wurde in Iran etabliert, um auf die sich immer erneuernden Bedürfnisse und Fragestellungen des heutigen Menschen Antworten zu finden." Imam Khomeini habe sowohl auf der Erhaltung der Grundlagen der Religion als auch auf der Erhaltung der Rolle des Volkes bestanden. Es gehe um die Etablierung der Volksherrschaft im Einklang mit den traditionellen geistig-religiösen Grundlagen der Gesellschaft. Bezugnehmend auf die Baha'i-Religion (deren Lage in Iran auf der Konferenz in Teheran 1994 kritisch thematisiert worden war) stellte er fest: Sie sei keine offiziell anerkannte Religion, „aber die Baha'is und die Nicht-Baha'is sind alle iranische Staatsbürger, deren Rechte gewahrt werden müssen." (Das gesamte Gespräch in Weimar [sowie sonstige Verlautbarungen Khatamis] ist in einem Büchlein bei *deux mondes* veröffentlicht worden.)

Zu dem Zeitpunkt, da das Gespräch geführt wurde, war die Kluft zwischen dem Staatspräsidenten und den realen Machtverhältnissen in Iran bereits deutlich geworden. Machtlos musste Chatami zusehen, wie die konservativen Kräfte, unterstützt von den Revolutionsgarden und Schlägertrupps gegen die Reformkräfte und studentische Demonstrationen vorgingen. Weggefährten von einst – einige von ihnen Partner im deutsch-iranischen Dialog – hatten das Land bereits verlassen oder saßen im Gefängnis. Zwar gewann Chatami die Wiederwahl im Juni 2001 mit einem noch eindrucksvolleren Ergebnis (77 % der Stimmen) als vier Jahre zuvor, doch sollte das für die Politik des Landes ohne Bedeutung bleiben. Nach dem Ende seiner zweiten Amtszeit als Politiker kaltgestellt blieb ihm nur ein verbaler Protest, als die Fälschung des Ergebnisses der Wiederwahl seines Nachfolgers Mahmud Ahmadinezhad im Juni 2009 heftige Proteste ausbrechen ließen. Mit ihrer brutalen Niederschlagung sei das in der Verfassung verbriefte Recht, gegen eine Wahl friedlich zu demonstrieren, eklatant verletzt worden. Das Volk müsse seine Rolle zurückgewinnen und über sein weiteres Schicksal selbst entscheiden. Noch schärfer formulierte Ayatollah Montaziri, ehedem designierter Nachfolger Khomeinis und später scharfer Kritiker staatlicher Gewaltausübung in einem *fatwa*: Eine Obrigkeit, die auf Knüppeln, auf Ungerechtigkeit und Rechtsverletzungen basiere, die sich der Wahlstimmen bemächtige und diese manipuliere, die morde, verhafte und wie im Mittelalter und mit stalinistischen Methoden foltere, die ein Klima der Unterdrückung schaffe, Zeitungen zensiere, die gebildeten Eliten der Gesellschaft unter absurden Vorwänden inhaftiere und falsche Geständnisse erpresse, sei aus religiöser Sicht und in den Augen eines jeden Vernünftigen zu verurteilen. Ein Staat, der seine Legitimität verloren habe und von breiten Schichten der Bevölkerung abgelehnt werde, könne nicht lange Bestand haben.

Zu dem Zeitpunkt, da diese Worte fielen, aber war nicht nur der Dialog mit Iran längst verstummt. Der Terrorakt vom 11. September 2001 und der sich anschließende „war on terrorism" bedeuteten einen tiefen Einschnitt in das geistig-kulturelle Gespräch zwischen „dem Westen" und den Eliten in der islamischen Welt insgesamt. Am Schluss seines Beitrags vom April 1999 schrieb Roman Herzog über die Chancen des Dialogs: „Im Idealfall würde es zu einer umfassenden Zusammenarbeit der Völker bei der Lösung der großen Zukunftsaufgaben kommen. Wahrhaftiger und dauerhafter Friede wäre zumindest möglich, die Ernährung der wachsenden Weltbevölkerung könnte gesichert und die Umwelt besser geschützt werden. Und wirtschaftliche Rahmenbedingungen würden sich fair und vorteilhaft für alle ausgestalten lassen." Ein Vierteljahrhundert danach klingen die Worte, als kämen sie aus dem Munde eines Rufers in der Wüste.

5. Literatur

Berlin Declaration. Agenda for Future Action (1999) „Dialogue of Cultures – The Future of Relations between Western and Islamic Societies", *Orient (Hamburg)*, 40(1), 48–51.

Bielefeldt, H. (1999) „Dialogue of Cultures: The Future of Relations between Western and Islamic Societies – International Conference at Bellevue Palace, 22–23 April 1999", *Orient (Hamburg)*, 40(1), 38–47.

Buchta, W. (2000) *Who Rules Iran? The Structure of Power in the Islamic Republic.* Washington DC: The Washington Institute for Near East Policy.

Chatami, S. M. (1998a) „Auch die Tradition ist nicht ewig. Eine Gesellschaft, die nicht nachdenkt, ist verloren", *Frankfurter Allgemeine Zeitung*, 1. August.

(1998b) „Keine Religion ist im Besitz der absoluten Wahrheit. Das Haupt des Menschen ragt in den Himmel, aber seine Füße stehen auf der Erde", *Frankfurter Allgemeine Zeitung*, 26. September.

(1999) „Dialog der Zivilisationen. Irans Staatspräsident über östliche Spiritualität und westliche Rationalität", *Die Welt*, 7. August.

(2000) „In der Welt des Menschen gibt es kein absolutes Anderssein. Die Rede des iranischen Präsidenten Mohammed Chatami über Orient und Okzident in Weimar", *Frankfurter Allgemeine Zeitung*, 13. Juli.

Chomeini, R. (1983) *Der islamische Staat.* Übersetzt und hg. von N. Hassan und I. Itscherenska. Berlin: Klaus Schwarz Verlag.

Ebert, H.-G. & Fürtig, H. & Müller, H.-G. (1987) *Die Islamische Republik Iran. Historische Herkunft – Ökonomische Grundlagen – Staatsrechtliche Struktur.* Berlin: Akademie-Verlag.

Herzog, R. (1999) „Warum der Westen lernen muß, skeptisch zu werden. Nicht nur der Islam hat irrationale Züge, sondern auch wir: Eine Antwort auf den iranischen Staatspräsidenten Mohammad Chatami", *Frankfurter Allgemeine Zeitung*, 30. April.
– (2000) *Wider den Kampf der Kulturen: eine Friedensstrategie für das 21. Jahrhundert.* Frankfurt a. M.: Fischer.

Hopwood, D. (Hg.) (1985) *Euro-Arab Dialogue. The Relations between the two Cultures. Acts of the Hamburg Symposium April 11th to 15th 1983.* English version. London: Croom Helm.

Khatami, S. M. (2001) *Religiosität und Modernität.* Heidelberg: deux mondes.

Tabataba'i, A. (2016) *Morgen in Iran – Die Islamische Republik im Aufbruch.* Hamburg: edition Körber-Stiftung.

Tellenbach, S. (1985) *Untersuchungen zur Verfassung der Islamischen Republik Iran vom 28. November 1979.* Berlin: Klaus Schwarz Verlag.

Afterword

Stephanie Brady

„The past is not dead. It is not even past.“ These words from William Faulkner's novel *Requiem for a Nun* (1951) reflects not only Faulkner's recurring theme of the enduring influence of history and how it continues to shape the present. These words also resonate profoundly in the themes of this Festschrift, *Echoes of Bonhoeffer: The Political Dimensions of Reconciliation and Interfaith Encounter*. In honoring Professor Ralf K. Wüstenberg's immense contributions to the fields of theology, reconciliation, and interfaith encounter, this collection does more than celebrate a career; it extends the ongoing dialogue about what it means to reconcile the weight of history with the promise of a more just future.

Reconciliation, as Professor Wüstenberg has taught us, is not a passive process. It is an act of moral imagination, requiring us to confront the complexities of history, memory, and identity while committing to the process of restoration and renewal. As this volume reveals, reconciliation is both religious and political, demanding the courage to address structural injustices, repair broken systems, and foster relationships of trust across divisions. Yet it is also profoundly spiritual, rooted in a theology that sees in every act of reconciliation an echo of divine grace.

Central to this work and indeed to Ralf Wüstenberg's intellectual legacy is the enduring influence of Dietrich Bonhoeffer's life, theology and ethics. The theologian and resistance fighter provides an ethical framework for engaging with the pressing challenges of our time. He challenges us to embrace responsibility not as an abstract ideal but as a tangible call to action, whether in addressing the wounds of historical injustices or navigating the moral complexities of interfaith encounters. This collection amplifies also Bonhoeffer's call, situating his insights within contemporary debates about reconciliation, identity, and the politics of difference.

Professor Wüstenberg's scholarship is distinguished by its insistence on moving beyond binaries: past and present, self and other, sacred and secular. His work invites us to dwell in the „in-between" spaces, where reconciliation becomes possible not by erasing difference but by holding it in tension with justice and dignity. This understanding is particularly evident in his approach to interfaith dialogue, where the goal is not merely to find common ground but to honor the distinctiveness of each tradition while fostering mutual respect and solidarity.

The essays in this volume explore these themes with rigor and creativity, offering fresh perspectives on reconciliation and interfaith encounter as dynamic, transformative processes. They remind us that reconciliation is not a limited event but a continuous unfolding, deeply intertwined with the politics of memory and the ethics of hope. Whether addressing the legacies of colonialism, religious conflict, or systemic oppression, the authors challenge us to consider how reconciliation can be realized in practical, tangible ways – ways that hold the potential to heal wounds, restore relationships, and imagine new futures.

A recurring theme in this collection is the notion of echoes. Echoes, by their nature, are repetitions, yet they are never identical to the original sound. They carry forward the essence of what has been spoken but adapt it to new contexts, new audiences, and new challenges. The „echoes" of Bonhoeffer that reverberate throughout this book are, in many ways, reflections of Professor Wüstenberg's own intellectual journey. He has not merely preserved Bonhoeffer's legacy but has reinterpreted it, ensuring its relevance for contemporary struggles for justice, peace, and reconciliation.

One of the most striking aspects of Wüstenberg's work is his insistence that reconciliation cannot be separated from accountability. Forgiveness, in his view, is not a denial of the past but a way of reckoning with it in a way that it does not determine the future. True reconciliation requires truth-telling, a willingness to confront the structures and systems that perpetuate division and exclusion. It requires, as Bonhoeffer reminds us, a costly grace, one that demands vulnerability, courage, and an unwavering commitment to justice.

Interfaith encounter, another central theme of this book, is framed not as an abstract exercise in tolerance but as an urgent political and theological imperative. In an age marked by rising sectarianism, religious violence, and cultural polarization, Wüstenberg's work calls us to rediscover the radical potential of dialogue. Dialogue, as he conceives it, is not merely about coexistence; it is about co-creation, a shared commitment to building a world that reflects our highest ideals of justice, compassion, and dignity.

As we reflect on the contributions to this volume, it becomes clear that this is not just a book about Ralf Wüstenberg's legacy; it is a call to a meaningful action. The essays challenge us to think critically and act courageously in the face of division, injustice, and despair. They invite us to consider how the principles of reconciliation and interfaith encounter might be applied in our own lives and communities, ensuring that the echoes of Bonhoeffer and of Wüstenberg continue to inspire meaningful change.

In closing, I would like to express my profound gratitude to Professor Ralf Wüstenberg for his unwavering commitment to reconciliation, justice, and interfaith understanding, which extends far beyond his personal endeavors. In particular, the establishment of the European Wasatia Graduate School for Peace and Conflict Resolution by Ralf Wüstenberg and Zeina Barakat deserves special recognition. This intellectual hub, which I have been pleased to support at EUF in recent years, has become a cornerstone of this university's mission to address global challenges through academic excellence and cross-cultural dialogue. By fostering innovative research and equipping scholars with tools to mediate and resolve conflicts, the European Wasatia graduate school plays a vital role in shaping a future rooted in understanding and peace.

Wüstenberg's work continues to illuminate paths forward in some of the most complex and divided regions of our world, reminding us that hope is not merely a passive sentiment but a courageous and transformative act of faith. As readers of this volume, may we honor Ralf Wüstenberg's vision and ensure that its echoes resonate in our ongoing efforts to build a more reconciled, compassionate, and just global community.

IV. Biographie und Schriftenverzeichnis von Ralf K. Wüstenberg / Biography and Bibliography

Prof. Dr. Ralf Karolus Wüstenberg, Studium der Ev. Theologie in Berlin, Cambridge und Heidelberg. Dr. theol. 1995 (Humboldt-Universität zu Berlin); Habilitation und venia legendi im Fach Systematische Theologie 2003 (Ruprecht-Karls-Universität Heidelberg). Seit 2009 Lehrstuhl für Ev. Theologie (W 3) mit den Schwerpunkten systematische und historische Theologie an der Europa-Universität Flensburg (EUF) und Leitung des Promotionskollegs European Wasatia Graduate School for Peace and Conflict Resolution; zugleich Forschungsprofessuren an den Universitäten Cambridge (England) und Stellenbosch (Südafrika), und zuvor Gastprofessuren am Union Theological Seminary, New York City (2002/2003) und der Freien Universität Berlin (2006–2009). Neben seiner internationalen Forschungstätigkeit nimmt Dr. Wüstenberg eine Reihe von ehrenamtlichen Aufgaben wahr. Er ist u. a. Projektbotschafter des House of One in Berlin und nach Ordination und Pfarramt (2003–2005) seit 2018 ständiger Gastprediger am Berliner Dom. Prof. Wüstenberg ist Autor und Herausgeber von 26 englischen und deutschsprachigen Titeln; u. a. Einführungen in die Theologie und Christologie; zu aktuellen Themen wie der Aufarbeitung von Vergangenheit und der politischen Dimension der Versöhnung, zum Dialog mit dem Islam sowie zur Theologie und Ethik Dietrich Bonhoeffers.

Professor Ralf Karolus Wüstenberg studied Protestant theology in Berlin, Cambridge and Heidelberg. Dr theol. 1995 (Humboldt Universität Berlin); habilitation and venia legendi in Systematic Theology 2003 (Ruprecht-Karls Universität Heidelberg). Since 2009 Chair of Protestant Theology specializing in Systematic and Historical Theology at Europa-Universität Flensburg (EUF) and Director of the European Wasatia Graduate School for Peace and Conflict Resolution; at the same time he holds Research Fellowships at the Universities of Cambridge (England) and Stellenbosch (South Africa), previously he was a Visiting Professor at Union Theological Seminary, New York City (2002/2003) and Freie University of Berlin (2006–2009). In addition to his international research activities, Dr Wüstenberg performs a number of voluntary tasks. Among other things, he is a project ambassador for the House of One in Berlin and, after ordination and parish ministry (2003–2005), has been a permanent guest preacher at Berlin Cathedral since 2018. Dr Wüstenberg is the author and editor of 26 titles in English and German language, including introductions to Theology and Christology, monographs on current topics such as the political dimension of reconciliation or the dialogue with Islam, and studies on Dietrich Bonhoeffer's theology and ethics.

1. Dietrich-Bonhoeffer-Studien / Dietrich-Bonhoeffer-Studies

a) Monographs and Editorials

Ed. with K. Busch-Nielsen / J. Zimmermann: *Dem Rad in die Speichen fallen. Das Politische in der Theologie Dietrich Bonhoeffers / A spoke in the Wheel. The political in the Theology of Dietrich Bonhoeffer*, Gütersloh: Gütersloher Verlagshaus 2013 (464 p.).

Ed. with J. Zimmermann: *God speaks to us. Dietrich Bonhoeffer's Biblical Hermeneutics* (= International Bonhoeffer Interpretations Vol 5), Frankfurt a. M. et al.: Peter Lang 2013 (354 p.).

Ed. with S. Heuser / E. Hornung: *Bonhoeffer and the Biosciences* (= International Bonhoeffer Interpretations Vol 3), Frankfurt a. M. et al.: Peter Lang 2010 (183 p.).

Bonhoeffer and Beyond – Studies on the Impact of Bonhoeffer's Theology for Current Debates, (= International Bonhoeffer Interpretations Vol 2), Frankfurt a. M. et al.: Peter Lang 2008 (145 p.).

Ed. with S. Plant: *Religion, Religionlessness and the Church. Reading Bonhoeffer in the 21st Century* (= International Bonhoeffer Interpretations Vol 1). Frankfurt a. M. et al.: Peter Lang 2008 (130 p.).

Eine Theologie des Lebens. Dietrich Bonhoeffers nichtreligiöse Interpretation biblischer Begriffe. Leipzig: Ev. Verlagsanstalt 2006 (156 p.).

Ed. *Dietrich Bonhoeffer lesen im internationalen Kontext – Von Südafrika bis Südostasien.* Frankfurt a. M. et al.: Peter Lang 2006 (172 p.).

A Theology of Life. Dietrich Bonhoeffer's Religionless Christianity, Grand Rapids / Cambridge: Wm. B. Eerdmans 1998 (160 p.).

Glauben als Leben. Dietrich Bonhoeffer und die nichtreligiöse Interpretation biblischer Begriffe (= Kontexte. Neue Beiträge zur Systematischen und Historischen Theologie Bd. 18) Frankfurt a. M. et al.: Peter Lang 1996 (399 p.).

b) Articles in Scholarly Journals and Book contributions

Reconciliation, Forgiveness, and Scarring Over, in: Bonhoeffer and the Responsibility for a Coming Generation: Doing Theology in a Time Out of Joint, R. Vosloo / T. Sakupapa / A. Thyssen, and K. Radler (eds.). London: T&T Clark 2024, 141–149.

Zu Bonhoeffers Rezeption in Südafrika, in: Bonhoeffer-Handbuch (Chr. Tietz ed.). Mohr Siebeck: Tübingen 2021, 442–452.

Zum biographischen Selbstverständnis Bonhoeffers, in: Bonhoeffer-Handbuch (Chr. Tietz ed.). Mohr Siebeck: Tübingen 2020, 106–112.

Religion and Secularity, in: The Oxford Handbook of Dietrich Bonhoeffer (eds. M. Mawson / Ph. Ziegler). Oxford: Oxford University Press 2019, 321–330.

Vom ‚Vernarben' der Schuld und Perspektiven der Versöhnung. Drei Impulse ausgehend von Dietrich Bonhoeffer, in: Verständigung und Versöhnung. Beiträge von Kirche, Religion und Politik 70 Jahre nach Kriegsende. Leipzig 2017, 12–19.

Der große Impulsgeber. Akzente der Dietrich Bonhoeffer-Forschung, in: Theologische Literaturzeitung 141 / 05 (2016), 443–454.

Dietrich Bonhoeffers Religionskritik und ihre Bedeutung für heute, in: M. Hofheinz / R. Meyer zu Hörste-Bührer (eds.), Theologische Religionskritik. Provokationen für Kirche und Gesellschaft (= Forschungen zur reformierten Theologie Vol 1.). Neukirchen-Vluyn 2014, 76–90.

Philosophical Influences on Bonhoeffer's „Religionless Christianity", in: B. Gregor / J. Zimmermann (eds.), Bonhoeffer and Continental Thought. Bloomington 2009, 137–155.

The Influence of Wilhelm Dilthey on Bonhoeffer's „Letters and Papers from Prison", in: P. Frick (ed.), *Bonhoeffer's Intellectual Formation. Theology and Philosophy in his Thought. Tübingen: Mohr Siebeck 2008, 167–173.*

Religionless Christianity and Religious Pluralism: Dietrich Bonhoeffer 'revisited', in: Journal of Theology for Southern Africa 131 (July 2008), 4–15.

Die Bonhoeffer-Rezeption in Südafrika, den USA und England, in: Evangelische Theologie 67 / 6 (2007), 459–469.

Bonhoeffer 'revisited'. Zur Bedeutung der nicht-religiösen Interpretation im 21. Jahrhundert, in: Theologische Literaturzeitung 131 / 2 (2006), 129–140.

Theologie und Kontext bei Dietrich Bonhoeffer. Einführende Bemerkungen, in: Bonhoeffer lesen im internationalen Kontext – Von Südafrika bis Südostasien, Frankfurt a. M. et al. 2006, 15–24.

Eine Theologie des Lebens. Dietrich Bonhoeffers theologische Rezeption Wilhelm Diltheys, in: Dilthey-Jahrbuch für Philosophie und Geschichte der Geisteswissenschaften Bd. 12 (1999 / 2000), 260–270.

Dietrich Bonhoeffer, in: Hoffnung hat einen Grund. Persönlichkeiten des Jahrhunderts (eds. U. Tworuschka / U. Hahn). Zürich / Düsseldorf: Benziger 1999, 39–48.

Religionless Christianity. Dietrich Bonhoeffer's Tegel Theology, in: Bonhoeffer for a new day (ed. J. de Gruchy). Grand Rapids: Wm. B. Eerdmans 1997, 57–71.

Der Einwand des Offenbarungspositivismus. Was hat Bonhoeffer eigentlich an Barth kritisiert? in: Theologische Literaturzeitung 121 / 10 (1996), 997–1004.

Dietrich Bonhoeffer on Theology and Philosophy, in: Anvil 12 / 1 (1995), 45–56.

Von der bleibenden Bedeutung der „nichtreligiösen" Interpretation. Zur Aktualität Dietrich Bonhoeffers, in: Quatember 59 / 4 (1995), 208–218.

Glauben als Leben. Dietrich Bonhoeffer und die nichtreligiöse Interpretation biblischer Begriffe, in: Freiburger Zeitschrift für Philosophie und Theologie 42 / 3 (1995), 367–381.

2. Studien zur politischen Versöhnung und Transitional Justice / Political reconciliation and Transitional Justice

a) Monographs and Editorials

Conflict Resolution through Reconciliation: Revisiting the South African TRC and Germany's dealing with the past after the fall of the Berlin Wall (= Reconciliation and Conflict Resolution Vol 5). wbg in der Herder Verlagsgruppe: Freiburg 2024 (249 p.).

Ed. with J. Beljin: *Verständigung und Versöhnung. Beiträge von Kirche, Religion und Politik 70 Jahre nach Kriegsende* (= Beihefte 2016 zur Berliner Theologischen Zeitschrift). Leipzig: Ev. Verlagsanstalt 2017 (148 p.).

Ed. with M. Bongardt: *Versöhnung, Strafe und Gerechtigkeit. Das schwere Erbe von Unrechtsstaaten* (= Kontexte. Neue Beiträge zur historischen und systematischen Theologie Bd. 40). Göttingen: Edition Ruprecht 2010 (197 p.).

The Political Dimension of Reconciliation. A Theological Analysis of Ways of Dealing with Guilt during the Transition to Democracy in South Africa and (East) Germany, (transl. Randi Lundell). Grand Rapids / Cambridge: Wm. B. Eerdmans 2009 (434 p.).

Aufarbeitung oder Versöhnung? Vergangenheitspolitik in Deutschland und Südafrika (= Internationale Probleme und Perspektiven Bd. 18). Schriftenreihe der Landeszentrale für politische Bildung. Potsdam 2008 (170 p.).

Die Politische Dimension der Versöhnung. Eine systematisch-theologische Studie zum Umgang mit Schuld nach den Systemumbrüchen in Südafrika und Deutschland (= Öffentliche Theologie Bd. 18). Gütersloh: Gütersloher Verlagshaus 2004 (720 p.).

Ed. *Wahrheit, Recht und Versöhnung. Auseinandersetzung mit der Vergangenheit nach den politischen Umbrüchen in Südafrika und Deutschland* (= Kontexte. Neue Beiträge zur Systematischen und Historischen Theologie Bd. 24). Frankfurt a. M. et al. 1998 (145 p.).

b) Articles in Scholarly Journals and Book contributions

Political Dimensions of Moral Concepts, in: Transdisciplinary Approaches on Reconciliation Research. Studies in Honor of Martin Leiner (= Research in Peace and Reconciliation Vol 9). Göttingen: Vandenhoeck & Ruprecht 2024, 189–200.

Transitional Justice in Germany after the Fall of the Wall and in South Africa after the Release of Nelson Mandela, in: Strafrecht und Systemunrecht, Festschrift für Gerhard Werle zum 70. Geburtstag. Mohr Siebeck: Tübingen 2022, 437–449.

Together with Zeina Barakat et. al.: *An Analysis of Public Discourse on Albania's Transitional Justice System*, in: I. Chiluwa (ed.), Discourse and Conflict: Analyzing Text and Talk of Conflict, Hate and Peacebuilding. London: Palgrave Macmillan 2021, 413–438.

Versöhnung oder Aufarbeitung? Das Fallbeispiel DDR im Querbezug zu Südafrika, in: Ringen um Versöhnung II. Versöhnungsprozesse zwischen Religion, Politik und Gesellschaft, ed. U. Pekala (= Veröffentlichungen des Instituts für Europäische Geschichte Mainz. Beiheft 117). Göttingen: Vandenhoeck & Ruprecht 2019, 103–110.

Politische Umbrüche. Wahrheitskommissionen als Beichtstuhl? in: Beichte neu entdecken. Ein ökumenisches Kompendium für die Praxis (= Kontexte Bd. 45). Göttingen: Edition Ruprecht 2016, 69–81.

Reconciliation as Political Option? Different Ways of Dealing with the Past – The Case of South Africa, in: Societies in Transition. Sub-Saharan Africa between Conflict and Reconciliation, Göttingen: Vandenhoeck & Ruprecht 2014, 135–152.

Versöhnung – ein biblisches Motiv mit politischen Dimensionen, erörtert am Beispiel der südafrikanischen Wahrheitskommission, in: Wie kommt die Bibel in die Ethik? Beiträge zu einer Grundfrage theologischer Ethik (M. Hofheinz / F. Mathwig / M. Zeindler eds.). Theologische Verlagsanstalt: Zürich 2011, 77–97.

Schuld, Gerechtigkeit und Versöhnung, in: Religion und Konflikt. Grundlagen und Fallanalysen (I. U. Dalferth / H. Schulz eds.). Göttingen: Vandenhoeck & Ruprecht 2011, 233–255.

Anhörung als heilendes Ritual-Südafrika: Wahrheitskommission und Dialog, in: Gerechtigkeit. Visionen vom Reich Gottes. Hamburg 2011, 152–157.

Religiöse Symbolik und politisches Ritual. Theologische Anmerkungen zu den Anhörungen der TRC, in: Michael Bösch (ed.), Südafrikas Inszenierung der Wahrheit. Die politische Erinnerungskultur nach der Apartheid. Münster 2010, 31–40.

Gibt es eine Politik der Versöhnung? Theologische Anmerkungen zu den Aufarbeitungsanstrengungen in Südafrika und Deutschland, in: Versöhnung, Strafe und Gerechtigkeit. Das schwere Erbe von Unrechts-Staaten. Göttingen 2010, 78–98.

Die Opfer sind unter uns – Von Südafrika lernen, in: Die demokratische Revolution in der DDR. Wien / Köln / Weimar: Böhlau Verlag 2009, 222–223.

Kirche als zivilgesellschaftliche Instanz in Transformationsprozessen: Die deutsche Einigung in vergleichender Perspektive, in: Zwischen Fürsorge und Seelsorge (A. Bauerkämper / J. Nautz eds.). Frankfurt a. M.: Campus Verlag 2009, 317–329.

On Truth, Dignity and Reconciliation in South Africa – A Theological Perspective, in: G. Werle (ed.), Transitional Justice – Prosecution and Amnesty in Germany and South Africa. Berlin: Berliner Wissenschaftsverlag 2006, 131–138.

Die politische Kraft des Rituals – Religiöse Symbolik in der Aufarbeitung der Apartheid-Vergangenheit durch die südafrikanische Wahrheits- und Versöhnungskommission, in: Südafrika. Der Lange Weg zum Regenbogen (= Weltmission heute Nr. 60), Hamburg 2005, 76–84.

Together with T. Münchow / Z. Barakat: Religious Ethics in a Conflicted Word – On Ethical Motivation between Political Theology and Anthropology, in: Religions 15 / 9 (2024), https://www.mdpi.com/2077-1444/15/9/1114.

Reconstructing the Doctrine of Reconciliation within Politics, in: Theology in Dialogue. The Impact of Arts, Humanities and Sciences on Contemporary Religious Discourse. Essays in Honour of John W. de Gruchy. Grand Rapids / Cambridge: Wm. B. Eerdmans 2002, 257–270.

On Truth, Dignity and Reconciliation, in: German Research. Magazine of the Deutsche Forschungsgemeinschaft 2–3 / 2004, 13–15.

Von Wahrheit, Würde und Versöhnung, in: Forschung. Das Magazin der Deutschen Forschungsgemeinschaft 1 / 2004, 13–15.

Reconciliation with a ‚New' Lustre. The South African Example as a Paradigm for Dealing with the Political Past of the German Democratic Republic, in: A Journal for Theology of Southern Africa Issue 113 (July 2002), 19–40.

Philosophische und theologische Grundprobleme beim Verstehen des südafrikanischen Versöhnungsprozesses, in: Religion & Theology. A Journal of Contemporary Religious Discourse 7,2 (2000), 169–191.

Von Südafrika die befreiende Kraft der Versöhnung lernen, in: Deutschland Archiv 5 (2000), 794–796.

Versöhnung im ‚neuen Glanz'. Der südafrikanische Weg als Herausforderung für den Umgang mit der DDR-Vergangenheit, in: Zeitschrift des Forschungsverbundes SED-Staat (ZdF) 9 (2000), 14–31.

Versöhnung durch Wahrheit. Die politische Dimension der Versöhnung, in: Ökumenische Rundschau 47 / 2 (1998), 244–259.

3. Muslimisch-christliche Begegnung und Interreligiöser Dialog / Muslim-Christian Encounter and Interreligious Dialogue

a) Monographs and Editorials

Ed. with Z. Barakat / T. Münchow: *Islam and Democracy – Law, Gender and the West* (= Reconciliation and Conflict Resolution Vol 2). wbg: Darmstadt 2022 (250 p.).

Einander Wahrnehmen. Ein Dialogmodell für die christlich-islamische Begegnung. Gütersloh: Penguin Random House 2021 (192 p.). English publication in preparation.

Islam As Devotion: A journey into the Interior of a Religion. London: The Rowman & Littlefield Publishing Group / Fortress Academic 2019. Transl. Randi H. Lundell (151p.).

Islam ist Hingabe. Eine Entdeckungsreise in das Innere einer Religion, Gütersloh: Gütersloher Verlagshaus 2016 (270 p).

b) Articles in Scholarly Journals and Book contributions

Evangelisch-Theologische Zugänge zum Islam – vier Akzentsetzungen, in: CIBEDO-Beiträge 2 (2024), 53–60.

Calvin and Ghazali: Theologies of Creation in Comparative Perspectives, in: Green Theology. Emerging 21st-Century Muslim and Christian Discourses on Ecology, eds. L. Demiri / M. Zaman / T. Winter (= Sapientia Islamica Vol 7). Tübingen: Mohr Siebeck 2024, 130–145.

The ‚Fall' of Mankind. Structural Parallels between the Narratives of Sin in Christianity and Islam, in: „Theological Anthropology in Interreligious Perspective", eds L. Demiri / M. Zaman / T. Winter / Chr. Schwöbel / A. Bodrov (= Sapientia Islamica Vol 5). Mohr Siebeck: Tübingen 2022, 181–190.

Beobachterbericht, in: Säkular und religiös: Herausforderungen für islamische und christliche Theologie. Regensburg: Verlag Friedrich Pustet 2020, 215–218.

Von der Freiheit im Gespräch mit Muslimen – das Modell ‚empathischer Dialog', in: Handbuch des interreligiösen Dialogs. Möglichkeiten der gesellschaftlichen Vielfalt (ed. S. Er) (= Interreligiöse Begegnungen Bd. 14). Münster: Lit Verlag 2020, 159–168.

‚Nur der Glaubende ist gehorsam, und nur der Gehorsame glaubt' – Dietrich Bonhoeffer im Gespräch mit dem Islam, in: Polyphonie der Theologie. Verantwortung und Widerstand in Kirche und Politik. Festschrift für Andreas Pangritz (ed. M. Grewe), Stuttgart: Kohlhammer Verlag 2019, 247–258.

Jesus im Islam. Eine problemorientierte Literatursichtung aus systematisch-theologischer Perspektive, in: Theologische Literaturzeitung 144, 1 / 2 (2019), 18–30.

Gott aus der Natur erkennen – Calvin im interreligiösen Quervergleich mit al-Ghazali, in: Neue Zeitschrift für Systematische Theologie und Religionsphilosophie 61,1 (2019), 1–15.

‚Leben' als gemeinsamer Bezugspunkt – Wilhelm Dilthey und Martin Buber, in: Im Gespräch. Hefte der Martin-Buber-Gesellschaft 15 (2013), 74–83.

4. Dogmatik, reformatorische Theologie und Einführungen / Christian Doctrine, Reformation Theology and Introduction to Theology

a) Monographs and Editorials

Ed. with Chr. Schliesser / G. Prüller-Jagenteufel: *Beichte neu entdecken. Ein ökumenisches Kompendium für die Praxis* (= Kontexte. Neue Beiträge zur historischen und systematischen Theologie Vol. 45). Göttingen: Edition Ruprecht 2016 (240 p.).

Christology. How Do We Talk About Jesus Christ Today, transl. M. Rumscheidt / Chr. Schliesser / R. Lundell. Eugene: Cascade Books 2014 (129 p.).

Christologia. Como falar hoje sobre Jesus, transl. U. Wegner. Sao Leopoldo: Sinodal 2011 (119 p.).

Christologie – Wie man heute theologisch von Jesus sprechen kann. Gütersloh: Gütersloher Verlagshaus 2009 (160 p.).

Ed. *Nimm und lies. Theologische Quereinstiege für Neugierige.* Gütersloh: Gütersloher Verlagshaus 2008 (304 p.).

Ed. with L. Holness: *Theology in Dialogue. The impact of Arts, Humanities and Sciences on Contemporary Religious Discourse. Essays in Honor of John W. de Gruchy.* Grand Rapids / Cambridge: Wm. B. Eerdmans 2002 (286 p.).

b) Articles in Scholarly Journals and book contributions

Die Beichtgelegenheit am Berliner Dom. Ein Beispiel aus der evangelischen Praxis, in: Beichte neu entdecken. Ein ökumenisches Kompendium für die Praxis (= Kontexte Bd. 45). Göttingen 2016, 21–29.

Thesen und Beobachtungen zum Beichtverständnis der Confessio Augustana, Beichte neu entdecken. Ein ökumenisches Kompendium für die Praxis (= Kontexte Bd. 45). Göttingen 2016, 151–158.

Fides implicita ‚revisited' – Versuch eines evangelischen Zugangs, erscheint, in: Neue Zeitschrift für Systematische Theologie und Religionsphilosophie 49 / 1 (2007), 71–85.

Wachstum im Glauben? Eine Analyse der Rede vom ‚Fortschreiten' in Calvins Institutio, in: Neue Zeitschrift für Systematische Theologie und Religionsphilosophie 46 / 2 (2004), 264–279.

Auf gleicher Augenhöhe. Forschungs- und Lehralltag an einer amerikanischen Hochschule, in: Forschung und Lehre 4 / 2003, 190–191.

5. Rezensionen / Book Reviews

Naruyama, Tadataka, *Calvin's Ecclesiology: A Study in the History of Doctrine*, in: Reviews in Religion & TheologyVolume 30, Issue 4, 2023, 272–273.

Bernhardt, Reinhold, *Inter-Religio: Das Christentum in seiner Beziehung zu anderen Religionen [Inter-Religion: Christianity in Its Relationship With Other Religions*, in: Reviews in Religion & TheologyVolume 27, Issue 2, 2020.

Zimmermann, Jens, *Dietrich Bonhoeffer's Christian Humanism*, in: Reviews in Religion & Theology Volume 27, Issue 3, 2020.

Anderson, Mark Robert, *The Qur'an in Context: A Christian Exploration*, in: Reviews in Religion & Theology Volume 25, Issue 4, 2018.

The Oxford Handbook of the Abrahamic Religions (eds. Adam *Silverstein* and Guy G. Stroumsa Reviews), in: Religion & Theology Volume 26, Issue 1, 2019.

Knorn, Bernhard, *Versöhnung und Kirche: Theologische Ansätze zur Realisierung des Friedens mit Gott in der Welt [Reconciliation and the Church: Theological Approaches to the Realisation of Peace with God in the World]*, in: Reviews in Religion & Theology Volume 25, Issue 4, 2018.

Plant, Stephen, *Taking* Stock *of Bonhoeffer*, in: Theologische Literaturzeitung 140 / 12 (2015), 1413–1414.

Zager, Werner (Eds.), *Universale Offenbarung?* in: Theologische Literaturzeitung 140 / 1 / 2 (2015), 37–39.

Schmid, Hansjörg, *Der Islam im europäischen Haus. Wege zu einer interreligiösen Sozialethik*, in: Theologische Literaturzeitung 139 / 4 (2014), 432–434.

Burkard, Dominik, u. Garhammer, Erich (Eds.), *Christlich-jüdisches Gespräch – erneut in der Krise?*, in: Theologische Literaturzeitung 137 / 10 (2012), 1041–1042.

Marty, Martin E., *Dietrich* Bonhoeffer's *Letters and Papers from Prison. A Biography*, in: Theologische Literaturzeitung 137 / 4 (2012), 453–454.

Busch Nielsen, Kirsten, *Die gebrochene Macht der Sünde. Der Beitrag Dietrich Bonhoeffers zur Harmatologie*, in: Theologische Literaturzeitung 137 / 3 (2012) 343–345.

Selvatico, Pietro, u. Strahm, Doris, Christus. Christologie / Shults, F. LeRon, and Waters, Brent (Eds.), *Christology and Ethics*, in: Theologische Literaturzeitung 136 / 6 (2011), 687–689.

Gruchy, John W. de, Plant, Steven, u. Tietz, Christiane (Eds.), *Dietrich Bonhoeffers Theologie heute. Ein Weg zwischen Fundamentalismus und Säkularismus? / Dietrich Bonhoeffer's Theology Today. A Way between Fundamentalism and Secularism?*, in: Theologische Literaturzeitungt 136 / 3 (2011), 318–320.

Loo, Stephanie van de, *Versöhnungsarbeit. Kriterien – theologischer Rahmen – Praxisperspektiven*, in: Theologische Literaturzeitung 136 / 2 (2011), 202–204.

Müller, Tobias, Schmidt, Karsten, u. Schüler, Sebastian (Eds.), *Religion im Dialog. Interdisziplinäre Perspektiven – Probleme – Lösungsansätze*, in: Theologische Literaturzeitung 136 / 1 (2011), 25–27.

Springhart, Heike, *Aufbrüche zu* neuen *Ufern. Der Beitrag von Religion und Kirche für Demokratisierung und Reeducation im Westen Deutschlands nach 1945*, in: Theologische Literaturzeitung 135 / 6 (2010), 710–712.

Dahill, Lisa E., *Reading from the Underside of Selfhood. Bonhoeffer and Spiritual Formation*, in: Theologische Literaturzeitung 134 / 10 (2009), 1088–1089.

Frick, Peter (Ed.), *Bonhoeffer's Intellectual Formation. Theology and Philosophy in his Thought*, in: Theologische Literaturzeitung 134 / 9 (2009), 970–973.

Busch Nielsen, Kirsten; Nissen, Ulrik; Tietz, Christiane (Eds.), *Mysteries in the Theology of Dietrich Bonhoeffer. A Copenhagen Bonhoeffer Symposium*, in: Theologische Literaturzeitung 134 / 7–8 (2009), 828–829.

Stackhouse, John G., *Making the Best of It: Following Christ in the real world*, in: Theology (Ed. by S. Plant) 5 / 2009, 386–389.

Stumpf, Christoph, Zaborowski, Holger (Eds.), *Church as Politeia. The Political Self-Understanding of Christinaity*, in: Theologische Literaturzeitung 132 / 2 (2007), 178–180.

Seibert, Christoph, *Politische Ethik und* Menschenbild. *Eine Auseinandersetzung mit den Theorieentwürfen von John Rawls und Michael Walzer*, in: Theologische Literaturzeitung 132 / 9 (2007), 997–999.

Kellermann, Kerstin, *Politik und* Spiritualität. *Auf der Suche nach einer friedliebenden Freiheit*, in: Theologische Literaturzeitung 132 / 10 (2007), 1105–1108.

Shriver, Donald, *Honest Patriots. Loving a* country *enough to remember its misdeeds*, in: Theologische Literaturzeitung 131 (2006), 929–932.

6. Andere / Other

a) Zeitungsartikel (Auswahl) / Newspaper Contributions (selected)

Mitten im Diskurs. Theologie / Unverzichtbar für die Pluralität der Wissenschaften in: Rheinischer Merkur v. 2. 7. 1999.

Wir müssen teilen. Südafrika / Wie die Kirchen sich für gesellschaftliche Aussöhnung einsetzen in: Rheinischer Merkur v. 21. 5. 1999.

Befreiende Wirkung. Versöhnung setzt das Eingeständnis von Schuld voraus in: Rheinischer Merkur (25. 9. 1998).

Ohne Religion leben. Neue Erkenntnisse über Dietrich Bonhoeffer in: Rheinischer Merkur (30. 1. 1998).

Zuerst kamen die Opfer, dann zögerlich die Täter in: Frankfurter Rundschau (17. 2. 1997, Dokumentation eines Interviews mit Beyers Naudé und Wolfram Kistner).
Ultimately, the people do the healing, in: Cape Argus, Cape Town 11th Dec 1996.

b) Predigten / Sermons (Internet)

Berliner Dom: https://www.berlinerdom.de/fileadmin/user_upload/01_Startseite-Home/Mediathek/Formulare_und_Dokumente/Domarchiv_Berlin_-_Findbuch_Bestand_19.pdf
„*Nikodemus: Johannes 3,1–8 für den Sonntag Okuli*" (Predigtreihe: Taufe 2011), in: Göttinger Predigten im Internet 2011.
„*Hosea 8,7*" (Predigtreihe: Wetterleuchten 2010), in: Göttinger Predigten im Internet 2010.
„*Oh Welt, sieh hier dein Leben*" (zur Paul-Gerhardt-Predigtreihe), Predigten zu besonderen Anlässen, in: Göttinger Predigten im Internet 2007.
Gottes Leiden in der Welt mitleiden – eine Meditation, in: Göttinger Predigten im Internet 2006.

c) Diverses / Miscellaneous

https://www.bibeltv.de/mediathek/videos/298124-dietrich-bonhoeffer-pastor-prophet-maertyrer
https://www.shz.de/lokales/flensburger-tageblatt/graduiertenkolleg-in-den-startloechern-versoehnung-lernen-in-flensburg-id29252357.html
https://www.shz.de/lokales/flensburger-tageblatt/summer-school-flensburgs-beitrag-zum-frieden-id24206267.html
https://www.shz.de/lokales/flensburger-tageblatt/zum-ersten-mal-in-flensburg-muezzin-ruft-zum-gebet-auf-id27918947.html
https://www.shz.de/lokales/flensburger-tageblatt/summer-school-flensburgs-beitrag-zum-frieden-id24206267.html
https://www.shz.de/lokales/flensburger-tageblatt/celal-findik-und-werner-reinhart-unterschreiben-foerderung-fuer-wissenschaftliche-stelle-id25733177.html
https://www.abendblatt.de/hamburg-tipps/tagestipps/article217016549/Ueber-Dietrich-Bonhoeffers-Theologie-der-Nachfolge.html

Hinweise zu den Autorinnen und Autoren / About the Authors

Zeina M. Barakat, Dr. phil., is a Jerusalem-born scholar with a PhD in Reconciliation Studies from Friedrich-Schiller University in Jena, Germany. She serves as the Executive Director of the European Wasatia Graduate School for Peace and Conflict Resolution and is a postdoctoral fellow at Europa-Universität Flensburg. Additionally, she is an Associate Fellow at the Von Hügel Institute, University of Cambridge, and a Research Fellow in the Department of Theology at Stellenbosch University, South Africa. Dr. Barakat has authored numerous scholarly books and articles, including „From Heart of Stone to Heart of Flesh: The Evolutionary Journey from Extremism to Moderation“ (2017) and „Envisioning Reconciliation: Signs of Hope for the Middle East“ (2022). Her work focuses on reconciliation, peace-building, and moderation in conflict zones, with a particular emphasis on the Middle East.

Matthias Bauer, Prof. Dr., teaches literary studies at Europa- Universität Flensburg. He studied German, history, and communication studies at Johannes Gutenberg University Mainz. He completed his dissertation in 1992 and habilitation in 2001. His research focuses on the poetics of the novel, semiotics, and film aesthetics.

Heinrich Bedford-Strohm, Prof. Dr., has served in parish ministry and was a Professor of Systematic Theology at the University of Bamberg, where he founded the Dietrich Bonhoeffer Research Center for Public Theology. From 2011 to 2023, he was the Presiding Bishop of the Lutheran Church in Bavaria, and from 2014 to 2021, he led the Protestant Churches in Germany (EKD). He is now an Extraordinary Professor at

Stellenbosch University and an Honorary Professor at the University of Bamberg. His research interests include ecclesiology, ecumenical theology, social ethics, and public theology. In 2022, he was elected as Moderator for the World Council of Churches (WCC) for an eight-year term.

Reinhold Bernhardt, Prof. Dr., is a retired Professor of Systematic Theology / Dogmatics at the University of Basel, Switzerland, where he taught from 2001 to 2024 and served twice as Dean of the Faculty of Theology. His research primarily focuses on interreligious dialogue and the theology of religions, but also addresses broader theological themes such as divine action and providence. He is a member of the European Academy of Sciences and Arts and the WCC Commission on Ecumenical Education and Formation.

Stephanie Brady is the Chancellor of Europa-Universität Flensburg since July 2019. She has previously served in leadership positions and university administration at Ludwig-Maximilians-Universität München (LMU), including Deputy Director of Internal Audit Unit, Head of Organizational Development, and Personal Assistant to the Chancellor / Vice President for Finance and Administration. Her academic background includes a Master's degree in Philosophy, various administrative and research roles, contribution to institutional strategy and governance.

Mohammed S. Dajani Daoudi, Prof. Dr. Dr. h. c, is the founder of the Wasatia Movement (2007) and the executive director of the Wasatia Academic Institute in Palestine. He holds doctorates from the University of South Carolina (1981) and the University of Texas at Austin (1984). He resigned from his posts at Al-Quds University in 2014 after leading a student trip to Auschwitz to foster empathy and tolerance, receiving death threats and having his car torched as a result. In recognition of his efforts in peacebuilding, he received the Dr. Jean Mayer Global Citizenship Award in 2014, the Simon Wiesenthal Prize in 2023, and the Excellence in Leadership Award from Queens College, City University of New York, in 2023.

John W. de Gruchy, Prof. Dr. Dr. h. c. mult., is a South African theologian. He was a Professor of Christian Studies at the University of Cape Town until his retirement in 2003 and is currently an Extraordinary Professor of Theology at Stellenbosch University. He has written extensively on theological topics, particularly the theology of Dietrich Bonhoeffer. He and his wife are resident members of the Volmoed Community near Hermanus in the Western Cape.

Detlef Dieckmann, PD Dr. theol., is a visiting Professor of Biblical Theology and its Didactics at the Technical University of Braunschweig. Until 2023, he served as Rector of the Theological Study Seminary in Pullach. His research interests include the Old Testament, literary-critical exegesis, and empirical biblical studies.

Ulrich Glassmann, Prof. Dr., is Professor of Comparative Political Economy at the Europa-Universität Flensburg and an associated researcher at the Cluster of Excellence 'The Politics of Inequality' at the University of Konstanz. His focus is on the analysis of regional economic, educational, and social policies.

Gerd Hankel, Dr. jur., M. A. philologist, is a legal scholar who studied at the Universities of Granada (Spain), Mainz, and Bremen. He has been a research fellow at the Hamburg Foundation for the Advancement of Science and Culture since 1998. His research focuses on legal aspects of atrocity crimes in the African Great Lakes region, international humanitarian law, and human rights law.

Stefan Heuser, Prof. Dr., is a Professor of Systematic Theology and Ethics at the Institute for Protestant Theology and Religious Education at the

Technical University of Braunschweig. His current research focuses on the ethics of technology, bioethics, care ethics, social ethics, and educational ethics.

Anne Käfer, Prof. Dr., has been a Professor of Systematic Theology and Director of the Seminar for Reformed Theology at the University of Münster since 2016. She studied Evangelical Theology in Tübingen, where she completed her doctorate and habilitation, receiving her venia legendi in 2010. After serving as an Oberkirchenrätin at the EKD and holding several teaching positions, she accepted her current professorship in Münster.

Karsten Lehmkühler, Prof. Dr., is Professor of Systematic Theology / Ethics at the Faculty of Protestant Theology, University of Strasbourg. He is a member of the Ethics and Society Commission of the French Protestant Federation (FPF) and of the Advisory Board on Ethical Issues of the Community of Protestant Churches in Europe (CPCE). His research focuses on bioethics, ethics of truth and veracity, and the theology of Dietrich Bonhoeffer.

Martin Leiner, Prof. Dr., is the founder and director of the Jena Center for Reconciliation Studies (JCRS) at Friedrich-Schiller-University Jena, which was established in 2013. He is also professor of Systematic Theology and Ethics. He led the DFG project „Hearts of Flesh – not Stone." He earned his Ph. D. at Heidelberg University under Prof. Theißen, focusing on the integration of psychological concepts, methods, and research results to enhance understanding of the New Testament (Psychologie und Exegese, published by Gütersloh in 1995). His habilitation at Mainz University was on Martin Buber and his reception in Protestant theology, published as Gottes Gegenwart (Gütersloh, 2000). He has also published a manual on methods for systematic theology and philosophy of religion (Methodischer Leitfaden Systematische Theologie und Religionsphilosophie, Göttingen, 2008). Since 2008, Prof. Leiner has worked on transdisciplinary reconciliation studies from a global perspective). In 2018 he founded the Academic Alliance for Reconciliation Studies in the Middle East and North Africa (AARMENA). Since 2020 he has been the foundig director of International Association for Reconciliation Studies (IARS).

Langton Muchenjekwa is pursuing a PhD in Religion, Peace, and Reconciliation Studies through the universities of Flensburg (Germany) and Groningen (Netherlands). His research interests include religion, peacebuilding, and reconciliation, with a focus on the discourse of apology and forgiveness, emphasizing the importance of truth-telling as a prerequisite for both.

Thies Münchow, Dr. phil., is a research associate at Europa-Universität Flensburg, where he has been working as Ralf K. Wüstenberg's assistant since 2017. His main research interests are the scientific theory of theology, theology and philosophy (especially German Idealism), theological and political ethics and feminist theology. He is co-director of the interdisciplinary research group „Arbeitskreis Mehrwertigkeit in den Geisteswissenschaften". His most recent book is entitled: *Kritik der ethischen Institution. Kant, Hegel und der Tod Gottes* (Bielefeld: transcript 2022).

Stephen Plant, Prof. Dr., is Dean and Runcie Fellow at Trinity Hall, University of Cambridge and a Priest in the Church of England. He teaches Christian theology and ethics at the University of Cambridge Faculty of Divinity. He has written extensively on the theology of Dietrich Bonhoeffer, on Simone Weil, Karl Barth and on the theology of international development.

Gunter Prüller-Jagenteufel, Prof. Dr., is an Associate Professor of Theological Ethics at the Faculty for Catholic Theology, University of Vienna.

His doctoral thesis focused on solidarity as a Christian virtue (published 1998: Solidarität – eine Option für die Opfer), and his habilitation thesis examined the ethics of Dietrich Bonhoeffer (published 2004: Befreit zur Verantwortung). His main theological interests include the ethics of Dietrich Bonhoeffer, liberation theology in Latin America and the Philippines, and the theology of guilt, sin, and reconciliation. He was a board member of the International Bonhoeffer Society (German section) from 2013–2023.

Hartmut Rosenau, Prof. Dr., is a professor emiritus of Systematic Theology at the University of Kiel, Germany. His main fields of research are dogmatics and philosophy of religion. He is part of an interdisciplinary research group studying the concept and history of tolerance.

Udo Steinbach, Prof. Dr., is director of the MENA Study Center at the Macenata Foundation. From 1976 to 2007 he was director of the German Orient Institute in Hamburg. His research focuses on politics and culture in the Middle East and North Africa as well as the Caucasus and Central Asian regions. His most recent book is entitled: *Tradition und Erneuerung im Ringen um die Zukunft* (Stuttgart: Kohlhammer 2021).

Joram Tarusarira, Prof. Dr., is an Associate Professor of Religion, Conflict, and Peacebuilding at the University of Groningen. His areas of expertise include conflict, peacebuilding, reconciliation, climate change, and religion, with research connecting to the Sustainable Development Goals (SDGs), particularly Climate Action (SDG 13) and Peace, Justice, and Strong Institutions (SDG 16).

Christo Thesnaar, Prof. Dr., is a Professor of Pastoral Care and Counselling in Practical Theology and Missiology at Stellenbosch University. His research focuses on reconciliation-related themes such as memory, trauma, justice, healing, and restitution. His most recent publication is

'Unfinished Business? Faith Communities and Reconciliation in a Post-TRC Context', co-authored with Len Hansen.

Robert Vosloo, Prof. Dr., is professor of Systematic Theology at the University of Stellenbosch, South Africa. His research interests involve South African church history, history theory, and the theology of Dietrich Bonhoeffer.

Colin H. Williams, Prof. Dr., is associated with St. Edmund's College, University of Cambridge, and the School of Welsh at Cardiff University, UK. Between 1994 and 2015, Williams was a Research Professor in Sociolinguistics and is now an Emeritus Professor at Cardiff University. He specializes in post-conflict reconstruction and reconciliation in war-torn societies and has advised government agencies in Europe and Canada on human rights, social justice, minority issues, and language policy. His latest research monograph, 'Language Policy and the New Speaker Challenge', was published by Cambridge University Press in 2023.

Reina Zenelaj (Shehi), Prof. Dr., is the current Head of the Department of Political Science and International Relations at EPOKA University, where she has been a faculty member since 2011. She also serves as a collaborating scholar at the European Wasatia Graduate School for Peace and Conflict Resolution. Her academic work spans democracy, conflict resolution, and peace studies. In July 2012, she was awarded the Dispute Resolution Research Centre Scholar Award by the Kellogg School of Management.

FSC
www.fsc.org
MIX
Papier | Fördert
gute Waldnutzung
FSC® C083411

Zeitfracht Medien GmbH
Ferdinand-Jühlke-Straße 7
99095 Erfurt, Deutschland
produktsicherheit@kolibri360.de